चिन्तामणि

(पहला भाग)

पहला भाग

चिन्तामणि

(विचारात्मक निबन्ध)

मंजूषा सहित

लेखक

आचार्य रामचन्द्र शुक्ल

लोकभारती प्रकाशन

लोकभारती प्रकाशन
पहली मंजिल, दरबारी बिल्डिंग, महात्मा गाँधी मार्ग
प्रयागराज-211 001
वेवसाइट : www.lokbhartiprakashan.com
ईमेल : info@lokbhartiprakashan.com
शाखाएँ : 1-बी, नेताजी सुभाष मार्ग, दरियागंज
नयी दिल्ली-110 002
अशोक राजपथ, साइंस कॉलेज के सामने
पटना-800 006 (बिहार)

पहला लोकभारती संस्करण : 2002
उन्नीसवाँ संस्करण : जनवरी 2023
पुनर्मुद्रण : फरवरी 2023

जे.के. आर्ट प्रेस
प्रयागराज द्वारा मुद्रित

CHINTAMANI
by Acharya Ram Chandra Shukla

ISBN : 978-93-89243-35-2

मूल्य : ₹ 150

विषय सूची

निवेदन

इस पुस्तक में मेरी अन्तर्यात्रा में पड़ने वाले कुछ प्रदेश हैं। यात्रा के लिए निकलती रही है बुद्धि, पर हृदय को भी साथ लेकर। अपना रास्ता निकालती हुई बुद्धि जहाँ कहीं मार्मिक या भावाकर्षक स्थलों पर पहुँची है, वहाँ हृदय थोड़ा-बहुत रमता और अपनी प्रवृत्ति के अनुसार कुछ कहता गया है। इस प्रकार यात्रा के श्रम का परिहार होता रहा है। बुद्धि-पथ पर हृदय भी अपने लिये कुछ-न-कुछ पाता रहा है।

बस, इतना ही निवेदन करके इस बात का निर्णय मैं विज्ञ पाठकों पर ही छोड़ता हूँ कि ये निबन्ध विषय-प्रधान हैं या व्यक्ति-प्रधान।

—रामचन्द्र शुक्ल

काशी

२-२-१९३९

चिन्तामणि

भाव या मनोविकार

अनुभूति के द्वन्द्व ही से प्राणी के जीवन का आरम्भ होता है। उच्च प्राणी मनुष्य भी केवल एक जोड़ी अनुभूति लेकर इस संसार में आता है। बच्चे के छोटे-से हृदय में पहले सुख और दु:ख की सामान्य अनुभूति भरने के लिए जगह होती है। पेट का भरा या खाली रहना ही ऐसी अनुभूति के लिए पर्याप्त होता है। जीवन के आरम्भ में इन्हीं दोनों के चिह्न हँसना और रोना देखे जाते हैं पर ये अनुभूतियाँ बिलकुल सामान्य रूप में रहती हैं, विशेष-विशेष विषयों की ओर विशेष-विशेष रूपों में ज्ञानपूर्वक उन्मुख नहीं होतीं।

नाना विषयों के बोध का विधान होने पर ही उनसे सम्बन्ध रखने वाली इच्छा की अनेकरूपता के अनुसार अनुभूति के भिन्न-भिन्न योग संघटित होते हैं जो भाव या मनोविकार कहलाते हैं। अत: हम कह सकते हैं कि सुख और दु:ख की मूल अनुभूति ही विषय-भेद के अनुसार प्रेम, हास, उत्साह, आश्चर्य, क्रोध, भय, करुणा, घृणा इत्यादि मनोविकारों का जटिल रूप धारण करता है। जैसे यदि शरीर में कहीं सुई चुभने की पीड़ा हो तो केवल सामान्य दु:ख होगा; पर यदि साथ ही यह ज्ञात हो जाय कि सुई चुभानेवाला कोई व्यक्ति है तो उस दु:ख की भावना कई मानसिक और शारीरिक वृत्तियों के साथ संश्लिष्ट होकर उस मनोविकार की योजना करेगी जिसे क्रोध कहते हैं। जिस बच्चे को पहले अपने ही दु:ख का ज्ञान होता था, बढ़ने पर असंलक्ष्यक्रम अनुमान-द्वारा उसे और बालकों का कष्ट या रोना देखकर भी एक विशेष प्रकार का दु:ख होने लगता है जिसे दया या करुणा कहते हैं। इसी प्रकार जिस पर अपना वश न हो ऐसे कारण से पहुँचानेवाले भावी अनिष्ट के निश्चय से जो दु:ख होता है वह भय कहलाता है। बहुत छोटे बच्चे को, जिसे यह निश्चयात्मिका बुद्धि नहीं होती, भय कुछ भी नहीं होता। यहाँ तक कि उसे मारने के लिए हाथ उठाये तो भी वह विचलित न होगा; क्योंकि वह निश्चय नहीं कर सकता कि इस हाथ उठाने का परिणाम दु:ख होगा।

मनोविकारों या भावों की अनुभूतियाँ परस्पर तथा सुख या दु:ख की मूल अनुभूति से ऐसी ही भिन्न होती हैं जैसे रासायनिक मिश्रण परस्पर तथा अपने संयोजक द्रव्यों से भिन्न होते हैं। विषय-बोध की विभिन्नता तथा उससे सम्बन्ध रखने वाली इच्छाओं की विभिन्नता के अनुसार मनोविकारों की अनेकरूपता का विकास होता है। हानि या दु:ख के कारण में हानि या दु:ख पहुँचाने की चेतन वृत्ति का पता पाने पर हमारा काम उस मूल अनुभूति से नहीं चल सकता जिसे दु:ख कहते हैं, बल्कि उसके योग से संघटित क्रोध नामक जटिल भाव की आवश्यकता होती है। जब हमारी इन्द्रियाँ दूर से आती हुई क्लेशकारिणी बातों का पता देने लगती हैं, जब हमारा अन्त:करण हमें भावी आपदा का निश्चय कराने लगता है; तब हमारा

काम दुःख मात्र से नहीं चल सकता बल्कि भागने या बचने की प्रेरणा करने वाले भय से चल सकता है। इसी प्रकार अच्छी लगने वाली वस्तु या व्यक्ति के प्रति जो सुखानुभूति होती है उसी तक प्रयत्नवान प्राणी नहीं रह सकता, बल्कि उसकी प्राप्ति, रक्षा या संयोग की प्रेरणा करनेवाले लोभ या प्रेम के वशीभूत होता है।

अपने मूल रूपों में सुख और दुःख दोनों की अनुभूतियाँ कुछ बँधी हुई शारीरिक क्रियाओं की ही प्रेरणा प्रवृत्ति के रूप में करती हैं। उनकी भावना, इच्छा और प्रयत्न की अनेकरूपता का स्फुरण नहीं होता। विशुद्ध सुख की अनुभूति होने पर हम बहुत करेंगे—दाँत निकालकर हँसेंगे, कूदेंगे या सुख पहुँचाने वाली वस्तु से लगे रहेंगे, इसी प्रकार शुद्ध दुःख में हम बहुत करेंगे—हाथ-पैर पटकेंगे, रोयेंगे या दुःख पहुँचाने वाली वस्तु से हटेंगे—पर हम चाहे कितना ही उछल-कूदकर हँसें, कितना ही हाथ-पैर पटककर रोयें, इस हँसने या रोने को प्रयत्न नहीं कह सकते। ये सुख और दुःख के अनिवार्य लक्षण मात्र हैं जो किसी प्रकार की इच्छा का पता नहीं देते। इच्छा के बिना कोई शारीरिक क्रिया प्रयत्न नहीं कहला सकती।

शरीर-मात्र धर्म के प्रकाश से बहुत थोड़े भावों की निर्दिष्ट और पूर्ण व्यंजना हो सकती है। उदाहरण के लिए कम्प को लीजिए कम्प शीत की संवेदना से भी हो सकता है, भय से भी, क्रोध से भी और प्रेम के वेग से भी। अत: जब तक भागना, छिपना या मारना, झपटना इत्यादि प्रयत्नों के द्वारा इच्छा के स्वरूप का पता न लगेगा तब तक भय या क्रोध की सत्ता पूर्णतया व्यक्त न होगी। सभ्य जातियों के बीच इन प्रयत्नों का स्थान बहुत कुछ शब्दों ने लिया है। मुँह से निकले हुए वचन ही अधिकतर भिन्न-भिन्न प्रकार की इच्छाओं का पता देकर भावों की व्यंजना किया करते हैं। इसी से साहित्य-मीमांसकों ने अनुभव के अन्तर्गत आश्रय की उक्तियों को विशेष स्थान दिया है।

क्रोधी चाहे किसी ओर झपटे या न झपटे, उसका यह कहना है कि 'मैं उसे पीस डालूँगा' क्रोध की व्यंजना के लिए काफी होता है। इसी प्रकार लोभी चाहे लपके या न लपके, उसका कहना ही कि 'कहीं वह वस्तु हमें मिल जाती' उसके लोभ का पता देने के लिए बहुत है। वीर रस की जैसी अच्छी और परिष्कृत अनुभूति उत्साहपूर्ण उक्तियों द्वारा होती है वैसी तत्परता के साथ हथियार चलाने और रणक्षेत्र में उछलने-कूदने के वर्णन में नहीं'। बात यह है कि भावों द्वारा प्रेरित प्रयत्न या व्यापार परिमित होते हैं। पर वाणी के प्रसार की कोई सीमा नहीं। उक्तियों में जितनी नवीनता और अनेकरूपता आ सकती है या भावों का जितना अधिक वेग व्यंजित हो सकता है उतना अनुभाव कहलाने वाले व्यापारों द्वारा नहीं। क्रोध के वास्तविक व्यापार तोड़ना-फोड़ना, मारना-पीटना इत्यादि ही हुआ करते हैं, पर क्रोध की उक्ति चाहे जहाँ तक बढ़ सकती है। 'किसी को धूल में मिला देना, चटनी कर डालना, किसी का घर खोदकर तालाब बना डालना' तो मामूली बात है। यही बात सब भावों के सम्बन्ध में समझिए।

समस्त मानव-जीवन के प्रवर्त्तक भाव या मनोविकार ही होते हैं। मनुष्य की प्रवृत्तियों की तह में अनेक प्रकार के भाव ही प्रेरक के रूप में पाये जाते हैं। शील या चरित्र का मूल भी भावों के विशेष प्रकार के संगठन में ही समझना चाहिए। लोक-रक्षा, और लोक-रंजन की सारी व्यवस्था का ढाँचा इन्हीं पर ठहराया गया है। धर्म-शासन, राज-शासन, मत-शासन—सबमें इनसे पूरा काम लिया गया है। इनका सदुपयोग भी हुआ है और दुरुपयोग भी। जिस प्रकार लोक-कल्याण के व्यापक उद्देश्य की सिद्धि के लिए मनुष्य के मनोविकार काम में

लाये गये हैं उसी प्रकार किसी सम्प्रदाय या संस्था के संकुचित और परिमित विधान की सफलता के लिए भी।

सब प्रकार के शासन में—चाहे धर्म-शासन हो, चाहे राज-शासन, या सम्प्रदाय-शासन—मनुष्य-जाति के भय और लोभ से पूरा काम लिया गया है। दण्ड का भय और अनुग्रह का लोभ दिखाते हुए राज-शासन तथा नरक का भय और स्वर्ग का लोभ दिखाते हुए धर्म-शासन और मत-शासन चलते आ रहे हैं। इनके द्वारा भय और लोभ का प्रवर्त्तन उचित सीमा के बाहर भी प्रायः हुआ है और होता रहता है। जिस प्रकार शासकवर्ग अपनी रक्षा और स्वार्थ-सिद्धि के लिए भी इनसे काम लेते आये हैं उसी प्रकार धर्म-प्रवर्तक और आचार्य आपके स्वरूप वैचित्र्य की रक्षा और अपने प्रभाव की प्रतिष्ठा के लिए भी। शासकवर्ग अपने अन्याय और अत्याचार के विरोध की शान्ति के लिए भी डराते और ललचाते आये हैं। मत-प्रवर्त्तक अपने द्वेष और संकुचित विचारों के प्रचार के लिए भी जनता को कँपाते और लपकाते आये हैं। एक जाति को मूर्ति-पूजा करते देख दूसरी जाति के मत-प्रवर्तक ने उसे गुनाहों में दाखिल किया है। एक सम्प्रदाय को भस्म और रुद्राक्ष धारण करते देख दूसरे सम्प्रदाय के प्रचारक ने उसके दर्शन तक में पाप लगाया है। भावक्षेत्र अत्यन्त पवित्र क्षेत्र है। उसे इस प्रकार गन्दा करना लोक के प्रति भारी अपराध समझना चाहिए।

शासन की पहुँच प्रवृत्ति और निवृत्ति की बाहरी व्यवस्था तक ही होती है। उनके मूल या मर्म तक उनकी गति नहीं होती। भीतरी या सच्ची प्रवृत्ति-निवृत्ति को जागरित रखनेवाली शक्ति कविता है जो धर्म-क्षेत्र में शक्ति-भावना को जगाती रहती है। भक्ति धर्म की रसात्मक अनुभूति है। अपने मंगल और लोक के मंगल का संगम उसी के भीतर दिखाई पड़ता है। इस संगम के लिए प्रकृति के क्षेत्र के बीच मनुष्य को अपने हृदय के प्रसार का अभ्यास करना चाहिए। जिस प्रकार ज्ञान नरसत्ता के प्रसार के लिए है उसी प्रकार हृदय भी। रागात्मिका वृत्ति के प्रसार के बिना विश्व के साथ जीवन का प्रकृत सामंजस्य घटित नहीं हो सकता। जब मनुष्य के सुख और आनन्द का मेल शेष प्रकृति के सुख-सौन्दर्य के साथ हो जायेगा, जब उसकी रक्षा का भाव तृणगुल्म, वृक्ष-लता, पशु-पक्षी, कीट-पतंग, सबकी रक्षा के भाव के साथ समन्वित हो जायेगा, तब उसके अवतार का उद्देश्य पूर्ण हो जायेगा और वह जगत् का सच्चा प्रतिनिधि हो जायेगा। काव्य योग की साधना इसी भूमि पर पहुँचाने के लिए है। सच्चे कवियों की वाणी बराबर पुकारती आ रही है—

विधि के बनाये जीव जेते हैं जहाँ के तहाँ
खेलत फिरत तिन्हैं खेलन फिरन देव। —ठाकुर

उत्साह

दुःख के वर्ग में जो स्थान भय का है, वही स्थान आनन्द-वर्ग में उत्साह का है। भय में हम प्रस्तुत कठिन स्थिति के नियम से विशेष रूप में दुःखी और कभी-कभी उस स्थिति से अपने को दूर रखने के लिए प्रयत्नवान् भी होते हैं। उत्साह में हम आने वाली कठिन स्थिति के भीतर साहस के अवसर के निश्चय द्वारा प्रस्तुत कर्म-सुख की उमंग से अवश्य प्रयत्नवान् होते हैं। उत्साह में कष्ट या हानि सहने की दृढ़ता के साथ-साथ कर्म में प्रवृत्ति होने के आनन्द का योग रहता है। साहस-पूर्ण आनन्द की उमंग का नाम उत्साह है। कर्म-सौन्दर्य के उपासक ही सच्चे उत्साही कहलाते हैं।

जिन कर्मों में किसी प्रकार का कष्ट या हानि सहने का साहस अपेक्षित होता है उन सब के प्रति उत्कण्ठापूर्ण आनन्द उत्साह के अन्तर्गत लिया जाता है। कष्ट या हानि के भेद के अनुसार उत्साह के भी भेद हो जाते हैं। साहित्य-मीमांसकों ने इसी दृष्टि से युद्ध-वीर, दान-वीर, दया-वीर इत्यादि भेद किये हैं। इनमें सबसे प्राचीन और प्रधान युद्ध वीरता है, जिसमें आघात, पीड़ा क्या मृत्यु तक की परवा नहीं रहती। इस प्रकार की वीरता का प्रयोजन अत्यन्त प्राचीन काल से पड़ता चला आ रहा है, जिसमें साहस और प्रयत्न दोनों चरम उत्कर्ष पर पहुँचते हैं। पर केवल कष्ट या पीड़ा सहन करने के साहस में ही उत्साह का स्वरूप स्फुरित नहीं होता। उसके साथ आनन्द-पूर्ण प्रयत्न या उसकी उत्कण्ठा का योग चाहिए। बिना बेहोश हुए भारी फोड़ा चिराने को तैयार होना साहस कहा जायेगा, पर उत्साह नहीं। इसी प्रकार चुपचाप, बिना हाथ-पैर हिलाये, घोर प्रहार सहने के लिए तैयार रहना साहस और कठिन-से-कठिन प्रहार सहकर भी जगह से न हटना धीरता कही जायेगी। ऐसे साहस और धीरता को उत्साह के अन्तर्गत तभी ले सकते हैं जबकि साहसी या धीर उस काम को आनन्द के साथ करता चला जायेगा जिसके कारण उसे इतने प्रहार सहने पड़ते हैं। सारांश यह कि आनन्दपूर्ण प्रयत्न या उसकी उत्कण्ठा में ही उत्साह का दर्शन होता है, केवल कष्ट सहने के निश्चेष्ट साहस में नहीं। धृति और साहस दोनों का उत्साह के बीच संचरण होता है।

दान-वीर में अर्थ-त्याग का साहस अर्थात् उसके कारण होने वाले कष्ट या कठिनता को सहने की क्षमता अन्तर्हित रहती है। दानवीरता तभी कही जायेगी जब दान के कारण दानी को अपने जीवन-निर्वाह में किसी प्रकार का कष्ट या कठिनता दिखाई देगी। इसी कष्ट या कठिनता की मात्रा या सम्भावना जितनी ही अधिक होगी, दानवीरता उतनी ही ऊँची समझी जायेगी। पर इस अर्थ-त्याग के साहस के साथ ही जब तक पूर्ण तत्परता और आनन्द के चिह्न न दिखाई पड़ेंगे तब तक उत्साह का स्वरूप न खड़ा होगा।

युद्ध के अतिरिक्त संसार में और भी ऐसे विकट काम होते हैं जिसमें घोर शारीरिक कष्ट सहना पड़ता है और प्राण-हानि तक की संभावना रहती है। अनुसंधान के लिए तुषार-मण्डित अभ्रभेदी अगम्य पर्वतों की चढ़ाई, ध्रुव देश या सहारा के रेगिस्तान का सफर; क्रूर, बर्बर

जातियों के बीच अज्ञात घोर जंगलों में प्रवेश इत्यादि भी पूरी वीरता और पराक्रम के कर्म हैं। इनमें जिस आनन्दपूर्ण तत्परता के साथ लोग प्रवृत्त हुए हैं वह भी उत्साह ही है।

मनुष्य शारीरिक कष्ट से ही पीछे हटने वाला प्राणी नहीं है। मानसिक क्लेश की सम्भावना से भी बहुत से कर्मों की ओर प्रवृत्त होने का साहस उसे नहीं होता। जिन बातों से समाज के बीच उपहास, निन्दा, अपमान इत्यादि का भय रहता है उन्हें अच्छी और कल्याणकारिणी समझते हुए भी बहुत से लोग उनसे दूर रहते हैं। प्रत्यक्ष हानि देखते हुए भी कुछ प्रथाओं का अनुसरण बड़े-बड़े समझदार तक इसलिए करते चलते हैं कि उनके त्याग से वे बुरे कहे जायेंगे, लोगों में उनका वैसा आदर-सम्मान न रह जायेगा। उसके लिए मानग्लानि का कष्ट सब शारीरिक क्लेशों से बढ़कर होता है। जो लोग मान-अपमान का कुछ भी ध्यान न करके निन्दा-स्तुति की कुछ भी परवा न करके किसी प्रचलित प्रथा के विरुद्ध पूर्ण तत्परता और प्रसन्नता के साथ कार्य करते जाते हैं वे एक ओर तो उत्साही और वीर कहलाते हैं दूसरी ओर भारी बेहया।

किसी शुभ परिणाम पर दृष्टि रखकर निन्दा-स्तुति, मान-अपमान आदि की कुछ परवा न करके प्रचलित प्रथाओं का उल्लंघन करने वाले वीर या उत्साही कहलाते हैं, यह देखकर बहुत से लोग केवल इसके विरुद्ध लोभ में ही अपनी उछल-कूद दिखाया करते हैं। वे केवल उत्साही या साहसी कहे जाने के लिए ही चली आती हुई प्रथाओं को तोड़ने की धूम मचाया करते हैं। शुभ या अशुभ परिणाम से उनसे कोई मतलब नहीं, उनकी ओर उनका ध्यान लेशमात्र नहीं रहता। जिस पक्ष के बीच की सुख्याति का वे अधिक महत्त्व समझते हैं उनकी वाहवाही से उत्पन्न आनन्द की चाह में वे दूसरे पक्ष के बीच की निन्दा या अपमान की कुछ परवा नहीं करते। ऐसे ओछे लोगों के साहस या उत्साह की अपेक्षा उन लोगों का उत्साह या साहस-भाव की दृष्टि से—कहीं अधिक मूल्यवान है जो किसी प्राचीन प्रथा की—चाहे वह वास्तव में हानिकारिणी ही हो—उपयोगिता का सच्चा विश्वास रखते हुए प्रथा तोड़ने वालों की निन्दा, उपहास, अपमान आदि सहा करते हैं।

समाज-सुधार के वर्तमान आन्दोलनों के बीच जिस प्रकार सच्ची अनुभूति से प्रेरित उच्चाशय और गम्भीर पुरुष पाये जाते हैं उसी प्रकार तुच्छ मनोवृत्तियों द्वारा प्रेरित साहसी और दयावान् भी बहुत मिलते हैं। मैंने कई छिछोरों और लम्पटों को विधवाओं की दशा पर दया दिखाते हुए उनके पापाचार के लम्बे-चौड़े दास्तान हरदम सुनते-सुनाते पाया है। ऐसे लोग वास्तव में काम-कथा के रूप में ऐसे वृत्तांतों का तन्मयता के साथ कथन और श्रवण करते हैं। इस ढाँचे के लोगों से सुधार के कार्य में कुछ सहायता पहुँचाने के स्थान पर बाधा पहुँचाने की ही सम्भावना रहती है। 'सुधार' के नाम पर साहित्य के क्षेत्र में भी ऐसे लोग गन्दगी फैलाते पाये जाते हैं।

उत्साह की गिनती अच्छे गुणों में होती है। किसी भाव के अच्छे या बुरे होने का निश्चय अधिकतर उसकी प्रवृत्ति के शुभ या अशुभ परिणाम के विचार से होता है। वही उत्साह जो कर्त्तव्य कर्मों के प्रति इतना सुन्दर दिखाई पड़ता है, अकर्त्तव्य कर्मों की ओर होने पर वैसा श्लाघ्य नहीं प्रतीत होता। आत्मरक्षा, पर-रक्षा, देश-रक्षा आदि के निमित्त साहस की जो उमंग दिखाई देती है उसके सौंदर्य को परपीड़न, डकैती आदि कर्मों का साहस कभी नहीं पहुँच सकता। यह बात होते हुए भी विशुद्ध उत्साह या साहस की प्रशंसा संसार में थोड़ी-बहुत

होती ही है। अत्याचारियों या डाकुओं के शौर्य और साहस की कथाएँ भी लोग तारीफ करते हुए सुनते हैं।

अब तक उत्साह का प्रधान रूप ही हमारे सामने रहा, जिसमें साहस का पूरा योग रहता है। पर कर्ममात्र के संपादन में जो तत्परतापूर्ण आनन्द देखा जाता है वह उत्साह ही कहा जाता है। सब कामों में साहस अपेक्षित नहीं होता, पर थोड़ा-बहुत आराम-विश्राम, सुभीते आदि का त्याग सबको करना पड़ता है, और कुछ नहीं तो उठकर बैठना, खड़ा होना या दस-पाँच कदम चलना ही पड़ता है। जब तक आनन्द का लगाव किसी क्रिया, व्यापार या उसकी भावना के साथ नहीं दिखाई पड़ता तब तक उसे 'उत्साह' की संज्ञा प्राप्त नहीं होती। यदि किसी प्रिय मित्र के आने का समाचार पाकर हम चुपचाप ज्यों के त्यों आनन्दित होकर बैठे रह जायँ या थोड़ा हँस भी दें तो यह हमारा उत्साह नहीं कहा जायेगा। हमारा उत्साह तभी कहा जायेगा जब हम अपने मित्र का आगमन सुनते ही उठ खड़े होंगे। उससे मिलने के लिए दौड़ पड़ेंगे और उसके ठहरने आदि के प्रबन्ध में प्रसन्न-मुख इधर-उधर आते-जाते दिखाई देंगे। प्रयत्न और कर्म संकल्प उत्साह नामक आनन्द के नित्य लक्षण हैं।

प्रत्येक कर्म में थोड़ा या बहुत बुद्धि का योग भी रहता है। कुछ कर्मों में तो बुद्धि की तत्परता और शरीर की तत्परता दोनों बराबर साथ-साथ चलती है। उत्साह की उमंग जिस प्रकार हाथ-पैर चलवाती है, उसी प्रकार बुद्धि से भी काम कराती है। ऐसे उत्साहवाले वीर को कर्मवीर कहना चाहिए या बुद्धिवीर—यह प्रश्न मुद्राराक्षस नाटक बहुत अच्छी तरह हमारे सामने लाता है। चाणक्य और राक्षस के बीच जो चोटें चली हैं वे नीति की हैं—शस्त्र की नहीं। अतः विचार करने की बात यह है कि उत्साह की अभिव्यक्ति बुद्धि-व्यापार के अवसर पर होती है अथवा बुद्धि द्वारा निश्चित उद्योग में तत्पर होने की दशा में। हमारे देखने में तो उद्योग की तत्परता में ही उत्साह की अभिव्यक्ति होती है; अतः कर्मवीर ही कहना ठीक है।

बुद्धि-वीर दृष्टान्त कभी-कभी हमारे पुराने ढंग के शास्त्रार्थों में देखने को मिल जाते हैं। जिस समय किसी भारी शास्त्रार्थी पण्डित से भिड़ने के लिए कोई विद्यार्थी आनन्द के साथ सभा में आगे आता है, उस समय उसके बुद्धि-साहस की प्रशंसा अवश्य होती है। वह जीते या हारे, बुद्धि-वीर समझा ही जाता है। इस जमाने में वीरता का प्रसंग उठाकर वाग्वीर का उल्लेख यदि न हो तो बात अधूरी ही समझी जायेगी। ये वाग्वीर आजकल बड़ी-बड़ी सभाओं के मंचों पर से लेकर स्त्रियों के उठाये हुए पारिवारिक प्रपंचों तक में पाये जाते हैं और काफी तादाद में।

थोड़ा यह भी देखना चाहिए कि उत्साह में ध्यान किस पर रहता है। कर्म पर, उसके फल पर अथवा व्यक्ति या वस्तु पर? हमारे विचार में उत्साही वीर का ध्यान आदि से अन्त तक पूरी कर्म शृंखला पर से होता हुआ उसकी सफलतारूपी समाप्ति तक फैला रहता है। इसी ध्यान से जो आनन्द की तरंगें उठती हैं वे ही सारे प्रयत्न को आनन्दमय कर देती हैं। युद्ध-वीर में विजेतव्य को आलम्बन कहा गया है। उसका अभिप्राय यही है कि विजेतव्य कर्म-प्रेरक के रूप में वीर के ध्यान में स्थिर रहता है, वह कर्मस्वरूप का भी निर्धारण करता है। पर आनन्द और साहस के मिश्रित भाव का सीधा लगाव उसके साथ नहीं रहता। सच पूछिए तो वीर के उत्साह का विषय विजय-विधायक कर्म या युद्ध ही रहता है। दानवीर और धर्मवीर पर विचार करने से यह बात स्पष्ट हो जाती है। दान दयावश, श्रद्धावश या कीर्ति-

लोभवश दिया जाता है। यदि श्रद्धा-वश दान दिया जा रहा है तो दान-पात्र वास्तव में श्रद्धा का और यदि दया-वश दिया जा रहा है तो पीड़ित यथार्थ में दया का विषय या आलम्बन ठहरता है। अतः उस श्रद्धा या दया की प्रेरणा से जिस कठिन या दुस्साध्य कर्म की प्रवृत्ति होती है उसी की ओर उत्साही का साहसपूर्ण आनन्द उन्मुख कहा जा सकता है। अतः और रसों में आलम्बन का स्वरूप जैसा निर्दिष्ट रहता है वैसा वीररस में नहीं। बात यह है कि उत्साह एक यौगिक भाव है जिसमें साहस और आनन्द का मेल रहता है।

जिस व्यक्ति या वस्तु पर प्रभाव डालने के लिए वीरता दिखाई जाती है उसकी ओर उन्मुख कर्म होता है और कर्म की ओर उन्मुख उत्साह नामक भाव होता है। सारांश यह है कि किसी व्यक्ति या वस्तु के साथ उत्साह का सीधा लगाव नहीं होता। समुद्र लाँघने के लिए जिस उत्साह के साथ हनुमान उठे हैं उसका कारण समुद्र नहीं—समुद्र लाँघने का विकट कर्म है। कर्म-भावना ही उत्साह उत्पन्न करती है, वस्तु या व्यक्ति की भावना नहीं।

किसी कर्म के सम्बन्ध में जहाँ आनन्दपूर्ण तत्परता दिखाई पड़ी कि हम उसे उत्साह कह देते हैं। कर्म के अनुष्ठान में जो आनन्द होता है उसका विधान तीन रूपों में दिखाई पड़ता है—

१. कर्म-भावना से उत्पन्न,

२. फल-भावना से उत्पन्न और

३. आगन्तुक, अर्थात् विषयान्तर से प्राप्त।

इनमें कर्म-भावना-प्रसूत आनन्द को ही सच्चे वीरों का आनन्द समझना चाहिए, जिसमें साहस का योग प्रायः बहुत अधिक रहा करता है। सच्चा वीर जिस समय मैदान में उतरता है उसी समय उसमें उतना आनन्द भरा रहता है जितना औरों को विजय या सफलता प्राप्त करने पर होता है। उसके सामने कर्म और फल के बीच या तो कोई अन्तर होता ही नहीं या बहुत सिमटा हुआ होता है। इसी से कर्म की ओर यह उसी झोंक से लपकता है जिस झोंक से साधारण लोग फल की ओर लपका करते हैं। इसी कर्मप्रवर्तक आनन्द की मात्रा के हिसाब से शौर्य और साहस का स्फुरण होता है।

फल की भावना से उत्पन्न आनन्द भी साधक कर्मों की ओर हर्ष और तत्परता के साथ प्रवृत्त करता है। पर फल का लोभ जहाँ प्रधान रहता है वहाँ कर्म-विषयक आनन्द उसी फल की भावना की तीव्रता और मन्दता पर अवलम्बित रहता है। उद्योग के प्रभाव के बीच जब-जब फल की भावना मन्द पड़ती है—उसकी आशा कुछ धुँधली पड़ जाती है तब-तब आनन्द की उमंग गिर जाती है और उसी के साथ उद्योग में भी शिथिलता आ जाती है। पर कर्म-भावना-प्रधान उत्साह बराबर एकरस रहता है। फलासक्त उत्साही असफल होने पर खिन्न और दुःखी होता है, पर कर्मासाक्त उत्साही केवल कर्मानुष्ठान के पूर्व की अवस्था में हो जाता है। अतः हम कह सकते हैं कि कर्म-भावना-प्रधान उत्साह ही सच्चा उत्साह है। फल-भावना-प्रधान उत्साह तो लोभ ही का एक प्रच्छन्न रूप है।

उत्साह वास्तव में कर्म और फल की मिली-जुली अनुभूति है जिसकी प्रेरणा से तत्परता आती है। यदि फल दूर ही पर दिखाई पड़े, उसकी भावना के साथ ही उसका लेशमात्र भी कर्म या प्रयत्न के साथ लगाव न मालूम हो तो हमारे हाथ-पाँव कभी न उठें और उस फल के साथ हमारा संयोग ही न हो। इससे कर्म शृंखला की पहली कड़ी पकड़ते ही फल के आनन्द

की भी कुछ अनुभूति होने लगती है। यदि हमें यह निश्चय हो जाये की अमुक स्थान पर जाने से हमें किसी प्रिय व्यक्ति का दर्शन होगा तो उस निश्चय के प्रभाव से हमारी यात्रा भी अत्यन्त प्रिय हो जायेगी। हम चल पड़ेंगे और हमारे अंगों की प्रत्येक गति में प्रफुल्लता दिखाई देगी। यही प्रफुल्लता कठिन-से-कठिन कर्मों के साधन में भी देखी जाती है। वे कर्म भी प्रिय हो जाते हैं और अच्छे लगने लगते हैं। जब तक फल तक पहुँचनेवाला कर्म-पथ अच्छा न लगेगा तब तक केवल फल का अच्छा लगना कुछ नहीं। फल की इच्छा मात्र हृदय में रखकर जो प्रयत्न किया जायेगा वह अभावमय और आनन्दशून्य होने के कारण निर्जीव-सा होगा।

कर्म-रुचि-शून्य प्रयत्न में कभी-कभी इतनी उतावली और आकुलता होती है कि मनुष्य साधना के उत्तरोत्तर क्रम का निर्वाह न कर सकने के कारण बीच ही में चूक जाता है। मान लीजिए कि एक ऊँचे पर्वत के शिखर पर विचरते हुए किसी व्यक्ति को नीचे बहुत दूर तक गयी हुई सीढ़ियाँ दिखाई दीं और यह मालूम हुआ कि नीचे उतरने पर सोने का ढेर मिलेगा। यदि उसमें इतनी सजीवता है कि उक्त सूचना के साथ ही वह उस स्वर्ण-राशि के साथ एक प्रकार के मानसिक संयोग का अनुभव करने लगा तथा उसका चित्त प्रफुल्ल और अंग सचेष्ट हो गये, उसे एक-एक सीढ़ी स्वर्णमयी दिखाई देगी, एक-एक सीढ़ी उतरने में उसे आनन्द मिलता जायेगा, एक-एक क्षण उसे सुख से बीतता हुआ जान पड़ेगा और वह प्रसन्नता के साथ स्वर्णराशि तक पहुँचेगा। इस प्रकार उसके प्रयत्न-काल को भी फल-प्राप्ति काल के अन्तर्गत ही समझना चाहिए। इसके विरुद्ध यदि उसका हृदय दुर्बल होगा और उसमें इच्छामात्र ही उत्पन्न होकर रह जायेगी; तो अभाव के बोध के कारण उसके चित्त में यही होगा कि कैसे झट से नीचे पहुँच जायँ। उसे एक-एक सीढ़ी उतरना बुरा मालूम होगा और आश्चर्य नहीं कि वह या तो हारकर बैठ जाये या लड़खड़ाकर मुँह के बल गिर पड़े।

फल की विशेष आसक्ति से कर्म के लाघव की वासना उत्पन्न होती है; चित्त में यही आता है कि कर्म बहुत कम या बहुत सरल करना पड़े और फल बहुत-सा मिल जाये। श्रीकृष्ण ने कर्म-मार्ग से फलासक्ति की प्रबलता हटाने का बहुत ही स्पष्ट उपदेश दिया; पर उनके समझाने पर भी भारतवासी इस वासना से ग्रस्त होकर कर्म से तो उदास हो बैठे और फल के इतने पीछे पड़े कि गरमी में ब्राह्मण को एक पेठा देकर पुत्र की आशा करने लगे; चार आने रोज का अनुष्ठान कराके व्यापार से लाभ, शत्रु पर विजय, रोग से मुक्ति, धन-धान्य की वृद्धि तथा और भी न जाने क्या-क्या चाहने लगे। आसक्ति प्रस्तुत या उपस्थित वस्तु में ही ठीक कही जा सकती है। कर्म सामने उपस्थित रहता है। इससे आसक्ति उसी में चाहिए। फल दूर रहता है, इससे उसकी ओर कर्म का लक्ष्य काफी है। जिस आनन्द से कर्म की उत्तेजना होती है और जो आनन्द कर्म करते समय तक बराबर चला चलता है उसी का नाम उत्साह है।

कर्म के मार्ग पर आनन्दपूर्वक चलता हुआ उत्साही मनुष्य यदि अन्तिम फल तक न भी पहुँचे तो भी उसकी दशा कर्म न करने वाले की अपेक्षा अधिकतर अवस्थाओं में अच्छी रहेगी; क्योंकि एक तो कर्म-काल में उसका जो जीवन बीता वह सन्तोष या आनन्द में बीता, उसके उपरान्त फल की अप्राप्ति पर भी उसे यह पछतावा न रहा कि मैंने प्रयत्न नहीं किया। फल पहले से कोई बना-बनाया पदार्थ नहीं होता। अनुकूल प्रयत्न-कर्म के अनुसार, उसके एक-एक अंग की योजना होती है। बुद्धि द्वारा पूर्ण रूप से निश्चित की हुई व्यापार-परम्परा का नाम ही प्रयत्न है। किसी मनुष्य के घर का कोई प्राणी बीमार है। वह वैद्यों के यहाँ से जब तक

ओषधि ला-लाकर रोगी को देता जाता है और इधर-उधर दौड़-धूप करता जाता है तब तक उसके चित्त में जो सन्तोष रहता है—प्रत्येक नये उपचार के साथ जो आनन्द का उन्मेष होता रहता है—यह उसे कदापि न प्राप्त होता, यदि वह रोता हुआ बैठा रहता। प्रयत्न की अवस्था में उसके जीवन का जितना अंश सन्तोष, आशा और उत्साह में बीता, अप्रयत्न की दशा में उतना ही अंश केवल शोक और दुःख में कटता। इसके अतिरिक्त रोगी के न अच्छे होने की दशा में भी वह आत्मग्लानि के उस कठोर दुःख से बचा रहेगा जो उसे जीवन भर यह सोच-सोचकर होता कि मैंने पूरा प्रयत्न नहीं किया।

कर्म में आनन्द अनुभव करने वालों ही का नाम कर्मण्य है। धर्म और उदारता के उच्च कर्मों के विधान में हीं एक ऐसा दिव्य आनन्द भरा रहता है कि कर्ता को वे कर्म ही फलस्वरूप लगते हैं। अत्याचार का दमन और क्लेश का शमन करते हुए चित्त में जो उल्लास और तुष्टि होती है, वही लोकोपकारी कर्मवीर का सच्चा सुख है। उसके लिए सुख तब तक के लिए रुका नहीं रहता जब तक कि फल प्राप्त न हो जाये; बल्कि उसी समय से थोड़ा-थोड़ा करके मिलने लगा है जब से वह कर्म की ओर हाथ बढ़ाता है।

कभी-कभी आनन्द का मूल विषय तो कुछ और रहता है, पर उस आनन्द के कारण एक ऐसी स्फूर्ति होती है जो बहुत से कामों की ओर हर्ष के साथ अग्रसर करती है। इसी प्रसन्नता और तत्परता को देख लोग कहते हैं कि वे काम बड़े उत्साह से किये जा रहे हैं। यदि किसी मनुष्य को बहुत सा लाभ हो जाता है या उसकी कोई बड़ी भारी कामना पूर्ण हो जाती है तो जो काम उसके सामने आते हैं उन सबको वह बड़े हर्ष और तत्परता के साथ करता है। उसके इस हर्ष और तत्परता को भी लोग उत्साह ही कहते हैं। इसी प्रकार किसी उत्तम फल या सुख प्राप्ति की आशा या निश्चय से उत्पन्न आनन्द, फलोन्मुख प्रयत्नों के अतिरिक्त और दूसरे व्यापारों के साथ संलग्न होकर, उत्साह के रूप में दिखाई पड़ता है। यदि हम किसी ऐसे उद्योग में लगे हैं जिससे आगे चलकर हमें बहुत लाभ या सुख की आशा है तो हम उस उद्योग को तो उत्साह के साथ करते ही हैं, अन्य कार्यों में भी प्रायः अपना उत्साह दिखा देते हैं।

यह बात उत्साह में नहीं, अन्य मनोविकारों में बराबर पायी जाती है। यदि हम किसी बात पर क्रुद्ध बैठे हैं और इसी बीच में कोई दूसरा आकर हमसे कोई बात सीधी तरह भी पूछता है तो भी हम उस पर झुँझला उठते हैं। इस झुँझलाहट का न तो कोई निर्दिष्ट कारण होता है, न उद्देश्य। यह केवल क्रोध की स्थिति व्याघात को रोकने की क्रिया है, क्रोध की रक्षा का प्रयत्न है। इस झुँझलाहट द्वारा हम यह प्रकट करते हैं कि हम क्रोध में हैं और क्रोध ही में रहना चाहते हैं। क्रोध को बनाये रखने के लिए हम उन बातों से भी क्रोध ही संचित करते हैं जिनसे दूसरी अवस्था में हम विपरीत भाव प्राप्त करते। इसी प्रकार यदि हमारा चित्त किसी विषय में उत्साहित रहता है तो हम अन्य विषयों में भी अपना उत्साह दिखा देते हैं। यदि हमारा मन बढ़ा हुआ रहता है तो हम बहुत से काम प्रसन्नतापूर्वक करने के लिए तैयार हो जाते हैं। इसी बात का विचार करके सलाम-साधक लोग हाकिमों से मुलाकात करने के पहले अर्दलियों से उनका मिजाज पूछ लिया करते हैं।

श्रद्धा-भक्ति

किसी मनुष्य में जन-साधारण से विशेष गुण व शक्ति का विकास देख उसके सम्बन्ध में जो एक स्थायी आनन्द-पद्धति हृदय में स्थापित हो जाती है उसे श्रद्धा कहते हैं। श्रद्धा महत्त्व की आनन्दपूर्ण स्वीकृति के साथ-साथ पूज्य बुद्धि का संचार है। यदि हमें निश्चय हो जायेगा कि कोई मनुष्य बड़ा वीर, बड़ा सज्जन, बड़ा गुणी, बड़ा दानी, बड़ा विद्वान्, बड़ा परोपकारी व बड़ा धर्मात्मा है तो वह हमारे आनन्द का एक विषय हो जायेगा। हम उसका नाम आने पर प्रशंसा करने लगेंगे, उसे सामने देख आदर से सिर नवायेंगे; किसी प्रकार का स्वार्थ न रहने पर भी हम सदा उसका भला चाहेंगे, उसकी बढ़ती से प्रसन्न होंगे और अपनी पोषित आनन्द-पद्धति में व्याघात पहुँचने के कारण उसकी निंदा न सह सकेंगे। इससे सिद्ध होता है कि जिन कार्मों के प्रति श्रद्धा होती है उनका होना संसार को वांछित है। यही विश्वकामना श्रद्धा की प्रेरणा का मूल है।

प्रेम और श्रद्धा में अन्तर यह है कि प्रेम स्वाधीन कार्यों पर उतना निर्भर नहीं—कभी-कभी किसी का रूप मात्र, जिसमें उसका कुछ भी हाथ नहीं, उसके प्रति प्रेम उत्पन्न होने का कारण होता है, पर श्रद्धा ऐसी नहीं है। किसी की सुन्दर आँख या नाक देखकर उसके प्रति श्रद्धा नहीं उत्पन्न होगी, प्रीति उत्पन्न हो सकती है। प्रेम के लिए इतना ही बस है कि कोई मनुष्य हमें अच्छा लगे, पर श्रद्धा के लिए आवश्यक यह है कि मनुष्य किसी बात में बढ़ा हुआ होने के कारण हमारे सम्मान का पात्र हो। श्रद्धा का व्यापार स्थल विस्तृत है, प्रेम का एकांत। प्रेम में घनत्व अधिक है और श्रद्धा में विस्तार। किसी मनुष्य से प्रेम रखनेवाले दो ही एक मिलेंगे, पर उस पर श्रद्धा रखने वाले सैकड़ों, हजारों, लाखों क्या करोड़ों मिल सकते हैं। सच पूछिए तो इसी श्रद्धा के आश्रय से उन कर्मों के महत्त्व का भाव दृढ़ होता रहता है जिन्हें धर्म कहते हैं और जिनमें मनुष्य-समाज की स्थिति है। कर्त्ता से बढ़कर कर्म का स्मारक दूसरा नहीं। कर्म की क्षमता प्राप्त करने के लिए बार-बार कर्त्ता ही की ओर आँख उठती है। कर्मों से कर्त्ता की स्थिति को जो मनोहरता प्राप्त हो जाती है उस पर मुग्ध होकर बहुत से प्राणी उन कर्मों की ओर प्रेरित होते हैं। कर्त्ता अपने सत्कर्म द्वारा एक विस्तृत क्षेत्र में मनुष्य की सद्वृत्तियों के आकर्षण का एक शक्ति केन्द्र हो जाता है। जिस समाज में किसी ऐसे ज्योतिष्मान् शक्ति केन्द्र का उदय होता है उस समाज में भिन्न-भिन्न हृदयों से शुभ भावनाएँ मेघ-खण्डों के समान उठकर तथा एक ओर और एक साथ अग्रसर होने के कारण परस्पर मिलकर, इतनी घनी हो जाती हैं कि उनकी घटा-सी उमड़ पड़ती है और मंगल की ऐसी वर्षा होती है कि सारे दुःख और क्लेश बह जाते हैं।

हमारे अन्तःकरण में प्रिय के आदर्श रूप का संघटन उसके शरीर या व्यक्ति मात्र के आश्रय से हो सकता है, पर श्रद्धेय के आदर्श रूप का संघटन उसके फैलाये हुए कर्म-तन्तु के उपादान से होता है। प्रिय का चिन्तन हम आँख मूँदे हुए, संसार को भुलाकर, करते हैं, पर श्रद्धेय का चिन्तन हम आँख खोले हुए, संसार का कुछ अंश सामने रखकर करते हैं। यदि प्रेम

स्वप्न है तो श्रद्धा जागरण है। प्रेमी प्रिय को अपने लिए और अपने को प्रिय के लिए संसार से अलग करना चाहता है। प्रेम में केवल दो पक्ष होते हैं, श्रद्धा में तीन। प्रेम में कोई मध्यस्थ नहीं, पर श्रद्धा में मध्यस्थ अपेक्षित है। प्रेमी और प्रिय के बीच कोई और वस्तु अनिवार्य नहीं, पर श्रद्धालु और श्रद्धेय के बीच कोई वस्तु चाहिए। इस बात का स्मरण रखने से यह पहचानना उतना कठिन न रह जायेगा कि किसी के प्रति किसी का कोई आनन्दान्तर्गत भाव प्रेम है या श्रद्धा। यदि किसी कवि का काव्य बहुत अच्छा लगा, किसी चित्रकार का बनाया चित्र बहुत सुन्दर जँचा और हमारे चित्त में उस कवि या चित्रकार के प्रति एक सुहृद्-भाव उत्पन्न हुआ तो वह श्रद्धा है; क्योंकि यह काव्य या चित्ररूप मध्यस्थ द्वारा प्राप्त हुआ है।

प्रेम का कारण बहुत कुछ अनिर्दिष्ट और अज्ञात होता है; पर श्रद्धा का कारण निर्दिष्ट और ज्ञात होता है। कभी-कभी केवल एक साथ रहते-रहते दो प्राणियों में यह भाव उत्पन्न हो जाता है कि वे बराबर साथ रहें; उनका साथ कभी न छूटे। प्रेमी प्रिय के सम्पूर्ण जीवन-क्रम के सतत् साक्षात्कार का अभिलाषी होता है। वह उसका उठना, बैठना, चलना, फिरना, सोना, खाना-पीना सब कुछ देखना चाहता है। संसार में बहुत से लोग उठते-बैठते, चलते-फिरते हैं, पर सबका उठना-बैठना, चलना-फिरना उसको वैसा अच्छा नहीं लगता। प्रेमी प्रिय के जीवन को अपने जीवन से मिलाकर एक निराला मिश्रण तैयार करना चाहता है। वह दो से एक करना चाहता है। सारांश यह है कि श्रद्धा में दृष्टि पहले कर्मों पर से होती हुई श्रद्धेय तक पहुँचती है और प्रीति में प्रिय पर से होती हुई उसके कर्मों आदि पर आ जाती है। एक में व्यक्ति को कर्मों द्वारा मनोहरता प्राप्त होती है, दूसरी में कर्मों को व्यक्ति-द्वारा। एक में कर्म प्रधान है, दूसरी में व्यक्ति।

किसी के रूप को स्वयं देखकर हम तुरन्त मोहित होकर उससे प्रेम कर सकते हैं, पर उसके रूप की प्रशंसा किसी दूसरे से सुनकर चट हमारा प्रेम नहीं उमड़ पड़ेगा। कुछ काल तक हमारा भाव लोभ के रूप में रहेगा, पीछे वह प्रेम में परिणत हो सकता है। बात यह है कि प्रेम एकमात्र अपने ही अनुभव पर निर्भर रहता है; पर श्रद्धा अपनी सामाजिक विशेषता के कारण दूसरों के अनुभव पर भी जगती है। रूप की भावना का बहुत कुछ सम्बन्ध व्यक्तिगत रुचि से होता है। अतः किसी के रूप और हमारे बीच यदि तीसरा व्यक्ति आया तो इस व्यापार में सामाजिकता आ गयी; क्योंकि हमें उस समय यह ध्यान हुआ कि उस रूप से एक तीसरे व्यक्ति को आनन्द या सुख मिला और हमें भी मिल सकता है। जब तक हम किसी के रूप का बखान सुनकर 'वाह-वाह' करते जायेंगे तब तक हम एक प्रकार के लोभी अथवा रीझने वाले या कद्रदान ही कहलायेंगे, पर जब हम उसके दर्शन के लिए आकुल होंगे, उसे बराबर अपने सामने ही रखना चाहेंगे, तब प्रेम का सूत्रपात समझा जायेगा। श्रद्धा-भाजन पर श्रद्धावान अपना किसी प्रकार अधिकार नहीं चाहता, पर प्रेमी प्रिय के हृदय पर अपना अधिकार चाहता है।

श्रद्धा एक सामाजिक भाव है, इससे अपनी श्रद्धा के बदले में हम श्रद्धेय से अपने लिए कोई बात नहीं चाहते। श्रद्धा धारण करते हुए हम अपने को उस समाज में समझते हैं जिसके किसी अंश पर—चाहे हम व्यष्टि रूप में उनके अन्तर्गत न भी हों—जान-बूझकर उसने कोई शुभ प्रभाव डाला। श्रद्धा स्वयं ऐसे कर्मों के प्रतिकार में होती है जिनका शुभ प्रभाव अकेले हम पर नहीं बल्कि सारे मनुष्य समाज पर पड़ सकता है। श्रद्धा एक ऐसी आनन्दपूर्ण कृतज्ञता है

जिसे हम केवल समाज के प्रतिनिधि रूप में प्रकट करते हैं। सदाचार पर श्रद्धा और अत्याचार पर क्रोध या घृणा प्रकट करने के लिए समाज ने प्रत्येक व्यक्ति को प्रतिनिधित्व प्रदान कर रखा है। यह काम उसने इतना भारी समझा है कि उसका भार सारे मनुष्यों को बाँट दिया है, दो-चार माननीय लोगों के ही सिर पर नहीं छोड़ रखा है। जिस समाज में सदाचार पर श्रद्धा और अत्याचार पर क्रोध प्रकट करने के लिए जितने ही अधिक लोग तत्पर पाये जायेंगे उतना ही वह समाज जाग्रत समझा जायेगा। श्रद्धा की सामाजिक विशेषता एक इसी बात से समझ लीजिए कि जिस पर हम श्रद्धा रखते हैं उस पर चाहते हैं कि और लोग भी श्रद्धा रक्खें—जिस पर हमारा प्रेम होता है उससे और दस-पाँच आदमी प्रेम रक्खें—इसकी हमें परवा क्या, इच्छा ही नहीं होती; क्योंकि हम प्रिय पर लोभवश एक प्रकार का अनन्य अधिकार या इजारा चाहते हैं। श्रद्धालु अपने भाव में संसार को भी सम्मिलित करना चाहता है, पर प्रेमी नहीं।

जब तक समष्टि-रूप में हमें संसार के लक्ष्य का बोध नहीं होता और हमारे अन्तःकरण में सामान्य आदर्शों की स्थापना नहीं होती तब तक हमें श्रद्धा का अनुभव नहीं होता। बच्चों में कृतज्ञता का भाव पाया जाता है पर सदाचार के प्रति उस कृतज्ञता का नहीं जिसे श्रद्धा कहते हैं। अपने साथ किये जाने वाले जिस व्यवहार के लिए वे कृतज्ञ होते हैं उसी को दूसरों के साथ होते देख कर्ता के प्रति कृतज्ञ होना वे देर में सीखते हैं—उस समय सीखते हैं जब वे अपने को किसी समुदाय का अंग समझने लगते हैं। अपने साथ या किसी विशेष मनुष्य के साथ किये जाने वाले व्यवहार के लिए जो कृतज्ञता होती है वह श्रद्धा नहीं है। श्रद्धालु की दृष्टि सामान्य की ओर होनी चाहिए, विशेष की ओर नहीं। अपने सम्बन्धी के प्रति किसी को कोई उपकार करते देख यदि हम कहें कि उस पर हमारी श्रद्धा हो गयी है तो यह हमारा पाखंड है, हम झूठ-मूठ अपने को ऐसे उच्च भाव का धारणकर्ता प्रकट करते हैं। पर उसी सज्जन को दस-पाँच और ऐसे आदमियों के साथ जब हम उपकार करते देखें जिन्हें हम जानते तक नहीं और इस प्रकार हमारी दृष्टि विशेष से सामान्य की ओर हो जाय, तब यदि हमारे चित्त में उसके प्रति पहले से कहीं अधिक कृतज्ञता या पूज्य-बुद्धि का उदय हो तो हम श्रद्धालु की उच्च पदवी के अधिकारी हो सकते हैं। सामान्य रूप में हम किसी के गुण या शक्ति का विचार सारे संसार से सम्बद्ध करके करते हैं, अपने से या किसी विशेष प्राणी से सम्बद्ध करके नहीं। हम देखते हैं कि किसी मनुष्य में कोई गुण या शक्ति है जिसका प्रयोग वह चाहे जहाँ और जिसके प्रति कर सकता है।

श्रद्धा का मूल-तत्त्व है दूसरे का महत्त्व स्वीकारना। अतः जिनकी स्वार्थबद्ध दृष्टि अपने से आगे नहीं जा सकती अथवा अभिमान के कारण जिन्हें अपनी ही बड़ाई के अनुभव की लत लग गयी है उनकी इतनी समायी नहीं कि वे श्रद्धा-ऐसे पवित्र भाव को धारण करें। स्वार्थियों और अभिमानियों के हृदय में श्रद्धा नहीं टिक सकती। उनका अन्तःकरण संकुचित और मलिन होता है कि वे दूसरों की कृति का यथार्थ मूल्य नहीं परख सकते।

स्थूल रूप से श्रद्धा तीन प्रकार की कही जा सकती है—

१. प्रतिभा-सम्बन्धिनी,

२. शील-सम्बन्धिनी और

३. साधन-सम्पत्ति-सम्बन्धिनी।

प्रतिभा से मेरा अभिप्राय अन्तःकरण की उस उद्‌भाविका क्रिया से है जिसके द्वारा कला, विज्ञान आदि नाना क्षेत्रों में नयी-नयी बातें या कृतियाँ उपस्थित की जाती हैं। यह ग्रहण और धारणा-शक्ति से भिन्न है, जिसके द्वारा इधर-उधर से प्राप्त ज्ञान (विद्वत्ता) संचित किया जाता है। कला-सम्बन्धिनी श्रद्धा के लिए श्रद्धालु में भी थोड़ी-बहुत मार्मिक निपुणता चाहिए, इससे उसका अभाव कोई भारी त्रुटि नहीं, वह क्षम्य है। यदि किसी उत्तम काव्य या चित्र की विशेषता न समझने के कारण हम कवि या चित्रकार पर श्रद्धा न कर सके तो यह हमारा अनाड़ीपन है—हमारे रुचि-संस्कार की त्रुटि है। इसका उपाय यही है कि समाज कला-सम्बन्धिनी मर्मज्ञता के प्रचार की व्यवस्था करे, जिससे विविध कलाओं के सामान्य आदर्श की स्थापना जन-समूह में हो जाय। पर इतना होने पर भी कला-सम्बन्धिनी रुचि की विभिन्नता थोड़ी-बहुत अवश्य रहेगी। अश्रद्धालु रुचि का नाम लेकर ईर्ष्या या अहंकार के दोषारोपण से बच जाया करेंगे।

पर शील-सम्बन्धिनी श्रद्धा प्रत्येक व्यक्ति का कर्तव्य है। शील या धर्म के सामान्य लक्षण संसार के प्रत्येक सभ्य जन-समुदाय में प्रतिष्ठित हैं। धर्म ही से मनुष्य-समाज की स्थिति है, अतः उसके सम्बन्ध में किसी प्रकार का रुचि-भेद, मत-भेद आदि नहीं। सदाचारी के प्रति यदि हम श्रद्धा नहीं रखते तो समाज के प्रति अपने कर्तव्य का पालन नहीं करते। यदि किसी को दूसरों के कल्याण के लिए भारी स्वार्थ-त्याग करते देख हमारे मुँह से 'धन्य-धन्य' भी न निकला तो हम समाज के किसी काम के न ठहरे, समाज को हमसे कोई आशा नहीं, हम समाज में रहने योग्य नहीं। किसी कर्म में प्रवृत्त होने से पहले यह स्वीकार करना आवश्यक होता है कि वह कर्म या तो हमारे लिए या समाज के लिए अच्छा है। इस प्रकार की स्वीकृति कर्म की पहली तैयारी है। श्रद्धा द्वारा हम यह आनन्दपूर्वक स्वीकार करते हैं कि कर्म के अमुक-अमुक दृष्टान्त धर्म के हैं, अतः श्रद्धा धर्म की पहली सीढ़ी है। धर्म के इस प्रथम सोपान पर प्रत्येक मनुष्य को रहना चाहिए, जिसमें जब कभी अवसर आये तब वह कर्म-रूपी दूसरे सोपान पर हो जाय।

अब रह गयी साधन-सम्पत्ति-सम्बन्धिनी श्रद्धा की बात। यहाँ पर साधन-सम्पन्नता का ठीक-ठीक भाव समझ लेना आवश्यक है। साधन-सम्पत्ति का अनुपयोग भी हो सकता है, सदुपयोग भी हो सकता है और दुरुपयोग भी हो सकता है। किसी को पद्य रचने की अच्छी अभ्यास-सम्पन्नता है। यदि शिक्षा द्वारा उसके भाव उन्नत हैं, वह सहृदय है तो वह अपनी इस सम्पन्नता का उपयोग मनोहर उच्चभावपूर्ण काव्य प्रस्तुत करने में कर सकता है; यदि उसकी अवस्था ऐसी नहीं है तो वह या तो साधारण, भाव-शून्य गद्य की गीतिका, शिखरिणी आदि नाना छन्दों में परिणत करेगा या अपनी भद्दी और कुरुचिपूर्ण भावनाओं को छन्दोबद्ध करेगा। उसके इस कृत्य पर श्रद्धा रखने वाले भी बहुत मिल जायेंगे। ऐसे व्यक्ति के प्रति जो श्रद्धा होती है वह साधन-सम्पन्नता पर ही होती है, साध्य की पूर्णता पर नहीं।

देशी कारीगरी, चित्रकारी, संगीत आदि में नियम पालन के अभ्यास द्वारा प्राप्त इस साधन-सम्पन्नता पर ही इधर बहुत दिनों से अधिक ध्यान दिया जाने लगा था और मानव-हृदय पर इन मनोहारिणी कलाओं के प्रभाव का बहुत कम विचार होने लगा था। बहुत से पुराने मकानों की कारीगरी देखिए तो उनमें बहुत-सा काम गिचपिच किया हुआ दिखाई देगा, ऐसे महीन बेल-बूटों की भिन्न-भिन्न पटरियाँ दीवारों में जमाई हुई मिलेंगी जो बिना आँख को पास ले जाकर सटाये स्पष्ट न जान पड़ेंगे। सारे मकान को एक बार में देखने से इन सबों का

सम्मिलित प्रभाव दृष्टि और मन पर क्या पड़ेगा, इसका कुछ भी विचार बनानेवालों ने नहीं किया, यह स्पष्ट दिखाई पड़ेगा। ऐसे कामों में अभ्यास का तथा समय और श्रम के व्यय (या अपव्यय) का पूरा परिचय मिलता है, पर विचार और सहृदयतापूर्वक उनके उपयोग का बहुत कम। समझने की बात है कि इमारत हाथ पर लेकर देखने की चीज नहीं है, दस-पाँच हाथ दूर पर खड़े होकर देखने की चीज है।

चित्रकारी की दशा भी इसी प्रकार की हो गयी थी। राधा-कृष्ण कदम्ब के नीचे खड़े हैं। कदम्ब की एक-एक पत्ती अलग-अलग बारीकी के साथ बनी दिखाई पड़ती है। राधा की चुनरी की एक-एक बूटी बड़ी सावधानी और मेहनत के साथ बनायी गयी है। देखनेवाले को यह नहीं जान पड़ता कि वह कुछ दूर पर खड़ा होकर कदम्ब और राधा-कृष्ण को एक साथ देख रहा है, बल्कि यह जान पड़ता है कि कभी तो पत्तियाँ गिनने के लिए वह पेड़ पर चढ़ता है और कभी नमूना लेने के लिए चुनरी हाथ में लेता है। ऐसी रचनाओं के प्रति यदि श्रद्धा प्रकट की जायेगी तो वह अभ्यास, श्रम और बारीकी अर्थात् साधन-सम्पन्नता के विचार से होगी, साध्य की पूर्णता अर्थात् कला के विचार से नहीं, जिसका उद्देश्य मानव-हृदय पर मधुर प्रभाव डालता है।

संगीत के पेच-पाँच देखकर भी हठयोग याद आता है। जिस समय कोई कलावन्त पक्का गाना गाने के लिए आठ अंगुल मुँह फैलाता है और 'आ आ' करके विकल होता है उस समय बड़े-बड़े धीरों का धैर्य छूट जाता है—दिन-दिन भर चुपचाप बैठे रहनेवाले बड़े-बड़े आलसियों का आसन डिग जाता है। जो संगीत नाद की मधुर गति द्वारा मन में माधुर्य का संचार करने के लिए था वह इन पक्के लोगों के हाथ में पड़कर केवल स्वरग्राम की लम्बी-चौड़ी कवायद हो गया। श्रद्धालुओं के अन्तःकरण की मार्मिकता इतनी स्तब्ध हो गयी कि एक खर-श्वान के गले से भी इस लम्बी कवायद को ठीक उतरते देख उनके मुँह से 'वाह-वाह', 'ओहो हो' निकलने लगा। काव्य पर शब्दालंकार आदि का इतना बोझ लादा गया कि उसका सारा रूप ही छिप गया। बात यह हुई कि इन विविध कलाओं के जितने अभ्यासगम्य और श्रमसाध्य अंग थे वे तो हद से बाहर घसीटे गये और जितने सहृदयता से सम्बन्ध रखने वाले थे उन पर ध्यान ही न रहा। यदि ये कलाएँ मूर्तिमान रूप धारण करके सामने आतीं तो दिखाई पड़ता कि किसी को जलोदर हुआ है, किसी को फीलपाँव। इनकी दशा सोने और रत्नों से जड़ी गुठली धारदार तलवार की-सी हो गयी।

किसी मनुष्य में बहुत अधिक शारीरिक बल देख उस पर जन साधारण की श्रद्धा होती है और होनी चाहिए। प्रो० राममूर्ति को मोटर रोकते, लोहे के मोटे-मोटे सीकड़े तोड़ते, छाती पर ४० मन का पत्थर रखते, हाथी खड़ा करते और गाड़ी दौड़ाते देख उनके शारीरिक बल के कारण उन पर श्रद्धा होती है। अब इस सम्पन्नता का वे सदुपयोग भी कर सकते हैं, दुरुपयोग भी कर सकते हैं और अनुपयोग भी कर सकते हैं। वे इसके द्वारा किसी भारी संकट से अपनी या दूसरे की रक्षा भी कर सकते हैं और किसी निरपराध को पीड़ित भी कर सकते हैं पर हमारी श्रद्धा बिना सदुपयोग या दुरुपयोग की सम्भावना की कल्पना किये शुभ-साधन-सम्पन्नता ही पर होती है। कोरे विद्वानों के प्रति जो श्रद्धा होती है वह भी साधन-सम्पन्नता ही पर होती है, उसके उपयोग की निपुणता या प्रतिभा पर निर्भर नहीं होती। विद्वत्ता किसी विषय की बहुत-सी बातों की जानकारी का नाम है, जिसका संचय बहुत कष्ट, श्रम और धारणा से होता है। यह बात विद्वान् की प्रतिभा पर निर्भर है कि वह ज्ञान का भण्डारी और

उपयोग-कर्ता दोनों हो—अर्थात् वह उत्तम चिन्तक, वक्ता, लेखक, अन्वेषक या कवि भी होकर उस संचित साधन का उपयोग करे और अपने मूल विचारों का प्रभावपूर्ण प्रकाश करे। यदि विद्वान में यह प्रतिभा नहीं है—यह शक्ति नहीं है—तो वह अपनी संचित जानकारी को कला-कुशल और प्रतिभाशाली लेखकों या तत्त्वान्वेषकों के सामने रख दे कि वे उससे आवश्यकतानुसार काम लें। इस रीति से उसकी विद्वत्ता सामाजिक उपयोग में आ जायेगी।

भिन्न-भिन्न मानसिक संस्कार के लोगों में किसी विषय से सम्बन्ध रखने वाली श्रद्धा भिन्न-भिन्न मात्रा की हुआ करती है। यदि किसी को शारीरिक बल, साहस या चतुराई पर अत्यन्त अधिक श्रद्धा है तो वह इनका दुरुपयोग देखकर भी बनी रह सकती है। अत्याचारियों के बल, डाकुओं के साहस और लम्पटों की चालाकी की तारीफ संसार में थोड़ी-बहुत होती ही है। एक बात और है। यदि किसी पर किसी एक विषय में अत्यन्त अधिक श्रद्धा है तो उसकी अन्य विषयों की त्रुटियों पर ध्यान नहीं जाता और कभी ध्यान भी जाता है तो वे भी सुहावनी लगती हैं। कोई प्रतिभाशाली कवि विलासप्रिय, मद्यप या सनकी है तो जो अत्यन्त काव्य-प्रेमी होंगे उनकी घृणा को उसके ये दुर्गुण पूर्ण रूप से आकर्षित न कर सकेंगे। यहाँ तक कि उसके इन दुर्गुणों की चर्चा भी वे बड़ी रुचि के साथ करेंगे और सुनेंगे। बात यह है कि मनुष्य का अन्तःकरण एक है। उसकी एक साथ दो परस्पर-विरुद्ध स्थितियाँ नहीं हो सकतीं। इस प्रकार की मानसिक स्तब्धता को श्रद्धान्धता कह सकते हैं। यद्यपि श्रद्धान्ध समाज में उतना अनर्थकारी नहीं हो सकता, उतना अपराधी नहीं ठहराया जा सकता, जितना मदान्ध, क्रोधान्ध या ईर्ष्यान्ध; पर उसकी श्रद्धा के बढ़ते-बढ़ते क्रियमाण रूप धारण करने पर और शील-सम्बन्धिनी चेतना को बिल्कुल जवाब मिल जाने पर समाज के अनिष्ट में व्याज से सहायता पहुँच सकती है।

यदि किसी अपव्ययी और मद्यप कवि पर अत्यन्त श्रद्धालु होकर कोई उसकी आर्थिक सहायता करता जाता है तो वह उस अन्याय और उपद्रव का थोड़ा-बहुत उत्तरदाता अवश्य होता है जो कवि जी अपने सहवर्तियों के बीच करने में समर्थ होते हैं। यदि किसी पहलवान के बल पर प्रसन्न होकर कोई उसे हलवा-पूरी खाने के लिए कुछ महीना बाँधता है तो उसके गुण्डेपन के कारण लोगों की पहुँची हुई पीड़ा के दोष का वह कम-से-कम उतना भाग अवश्य पा सकता है जितना इन्द्रकृत हत्या की बँटाई के समय बहुतों को मिला था। उद्देश्य के अभाव के बल से यद्यपि इन श्रद्धालुओं पर दोष उतना सटीक नहीं लग सकता, पर समाज की दृष्टि में वे दान के पात्रता-सम्बन्धी अविवेक के अभियोग से नहीं बच सकते।

अब यहाँ पर यह प्रश्न उठता है कि शील, कला और साधन-सम्पत्ति—श्रद्धा के इन तीनों विषयों में से किसका ध्यान मनुष्य को पहले होना चाहिए और किसका पीछे। इसका बेधड़क यही उत्तर दिया जा सकता है कि जन साधारण के लिए शील का ही सबसे पहले ध्यान होना स्वाभाविक है; क्योंकि उसका सम्बन्ध मनुष्य मात्र की सामान्य स्थिति रक्षा से है। उसके अभाव में समाज या उस आधार की स्थिति ही नहीं रह सकती जिसमें कलाओं की उपयोगिता या मनोहारिता का प्रसार और साधन-सम्पत्ति की प्रचुरता का वितरण और व्यवहार होता है।

दूसरों की श्रद्धा संसार में एक अत्यन्त वांछनीय वस्तु है, क्योंकि वह एक प्रकार का ऐसा परकीय निश्चय या विश्वास है जिसके सहारे स्वकीय कार्य सुगम होता है—जीवन की कठिनता कम होती है। जिस पर लोगों की अश्रद्धा होती है—उसके लिए व्यवहार के सब

सीधे और सुगम मार्ग बन्द हो जाते हैं—उसे या तो काँटों पर या ढाई कोस नौ दिन में चलना पड़ता है। पर जो किसी प्रकार दूसरों की श्रद्धा सम्पादित कर लेता है, उसके पैर रखने के लिए फूलों की पंखुड़ियाँ—आजकल लाल बनातें—बिछायी जाती हैं। समाज में ये वस्तुएँ सच्चे गुणियों और परोपकारियों के लिए हैं पर इन्हें छीनने और चुराने की ताक में बहुत से चोर, चाईं और लुटेरे रहते हैं जो इनके द्वारा स्वार्थ-साधन करना या अपनी तुच्छ मानसिक वृत्तियों को तृप्त करना चाहते हैं। इनसे समाज को हर घड़ी सावधान रहना चाहिए। इन्हें सामाजिक दण्ड देने के लिए उसे सदा सन्नद्ध रहना चाहिए। ये अनेक रूपों में दिखाई पड़ते हैं। कोई गेरुआ वस्त्र लपेटे धर्म का डंका पीटता दिखाई देता है, कोई देश-हितैषिता का लम्बा चोगा पहने देशोद्धार की पुकार करता पाया जाता है।

मनुष्य किसी ओर तीन प्रकार से प्रवृत्त होता है—मन से, वचन से और कर्म से। इनमें से मन तो देखने-दिखाने की चीज नहीं। वाणी और कार्यप्रणाली की नकल की जाती है और बड़ी सफाई से की जाती है। हितोपदेश के गदहे ने तो तो बाघ की खाल ही ओढ़ी थी, पर ये लोग बाघ की बोली भी बोल लेते हैं। कहीं-कहीं केवल वचन ही से काम निकल जाता है। एक दिन मैं काशी की एक गली से जा रहा था। एक ठठेरी की दूकान पर कुछ परदेशी यात्री किसी बरतन का मोल-भाव कर रहे थे और कह रहे थे कि इतना नहीं, इतना लो तो लें। इतने ही में सौभग्यवश दूकानदार जी को ब्रह्मज्ञानियों के वाक्य याद आ गये और उन्होंने चट कहा—"माया छोड़ो और इसे ले लो।" सोचिए तो, काशी ऐसा पुण्य-क्षेत्र! वहाँ न माया छोड़ी जायेगी तो कहाँ छोड़ी जायेगी। थोड़े दिन हुए, किसी लेखक ने कहीं पढ़ा कि प्रतिभाशाली लोग कुछ उग्रता और पागलपन लिये होते हैं। तब से वे बराबर अपने में इन दोनों शुभ लक्षणों की स्थापना के यत्न में लगे रहते हैं। सुनते हैं कि पहले में वे कुछ कृतकार्य भी हुए हैं, पर पागलपन की नकल करना कुछ हँसी-खेल नहीं; भूल-चूक से कुछ समझदारी की बातें मुँह से निकल ही जाती हैं।

जैसे और सब विद्याओं की, वैसी ही पर-श्रद्धा-कर्षण की विद्या की भी आजकल खूब उन्नति हुई है। आश्चर्य नहीं कि इसके लिए कुछ दिनों में एक अलग विद्यालय खुले। श्रद्धा के यथार्थ कारण का जितना ही अभाव हो, आकर्षक को, अपनी विद्या में उतना ही दक्ष समझना चाहिए। आजकल सार्वजनिक उद्योगों की बड़ी धूम रहा करती है और बहुत से लोग निराहार परोपकार-व्रत करते सुने जाते हैं। ऊपर कहा जा चुका है कि पर-श्रद्धा के सहारे कार्य में सुगमता आती है, अतः किसी कार्य-साधना के लिए जो लोग प्रयत्न द्वारा दूसरों के हृदय में श्रद्धा उत्पन्न करते हैं वे उस कार्य के अनुसार चतुर, नीति-कुशल, धूर्त या पाखण्डी कहे जाते हैं। पर संसार में बहुत ऐसे लोग भी होते हैं जिन्हें अपने ऊपर परायी श्रद्धा के चिन्तन से जो एक प्रकार का आनन्द मिलता है उसकी लत पड़ जाती है। वे पर-श्रद्धा को मनोरंजन या मानसिक भोग-विलास की एक सामग्री समझते हैं। वे परायी श्रद्धा केवल इसी निमित्त चाहते हैं, और किसी उद्देश्य से नहीं। ऐसे पर-श्रद्धाभिलाषियों को मानसिक दुर्व्यसन रहता है और वे उसी प्रकार दुर्व्यसनी कहे जा सकते हैं जिस प्रकार शराबी, गँजेड़ी और चंडूबाज आदि। पर समाज की श्रद्धा ऐसे अपव्यय के लिए नहीं है, प्रयोजन के लिए है। ऐसे लोग अपनी धुन में कभी-कभी बड़े-बड़े सार्वजनिक कार्य भी छोड़ बैठते हैं जिनका होना उन्हें इतना अभीष्ट नहीं होता जितना अपने द्वारा होना। ये लोग पहचाने इस प्रकार जाते हैं कि उन कार्यों से अपने नाम का वियोग घड़ी भर भी नहीं सह सकते, यहाँ तक कि यदि वे दूसरों को कोई ऐसा कार्य

हाथ में लेते देखते हैं जिसमें समाज के साधुवाद की सम्भावना होती है तो इनका पेट फूलने लगता है और ये या तो गुप्त रूप से उसमें विघ्न की व्यवस्था करते हैं या कम से कम उसके महत्त्व को बहुत कम करके दिखाया करते हैं। दूसरी पहचान यह है कि वे लोग ऐसे ही काम ठानते हैं जिनका नाम और आडम्बर बड़ा होता है।

ऊपर कहा जा चुका है कि श्रद्धावान् अपनी श्रद्धा द्वारा श्रद्धेय में कोई ऐसा परिवर्तन उपस्थित नहीं करना चाहता जिसका अपने लिए कोई अनुकूल फल हो। श्रद्धावान् श्रद्धेय को प्रसन्न करने की इच्छा कर सकता है, पर उस प्रसन्नता से आप कोई लाभ उठाने की नहीं। श्रद्धा न्याय-बुद्धि के पलड़े पर तुली हुई एक वस्तु है जो दूसरे पलड़े पर रक्खे हुए श्रद्धेय के गुण, कर्म आदि के हिसाब से होती है। श्रद्धा सत्कर्म या सद्गुण ही का मूल्य है जिससे और किसी प्रकार का सौदा नहीं हो सकता; पर जबकि इस व्यापार युग में ज्ञान बिकता है, न्याय बिकता है, धर्म बिकता है—तब श्रद्धा ऐसे भाव क्यों न बिकें? पर असली भाव तो इस लेन-देन के व्यवहार के लिए उपस्थित नहीं किये जा सकते। खैर, नकली सही। एक भाव पर दूसरे भाव की कलई करके हम बाजार में क्यों न जायँ। अपनी भीरुता या चापलूसी को हम 'श्रद्धा-श्रद्धा' कहकर गलियों और संवादपत्रों में क्यों न पुकारें? ऐसे झूठे श्रद्धावानों से घिरकर झूठे श्रद्धा-पात्र सच्चे श्रद्धा-पात्रों को क्यों न मात करें, जबकि आजकल झूठे मोती सच्चे मोतियों को मात करते हैं?

कला-कुशल या सदाचारी अपने चारों ओर प्रसन्नता देखना चाहता है; अतः अपनी श्रद्धा-द्वारा हम अपनी प्रसन्नता का निश्चय मात्र कराते हैं। हमारी प्रसन्नता से उसे अपनी सामर्थ्य का बोध हो जाता है और उसका उत्साह बढ़ता है। इस प्रकार अपनी श्रद्धा द्वारा हम भी समाज का मंगल साधन करते हैं। दूसरे को श्रद्धा का श्रद्धेय पर इतना ही प्रभाव पड़ना चाहिए, इससे अधिक नहीं। यदि हमारी श्रद्धा के कारण वह हमें किसी प्रकार का लाभ पहुँचाना चाहता है तो वह हमारी श्रद्धा को खुशामद समझता है और हमारा अपमान करता है। श्रद्धा में याचकता का भाव लेश-मात्र भी नहीं है। श्रद्धा द्वारा हम अपने हृदय का परिचय मात्र देते हैं कि उसमें मार्मिकता या धर्म-भाव है—सात्त्विक आचरण या प्रतिभा की कला से प्रसन्न होने की क्षमता है। यदि हमें किसी पर श्रद्धा है तो हमें उसके पास जाकर यह कहने की आवश्यकता नहीं है कि 'महाराज मेरी यह श्रद्धा स्वीकार हो।' इस प्रकार की स्वीकृति की हमें कोई आवश्यकता नहीं। हम अपनी श्रद्धा लिये अपने घर बैठे रह सकते हैं या उसे इस रीति से प्रकट कर सकते हैं जिस पर श्रद्धेय का कोई वश नहीं। यदि हमें किसी सुलेखक पर श्रद्धा है और वह हमसे रुष्ट है तो भी हम उसका सच्चा चित्र और चरित्र छाप सकते हैं। इसका स्वत्व हमें समाज द्वारा प्राप्त है—इसका हक हमें कानूनन हासिल है पर वही यदि हम उस सुलेखक से प्रेम करने चलें, उसके साथ-साथ लगे फिरें और हरदम उसे घेरे रहें तो हमें हटा सकता है। श्रद्धा प्रदर्शित करने का जितना विस्तृत सामाजिक अधिकार हमें प्राप्त है उतना उसके विपरीत भाव अश्रद्धा या घृणा प्रकट करने का नहीं, क्योंकि श्रद्धा यदि हमने भूल से या स्वार्थवश प्रकट की तो किसी को उतनी हानि नहीं, पर यदि घृणा भूल से या द्वेष-वश प्रकट की तो व्यर्थ का असन्तोष और दुःख फैल सकता है।

ऊपर कहा जा चुका है कि श्रद्धा के विषय तीन हैं—शील, प्रतिभा और साधन-सम्पत्ति। शील या धर्म से समाज की स्थिति, प्रतिभा से रंजन और साधन-सम्पत्ति से शील-साधन और प्रतिभा-विकास दोनों की सम्भावना है। श्रद्धेय समाज की स्थिति या सुख का विधान करता है

और समाज उसकी स्थिति और सुख का विधान करता है। समाज अपने श्रद्धालु प्रतिनिधियों को कभी तो उसे आपत्ति से बचाने के लिए भेजता है—कभी कुछ भेंट उसके सामने रखने के लिए। श्रद्धावश जो दान दिया जाता है वह उसी प्रकार की भेंट है। सच्चा दान दो प्रकार का होता है—एक वह जो श्रद्धा-वश दिया जाता है, दूसरा वह जो दया-वश दिया जाता है। पण्डितों, विद्वानों और धार्मिकों को जो दान दिया जाता है वह दया-वश दिया जाता है। अंधों, लूलों और लँगड़ों को जो दान दिया जाता है वह श्रद्धा-वश दिया जाता है। श्रद्धा सामर्थ्य के प्रति होती है और दया असामर्थ्य के प्रति। जन-साधारण अपनी दया द्वारा केवल असामर्थ्य के उपस्थित परिणामों का, कुछ स्थान के बीच और कुछ काल तक के लिए निवारण कर सकते हैं, अत: श्रद्धा द्वारा वे ऐसे असाधारण जनों को अपने वित्तानुसार थोड़ी-थोड़ी शक्ति दान करते हैं जो असामर्थ्य के कारणों के निराकरण में समर्थ होते हैं।

श्रद्धा-वश दान में उपयोगिता का तत्त्व छिपा हुआ है। स्मृतियों में श्रद्धा-वश दान पर बड़ा जोर दिया गया है और ऐसे दान के विषय में पात्रापात्र का विचार भी खूब किया गया है। विद्या-दान में रत विद्वानों को, परोपकार में रत कर्म-वीरों को, मानवज्ञान की वृद्धि में तत्पर तत्त्वान्वेषकों को जो अभाव हो उसे हमें समाज की भूख समझनी चाहिए। इन्हें जो कुछ हम श्रद्धावश देते हैं, वह ठीक समाज के दुरुस्त पेट में जाता है, जहाँ से रस-रूप में उसका संचार अंग-अंग में होता है। इसके विरुद्ध स्वार्थियों, अन्यायियों आदि को जो कुछ दिया जाता है वह समाज के अंग में उसी प्रकार नहीं लगता जिस प्रकार अतिसार या संग्रहणी वाले को खिलाया हुआ अन्न। भारतवर्ष में श्रद्धा का सम्बन्ध दान के साथ इतना गहरा समझा जाता है कि अश्रद्धापूर्वक दिया हुआ दान निष्फल माना जाता है। इसी से शुष्क प्रथानुसरण के रूप में भी यदि कुछ दिया जाता है तो श्रद्धा का नाम ले लिया जाता है। पंडों-पुरोहितों को देते हुए यजमान भी कहता है कि 'महाराज! इतनी ही श्रद्धा है' और पंडे-पुरोहित भी कहते हैं कि 'जितनी श्रद्धा हो उतना दो', यद्यपि इन पंडों और पुरोहितों के सम्बन्ध में सदा यह निश्चय नहीं रहता कि वे बड़े विद्वान, बड़े धार्मिक या बड़े परोपकारी हैं। मनोविकार के उपयुक्त विषयों के निश्चय में कभी-कभी बुद्धि की भी थोड़ी बहुत आवश्यकता होती है। क्योंकि एक ही व्यक्ति के प्रति किसी को श्रद्धा होती है और किसी को अश्रद्धा। इसका कारण घृणा के अन्तर्गत अच्छी तरह दिखाया गया है।

श्रद्धा और प्रेम के योग का नाम भक्ति है। जब पूज्य भाव की वृद्धि के साथ श्रद्धाभाजन के सामीप्य-लाभ की प्रवृत्ति हो, उसकी सत्ता के कई रूपों के साक्षात्कार की वासना हो, तब हृदय में भक्ति का प्रादुर्भाव समझना चाहिए। जब श्रद्धेय के दर्शन, श्रवण, कीर्तन, ध्यान आदि से आनन्द का अनुभव होने लगे—जब उससे सम्बन्ध रखने वाले श्रद्धा के विषयों के अतिरिक्त बातों की ओर भी मन आकर्षित होने लगे, तब भक्तिरस का संचार समझना चाहिए। जब श्रद्धेय का उठना, बैठना, चलना, फिरना, हँसना, बोलना, क्रोध करना आदि भी हमें अच्छा लगने लगे तब हम समझ लें कि हम उसके भक्त हो गये। भक्ति की अवस्था प्राप्त होने पर हम अपने जीवन-क्रम का थोड़ा या बहुत अंश उसे अर्पित करने को प्रस्तुत होते हैं और उसके जीवन-क्रम पर भी अपना कुछ प्रभाव रखना चाहते हैं। कभी हम अर्पण करते हैं और कभी याचना करते हैं। सारांश यह कि भक्ति द्वारा हम भक्ति-भाजन से विशेष घनिष्ठ सम्बन्ध स्थापित करते हैं—उसकी सत्ता में विशेष रूप से योग देना चाहते हैं। किसी के प्रति श्रद्धा धारण करके हम बहुत करेंगे तो समय-समय पर उसकी प्रशंसा करेंगे, उसकी निन्दा करने

वालों से झगड़ा करेंगे या कभी कुछ उपहार लेकर उपस्थित होंगे, पर जिसके प्रति हमारी अनन्य भक्ति हो जायेगी वह अपने जीवन के बहुत से अवसरों पर हमें अपने साथ देख सकता है। वह अपने बहुत से उद्योगों में हमारा योगदान पा सकता है। भक्त वे ही कहला सकते हैं जो अपने जीवन का बहुत अंश स्वार्थ (परिवार वा शारीरिक सुख आदि) से विभक्त करके किसी के आश्रय से किसी ओर लगा सकते हैं। इसी का नाम है आत्मनिवेदन।

महात्माओं के ऊपर श्रद्धा मात्र करके हम उन्हें जीवन-शक्ति द्वारा उपार्जित कोई फल अर्पित कर सकते हैं, पर उनके भक्त होकर हम उन्हें अपने जीवन ही के कुछ अंश को अर्पित कर देते हैं। किसी वीरव्रती महात्मा पर बहुत श्रद्धालु होकर हम आर्थिक सहायता-द्वारा उसके लिए कुछ सुभीता कर सकते हैं, अपने वचनों से उसे प्रसन्न और उत्साहित कर सकते हैं, पर उसके भक्त बनकर हम अपने शारीरिक बल को उसका शारीरिक बल बनाएँगे, अपनी जानकारी और चतुराई को उसकी जानकारी और चतुराई बनाएँगे, अपनी वाग्मिता को उसकी वाग्मिता बनाएँगे, अपनी तत्परता को उसकी तत्परता बनाएँगे, यहाँ तक कि जो कुछ हमसे होगा उसे हम उसका कर डालेंगे और इसी प्रकार उसके जीवन में अपने जीवन का योग देकर उसके सामाजिक महत्त्व या प्रभाव को बढ़ाएँगे और उसके थोड़े-बहुत हम भी भागी होंगे। श्रद्धा-द्वारा हम दूसरे के महत्त्व के किसी अंश के अधिकारी नहीं हो सकते, पर भक्ति-द्वारा हो सकते हैं। यहाँ तक कि दूसरे की भक्ति करके हम तीसरे की भक्ति के अधिकारी हो सकते हैं। राम पर अनन्य भक्ति करके हनुमान, अन्य राम-भक्तों की भक्ति के अधिकारी हुए।

श्रद्धालु महत्त्व को स्वीकार करता है, पर भक्त महत्त्व की ओर अग्रसर होता है। श्रद्धालु अपने जीवन-क्रम को ज्यों का त्यों छोड़ता है; पर भक्त उसकी काट-छाँट में लग जाता है। अपने आचरण द्वारा दूसरों की भक्ति के अधिकारी होकर ही संसार के बड़े-बड़े महात्मा समाज के कल्याण-साधन में समर्थ हुए हैं। गुरु गोविन्द सिंह को यदि केवल दण्डवत् करने वाले और गद्दी पर भेंट चढ़ाने वाले श्रद्धालु ही मिलते, दिन-रात साथ रहने वाले—अपने सारे जीवन को अर्पित करने वाले—भक्त न मिलते तो वे अन्याय-दमन में कभी समर्थ न होते। इससे भक्ति के सामाजिक महत्त्व को, इसकी लोक-हितकारिणी शक्ति को स्वीकार करने में किसी को आगा-पीछा नहीं हो सकता। सामाजिक महत्त्व के लिए आवश्यक है कि या तो आकर्षित करो या आकर्षित हो। जैसे इस आकर्षण-विधान के बिना अणुओं द्वारा व्यक्त पिण्डों का आविर्भाव नहीं हो सकता, वैसे ही मानव-जीवन की विशद अभिव्यक्ति भी नहीं हो सकती।

भक्ति में किसी ऐसे सान्निध्य की प्रवृत्ति होती है जिसके द्वारा हमारी महत्त्व के अनुकूल गति का प्रसार और प्रतिकूल गति का संकोच होता है। इस प्रकार का सामीप्य लाभ करके हम अपने ऊपर पहरा बिठा देते हैं—अपने को ऐसे स्वच्छ आदर्श के सामने कर देते हैं जिससे हमारे कर्मों का प्रतिबिम्ब ठीक-ठीक दिखाई पड़ता है। जिसे अपनी वास्तविक क्षुद्रता का परिज्ञान अरुचिकर होगा वह सापेक्षिकता के भय से ऐसे महत्त्वादर्श का सामीप्य कभी न चाहेगा, दूर-दूर भागा फिरेगा। 'हमीं-हम' वाले 'तुम भी' नहीं सह सकते, 'तुम्हीं-तुम' की क्या बात है? ऐसे लोग तो स्वयं अपने लिए भक्त ढूँढ़ने निकलते हैं। भक्ति के लिए दैन्य अर्थात् दूसरे के महत्त्व के साथ अपने लघुत्व की भावना पहली बात है। इस भावना को जब हम मुक्त हृदय से मुग्ध होकर धारण करेंगे और दूसरे पर श्रद्धा कर लेंगे, तब हम उसके महत्त्व के सतत् साक्षात्कार के लिए—अनेक रूपों में परिचय के लिए—उसके सामीप्य की

इच्छा करते हुए इस श्रद्धा में प्रेम का भी मिश्रण करेंगे और अपने बहुत से क्रिया-कलाप को अपने पूज्य प्रेम-पात्र के अधीन करके स्वयं महत्त्व के अभ्यास में प्रवृत्त होंगे। जन-साधारण के लिए इस प्रकार के आश्रय द्वारा महत्त्व-प्राप्ति सुगम होती है। जो उच्च पथ पहले कष्टकर और श्रम-साध्य जान पड़ता है वही भक्ति के बल से मनोहर लगने लगता है।

व्यक्ति-सम्बन्धहीन सिद्धान्त-मार्ग निश्चयात्मिका बुद्धि को चाहे व्यक्त हो, पर प्रवर्त्तक मन को अव्यक्त रहते हैं वे मनोरंजनकारी तभी लगते हैं, जब किसी व्यक्ति के जीवन-क्रम के रूप में देखे जाते है। शील की विभूतियाँ अनन्त रूपों में दिखाई पड़ती हैं। मनुष्य जाति ने जब से होश सँभाला, तब से वह इन अनन्त रूपों को महात्माओं के आचरणों तथा आख्यानों और चरित्र-सम्बन्धी पुस्तकों में देखती चली आ रही है। जब इन रूपों पर मनुष्य मोहित होता है, तब सात्त्विक शील की ओर आप से आप आकर्षित होता है। 'सदा सत्य बोलो', 'दूसरों की भलाई करो', 'क्षमा करना सीखो'—ऐसे-ऐसे सिद्धान्त वाक्य किसी को बार-बार बकते सुन वैसा ही क्रोध आता है जैसे किसी बेहूदे की बात सुनकर। जो इस प्रकार की बातें करता चला जाय उससे चट कहना चाहिए—'बस चुप रहो, तुम्हें बोलने की तमीज नहीं, तुम बच्चों या कोल-भीलों के पास जाओ। ये बातें हम पहले से जानते हैं। मानव-जीवन के बीच हम इसके सौन्दर्य का विकास देखना चाहते हैं। यदि तुम्हें दिखाने की प्रतिभा या शक्ति हो तो दिखाओ, नहीं तो चुपचाप अपना रास्ता लो।' गुण प्रत्यक्ष नहीं होता उसके आश्रय और परिणाम प्रत्यक्ष होते हैं। अनुभावात्मक मन को आकर्षित करने वाले आश्रय और परिणाम हैं, गुण नहीं। ये ही अनुभूति के विषय हैं। अनुभूति पर प्रवृत्ति और निवृत्ति निर्भर है। अनुभूति मन की पहली क्रिया है, संकल्प-विकल्प दूसरी। अत: सिद्धान्त-पथों के सम्बन्ध में जो आनन्दानुभव करने की बाते हैं, जो अच्छी लगने की बाते हैं, वे पथिकों में तथा उनके चारों ओर पाई जायेंगी। सत्पथ के दीपक उन्हीं के हाथ में हैं—या वे ही सत्पथ के दीपक हैं। सत्त्वोन्मुख प्राणियों के लिए ऐसे पथिकों की सामीप्य-लाभ की कामना करना स्वाभाविक ही है।

सामीप्य से अभिप्राय केवल किसी के साथ-साथ बना रहना नहीं है। श्रवण, कीर्तन और स्मरण आदि भी सामीप्य ही के विधान हैं। बाह्य और अभ्यन्तर दोनों प्रयत्नों से सामीप्य की सिद्धि होती है। स्मरण द्वारा हम अपने आराध्य को—उसके कर्म-क्षेत्र को अपने अन्त:करण के सामने उपस्थित करते हैं। यहाँ पर कहा जा सकता है कि जब हम इष्ट के कर्म-क्षेत्र को सामने लाते हैं तब उसमें ऐसे लोग भी तो आ जाते हैं जिन पर हमारी कुछ भी भक्ति नहीं। हाँ, आते अवश्य हैं। इनके द्वारा हमारे इष्ट के स्वरूप का पूर्ण विकास दिखाई पड़ता है—इनके बीच उनका (इष्ट का) रंग और खुल पड़ता है। यदि राम हमारे काम के हैं तो रावण भी **हमारे काम का है। एक में हम अपने लिए प्रवृत्ति का क्रम पाते हैं, दूसरे में निवृत्ति का।** जीवन में इस निवृत्ति और प्रवृत्ति का प्रवाह साथ-साथ चलता है। दुराचारी भी यदि अपने दुराचार का फल संसार के सामने पूर्ण रूप से भोग लेता है तो समाज के लिए उपयोगी ठहर जाता है। राम के हाथ से मारे जाने से रावण का जीवन भी सार्थक हो गया। यदि पापी अपने पाप का फल एकान्त में या आत्मा में ही, भोगकर चला जाता है तो वह अपनी जीवन की सामाजिक उपयोगिता की एकमात्र सम्भावना को भी नष्ट कर देता है। इसी से बहुत से प्रायश्चितों के विधान में किये हुए पापों का सबके समक्ष कथन आवश्यक होता है।

पाप का फल छिपाने वाला पाप छिपाने वाले से अधिक अपराधी है पर ऐसे बहुत से लोग होते हैं जो किसी का घर जलाते हाथ जलता है तो कहते हैं कि होम करते जला है।

दुराचारियों के जीवन का सामाजिक उपयोग करने के लिए ही—संसार में धर्म की मर्यादा स्थापित करने के लिए ही—श्रीकृष्ण ने अर्जुन को युद्ध में प्रवृत्त किया। यदि अधर्म में तत्पर कौरवों का नाश न होता और पांडव जीवन भर मारे-मारे ही फिरते तो संसार में अन्याय और अधर्म की ऐसी लीक खिंच जाती जो मिटाये न मिटती। जिस समाज में सुख और वैभव के रंग में रँगी अधर्म की ऐसी लीक दिखाई पड़े उसमें रक्षा करने वाली आत्मा का अभाव तथा विश्वात्मा की विशेष कला के अवतार की आवश्यकता समझनी चाहिए, क्योंकि भगवान् श्रीकृष्ण ने कहा है—

यदा यदा हि धर्मस्य ग्लानिर्भवति भारत।
अभ्युत्थानमधर्मस्य तदात्मानं सृजाम्यहम्॥

यदि कहीं पाप है, अन्याय है, अत्याचार है तो उनका आशुफल उत्पन्न करना और संसार के समक्ष रखना, लोक-रक्षा का कार्य है। अपने ऊपर किये जाने वाले अत्याचार और अन्याय का फल ईश्वर के ऊपर छोड़ना व्यक्तिगत आत्मोन्नति के लिए चाहे श्रेष्ठ हो; पर यदि अन्यायी या अत्याचारी अपना हाथ नहीं खींचता है तो लोक-संग्रह की दृष्टि से वह उसी प्रकार आलस्य या कायरपन है जिस प्रकार अपने ऊपर किये हुए उपकार का कुछ भी बदला न देना कृतघ्नता है।

अब भगवद्भक्ति को लीजिए। ऊपर जो कुछ कहा गया उससे स्पष्ट हो गया होगा कि मनुष्य की भक्ति के आधार क्या-क्या हैं। मनुष्य विश्व-विधान का एक क्षुद्र चेतन अंश है। उसमें धर्म, अधर्म, दया, निष्ठुरता आदि के भाव विश्व के उतने ही अंश से सम्बन्ध रखते हैं जितने के भीतर उसे कार्य करना है। यह कार्य और कुछ नहीं, अपनी समष्टि-स्थिति और सुख-सन्तोष का प्रयत्न मात्र है। अपने कार्यक्षेत्र के बाहर यदि वह अपने इन भावों का सामंजस्य ढूँढ़ता है तो नहीं पाता है—कहीं उसे 'जीवो जीवस्य जीवनम्' का सिद्धान्त चलता दिखाई पड़ता है, कहीं लाठी और भैंस का। वह सोचता है कि इन बातों का अनुसरण मनुष्य-समाज में भी जान-बूझकर क्यों न किया जाय, यह नहीं सोचता कि मनुष्य-जाति की स्थिति इन अवस्थाओं में बहुत आगे बढ़ी है और चेतना की श्रेणी में उससे आगे की ओर से कोई भूमि दिखाई नहीं पड़ रही है। वह दया को निरर्थक समझ अपने अंत:करण का एक अंग ही खण्डित करना चाहता है। वह किसी को काना देखकर अपनी एक आँख फोड़ने चलता है। कुछ दिन पहले की सभ्यता मनुष्य जीवन को देवतुल्य बनाने में थी; अब मर्कटतुल्य और मत्स्यतुल्य बनाने में समझी जाने लगी है। पर यह सभ्यता जड़त्व और नाश की ओर ले जाने वाली है। जब हृदय की कुछ उदात्त प्रवृत्तियाँ बोझ मालूम होने लगी हैं तब और प्राणियों की अपेक्षा अपने अंत:करण की पूर्णता का गर्व मनुष्य जाति कब तक कर सकती है? उसके मार्मिक अंग की व्यापकता के ह्रास और स्तब्धता की वृद्धि के भयंकर परिणाम का आभास योरप दे रहा है। अंत:करण की जितनी वृत्तियाँ हैं उनमें से कोई निरर्थक नहीं—सबका उपयोग है। इनमें से किसी की शक्ति फालतू नहीं। यदि मनुष्य इनमें से किसी को निष्क्रिय करने का अभ्यास डालेगा तो अपनी पूर्णता को खोयेगा और अपनी स्थिति को जोखिम में डालेगा।

मिट्टी के ढेले, गुलाब के पौधे, कुत्ते और बिल्ली की अपेक्षा मनुष्य अपने में अंशी का अधिक अंश समझता है—उस सर्वात्मा का अधिक अंश समझता है—विश्व-विधान जिसकी

नित्य क्रिया है; अत: स्थिति रक्षा-विधान की जो-जो बातें अपने में हैं उनका अभाव उसे अंशी या सर्व में मानते नहीं बनता। दया, दाक्षिण्य, प्रेम, क्रोध आदि अपनी अंशात्मा में देखते हुए सर्वात्मा में उनके अभाव की धारणा मनुष्य करे तो कैसे करे? अत: ज्ञान-क्षेत्र में ईश्वर की खोज हम उतने ही घेरे में करेंगे जितने में इन्द्रियों की सहायता लेकर बुद्धि पहुँचती है और कर्म-क्षेत्र में उसकी भावना हम उसे उतने ही भावों से परिमित करके करेंगे जितने कि हमारे मन में जगह है। हम हैं, हम समझते हैं कि हम हैं और हम चाहते हैं कि हम रहें, ऐसी अवस्था में हम अपने स्थिति-रक्षा-सम्बन्धी भावों को परमावस्था पर पहुँचाकर ही उस परम-भावामय की भावना करेंगे। हम उसे धर्ममय, दयामय, प्रेममय मानेंगे और यह प्रेम उसी रूप का होगा जिस रूप में उसका व्यवहार मनुष्य-जाति में दिखाई पड़ता है—जिस रूप में मनुष्य जाति को उसकी आवश्यकता पड़ती है। अत्याचारी से पीड़ित होकर मनुष्य उसके कोप का आह्वान करता है, आपद्ग्रस्त होकर उसकी दया का भिखारी होता है, सुख से सम्पन्न होकर उसके धन्यवाद के लिए हाथ उठाता है, भक्ति से पूर्ण होकर उसके आश्रय की वांक्षा करता है। ये ही व्यवहार वह मनुष्यों के साथ भी करता है।

अपने व्यवहार-पथ में आश्रय-प्राप्ति के निमित्त मनुष्य के लिए ईश्वर की स्वानुरूप भावना ही सम्भव है। स्वानुभूति द्वारा ही वह उस परमानुभूति की धारणा कर सकता है। इसी से भर्तृहरि ने 'स्वानुभूत्यैकमानव' कहकर नमस्कार किया है। यदि चिन्मय में अपनी इतनी अनुभूति का भी निश्चय मनुष्य को न हो तो वह प्रार्थना आदि क्यों करने जाय? कुत्ते प्रार्थना क्यों नहीं करते? उनमें धर्म की प्रतिष्ठा नहीं है—अर्थात् वे चेतना की उस भूमि तक नहीं पहुँचे हैं जिनमें समष्टि स्थिति की रक्षा से सम्बन्ध रखने वालों का संचार होता है। वे यह नहीं जानते कि एक-दूसरे को काटने दौड़ने से कुक्कुर-समाज की उन्नति और वृद्धि नहीं हो सकती। समष्टि-रक्षा या धर्म की ओर प्रवृत्त करने वाले दया आदि भाव उन्हें प्राप्त नहीं हैं। उनमें स्वार्थ का भाव है, परमार्थ का भाव नहीं। 'धर्मो रक्षति रक्षित:' की धारणा उन्हें नहीं होती। जहाँ धर्म-भाव है वहीं ईश्वर की भावना है। जिन प्राणियों में जिन भावों का विकास नहीं हुआ है उनमें उनकी चरितार्थता की आवश्यकता प्रकृति नहीं समझती।

भक्ति का स्थान जहाँ मानव-हृदय है—वहीं श्रद्धा और प्रेम के संयोग से उसका प्रादुर्भाव होता है। अत: मनुष्य की श्रद्धा के जो विषय ऊपर कहे जा चुके हैं उन्हीं को परमात्मा में अत्यन्त विशद रूप में देखकर ही उसका मन खिंचता है और वह उस विशद् रूप-विशिष्ट का सामीप्य चाहता है, उसके हृदय में जो सौन्दर्य का भाव है, जो शील का भाव है, जो उदारता का भाव है, जो शक्ति का भाव है, उसे वह अत्यन्त पूर्ण रूप से परमात्मा में देखता है और ऐसे पूर्ण पुरुष की भावना से उसका हृदय गद्‌गद हो जाता है और उसका धर्म-पथ आनन्द से जगमगा उठता है। धर्म-क्षेत्र या व्यवहार-पथ में वह अपने मतलब भर ही ईश्वरता से प्रयोजन रखता है। राम, कृष्ण आदि अवतारों में परमात्मा की विशेष कला देख एक हिन्दू के हृदय की सारी शुभ और आनन्दमयी वृत्तियाँ उनकी ओर दौड़ पड़ती हैं, उनके प्रेम, श्रद्धा आदि को बड़ा भारी अवलम्ब मिल जाता है। उसके सारे जीवन में एक अपूर्व माधुर्य और बल का संचार हो जाता है। उसके सामीप्य का आनन्द लेने के लिए कभी वह उनके अलौकिक रूप-सौन्दर्य की भावना करता है, कभी उनकी बाल-लीला के चिन्तन से विनोद प्राप्त करता है, कभी धर्म-बलपूर्ण उनके निर्मल चरित्र का गान करता है, कभी सिर झुकाकर वन्दना करता है—यहाँ तक कि जब जी में आता है, प्रेम से भरा उलाहना भी देता है। यह हृदय द्वारा

अर्थात् आनन्द अनुभव करते हुए धर्म में प्रवृत्त होने का सुगम मार्ग है। भक्ति हृदय से की जाती है। बुद्धि से भक्ति करना ऐसा ही है जैसे नाक से खाना और कान से सूँघना। हमारे यहाँ भक्ति-विधान के अन्तर्गत श्रवण, कीर्तन, स्मरण, सेवा, अर्चन, वन्दन, दास्य, सख्य और आत्म-निवेदन ये नौ बातें ली गयी हैं। जैसा कि ऊपर कहा जा चुका है, कोरी श्रद्धा में याचकता का भाव नहीं है, जब प्रेम के साथ उसका संयोग होता है तभी इस भाव की प्राप्ति होती है। श्रद्धावान् श्रद्धेय पर अपने निमित्त किसी प्रकार का प्रभाव डालना नहीं चाहता, पर भक्त दाक्षिण्य चाहता है।

रामलीला, कृष्णलीला आदि सामीप्य-सिद्धि के विधान हैं। इस सामीप्य की कामना, भक्तवर रसखान ने बड़ी मार्मिकता से इस प्रकार प्रकट की है—

मानुष हों तो वही 'रसखान'
बसौं सँग गोकुल गाँव के ग्वारन।
जौ पसु हों तो कहा बस मेरो,
चरौं नित नन्द के धेनु मझारन।
पाहन हों तो वही गिरि को,
जो किए हरि छत्र पुरंदर-धारन।
जौ खग हों तो बसेरो करौं,
मिलि कूल-कलिंदी कदंब के डारन॥

रामलीला-द्वारा लोग वर्ष में एक बार अपने पूज्यदेव की आदर्श मानवलीला का माधुर्य देखते हैं। जिस समय दूर-दूर के गाँवों के लोग एक मैदान में आकर इकट्ठे होते हैं तथा एक ओर जटा-मुकुटधारी विजयी राम-लक्ष्मण की मधुर मूर्ति देखते हैं और दूसरी ओर तीरों से बिंधा रावण का विशाल शरीर जलता देखते हैं, उस समय वे धर्म के सौंदर्य पर लुब्ध और धर्म की घोरता पर क्षुब्ध हो जाते हैं। इसी प्रकार जब कृष्णलीला में जीवन की प्रफुल्लता के साथ धर्म-रक्षा के अलौकिक बल का विकास देखते हैं, तब हमारी जीवन-धारणा की अभिलाषा दूनी-चौगुनी हो जाती है। हिन्दू-जाति इन्हीं की भक्ति के बल से इनकी प्रतिकूल अवस्थाओं के बीच अपना स्वतन्त्र अस्तित्व बचाती चली आयी है—इन्हीं की अद्भुत आकर्षण शक्ति से वह इधर-उधर ढलने नहीं पायी है। राम और कृष्ण को बिना आँसू बहाये छोड़ना हिन्दू-जाति के लिए सहज नहीं था, क्योंकि ये अवतार अलग टीले पर खड़े होकर उपदेश देने वाले नहीं थे, बल्कि मानव-जीवन में पूर्ण रूप से सम्मिलित होकर उसके एक-एक अंग की मनोहरता दिखाने वाले थे। मंगल के अवसरों पर उनके गीत गाये जाते हैं। विमाताओं की कुटिलता की, बड़ों के आदर की, दुष्टों के दमन की, जीवन के कष्ट की, घर की, वन की, सम्पद की, विपद की जहाँ चर्चा होती है, वहाँ इनका स्मरण किया जाता है।

संसार के तटस्थ रहकर शान्ति-सुखपूर्वक लोक-व्यवहार-सम्बन्धी उपदेश देने वालों का उतना अधिक महत्त्व हिन्दू-धर्म में नहीं है जितना संसार के भीतर घुसकर उसके व्यवहारों के बीच सात्त्विक विभूति की ज्योति जगाने वालों का है। हमारे यहाँ उपदेशक ईश्वर के अवतार नहीं माने गये हैं। अपने जीवन द्वारा कर्म-सौन्दर्य संघटित करने वाले ही अवतार कहे गये हैं। कर्म-सौन्दर्य के योग से उनके स्वरूप में इतना माधुर्य आ गया है कि हमारा हृदय

आप से आप उनकी ओर खिंचा पड़ता है। जो कुछ हम करते हैं—खेलना, कूदना, हँसना, बोलना, क्रोध करना, शोक करना, प्रेम करना, विनोद करना, उन सबमें सौन्दर्य लाते हुए हम जिन्हें देखेंगे उन्हीं की ओर ढल सकते हैं। वे हमें दूर से रास्ता दिखाने वाले नहीं हैं, आप रास्ते में चलकर हमें अपने पीछे लगाने क्या खींचने वाले हैं। जो उसके स्वरूप पर मोहित न हो वह निस्संदेह जड़ है।

सुनि सीतापति सील सुभाउ।

मोद न मन, तन पुलक, नयन जल सो नर खेहर खाउ॥

जो उनका नाम सुनकर पुलकित होता है, जो उनके स्वरूप पर मोहित होता है, उसके सुधरने की बहुत कुछ आशा हो सकती है। जो संसार या मनुष्यत्व का सर्वथा त्याग न कर दे, उसके लिए शुद्ध सात्त्विक जीवन का यही मार्ग है। रागों के सम्पूर्ण दमन की अपेक्षा रागों का परिष्कार ज्यादा काम में आने वाली बात है। निर्लिप्त रहकर दूसरों का गला काटने वालों से लिप्त होकर दूसरों की भलाई करने वाले लोक-कल्याण के विचार से कहीं अच्छे हैं।

जनता के सम्पूर्ण जीवन को स्पर्श करने वाला क्षात्र-धर्म है। क्षात्र-धर्म के इसी व्यापकत्व के कारण हमारे मुख्य अवतार राम और कृष्ण क्षत्रिय हैं। क्षात्र-धर्म ऐकान्तिक नहीं है। उसका सम्बन्ध लोक-रक्षा से है। 'कोई राजा होगा तो अपने घर का होगा' इससे बढ़कर झूठ शायद ही कोई मिले। झूठे खिताबों के द्वारा यह कभी सच नहीं की जा सकती। कर्म-सौन्दर्य की योजना क्षात्र-जीवन के जितने रूप में सम्भव है, उतने रूपों में और किसी जीवन में नहीं। शक्ति के साथ क्षमा, वैभव के साथ विनय, पराक्रम के साथ रूप-माधुर्य, तेज के साथ कोमलता, सुख-भोग के साथ परदु:खकातरता; प्रताप के साथ कठिन धर्म-पथ का अवलम्बन इत्यादि कर्म-सौन्दर्य के इतने अधिक प्रकार के उत्कर्ष-योग और कहाँ घट सकते हैं? इसी से क्षात्र-धर्म के सौन्दर्य में जो मधुर आकर्षण है वह अधिक व्यापक, अधिक मर्मस्पर्शी और अधिक स्पष्ट है। मनुष्य की सम्पूर्ण रागात्मिका वृत्तियों को उत्कर्ष पर ले जाने और विशुद्ध करने की सामर्थ्य उसमें है।

संसार में मनुष्य मात्र की समान वृत्ति कभी नहीं हो सकती। इस बात को भूलकर जो उपदेश दिये जाया करते हैं वे पाखंड के अन्तर्गत आते हैं। वृत्तियों की भिन्नता के बीच से जो मार्ग निकल सकेगा वही लोक-रक्षा का मार्ग होगा—वही धर्म का चलता हुआ मार्ग होगा। जिसमें शिष्टों के आदर, दीनों पर दया, दुष्टों के दमन आदि जीवन के अनेक रूपों का सौन्दर्य दिखाई पड़ेगा, वही सर्वाङ्गपूर्ण लोक-धर्म का मार्ग होगा। क्षात्र-धर्म पालन की आवश्यकता संसार में सब दिन बनी रहेगी। कोई व्यापार-युग उसे नहीं हटा सकता। किसी अनाथ अबला पर अत्याचार करने पर एक क्रूर पिशाच को हम उद्यत देख रहे हैं। समझाना-बुझाना या तो व्यर्थ है अथवा उसका समय ही नहीं है। ऐसी दशा में यदि उन अबला की रक्षा इष्ट है, तो हमें चटपट उस कर्म में प्रवृत्त होना होगा जिससे उस दुष्ट को बाधा पहुँचे। उस समय का हमारा क्रोध कितना सुन्दर और अक्रोध कितना गर्हित होगा।

करुणा

जब बच्चे को सम्बन्ध-ज्ञान कुछ-कुछ होने लगता है तभी दुःख के उस भेद की नींव पड़ जाती है जिसे करुणा कहते हैं। बच्चा पहले परखता है कि जैसे हम हैं वैसे ही ये और प्राणी भी हैं और बिना किसी विवेचना-क्रम के स्वाभाविक प्रवृत्ति द्वारा, वह अपने अनुभवों का आरोप दूसरे प्राणियों पर करता है। फिर कार्य-कारण-सम्बन्ध मे अभ्यस्त होने पर दूसरों के दुःख के कारण या कार्य को देखकर उनके दुःख का अनुमान करता है और स्वयं एक प्रकार का दुःख अनुभव करता है। प्रायः देखा जाता है कि जब माँ झूठमूठ 'ऊँ-ऊँ' करके रोने लगती है तब कोई-कोई बच्चे भी रो पड़ते हैं। इसी प्रकार जब उनके किसी भी भाई या बहिन को कोई मारने उठता है तब वे कुछ चंचल हो उठते हैं।

दुःख की श्रेणी में प्रवृत्ति के विचार से करुणा का उल्टा क्रोध है। क्रोध जिसके प्रति उत्पन्न होता है उसकी हानि की चेष्टा की जाती है। करुणा जिसके प्रति उत्पन्न होती है उसकी भलाई का उद्योग किया जाता है। किसी पर प्रसन्न होकर भी लोग उसकी भलाई करते हैं। इस प्रकार पात्र की भलाई की उत्तेजना दुःख और आनन्द दोनों की श्रेणियों में रखी गई है। आनन्द की श्रेणी में ऐसा कोई शुद्ध मनोविकार नहीं है जो पात्र की हानि की उत्तेजना करे, पर दुःख की श्रेणी में ऐसा मनोविकार है जो पात्र की भलाई की उत्तेजना करता है। लोभ से, जिसे मैंने आनन्द की श्रेणी में रखा है, चाहे कभी-कभी और व्यक्तियों या वस्तुओं को हानि पहुँच जाये पर जिसे जिस व्यक्ति या वस्तु का लोभ होगा, उसकी हानि वह कभी न करेगा। लोभी महमूद ने सोमनाथ को तोड़ा, पर भीतर से जो जवाहरात निकले उनको खूब सम्भालकर रक्खा। नूरजहाँ के रूप में लोभी जहाँगीर ने शेर अफगन को मरवाया, पर नूरजहाँ को बड़े चैन से रक्खा।

ऊपर कहा जा चुका है कि मनुष्य ज्यों ही समाज में प्रवेश करता है, उसके सुख और दुःख का बहुत-सा अंश दूसरे की क्रिया या अवस्था पर अवलम्बित हो जाता है और उसके मनोविकारों के प्रवाह तथा जीवन के विस्तार के लिए अधिक क्षेत्र हो जाता है। वह दूसरों के दुःख से दुःखी और दूसरों के सुख से सुखी होने लगता है। अब देखना यह है कि दूसरों के दुःख से दुःखी होने का नियम जितना व्यापक है क्या उतना ही दूसरों के सुख से सुखी होने का भी। मैं समझता हूँ, नहीं। हम अज्ञात-कुल-शील मनुष्य के दुःख को देखकर भी दुःखी होते हैं। किसी दुःखी मनुष्य को सामने देख हम अपना दुःखी होना तब तक के लिए बन्द नहीं रखते जब तक कि यह न मालूम हो जाये कि वह कौन है, कहाँ रहता है और कैसा है; यह और बात है कि यह जानकर कि जिसे पीड़ा पहुँच रही है उसने कोई भारी अपराध या अत्याचार किया है। हमारी दया दूर या कम हो जाये। ऐसे अवसर पर हमारे ध्यान के सामने वह अपराध या अत्याचार आ जाता है और उस अपराधी या अत्याचारी का वर्तमान क्लेश हमारे क्रोध की तुष्टि या साधक हो जाता है।

सारांश यह है कि करुणा की प्राप्ति के लिए पात्र में दुःख के अतिरिक्त और किसी विशेषता की अपेक्षा नहीं। पर आनन्दित हम ऐसे ही आदमी के सुख को देखकर होते हैं जो या तो हमारा सुहृद या सम्बन्धी हो अथवा अत्यन्त सज्जन, शीलवान् या चरित्रवान् होने के कारण समाज का मित्र या हितकारी हो। यों ही किसी अज्ञात व्यक्ति का लाभ या कल्याण सुनने से हमारे हृदय में किसी प्रकार के आनन्द का उदय नहीं होता। इससे प्रकट है कि दूसरों के दुःख से दुःखी होने का नियम बहुत व्यापक है और दूसरों के सुख से सुखी होने का नियम उसकी अपेक्षा परिमित है। इसके अतिरिक्त दूसरों को सुखी देखकर जो आनन्द होता है उसका न तो कोई अलग नाम रखा गया है और न उनमें वेग या प्रेरणा होती है। पर दूसरों के दुःख के परिज्ञान से जो दुःख होता है, वह करुणा, दया आदि नामों से पुकारा जाता है और अपने कारण को दूर करने की उत्तेजना करता है।

जबकि अज्ञात व्यक्ति के दुःख पर दया बराबर उत्पन्न होती है तो जिस व्यक्ति के साथ हमारा अधिक संसर्ग होता है, जिसके गुणों से हम अच्छी तरह परिचित रहते हैं, जिसका रूप हमें भला मालूम होता है उसके उतने ही दुःख पर हमें अवश्य अधिक करुणा होगी। किसी भोली-भाली सुन्दरी रमणी को, किसी सच्चरित्र परोपकारी महात्मा को, किसी अपने भाई-बन्धु को दुःख में देख, हमें अधिक व्याकुलता होगी। करुणा की तीव्रता का सापेक्ष विधान जीवन-निर्वाह की सुगमता और कार्य-विभाग की पूर्णता के उद्देश्य से समझना चाहिए।

मनुष्य की प्रकृति में शील और सात्त्विकता का आदि संस्थापक यही मनोविकार है। मनुष्य की सज्जनता या दुर्जनता अन्य प्राणियों के साथ उसके सम्बन्ध या संसर्ग द्वारा ही व्यक्त होती है। यदि कोई मनुष्य जन्म से ही किसी निर्जन स्थान में अपना निर्वाह करे तो उसका कोई कर्म सज्जनता या दुर्जनता की कोटि में न आयेगा। उसके सब कर्म निर्लिप्त होंगे। संसार में प्रत्येक प्राणी के जीवन का उद्देश्य दुःख की निवृत्ति और सुख की प्राप्ति है। अतः सबके उद्देश्य को एक साथ जोड़ने से संसार का उद्देश्य सुख का स्थापन और दुःख का निराकरण हुआ। अतः जिन कर्मों से संसार के इस उद्देश्य के साधन हों वे उत्तम हैं। प्रत्येक प्राणी के लिए उससे भिन्न प्राणी संसार है। जिन कर्मों से दूसरे के वास्तविक सुख का साधन और दुःख की निवृत्ति हो वे शुभ और सात्त्विक हैं तथा जिस अन्तःकरणवृत्ति से इन कर्मों से प्रवृत्ति हो वह सात्त्विक है। कृपा या अनुग्रह से भी दूसरों के सुख की योजना की जाती है, पर एक तो कृपा या अनुग्रह में आत्म-भाव छिपा रहता है और उसकी प्रेरणा से पहुँचाया हुआ सुख एक प्रकार का प्रतिकार है। दूसरी बात यह है कि नवीन सुख की योजना की अपेक्षा प्राप्त दुःख की निवृत्ति की आवश्यकता अत्यन्त अधिक है।

दूसरे के उपस्थित दुःख से उत्पन्न दुःख का अनुभव अपनी तीव्रता के कारण मनोविकारों की श्रेणी में माना जाता है पर अपने भावी आचरण द्वारा दूसरे के सम्भाव्य दुःख का ध्यान या अनुमान, शील या साधारण सद्वृत्ति के अन्तर्गत समझा जाता है। बोलचाल की भाषा में तो 'शील' शब्द से चित्त की कोमलता या मुरौवत ही का भाव समझा जाता है, जैसे 'उनकी आँखों में शील नहीं है', 'शील तोड़ना अच्छा नहीं', दूसरों का दुःख दूर करना और दूसरों को दुःख न पहुँचाना इन दोनों बातों का निर्वाह करने वाला नियम न पालने का दोषी हो सकता है, पर दुःखशीलता या दुर्भाव का नहीं। ऐसा मनुष्य झूठ बोल सकता है, पर ऐसा नहीं जिससे किसी का कोई काम बिगड़े या जी दुखे। यदि वह किसी अवसर पर बड़ों की कोई बात न मानेगा तो

इसलिए कि वह उसे ठीक नहीं जँचती या वह उसके अनुकूल चलने में असमर्थ है, इसलिए नहीं कि बड़ों का अकारण जी दुखे।

मेरे विचार में तो 'सदा सत्य बोलना', 'बड़ों का कहना मानना', ये नियम के अन्तर्गत हैं, शील या सद्भाव के अन्तर्गत नहीं। झूठ बोलने से बहुधा बड़े-बड़े अनर्थ हो जाते हैं इसी से उसका अभ्यास रोकने के लिए यह नियम कर दिया गया कि किसी अवस्था में झूठ बोला ही न जाय। पर मनोरंजन, खुशामद और शिष्टाचार आदि के बहाने संसार में बहुत सा झूठ बोला जाता है जिस पर कोई समाज कुपित नहीं होता। किसी-किसी अवस्था में तो धर्मग्रन्थों में झूठ बोलने की इजाजत तक दे दी गयी है, विशेषत: जब इस नियम भंग द्वारा अन्त:करण की किसी उच्च और उदार वृत्ति का साधन होती हो। यदि किसी के झूठ बोलने से कोई निरपराध और नि:सहाय व्यक्ति अनुचित दण्ड से बच जाये तो ऐसा झूठ बोलना बुरा नहीं बतलाया गया है क्योंकि नियम शील या सद्वृत्ति का साधक है, समकक्ष नहीं। मनोवेग-वर्जित सदाचार दम्भ या झूठी कवायद है। मनुष्य के अन्त:करण में सात्त्विकता की ज्योति जगाने वाली यही करुणा है। इसी से जैन और बौद्धधर्म में इसको बड़ी प्रधानता दी गयी है और गोस्वामी तुलसीदास जी ने भी कहा है—

पर उपकार सरिस न भलाई। पर-पीड़ा सम नहिं अधमाई॥

यह बात स्थिर और निर्विवाद है कि श्रद्धा का विषय किसी-न-किसी रूप में सात्त्विक शील ही होता है। अत: करुणा और सात्त्विकता का सम्बन्ध इस बात से और भी सिद्ध होता है कि किसी पुरुष को दूसरे पर करुणा करते देख तीसरे को करुणा करने वाले पर श्रद्धा उत्पन्न होती है। किसी प्राणी में और किसी मनोवेग को देख श्रद्धा नहीं उत्पन्न होती। किसी को क्रोध, भय, ईर्ष्या, घृणा, आनन्द आदि करते देख लोग उस पर श्रद्धा नहीं कर बैठते। क्रिया में तत्पर करने वाली प्राणियों की आदि अन्त:करण वृत्ति मन या मनोवेग है। अत: इन मनोवेगों में जो श्रद्धा का विषय हो वही सात्त्विकता का आदि संस्थापक ठहरा। दूसरी बात यह भी ध्यान देने की है कि मनुष्य के आचरण के प्रवर्त्तक भाव या मनोविकार ही होते हैं, बुद्धि नहीं। बुद्धि दो वस्तुओं के रूपों को अलग-अलग दिखला देगी, यह मनुष्य के मन के वेग या प्रवृत्ति पर है कि वह उनमें से किसी एक को चुनकर कार्य में प्रवृत्त हो। यदि विचार कर देखा जाय तो स्मृति, अनुमान, बुद्धि आदि अन्त:करण की सारी वृत्तियाँ केवल मनोवेगों की सहायक हैं, वे भावों या मनोवेगों के लिए उपयुक्त विषय मात्र ढूँढ़ती हैं। मनुष्य की प्रवृत्ति पर भाव को और भावना को तीव्र करने वाले कवियों का प्रभाव प्रकट ही है।

प्रिय के वियोग से जो दु:ख होता है उसमें कभी-कभी दया या करुणा का भी कुछ अंश मिला रहता है। ऊपर कहा जा चुका है कि करुणा का विषय दूसरे का दु:ख है। अत: प्रिय के वियोग में इस विषय की भावना किस प्रकार होती है, यह देखना है। प्रत्यक्ष निश्चय कराता है और परोक्ष अनिश्चय में डालता है। प्रिय व्यक्ति के सामने रहने से उसके सुख का जो निश्चय होता रहता है, वह उसके दूर होने से अनिश्चय में परिवर्तित हो जाता है। अत: प्रिय के वियोग पर उत्पन्न करुणा का विषय प्रिय के सुख का निश्चय है। जो करुणा हमें साधारण जनों के वास्तविक दु:ख के परिज्ञान से होती है, वही करुणा हमें प्रियजन के सुख के अनिश्चय मात्र से होती है। साधारण जनों का तो हमें दु:ख असह्य होता है, पर प्रिय जनों के सुख का अनिश्चय ही। अनिश्चय बात पर सुखी या दु:खी होना ज्ञानवादियों के निकट अज्ञान है, इसी से इस प्रकार के दु:ख का करुणा को किसी-किसी प्रान्तिक भाषा में 'मोह' भी कहते

हैं। सारांश यह कि प्रिय से वियोग-जनित दुःख में जो करुणा का अंश रहता है उसका विषय प्रिय के सुख का अनिश्चय है। राम-जानकी के वन चले जाने पर कौशल्या उनके सुख के अनिश्चय पर इस प्रकार दुःखी होती है—

बन को निकरि गये दोउ भाई।
सावन गरजै, भादौं बरसै, पवन चलै पुरवाई।
कौन बिरिछ तर भीजत ह्वैहैं राम लखन दोउ भाई।

(—गीता०)

प्रेमी को यह विश्वास कभी नहीं होता कि उसके प्रिय के सुख का ध्यान जितना वह रखता है उतना संसार में और भी कोई रख सकता है। श्रीकृष्ण गोकुल से मथुरा चले गये जहाँ सब प्रकार का सुख-वैभव था; पर यशोदा इसी सोच में मरती रहीं कि—

प्रात समय उठि माखन रोटी को बिन माँगे दैहै?
को मेरे बालक कुँवर कान्ह को छिन-छिन आगो लैहै?

और उद्धव से कहती हैं—

सँदेसो देवकी सों कहियो।
हौं तो धाय, तिहारे सुत की कृपा करत ही रहियो॥
उबटन, तेल और तातो जल देखत ही भजि जाते।
जोइ जोइ माँगत सोइ सोइ देती क्रम-क्रम करि कै न्हाते॥
तुम तो टेव जानतिहि ह्वैहौ तऊ मोहिं कहि आवै।
प्रात उठत मेरे लाल लड़ैतनि माखन रोटी भावै॥
अब यह सूर मोहि निसि बासर बड़ो रहत जिय सोच।
अब मेरे अलकलड़ैते लालन ह्वैहैं करत सँकोच॥

वियोग की दशा में गहरे प्रेमियों को प्रिय के सुख का अनिश्चय ही नहीं, कभी-कभी घोर अनिष्ट की आशंका तक होती है; जैसे एक पति-वियोगिनी सन्देह करती है कि—

नदी किनारे धुआँ उठत है, मैं जानूँ कछु होय।
जिसके कारण मैं जली, वही न जलता होय॥

शुद्ध वियोग का दुःख केवल प्रिय के अलग हो जाने की भावना से उत्पन्न क्षोभ या विषाद है जिसमें प्रिय के दुःख आदि की कोई भावना नहीं रहती।

जिस व्यक्ति से किसी की घनिष्ठता और प्रीति होती है वह उसके जीवन के बहुत से व्यापारों तथा मनोवृत्तियों का आधार होता है। उसके जीवन का बहुत-सा अंश उसी के सम्बन्ध द्वारा व्यक्त होता है। मनुष्य अपने लिए संसार आप बनाता है। संसार तो कहने-सुनने के लिए है, वास्तव में किसी मनुष्य का संसार तो वे ही लोग हैं जिनसे उसका संसर्ग या व्यवहार है। अत: ऐसे लोग में से किसी का दूर होना उसके संसार के एक प्रधान अंश का कट जाना या जीवन के एक अंग का खंडित हो जाना है। किसी प्रिय या सुहृदय के चिरवियोग या मृत्यु के शोक के साथ करुणा या दया का भाव मिलकर चित्त को बहुत व्याकुल करता है। किसी के मरने पर उसके प्राणी उसके साथ किये हुए अन्याय या कुव्यवहार तथा उसकी

इच्छा-पूर्ति करने में अपनी त्रुटियों का स्मरण कर और यह सोचकर कि उसकी आत्मा को संतुष्ट करने की भावना सब दिन के लिए जाती रही, बहुत अधीर और विकल होते हैं।

सामाजिक जीवन की स्थिति और पुष्टि के लिए करुणा का प्रसार आवश्यक है। समाज-शास्त्र के पश्चिमी ग्रन्थकार कहा करें कि समाज में एक-दूसरे की सहायता अपनी-अपनी रक्षा के विचार से की जाती है; यदि ध्यान से देखा जाये तो कर्म-क्षेत्र में परस्पर सहायता की सच्ची उत्तेजना देने वाली किसी न किसी रूप में करुणा ही दिखाई देगी। मेरा यह कहना नहीं कि परस्पर की सहायता का परिणाम प्रत्येक का कल्याण नहीं है। मेरे कहने का अभिप्राय है कि संसार में एक-दूसरे की सहायता विवेचना द्वारा निश्चित इस प्रकार के दूरस्थ परिणाम पर दृष्टि रखकर नहीं की जाती बल्कि मन को स्वतः प्रवृत्त करने वाली प्रेरणा से की जाती है। दूसरे की सहायता करने से अपनी रक्षा की भी सम्भावना है, इस बात या उद्देश्य का ध्यान प्रत्येक, विशेषकर सच्चे सहायक को तो नहीं रहता। ऐसे विस्तृत उद्देश्यों का ध्यान तो विश्वास स्वयं रखती है; वह उसे प्राणियों की बुद्धि ऐसी चंचल और मुण्डे-मुण्डे भिन्न वस्तु के भरोसे नहीं छोड़ती। किस युग में और किस प्रकार मनुष्यों ने समाज-रक्षा के लिए एक-दूसरे की सहायता करने की गोष्ठी की होगी, यह समाज-शास्त्र के बहुत से वक्ता लोग ही जानते होंगे। यदि परस्पर सहायता की प्रवृत्ति पुरखों की उस पुरानी पंचायत ही के कारण होती और यदि उसका उद्देश्य वहीं तक होता जहाँ तक समाजशास्त्र के वक्ता बतलाते हैं, तो हमारी दया मोटे, मुस्टण्डे और समर्थ लोगों पर जितनी होती उतनी दीन, अशक्त और अपाहिज लोगों पर नहीं, जिनसे समाज को उतना लाभ नहीं। पर इसका बिल्कुल उल्टा देखने में आता है। दुःखी व्यक्ति जितना ही असहाय और असमर्थ होगा उतनी ही अधिक उसके प्रति हमारी करुणा होगी। एक अनाथ अबला को मार खाते देख हमें जितनी करुणा होगी उतनी एक सिपाही या पहलवान को पिटते देख नहीं। इससे स्पष्ट है कि परस्पर साहाय्य के जो व्यापक उद्देश्य हैं उनका धारण करने वाला मनुष्य का छोटा-सा अन्तःकरण नहीं, विश्वात्मा है।

दूसरों के, विशेषतया अपने परिचितों के, थोड़े क्लेश या शोक पर जो वेगरहित दुःख होता है, उसे सहानुभूति कहते हैं। शिष्टाचार में इस शब्द का प्रयोग इतना अधिक होने लगा है कि यह निकम्मा-सा हो गया है। अब प्रायः इस शब्द से हृदय का कोई सच्चा भाव नहीं समझा जाता है। सहानुभूति के तार, सहानुभूति की चिट्ठियाँ लोग यों ही भेजा करते हैं। यह छद्म-शिष्टता मनुष्य के व्यवहार-क्षेत्र से सच्चाई के अंश कों क्रमशः चरती जा रही है।

करुणा अपना बीज अपने आलम्बन या पात्र में नहीं फेंकती है अर्थात् जिस पर करुणा की जाती है वह बदले में करुणा करने वाले पर भी करुणा नहीं करता—जैसा कि क्रोध और प्रेम में होता है—बल्कि कृतज्ञ होता अथवा श्रद्धा या प्रीति करता है। बहुत सी औपन्यासिक कथाओं में यह बात दिखाई गयी है कि युवतियाँ दुष्टों के हाथ से अपना उद्धार करने वाले युवकों के प्रेम में फँस गई हैं। कोमल भावों की योजना में दक्ष बँगला के उपन्यास-लेखक करुणा और प्रीति के मेल से बड़े ही प्रभावोत्पादक दृश्य उपस्थित करते हैं।

मनुष्य के प्रत्यक्ष ज्ञान में देश और काल की परिमिति अत्यन्त संकुचित होती है। मनुष्य जिस वस्तु को जिस समय और जिस स्थान पर देखता है उसकी उसी समय और उसी स्थान की अवस्था का अनुभव उसे होता है। पर स्मृति, अनुमान या दूसरों से प्राप्त ज्ञान के सहारे मनुष्य का ज्ञान इस परिमिति को लाँघता हुआ अपना देशकाल-सम्बन्धी विस्तार बढ़ाता है।

प्रस्तुत विषय के सम्बन्ध में उपयुक्त भाव प्राप्त करने के लिए यह विस्तार कभी-कभी आवश्यक होता है। मनोविकारों की उपयुक्तता कभी-कभी इस विस्तार पर निर्भर रहती है। किसी मार खाते हुए अपराधी के विलाप पर हमें दया आती है, पर जब हम सुनते हैं कि कई बार वह बड़े-बड़े अपराध कर चुका है, इससे आगे भी ऐसे ही अत्याचार करेगा, तो हमें अपनी दया की अनुपयुक्तता मालूम हो जाती है। ऊपर कहा जा चुका है कि स्मृति और अनुमान आदि भावों या मनोविकारों के केवल सहायक हैं अर्थात् प्रकारान्तर से वे उनके लिए विषय उपस्थित करते हैं। वे कभी तो आप से आप विषयों को मन के सामने लाते हैं, कभी किसी विषय के सामने आने पर उससे सम्बन्ध (पूर्वापर व कार्य-कारण-सम्बन्ध) रखने वाले और बहुत से विषय उपस्थित करते हैं जो कभी तो सबके सब एक ही भाव के विषय होते हैं और उस प्रत्यक्ष विषय से उत्पन्न भाव को तीव्र करते हैं; कभी भिन्न-भिन्न भावों के विषय से उत्पन्न भावों को परिवर्तित या धीमा करते हैं। इससे यह स्पष्ट है कि मनोवेग या भावों को मन्द या दूर करने वाली, स्मृति, अनुमान या बुद्धि आदि कोई दूसरी अन्तःकरण-वृत्ति नहीं है, मन का दूसरा भाव या वेग ही है।

मनुष्य की सजीवता मनोवेग या प्रवृत्ति में, भावों की तत्परता में, है। नीतिज्ञों और धार्मिकों का मनोविकारों को दूर करने का उपदेश घोर पाखण्ड है? इस विषय में कवियों का प्रयत्न सच्चा है। जो मनोविकारों पर सान ही नहीं चढ़ाते बल्कि उन्हें परिमार्जित करते हुए सृष्टि के पदार्थों के साथ उनके उपयुक्त सम्बन्ध निर्वाह पर जोर देते हैं। यदि मनोवेग न हो तो स्मृति, अनुमान, बुद्धि आदि के रहते भी मनुष्य बिल्कुल जड़ है। प्रचलित सभ्यता और जीवन की कठिनता से मनुष्य अपने इन मनोवेगों को मारने और अशक्त करने पर विवश होता जाता है और इस प्रकार उसके जीवन का स्वाद निकलता जाता है। वन, नदी, पर्वत आदि को देख आनन्दित होने के लिए अब उसके हृदय में उतनी जगह नहीं। दुराचार पर उसे क्रोध या घृणा होती है। पर झूठे शिष्टाचार के अनुसार उसे दुराचारी की मुँह पर प्रशंसा करनी पड़ती है। जीवन-निर्वाह की कठिनता से उत्पन्न स्वार्थ की शुष्क प्रेरणा के कारण उसे दूसरे के दुःख की ओर ध्यान देने, उस पर दया करने और उसके दुःख की निवृत्ति का सुख प्राप्त करने की फ़ुरसत नहीं। इस प्रकार मनुष्य हृदय को दबाकर केवल क्रूर आवश्यकता और कृत्रिम नियमों के अनुसार ही चलने पर विवश और कठपुतली-सा जड़ होता जाता है। उसकी भावुकता का नाश होता जाता है। पाखण्डी लोग मनोवेगों का सच्चा निर्वाह न देख, हताश हो मुँह बनाकर कहने लगे हैं—"करुणा छोड़ो, प्रेम-छोड़ो, आनन्द छोड़ो। बस, हाथ-पैर हिलाओ, काम करो।"

यह ठीक है कि मनोवेग उत्पन्न होना और बात है और मनोवेग के अनुसार व्यवहार करना और बात; पर अनुसारी परिणाम के निरन्तर अभाव के मनोवेगों का अभ्यास भी घटने लगता है। यदि कोई मनुष्य आवश्यकतावश कोई निष्ठुर कार्य अपने ऊपर ले ले तो पहले दो-चार बार उसे दया उत्पन्न होगी; पर जब बार-बार दया की प्रेरणा के अनुसार कोई परिणाम वह उपस्थित न कर सकेगा तब धीरे-धीरे उसका दया का अभ्यास कम होने लगेगा; यहाँ तक कि उसकी दया की वृत्ति ही मारी जायेगी।

बहुत से ऐसे अवसर आ पड़ते हैं जिनमें करुणा आदि मनोवेगों के अनुसार काम नहीं किया जा सकता। पर ऐसे अवसरों की संख्या का बहुत बढ़ना ठीक नहीं है। जीवन में मनोवेगों के अनुसार परिणामों का विरोध प्रायः तीन वस्तुओं से होता है—(१) आवश्यकता,

(२) नियम और (३) न्याय। हमारा कोई नौकर बहुत बुड्ढा और कार्य करने में अशक्त हो गया है जिससे हमारे काम में हर्ज होता है। हमें उसकी अवस्था पर दया तो आती है पर आवश्यकता के अनुरोध से उसे अलग करना पड़ता है। किसी दुष्ट अफसर के कुवाक्य पर क्रोध तो आता है पर मातहत लोग आवश्यकता के वश उस क्रोध के अनुसार कार्य करने की कौन कहे, उसका चिह्न तक नहीं प्रकट होने देते। यदि कहीं पर यह नियम है कि इतना रुपया देकर लोग कोई कार्य करने पायें तो जो व्यक्ति रुपया वसूल करने पर नियुक्त होगा वह किसी ऐसे दीन अकिंचन को देख जिसके पास एक पैसा भी न होगा, दया तो करेगा पर नियम के वशीभूत हो उसे वह उस कार्य के करने से रोकेगा। राजा हरिश्चन्द्र ने अपनी रानी शैव्या से अपने ही मृत पुत्र के कफन का टुकड़ा फड़वा नियम का अद्‌भुत पालन किया था। पर यह समझ रखना चाहिए कि यदि शैव्या के स्थान पर कोई दूसरी स्त्री होती तो राजा हरिश्चन्द्र के उस नियम-पालन का उतना महत्त्व न दिखाई पड़ता; करुणा ही लोगों की श्रद्धा को अपनी ओर अधिक खींचती है। करुणा का विषय दूसरे का दुःख है, अपना दुःख नहीं। आत्मीय जनों का दुःख एक प्रकार से अपना ही दुःख है। इससे राजा हरिश्चन्द्र के नियम-पालन का जितना स्वार्थ से विरोध था उतना करुणा से नहीं।

न्याय और करुणा का विरोध प्रायः सुनने में आता है। न्याय से ठीक प्रतीकार का भाव समझा जाता है। यदि किसी ने हमसे १००० रु० उधार लिये तो न्याय यह है कि वह हमें १००० रु० लौटा दे। यदि किसी ने कोई अपराध किया तो न्याय यह है कि उसको दण्ड मिले। यदि १००० रु० लेने के उपरान्त उस व्यक्ति पर कोई आपत्ति पड़ी और उसकी दशा अत्यन्त शोचनीय हो गयी तो न्याय पालने के विचार का विरोध करुणा कर सकती है। इसी प्रकार यदि अपराधी मनुष्य बहुत रोता, गिड़गिड़ाता और कान पकड़ता है तथा पूर्ण दण्ड की अवस्था में अपने परिवार की घोर दुर्दशा का वर्णन करता है, तो न्याय के पूर्ण निर्वाह का विरोध करुणा कर सकती है। ऐसी अवस्थाओं में करुणा करने का सारा अधिकार विपक्षी अर्थात् जिसका रुपया चाहिए या जिसका अपराध किया गया है उसको है, न्यायकर्त्ता या तीसरे व्यक्ति को नहीं। जिसने अपनी कमाई के १००० रु० अलग किये, या अपराध द्वारा जो क्षति-ग्रस्त हुआ विश्वात्मा उसी के हाथ में करुणा ऐसी उच्च सद्‌वृत्ति के पालन का शुभ अवसर देती है। करुणा सेंत का सौदा नहीं है। यदि न्यायकर्त्ता को करुणा है तो वह उसकी शान्ति पृथक् रूप से कर सकता है, जैसे ऊपर लिखे मामले में वह चाहे तो दुखिया ऋणी को हजार-पाँच सौ अपने पास से दे दे या दण्डित व्यक्ति तथा उसके परिवार की और प्रकार से सहायता कर दे। उसके लिए भी करुणा का द्वार खुला है।

लज्जा और ग्लानि

हम जिन लोगों के बीच रहते हैं अपने विषय में उनकी धारणा का जितना ही अधिक ध्यान रखते हैं उतना ही अधिक प्रतिबन्ध अपने आचरण पर रखते हैं। जो हमारी बुराई, मूर्खता या तुच्छता के प्रमाण पा चुके रहते हैं, उनके सामने हम उसी धड़ाके के साथ नहीं जाते जिस धड़ाके के साथ औरों के सामने जाते हैं। यहीं तक नहीं, जिन्हें इस प्रकार का प्रमाण नहीं भी मिला रहता है, उनके आगे भी कोई काम करते हुए यह सोचकर कुछ आगा-पीछा होता है कि कहीं इस प्रकार का प्रमाण उन्हें मिल न रहा हो। दूसरों के चित्त में अपने विषय में बुरी या तुच्छ धारणा होने के निश्चय या आशंका मात्र से वृत्तियों का जो संकोच होता है—उनकी स्वच्छन्दता के विघात का जो अनुभव होता है—उसे लज्जा कहते हैं। इस मनोवेग के मारे लोग सिर ऊँचा नहीं करते, मुँह नहीं दिखाते, सामने नहीं आते, साफ-साफ कहते नहीं, और भी न जाने क्या-क्या नहीं करते। 'हम बुरे न समझे जायें' यह स्थायी भावना जिसमें जितनी ही अधिक होगी, वह उतना ही लज्जाशील होगा। 'कोई बुरा कहे चाहे भला' इसकी परवा करके जो काम किया करते हैं वे ही निर्लज्ज कहलाते हैं।

जिस समाज में हम कोई बुराई करते हैं, जिस समाज में हम अपनी मूर्खता, धृष्टता आदि का प्रमाण दे चुके रहते हैं, उसके अंग होने का स्वत्व हम जता नहीं सकते, अत: उसके सामने अपनी सजीवता के लक्षणों को उपस्थित करते या रखते नहीं बनता—यह प्रकट करते नहीं बनता कि हम भी इस संसार में हैं। जिसके साथ हमने कोई बुराई की होती है उसे देखते ही हमारी क्या दशा होती है? हमारी चेष्टाएँ मन्द पड़ जाती हैं। हमारे ऊपर घड़ों पानी पड़ जाता है, हम गड़ जाते हैं या चाहते हैं कि धरती फट जाती और हम उसमें समा जाते। सारांश यह कि यदि हम कुछ देर के लिए मर नहीं जाते तो कम से कम अपने जीने के प्रमाण अवश्य समेट लेते हैं।

ऊपर जो कुछ कहा गया है उससे यह स्पष्ट हो गया होगा कि लज्जा का कारण अपनी बुराई, त्रुटि या दोष हमारा अपना निश्चय नहीं, दूसरे के निश्चय का निश्चय या अनुमान है, जो हम बिना किसी प्रकार का प्रमाण पाये केवल अपने आचरण या परिस्थिति विशेष पर दृष्टि रखकर ही कभी-कभी कर लिया करते हैं। हम अपने को दोषी समझें यह आवश्यक नहीं; दूसरे हमें दोषी या बुरा समझें यह भी आवश्यक नहीं, आवश्यक है हमारा यह समझना कि दूसरा हमें दोषी या बुरा समझता है या समझता होगा। जो आचरण लोगों को बुरा लगा करता है, जिस अवस्था का लोग उपहास किया करते हैं, जिस बात से लोग घृणा किया करते हैं यदि हम समझते हैं कि लज्जित होने के लिए लोगों के देखने में वह आचरण हमसे हो गया, उस अवस्था में हम पड़ गये या वह बात हमसे बन पड़ी, तो हम लज्जित होने के लिए इनका आसरा न देखेंगे कि जिन लोगों के सामने ऐसी बात हुई है वे निन्दा करें, उपहास करें या छि:-छि: करें। वे निन्दा करें या न करें, उपहास करें या न करें, घृणा प्रकट करें या न करें, पर हम समझते हैं कि मधुशाला उनके पास है, वे उसका उपयोग करें या न करें। यह

अवश्य है कि उपयोग होने पर हमारी लज्जा का वेग या भार बहुत बढ़ जाता है, पर कभी-कभी इसका उलटा भी होता है। जिसके साथ हमसे कोई भारी बुराई की होती है वह यदि दस आदमियों के सामने मिलने पर मौन रहे, हमारा गुणानुवाद करने लगे, हमसे प्रेम जताने लगे या हमारा उपकार करने लगे, तो शायद हम अपने डूबने के लिए चुल्लू भर पानी ढूँढ़ने लगेंगे। वन से लौटने पर रामचन्द्र कैकेयी से मिले और "रामहिं मिलत कैकेयी हृदय बहुत सकुचानि।" पर जब लक्ष्मण "कैकेयी कहँ पुनि-पुनि मिले" तो वह लज्जा से धँस गयी होगी! चित्रकूट में जब राम पहले कैकेयी से मिले होंगे तब उसकी क्या दशा हुई होगी?

निन्दा का भय लज्जा नहीं है, भय ही है और कई बातों का, जिसमें लज्जा भी एक है। हमें निन्दा का भय है; इसका मतलब है कि हमें उसके परिणामों का भय है—अपने कुढ़ने, दुःखी होने, लज्जित होने, हानि सहने इत्यादि का भय है।

विशुद्ध लज्जा अपने विषय में दूसरे की ही भावना पर दृष्टि रखने से होती है। अपनी बुराई, मूर्खता, तुच्छता इत्यादि का एकान्त अनुभव करने से वृत्तियों में जो शैथिल्य आता है, उसे 'ग्लानि' कहते हैं। इसे अधिकतर उन लोगों को भोगना पड़ता है, जिनका अन्तःकरण सत्त्वप्रधान होता है, जिनके संस्कार सात्त्विक होते हैं, जिनके भाव कोमल और उदार होते हैं, जिनका हृदय कठोर होता है, जिनकी वृत्ति क्रूर होती है, जो सिर से पैर तक स्वार्थ में निमग्न होते हैं, उन्हें सहने के लिए संसार में इतनी बाधाएँ, इतनी कठिनाइयाँ, इतने कष्ट होते हैं कि ऊपर से और इसकी भी न उतनी जरूरत रहती है, न जगह। मन में ग्लानि आने के लिए यह आवश्यक नहीं कि जो हमारी बुराई, मूर्खता, तुच्छता आदि से परिचित हों, या परिचित समझे जाते हों, उनका सामना हो। हम अपना मुँह न दिखाकर लज्जा से बच सकते हैं, पर ग्लानि से नहीं। कोठरी में बन्द, चारपाई पर पड़े-पड़े लिहाफ के नीचे भी लोग ग्लानि से गल सकते हैं। चित्रकूट में भरत-राम के मिलाप के स्थान पर जब जनक के आने का समाचार पहुँचा तब "सुनत जनक-आगमन सब हरखेउ अवध समाज।" पर "गरइ गलानि कुटिल कैकेयी।"

ग्लानि में अपनी बुराई, तुच्छता आदि के अनुभव से जो सन्ताप होता है वह अकेले में भी होता है और दस आदमियों के सामने प्रकट भी किया जाता है। ग्लानि अन्तःकरण की शुद्धि का एक विधान है। उससे इसके उद्‌गार में अपने दोष, अपराध, तुच्छता, बुराई इत्यादि का लोग दुःख से या सुख के कथन से भी अनुभव करते हैं—उनमें दुराव या छिपाव की प्रवृत्ति नहीं रहती है। अपने दोष का अनुभव, अपने अपराध का स्वीकार, आन्तरिक अस्वस्थता का उपचार तथा सच्चे सुधार का द्वार है। 'हम बुरे हैं' जब तक यह न समझेंगे तब तक अच्छे नहीं हो सकते। 'हम बुरे हैं' दूसरों के कान में पड़ते ही इसका अर्थ उलट जाता है।

दूसरों को हम अच्छे नहीं लगते, यह समझकर हम लज्जित होते हैं। अतः औरों को अच्छी न लगने वाली अपनी बातों को केवल उनकी दृष्टि से दूर रखकर ही बहुत से लोग न लज्जित होते हैं, न निर्लज्ज कहलाते हैं। दूसरों के हृदय में अज्ञान की प्रतिष्ठा करके वे उसकी शरण में जाते हैं। पर अज्ञान, चाहे अपना हो चाहे पराया, सब दिन रक्षा नहीं कर सकता। बलि-पशु होकर ही हम उसके आश्रय में पलते हैं। जीवन के किसी अंग की यदि वह रक्षा करता है तो सर्वांग भक्षण के लिए। अज्ञान अन्धकार स्वरूप है। दीया बुझाकर भागने

वाला यदि समझता है कि दूसरे उसे देख नहीं सकते, तो उसे यह भी समझ रखना चाहिए कि वह ठोकर खाकर गिर भी सकता है।

कोई बात ऐसी है जिसके प्रकट हो जाने के कारण हम दूसरों को अच्छे नहीं लगते हैं यह जानकर अपने को और प्रकट होने पर अच्छे नहीं लगेंगे, यह समझकर उस बात को, थोड़े-बहुत यत्न से उसके दृष्टिपथ से दूर करके भी जब हम समय पर अपना बचाव कर सकते हैं, यही नहीं, अपने व्यवधान-कौशल पर विश्वास कर सदा बचते चले जाने की आशा तक—चाहे झूठी ही क्यों न हो—कर सकते हैं, तब हमारा केवल यह जानना या समझना सदा सुधार की इच्छा ही उत्पन्न करेगा, कैसे कहा जा सकता है? दूसरों का भय हमें भगा सकता है, हमारी बुराइयों को नहीं। दूसरों से हम भाग सकते हैं, पर अपने से नहीं। जब अपने को हम अच्छे न लगेंगे तब सिवा इसके कि हम अच्छे हों या अच्छे होने की आशा करें, आत्मग्लानि से बचने का और कोई दूसरा उपाय न रहेगा। पर जिसके अन्त:करण में अच्छे संस्कारों का बीज रहता है, ग्लानि उन्हीं को होती है।

संकल्प या प्रवृत्ति हो जाने पर बुराई से बचाने वाले तीन मनोविकार हैं—सात्त्विक वृत्ति वालों के लिए ग्लानि, राजसी वृत्ति वालों के लिए लज्जा और तामसी वृत्ति वालों के लिए भय। जिन्हें अपने किये पर ग्लानि नहीं हो सकती वे लोक-लज्जा से, जिनमें लोक-लज्जा का लेश नहीं रहता वे भय से, बहुत से कामों को करते हुए हिचकते हैं। प्राय: कहा जाता है कि बहुत से लोग इच्छा रखते हुए भी बुरे काम लज्जा के मारे नहीं करते। पर लज्जा का अनुभव एक प्रकार के दु:ख का ही अनुभव है, अत: यह नहीं कहा जा सकता कि कर्म न करने पर भी अपनी इच्छा मात्र पर उन्हें यह दु:ख होता है; क्योंकि यदि ऐसा होता तो वे इच्छा रखते ही क्यों? सच पूछिए तो उन्हें उस दु:ख की आशंका मात्र रहती है जो लोगों के धिक्कार, बुरी धारणा आदि से उन्हें होगा। वास्तव में उन्हें लज्जा की आशंका रहती है, इस बात का डर रहता है कि कहीं लज्जित न होना पड़े।

लज्जा का अनुभव तो तभी होगा जब वे कुकर्म की ओर इतने अग्रसर हो चुके रहेंगे कि यह समझ सकें कि लोगों के मन में बुरी धारणा हो गयी होगी। उस समय उनका पैर आगे नहीं बढ़ेगा।

आशंका अनिश्चयात्मक वृत्ति है। इससे लज्जा की ही हो सकती है; जिसका सम्बन्ध दूसरों की धारणा से होता है। ग्लानि की आशंका नहीं हो सकती। क्योंकि उसका सम्बन्ध अपने से कहीं बाहर की बुरी धारणा से तो होता नहीं, अपनी ही बुरी धारणा से होता है जिसमें अनिश्चय का भाव नहीं रह सकता। जिससे बुराई की जितनी ही अधिकतम सम्भावना होती है उसे रोकने का उतने ही पहले से उपाय किया जाता है। जिन्हें अपने किये पर ग्लानि हो सकती है उनके लिए उतने पहले से प्रतिबन्ध की आवश्यकता नहीं होती जितने पहले से उनके लिए होती है, जो केवल यही समझकर दु:खी होते हैं कि 'लोग बुरा समझते हैं' यह समझकर नहीं कि 'हम बुरे हैं।' जो निपट निर्लज्ज होते हैं, जो दूसरों की बुरी धारणा की भी तब तक परवा नहीं करते जब तक उससे किसी उग्र फल की आशंका नहीं होती, उनके कर्म प्राय: इतने बुरे, इतने असह्य हुआ करते हैं कि दूसरे उन्हें बुरा समझकर ही नहीं रह जाते, छि:-छि: करके ही सन्तोष नहीं कर लेते, बल्कि मरम्मत करने के लिए भी तैयार हो जाते हैं, जिससे उन्हें कभी भयभीत होना पड़ता है, कभी सशंक।

मनुष्य लोकबद्ध प्राणी है, इससे वह अपने को उनके कर्मों के गुण-दोष का भी भागी समझता है जिनसे उनका सम्बन्ध होता है, जिनके साथ में वह देखा जाता है। पुत्र की अयोग्यता और दुराचार, भाई के दुर्गुण और असभ्य व्यवहार आदि का ध्यान करके भी दस आदमियों के सामने सिर नीचा होता है। यदि हमारा साथी हमारे सामने किसी तीसरे आदमी से बातचीत करने में भारी मूर्खता का प्रमाण देता है, भद्दी और ग्राम्य भाषा का प्रयोग करता है, तो हमें भी लज्जा आती है। मैंने कुत्ते के कई शौकीनों को अपने कुत्ते की बदतमीजी पर शरमाते देखा है। जिसे लोग कुमार्गी जानते हैं, उसके साथ यदि हम कभी देवमन्दिर के मार्ग पर भी देखे जाते हैं तो सिर झुका लेते हैं या बगलें झाँकते हैं। बात यह है कि जिसके साथ हम देखे जाते हैं, उसका हमारा कितनी बातों में कहाँ तक साथ है, दूसरों को इसके अनुमान की पूरी स्वच्छन्दता रहती है, उनकी कल्पना की कोई सीमा हम तत्काल बाँध नहीं सकते।

किसी बुरे प्रसंग में यदि निमित्त रूप से भी हमारा नाम आ जाता है तो हमें लज्जा होती है—चाहे ऐसा हमारी जानकारी में हुआ हो, चाहे अनजान में। यदि बिना हमें जताये हमारे पक्ष में कोई कुचक्र रचा जाय तो उसका वृत्तान्त फैलने पर हमें लज्जा क्या ग्लानि तक हो सकती है। लज्जा का होना तो ठीक है क्योंकि वह दूसरों की धारणा के कारण होती है, अपनी धारणा के कारण नहीं। पर ग्लानि कैसे होती है, 'हम बुरे या तुच्छ हैं', यह धारणा कहाँ से आती है, यही देखना है। अपमान होने पर यदि क्रोध के लिए स्थान हुआ हो तो क्रोध का, नहीं तो अपनी तुच्छता का अनुभव होता है। दूसरों के चित में हमारे प्रति जो प्रेम या प्रतिष्ठा का भाव रहता है, उसका ह्रास किसी कुचक्र के साथ अपना नाममात्र का सम्बन्ध समझकर भी, हम समझे बिना नहीं रह सकते। जब स्थिति ऐसी होती है कि इस ह्रास का न समाधान द्वारा निराकरण कर सकते हैं, न क्रोध द्वारा प्रतिकार तो, सिवा इसके कि हम अपनी हीनता का अनुभव करें, और कर ही क्या सकते हैं? भरत को इसी दशा में पाकर राम ने उन्हें समझाया था कि—

तात जाय जनि करहु गलानी।
ईस अधीन जीव-गति जानी॥
तीनि-काल त्रिभुवन मत मोरे।
पुन्यसलोक तात तर तोरे॥
उर आनत तुम पर कुटिलाई।
जाइ लोक परलोक नसाई॥

जिसने इतनी बुराई की वह मेरी माता है, इस भावना से जो लज्जा भरत को थी उसे दूर करने के लिए ही आगे का वचन है—

दोषि देहिं जननिहिं जड़ तेई।
जिन गुरु-साधु-सभा नहिं सेई॥

इस प्रकार दोष देने वाले से दोषोद्भावना द्वारा अनधिकार का आरोप करके माता के दोष का परिहार किया गया है।

उत्तम कोटि के मनुष्यों को अपने दुष्कर्म पर ग्लानि होती है और मध्यम कोटि के मनुष्यों को अपने दुष्कर्म के किसी कड़ुए फल पर। दुष्कर्म के अनेक अप्रिय फलों में से एक अपमान है, जिसे सहकर अपनी तुच्छता का अनुभव किये बिना लोग प्रायः नहीं रहते। जिन्हें अपनी किसी कर्म की बुराई का ध्यान आप से आप नहीं होता उन्हें ध्यान कराने का श्रम उसकी बुराई का विशेष अनुभव कराने वाले, अपनी बुराई का सब ध्यान, अपने हाथ का सब धन्धा, छोड़कर उठाते हैं। इस श्रम से दूसरों के लिए उनकी बुराई का फल पैदा किया जाता है। उसकी नीरसता और कटुता कभी-कभी अत्यन्त ग्लानिकारिणी होती है पर आँख खुलने पर जो आँख खोलनेवालों को देख सकें, उनकी आँख की दुरुस्ती में बहुत कसर समझनी चाहिए। अपमान या हानि की ही ग्लानि जो उस अपमान या हानि ही तक ध्यान को ले जाय—उसके कारण तक न बढ़ाये—वह बुराई के मार्ग पर चल चुकने वालों का थोड़ी देर के लिए पैर थाम या बल तोड़ सकती है, पर उसका मुँह दूसरी ओर मोड़ नहीं सकती। अपमान का जो दुःख केवल इन शब्दों में व्यक्त किया जाता है कि 'हा! हमारी यह गति हुई?' उससे अपमान करने वालों का काम तो हो जाता है पर दुःख करने वालों का कोई मतलब नहीं निकलता। जो ग्लानि हमसे यह कहलाये कि 'यदि हमने ऐसा न किया होता तो हमारी यह गति क्यों होती?' यही पश्चात्ताप की ग्लानि है जिससे हमारा हृदय पिघलकर किसी नये साँचे में ढलने के योग्य हो सकता है। अतः कोई ऐसी बुराई करके जिससे चार आदमियों को कष्ट पहुँचता हो, हम यह समझने में कि 'हमने बुरा किया' जितनी ही जल्दी करते हैं उतने ही मजे से रहते हैं क्योंकि बहुधा ऐसा है कि जिन्हें कष्ट पहुँचा रहता है वे हमारी इस समझ का पता पाकर सन्तुष्ट हो जाते हैं। अपनी किसी बुराई को बन्ध्या मानकर मन का खटका छुड़ाने वाले धोखा खाते हैं।

अपमान से जो ग्लानि होती है वह दो भावों के आधार पर—'हम ऐसे तुच्छ हैं' और 'हम ऐसे बुरे हैं' इन दोनों भावों को कभी-कभी लोग बड़ी फुरती और सफाई से रोकते हैं। अपनी तुच्छता का भाव अधिकांश में अपनी असामर्थ्य और दूसरे के सामर्थ्य का भाव है। हम इतने असमर्थ हैं कि दूसरे हमारा अपमान कर सकते हैं, इस भाव से निवृत्ति तो लोग चट अपनी सामर्थ्य का परिचय देकर—अपमान करने वाले का अपमान करके—कर लेते हैं। रहा अपने दोष या बुराई का भाव, उससे छुटकारा लोग दोष देने वालों में दोष ढूँढ़कर कर लेते हैं। इस प्रकार अपनी सामर्थ्य और और दूसरे के दोष की भावना मन में भरकर वे अपनी तुच्छता और बुराई के अनुभव के लिए कोई कोना खाली ही नहीं छोड़ते। ऐसे लोग चाहे लाख बुराई करें, एक की दस सुनाने को सदा तैयार रहते हैं। अपने को ऐसा ही कल्पित करके तुलसीदास जी कहते हैं—

जानत हू निज पाप जलधि जिय,
जल-सीकर सम सुनत लरौं।
रज सम पर-अवगुन सुमेरु करि,
गुन गिरि सम रज तें निदरौं॥

अकारण अपमान पर जो ग्लानि होती है वह अपनी तुच्छता, अपनी सामर्थ्यहीनता पर ही होती है। लोक-मर्यादा की दृष्टि से हमको इतनी सामर्थ्य सम्पादन करना चाहिए कि दूसरे अकारण हमारा अपमान करने का साहस न कर सकें। समाज में रहकर मान-मर्यादा का भाव

हम छोड़ नहीं सकते। अतः इस सामर्थ्य का अभाव हमें खटक सकता है। उसकी हमें ग्लानि हो सकती है। जो संसार-त्यागी या आत्म-त्यागी हैं उनका विगतमान होना तो बहुत ठीक है, पर लोक-व्यवहार की दृष्टि से अनिष्ट से बचने-बचाने के लिए इष्ट यही है कि हम दुष्टों का हाथ थामें और धृष्टों का मुँह—उनकी वन्दना करके हम पार नहीं पा सकते। इधर हम हाथ जोड़ेंगे, उधर वे हाथ छोड़ेंगे। असामर्थ्य हमें क्षमा या सहनशीलता का श्रेय भी पूरा-पूरा नहीं प्राप्त करने देगी।

मान लीजिए कि एक ओर से हमारे गुरुजी और दूसरी ओर से एक दण्डधारी दुष्ट, दोनों आते दिखाई पड़ें। ऐसी अवस्था में पहले हमें उस दुष्ट का सत्कार करके तब गुरु जी को दण्डवत् करना चाहिए। पहले उस दुष्ट द्वारा होने वाले अनिष्ट का निवारण कर्त्तव्य है, फिर उस आनन्द का अनुभव जो गुरुजी के चरण-स्पर्श से होगा। यदि पहले गुरुजी को साष्टांग दण्डवत् करने लगेंगे तो बहुत संभव है कि वह दुष्ट हमारे अंगों को फिर उठाने लायक ही न रखे। यदि हममें सामर्थ्य नहीं है तो हमें बिना गुरुजी का प्रमाण दण्डवत् किये ही भागना पड़ेगा जिसकी शायद हमें बहुत दिनों तक ग्लानि रहे।

लज्जा का हल्का रूप संकोच है जो किसी काम को करने के पहले ही होता है। कर्म पूरा होने के साथ ही उसका अवसर निकल जाता है; फिर तो लज्जा ही लज्जा हाथ रह जाती है। सामान्य से सामान्य व्यवहार में भी संकोच देखा जाता है। लोग अपना रुपया माँगने में संकोच करते हैं, साफ-साफ बात कहने में संकोच करते हैं, उठने-बैठने में संकोच करते हैं। लेटने में संकोच करते हैं, खाने-पीने में संकोच करते हैं यहाँ तक कि एक सभा के सहायक मन्त्री हैं जो कार्य-विवरण पढ़ने में संकोच करते हैं, सारांश यह कि एक बेवकूफी करने में लोग संकोच नहीं करते और सब बातों में करते हैं। इससे उतना हर्ज भी नहीं क्योंकि बिना बेवकूफ हुए बेवकूफी का बुरा लोग प्रायः नहीं मानते। इतनी क्रियाओं का प्रतिबन्धक होने के कारण संकोचशील का एक प्रधान अंग, सदाचार का एक सहज साधन और शिष्टाचार का एकमात्र आधार है। जिनमें शील-संकोच नहीं, वह पूरा मनुष्य नहीं। बाहरी प्रतिबन्धों से ही हमारा पूरा शासन नहीं हो सकता—उन सब बातों की रुकावट नहीं हो सकती जिन्हें हमें न करना चाहिए। प्रतिबन्ध हमारे अन्तःकरण में होना चाहिए। यह अभ्यन्तर प्रतिबन्ध दो प्रकार का हो सकता है—एक विवेचनात्मक जो प्रयत्नसाध्य होता है, दूसरा मनःप्रवृत्यात्मक जो स्वभावज होता है। बुद्धि द्वारा प्रवृत्ति जबरदस्ती रोकी जाती है, पर लज्जा, संकोच आदि की अवस्था में प्राप्त होकर प्रवर्तक मन आप से आप रुकता है—चेष्टाएँ आप से आप शिथिल पड़ती हैं। यही रुकावट सच्ची है। मन की जो वृत्ति बड़ों की बात का उत्तर देने से रोकती है, बार-बार किसी से कुछ माँगने से रोकती है, किसी पर किसी प्रकार का भार डालने से रोकती है, उसके न रहने से भलमनसाहत भला कहाँ रहेगी? यदि सबकी धड़क एकबारगी खुल जाय तो एक ओर छोटे मुँह से बड़ी-बड़ी बातें निकलने लगें, चार दिन के मेहमान तरह-तरह की फरमाइशें करने लगें, उँगली का सहारा पाने वाले बाँह पकड़कर खींचने लगें; दूसरी ओर बड़ों का बहुत कुछ बड़प्पन निकल जाय, गहरे-गहरे साथी बहरे हो जायें या सूखा जवाब देने लगें, जो हाथ सहारा देने के लिए बढ़ते हैं वे ढकेलने के लिए बढ़ने लगें—फिर तो भलमनसाहत का भार उठाने वाले इतने कम रह जायें कि उसे लेकर चल ही न सकें।

संकोच इस बात के ध्यान या आशंका से होता है कि जो कुछ हम करने जा रहे हैं वह किसी को अप्रिय या बेढंगा तो न लगेगा, उससे हमारी दुःशीलता या धृष्टता तो न प्रकट होगी।

इस बात का जिन्हें कुछ भी ध्यान नहीं रहता उनका दस आदमियों का साथ नहीं निभ सकता और जिन्हें अत्यन्त अधिक ध्यान रहता है उनके भी कामों में बाधा पड़ती है। मनोभावों की परस्पर अनुकूल स्थिति होने से ही संसार के व्यवहार चलते हैं। यदि एक इस बात का ध्यान रखता है कि दूसरे को कोई बात खटके न, बुरी न लगे और दूसरा उसकी हानि, कठिनाई आदि का कुछ भी ध्यान नहीं रखता है तो वह स्थिति व्यवहार-बाधक है। ऐसी स्थिति में भी संकोच करने वालों के काम देर से निकलते हैं या निकलते ही नहीं। पर इससे यह न समझना चाहिए कि जितने 'अपने संकोची स्वभाव' की शिकायत के बहाने अपनी तारीफ किया करते हैं वे सब अपनी भलमनसाहत से ही दुःख भोग करते हैं। ऐसे लोगों में संकोच का तो नाममात्र न समझना चाहिए। जिन्हें यह कहने में संकोच नहीं कि 'हम बड़े संकोची हैं' उनमें संकोच कहाँ? उन्हें यह कहते देर नहीं कि 'अमुक बड़ा निर्लज्ज है, बड़ा दुष्ट है।'

लज्जा या संकोच यदि बहुत अधिक होता है तो उसे छुड़ाने की फिक्र की जाती है, क्योंकि उससे कभी-कभी आवश्यकता से अधिक कष्ट उठाना पड़ता है तथा व्यवहार तो व्यवहार, शिष्टाचार तक का निर्वाह कठिन हो जाता है। सुख से रहने का सीधा रास्ता बतलाने वाले ने तो 'आहार और व्यवहार' में लज्जा का एकदम त्याग ही विधेय ठहराया है। पर मुझे तो यहाँ यह देखना है कि बात-बात में लज्जा करने वालों की मनोवृत्ति कैसी होती है, उनके चित्त में समायी क्या रहती है। कोई क्रिया या व्यापार किसी को बुरा, बेढंगा या अप्रिय न लगे यह ध्यान तो निर्दिष्ट और स्पष्ट होने के कारण कुछ विशिष्ट व्यापारों का ही अवरोध करता है क्योंकि जो-जो काम लोगों को बुरे, बेढंगे या अप्रिय लगा करते हैं, उनकी एक छोटी या बड़ी सूची सबके अनुभव में रहती है। पर जो यही अनिश्चित भावना रखकर संकुचित होते हैं, कि कोई बात 'लोगों को न जाने कैसी लगे' उन्हें न जाने कितनी बातों में संकोच या लज्जा हुआ करती है। उन्हें बात-बात में खटका होता है कि उनका बैठना न जाने कैसा मालूम होता हो, बोलना न जाने-कैसा मालूम होता हो, हाथ-पैर हिलाना न जाने कैसा मालूम होता हो, ताकना न जाने कैसा मालूम होता हो, यहाँ तक कि उनके ऐसे आदमी का होना—वे कैसे हैं चाहे वे कुछ भी न जानते हों—न जाने कैसा मालूम होता हो। न जाने कैसे लगने का डर उन्हें लोगों के लगाव से दूर-दूर रखता है। यह आशंका इतनी अव्यक्त होती है, लज्जा और इसके बीच का अन्तर इतना क्षणिक होता है, कि साधारणत: इसका लज्जा से अलग अनुभव नहीं होता।

कुछ लोगों के मुँह से लज्जा या संकोच के मारे आदर-सत्कार के आवश्यक वचन नहीं निकलते, बहुत से लड़कों को प्रणाम करने में लज्जा मालूम होती है ऐसी लज्जा किसी काम की नहीं समझी जाती। बच्चों को अपनी तुच्छता, बुराई या बेढंगेपन की भावना बहुत कम होती है। वे अपनी क्रियाओं में स्वभावत: स्वच्छन्द होते हैं। पर विशेष स्थिति में पड़कर वे इतने भीरु और लज्जालु हो जाते हैं कि नये आदमियों के सामने नहीं आते, लाख पूछने पर कोई बात मुँह से नहीं निकालते। ऐसी दशा अधिकतर उन बच्चों की हो जाती है जो बात-बात पर, उठते-बैठते, हिलते-डोलते, डाँटे, धिक्कारे, या चिढ़ाये जाते हैं। लोग अक्सर प्यार से बच्चों को किसी भद्दे, बेढंगे या बुरे आदमी का ध्यान कराकर उन्हें चिढ़ाते हैं कि 'तुम वही हो'। इस प्रकार उन्हें सहमने, संकोच करने, लज्जित होने आदि का अभ्यास कराया जाता है जो बढ़ते-बढ़ते बहुत बढ़ जाता है।

अपनी त्रुटि, बेढंगेपन, धृष्टता इत्यादि का परिचय दूसरों को—विशेषत: पुरुषों को—न मिले इसका ध्यान स्त्रियों में बहुत अधिक और स्वाभाविक होता है, इसी से उनमें लज्जा अधिक देखी जाती है। वे सदा से पुरुषों के आश्रय में रहती आयी हैं, इससे हम धृष्ट या अप्रिय न लगें, इसकी आशंका उनमें चिरस्थायिनी होकर लज्जा के रूप में हो गई है। बहुत-सी स्त्रियाँ ऐसी होती हैं—विशेषत: बड़े घरों की—जिनके काम-धन्धे के रूप में भी लोगों के सामने हाथ-पैर हिलाने की धड़क नहीं खुली रहती, अत: उनका अधिक लज्जाशील होना ठीक ही है। लोग लज्जा को स्त्रियों के भूषण कह-कहकर उनमें धृष्टता के दूषण से बचने का ध्यान और भी पक्का करते रहे। धीरे-धीरे उनके रूप-रंग के समान उनकी लज्जा भी पुरुषों के आनन्द और विलास की एक सामग्री हुई। रस-कोविद लोग मुग्धा और मध्या की लज्जा का वर्णन कान में डालकर रसिकों को आनन्द से उन्मत्त करने लगे।

लोभ और प्रीति

जिस प्रकार का सुख या आनन्द देने वाली वस्तु के सम्बन्ध में मन की ऐसी स्थिति को जिसमें उस वस्तु के अभाव की भावना होते ही प्राप्ति, सान्निध्य या रक्षा की प्रबल इच्छा जग पड़े, लोभ कहते हैं। दूसरे की वस्तु का लोभ करके उसे लोग लेना चाहते हैं, अपनी वस्तु का लोभ करके उसे लोग देना या नष्ट होने देना नहीं चाहते। प्राप्य या प्राप्त सुख के अभाव या अभाव-कल्पना के बिना लोभ की अभिव्यक्ति नहीं होती। अत: इसके सुखात्मक और दुखात्मक दोनों पक्ष हैं। जब लोभ अप्राप्त के लिए होता है तब तो दु:ख स्पष्ट ही रहता है। प्राप्त के सम्बन्ध में दु:ख का अंग निहित रहता है और अभाव के निश्चय या आशंका मात्र पर व्यक्त हो जाता है। कोई सुखद वस्तु पास में रहने पर भी मन में इस इच्छा का बीज रहता है कि उसका अभाव न हो। पर अभाव का जब तक ध्यान नहीं होता तब तक इस वासना का कहीं पता नहीं रहता। हम बैठे-बैठे किसी वस्तु का आनन्द ले रहे हैं। उस आनन्द के अभाव से जो दु:ख होगा उसका कुछ भी ध्यान हमारे मन में नहीं है। इसी बीच में कोई आकर उस वस्तु को ले जाना चाहता है; तब हम उससे कुछ व्यग्र होकर कहते हैं 'अभी रहने दो।' इसके पहले कोरे आनन्द के अभाव में इच्छा का कहीं पता न था कि वह वस्तु हटाई न जाये।

विशिष्ट वस्तु या व्यक्ति के प्रति होने पर वह सात्त्विक रूप प्राप्त करता है जिसे प्रीति या प्रेम कहते हैं। जहाँ लोभ सामान्य या जाति के प्रति होता है वहाँ वह लोभ ही रहता है, जहाँ पर किसी जाति के एक ही विशेष व्यक्ति के प्रति होता है वहाँ 'रुचि' या 'प्रीति' का पद प्राप्त करता है। लोभ सामान्योन्मुख होता है और प्रेम विशेषोन्मुख। कहीं कोई अच्छी चीज सुनकर दौड़ पड़ना लोभ है। किसी विशेष वस्तु पर इस प्रकार मुग्ध रहना कि उससे कितनी अच्छी-अच्छी वस्तुओं के सामने आने पर भी उस विशेष वस्तु से प्रवृत्ति न हटे, रुचि या प्रेम है। किसी स्त्री या पुरुष के रूप की प्रशंसा सुनते ही पहला भाव लोभ का होगा। किसी को हमने बहुत सुन्दर देखा और लुभा गये, उसके पीछे दूसरे को उससे भी सुन्दर देखा तो उस पर लुभा गये। जब तक प्रवृत्ति का यह व्यभिचार रहेगा, तब तक हम रूप-लोभी ही माने जायेंगे। जब हमारा लोभ किसी एक ही व्यक्ति पर स्थिर हो जायेगा, हमारी वृत्ति, एकनिष्ठ हो जायेगी, तब हम प्रेमी कहे जाने के अधिकारी होंगे, पर साधारणत: मन की ललक यदि वस्तु के प्रति है तो जो लोभ और किसी प्राणी या मनुष्य के प्रति होती है वह प्रीति कहलाती है।

लोभ का प्रथम संवेदनात्मक अवयव है किसी वस्तु का बहुत अच्छा लगना, उससे बहुत सुख या आनन्द का अनुभव होना। अत: वह आनन्द-स्वरूप है। इसी से किसी अच्छी वस्तु को देखकर लुभा जाना कहा जाता है। पर केवल इस अवस्था में लोभ की पूरी अभिव्यक्ति नहीं होती। कोई वस्तु हमें बहुत अच्छी लगी, किसी वस्तु से हमें बहुत सुख या आनन्द मिला, इतने ही पर दुनिया में यह नहीं कहा जाता कि हमने लोभ किया। जब संवेदनात्मक अवयव के साथ इच्छात्मक अवयव का संयोग होगा अर्थात् जब उस वस्तु को प्राप्त करने की, दूर न करने की, नष्ट न होने देने की इच्छा प्रकट होगी तभी हमारा लोभ लोगों पर खुलेगा।

इच्छा लोभ या प्रीति का ऐसा आवश्यक अंग है कि यदि किसी को कोई बहुत अच्छा और प्रिय लगता है तो लोग कहते हैं कि 'वह उसे चाहता है।'

भूखे रहने पर सबको पेड़ा अच्छा लगता है पर चौबे जी पेट भर भोजन के ऊपर भी पेड़े पर हाथ फेरते हैं। अत: हम कह सकते हैं कि चौबे जी को मिष्ठान्न से अधिक रुचि है। यह अभिरुचि भी लोभ की चेष्टाएँ उत्पन्न करती हैं। इन्द्रियों के विषय-भेद से अभिरुचि के विषय भी भिन्न-भिन्न हो सकते हैं। कमल का फूल और रमणी का सुन्दर मुख अच्छा लगता है। वीणा की तान और अपनी तारीफ अच्छी लगती है, जूही और केसर की गन्ध अच्छी लगती है, रबड़ी और मालपुआ अच्छा लगता है, मुलायम गद्दा अच्छा लगता है। ये सब वस्तुएँ तो आपको आनन्द देती हैं, इससे इनकी प्राप्ति की इच्छा बहुत सीधी-सादी और स्वाभाविक कही जा सकती है; पर जिससे इन सब वस्तुओं की प्राप्ति सुलभ होती है उसमें चाहे आनन्द देने वाली स्वत: कोई बात न हो पर उसकी प्राप्ति की इच्छा होती है, उसका लोभ होता है। रुपये के रूप, रस, गन्ध आदि में कोई आकर्षण नहीं होता, पर जिस वेग से मनुष्य उस पर टूटते हैं उस वेग से भौंरे कमल पर और कौए मांस पर भी न टूटते होंगे। यहाँ तक कि 'लोभी' शब्द से साधारणत: रुपये-पैसे का लोभी, धन का लोभी समझा जाता है। एक धातुखण्ड के गर्भ में कितने प्रकार के सुख और आनन्द मनुष्य समझता है। पर यह समझ इतनी पुरानी पड़ गयी है कि इसकी ओर हमारा ध्यान अब प्राय: नहीं रहता। धन संचय करने में बहुतों का लक्ष्य धन ही रहता है, उससे प्राप्य सुख नहीं। वे बड़े से बड़े सुख के बदले में या कठिन से कठिन कष्ट निवारण के लिए थोड़ा-सा धन अलग करना नहीं चाहते। उनके लिए साधन ही साध्य हो जाता है।

स्थिति भेद से प्रिय या अच्छी लगने वाली वस्तु के सम्बन्ध में इच्छा दो प्रकार की होती है—

१. प्राप्ति या सान्निध्य की इच्छा।

२. दूर न करने या नष्ट न होने देने की इच्छा।

प्राप्ति या सान्निध्य की इच्छा भी दो प्रकार की हो सकती है—

१. इतने सम्पर्क की इच्छा जितना और किसी का न हो।

२. इतने सम्पर्क की इच्छा जितना सब कोई या बहुत से लोग एक साथ रख सकते हों।

इसमें से प्रथम प्रतिषेधात्मक होने के कारण प्राय: विरोधग्रस्त होती है, इससे उस पर समाज का ध्यान अधिक रहता है। कोई वस्तु हमें बहुत अच्छी लगती है, लगा करे, दूसरों को इससे क्या? पर जब हम उस वस्तु की ओर हाथ बढ़ाएँगे या औरों को उसकी ओर हाथ बढ़ाने न देंगे तब बहुत से लोगों का ध्यान हमारे इस कृत्य पर जायेगा जिनमें से कुछ हाथ थामने वाले और मुँह लटकाने वाले भी निकल सकते हैं। हमारे लोभ की शिकायत ऐसे ही लोग अधिक करते पाये जायेंगे। दूसरों के लोभ की निन्दा जैसी अच्छी लोभी कर सकते हैं वैसी और लोग नहीं। माँगने पर पाने वाले और न देने वाले दोनों इसमें प्रवृत्त होते हैं। एक कहता है 'वह बड़ा लोभी है, देता नहीं', दूसरा कहता है 'वह बड़ा लोभी है, बराबर माँगा करता है।' रहीम दोनों को लोभी, दोनों को बुरा कहते हैं—

रहिमन वे नर मर चुके जे कहुँ माँगन जाहिं।
उनतें पहिले वे मुए जिन मुख निकसत 'नाहिं'॥

ऐसा उस समय होता है जब एक ही वस्तु के सम्बन्ध में एक ओर तो प्राप्त करने और दूसरी ओर दूर न करने की इच्छा बिम्ब-प्रतिबिम्ब रूप से दो व्यक्तियों में होती है। इसके अतिरिक्त एक ही वस्तु को प्राप्त करने की इच्छा यदि संयोग से कई प्राणियों के चित्त में हुई तो भी विरोध का पूरा विधान होता है। सारांश यह कि दोनों अवस्थाओं में लोभ का लक्ष्य एक होने पर लोभी एक-दूसरे को बहुत व्याकुल करते हैं।

प्राप्ति की प्रतिषेधात्मक इच्छा की सदोषता और निर्दोषता लोभ के विषय पर निर्भर रहती है। लोभ के विषय दो प्रकार के होते हैं—सामान्य और विशेष। अच्छा खाना, अच्छा कपड़ा, अच्छा घर तथा धन, जिससे ये सब वस्तुएँ सुलभ होती हैं, सबको भाता है, सबको उसकी प्राप्ति की आकांक्षा है। ये लोभ के सामान्य विषय हुए जिन पर प्रायः मनुष्य मात्र का लक्ष्य रहता है, अतः इनके प्रति जो लोभ होता है उस पर बहुत लोगों का ध्यान जाता है। पर यदि किसी को गुलाब जामुन या विशेष बूटी की छींट बहुत अच्छी लगे और वह उसे प्राप्त करना या न देना चाहे तो उसके इस लोभ पर बहुत कम लोगों का ध्यान जायेगा और जिसका ध्यान जायेगा भी उन्हें वह खटकेगा नहीं। ऐसे लोभ को वे रुचि कहेंगे। सबको जिसकी हाय-हाय होती है, सब जिसको पाना या रखना चाहते हैं, वह बहुत से लोगों को एक मैदान में लाकर खड़ा किया करता है जहाँ एक-दूसरे की गति-विधि का निरीक्षण और अवरोध बड़ी कड़ी नजर और पूरी मुस्तैदी से होता है।

यदि मनुष्य समाज में सब के लोभ के लक्ष्य भिन्न-भिन्न होते तो लोभ को बुरा कहने वाले कहीं न मिलते। यदि एक साथ रहने वाले दस आदमियों से कोई गाय बहुत चाहता, कोई घोड़ा, कोई कपड़ा, कोई ईंट, कोई पत्थर, कोई सोना, कोई चाँदी, कोई ताँबा; और इन वस्तुओं में से किसी को शेष सब वस्तुओं को प्राप्त कराने की कृत्रिम शक्ति न दी जाती, तो एक के लोभ से दूसरे को कोई कष्ट न पहुँचता और दूसरी बात यह होती कि लोभ का एक बुरा लक्षण जो असन्तोष है, उसकी भी एक सीमा हो जाती—कोई कितनी गायें रखता, कितने घोड़े बाँधता, कहाँ तक सोना-चाँदी इकट्ठा करता। पर विनिमय की कठिनता दूर करने के लिए मनुष्यों ने कुछ धातुओं में सब आवश्यक वस्तुएँ प्राप्त करने का कृत्रिम गुण आरोपित किया जिससे मनुष्य मात्र की सांसारिक इच्छा और प्रयत्न का लक्ष्य एक हो गया, सबकी टक-टकी टके की ओर लग गयी।

लक्ष्य की इस एकता से समाज में एक-दूसरे की आँखों में खटकने वाले की वृद्धि हुई। जब एक ही को चाहने वाले बहुत से हो गये तब एक ही चाह को दूसरे कहाँ तक पसन्द करते हैं? लक्ष्मी की मूर्ति, धातुमयी हो गयी, उपासक सब पत्थर के हो गये, धीरे-धीरे यह दशा आयी कि जो बातें पारस्परिक प्रेम की दृष्टि से, धर्म की दृष्टि से की जाती थीं वे भी रुपये-पैसे की दृष्टि से होने लगीं। आजकल तो बहुत-सी बातें धातु के ठीकरों पर ठहरा दी गयी हैं। पैसे से राज-सम्मान की प्राप्ति, विद्या की प्राप्ति और न्याय की प्राप्ति होती है जिसके पास कुछ रुपया है बड़े-बड़े विद्यालयों में अपने लड़कों को भेज सकते हैं, न्यायालयों में फीस देकर अपने मुकदमे दाखिल कर सकते हैं, अत्यन्त भीरु और कायर होकर बहादुर कहला सकते हैं, राजधर्म, आचार्य धर्म, वीरधर्म सब पर सोने का पानी फिर गया, सब टकाधर्म हो गये। धन की पैठ मनुष्य के सब कार्य-क्षेत्रों में करा देने से, उसके प्रभाव को इतना विस्तृत कर देने से, ब्राह्मण-धर्म और क्षात्र-धर्म का लोप हो गया; केवल वणिग्धर्म रह गया।

व्यापारनीति राजनीति का प्रधान अंग हो गयी। बड़े-बड़े राज्य माल की बिक्री के लिए लड़ने वाले सौदागर हो गये। जिस समय क्षात्र-धर्म की प्रतिष्ठा थी, एक राज्य दूसरे राज्य पर कभी-कभी विजय-कीर्ति की कामना से डंके की चोट पर चढ़ाई करता था। अब सदा एक देश दूसरे देशों का चुपचाप दबे पाँव धन हरण करने की ताक में लगा रहता है। इसी से भिन्न-भिन्न राज्यों की परस्पर सम्बन्ध-समस्या इतनी जटिल हो गई है। कोई-कोई देश लोभवश इतना अधिक माल तैयार करते हैं कि उसे किसी देश के गले मढ़ने की फिक्र में दिन-रात मरते रहते हैं। जब तक यह व्यापारोन्माद दूर न होगा तब तक इस पृथ्वी पर सुख-शान्ति न होगी। दूर वह अवश्य होगा। क्षात्र-धर्म की संसार में एक बार फिर प्रतिष्ठा होगी, चोरी का बदला डकैती से लिया जायेगा।

सामान्य-विषयगत प्रतिषेधात्मक लोभ में भी लोभदृष्टि जितनी ही संकुचित होती है, उसके भीतर जितनी ही कम वस्तुएँ आती हैं, उतना ही उसका दोष कम होता है। अच्छे भोजन की सबको चाह होती है। अतः उसे बहुत चाहने वाला लोभी कहला सकता है, पर अच्छे भोजनों में से यदि किसी को मिठाई की चाह अधिक रहे, तो उसका दोष कम और मिठाइयों में से यदि केवल गुलाब जामुन की अधिक चाह रहे तो और भी कम क्या कुछ भी न समझा जायेगा। इसी प्रकार जहाँ एक ही वस्तु बहुत प्रकार की रखी हुई है वहाँ भी यदि कोई एक किसी को बहुत पसन्द आ जाय और वह उसे लेना चाहे तो उसकी गिनती लोभियों में न होगी। विश्वामित्र को वशिष्ठ की गाय बहुत पसन्द आयी और वे उसके बदले में बहुत-सी गायें देने के लिए तैयार हो गये पर वशिष्ठ ने अपनी गाय नहीं दी। इसके लिए लड़-भिड़कर भी न वशिष्ठ लोभी कहलाए, न विश्वामित्र। इसी प्रकार एक नवाब साहब को बाबू हरिश्चन्द्र का एक अलबम बहुत पसन्द आया था। ये लोभ के विशेष विषय के उदाहरण हैं। इनके प्रति जो लोभ होता है उसके अवसर इतने कम होते हैं कि उनके स्वभाव या अधिक अभ्यास का अनुमान नहीं किया जा सकता। पर किसी की अच्छी चीज देखते ही मुँह में पानी आ जाता है, बराबर खरी-खोटी सुना करते हैं। एक लोभ से दूसरे लोभ का निवारण भी होता है जिससे लोभी में अन्य वस्तुओं के त्याग का साहस आता है। विशेष विषयगत लोभ यदि बहुत प्रबल और सच्चा हुआ तो लोभी के त्याग का विस्तार बहुत बड़ा होता है। लोभ तो उसे एक विशेष और निर्दिष्ट वस्तु से है अतः उसके अतिरिक्त अन्य अनेक वस्तुओं का त्याग वह उसके लिए कर सकता है। विश्वामित्र एक गाय के लिए अपना सारा राजपाट देने को तैयार हो गये थे। अन्य का त्याग अनन्य और सच्चे लोभ की पहचान है।

यहाँ तक तो प्राप्ति की प्रतिषेधात्मक इच्छावाले लोभ की बात हुई जिसका प्रायः विरोध होता है। अब प्राप्ति की उस इच्छा का विचार करता हूँ जिसे एक ही वस्तु के सम्बन्ध में बहुत से लोग बिना किसी विरोध के रख सकते हैं। जिस लोभ से दूसरे को कोई बाधा या कष्ट पहुँचता है उसी को पहले एक—प्रायः जिसे बाधा या कष्ट होता है—बुरा कहता है, फिर दूसरा, फिर तीसरा, इसी प्रकार बहुत से बुरा कहने वाले हो जाते हैं। सारांश यह कि जो लोग दूसरे की सुख-शांति या स्वच्छन्दता के बाधक होते हैं, अधिकतर वही निन्द्य समझे जाते हैं। उपवन की शोभा सबको लुभाती है। यदि कोई नित्य किसी के बगीचे में जाकर टहला करे तो उसका क्या जाता है? यदि हम किसी वस्तु पर लुभाकर उससे उतना ही सम्पर्क रखना चाहते हैं जितना सब लोग एक साथ रख सकते हैं, तो हमारा लोभ किसी की आँखों में नहीं खटक सकता। बगीचे को आँख से एक साथ बहुत लोग देख सकते हैं, पर उसमें के फल नहीं खा

सकते। जहाँ देखने का भी दाम लगता है या कुछ आदमियों का देखना बिना बन्द किये देखा नहीं जा सकता, वहाँ दृष्टि-सम्पर्क की इच्छा भी मुश्किल में डाल देती है। पर जहाँ एक इच्छा दूसरे की इच्छा का बाधक न होकर साधक होती है, वहाँ एक ही वस्तु का लोभ रखने वाले बहुत से लोग बड़े सद्भाव के साथ रहते हैं। लुटेरे या डाकू इसी प्रकार दल-बद्ध होकर काम करते हैं।

किसी को कोई स्थान बहुत प्रिय हो जाता है और वह हानि और कष्ट उठाकर भी वहाँ से नहीं जाना चाहता। हम कह सकते हैं कि उसे उस स्थान का पूरा लोभ है। जन्म-भूमि का प्रेम, स्वदेश-प्रेम यदि वास्तव में अन्तःकरण का कोई भाव है तो स्थान के लोभ के अतिरिक्त और कुछ नहीं है। इस लोभ के लक्षणों से शून्य देश-प्रेम कोरी बकवाद या फैशन के लिए गढ़ा हुआ शब्द है। यदि किसी को अपने देश से प्रेम है तो उसे अपने देश के मनुष्य, पशु, पक्षी, लता, गुल्म, पेड़, पत्ते, वन, पर्वत, नदी, निर्झर सबसे प्रेम होगा, सबको वह चाहभरी दृष्टि से देखेगा, सबकी सुध करके वह विदेश में आँसू बहायेगा। जो यह भी नहीं जानते कि कोयल किस चिड़िया का नाम है, जो यह भी नहीं सुनते कि चातक कहाँ चिल्लाता है, जो आँख भर यह भी नहीं देखते कि आम प्रणय-सौरभपूर्ण मंजरियों से कैसे लदे हुए हैं, जो यह भी नहीं झाँकते कि किसानों के झोपड़ों के भीतर क्या हो रहा है, वे यदि दस बने-ठने मित्रों के बीच प्रत्येक भारतवासी की औसत आमदनी का परता बताकर देश-प्रेम का दावा करें तो उनसे पूछना चाहिए कि, 'भाइयो! बिना परिचय का यह प्रेम कैसा? जिनके सुख-दुख के तुम कभी साथी न हुए उन्हें तुम सुखी देखना चाहते हो, यह समझते नहीं बनता। उनसे कोसों दूर बैठे-बैठे, पड़े-पड़े या खड़े-खड़े, तुम विलायती बोली में अर्थशास्त्र की दुहाई दिया करो, पर प्रेम का नाम उसके साथ न घसीटो। प्रेम हिसाब-किताब की बात नहीं है। हिसाब-किताब करने वाले भाड़े पर भी मिल सकते हैं पर प्रेम करने वाले नहीं। हिसाब-किताब से देश की दशा का ज्ञान मात्र हो सकता है। हितचिन्तन और हित-साधन की प्रवृत्ति इस ज्ञान से भिन्न है। वह मन के वेग पर निर्भर है, उसका सम्बन्ध लोभ या प्रेम से है जिसके बिना आवश्यक त्याग का उत्साह हो ही नहीं सकता। जिसे ब्रज की भूमि से प्रेम होगा वह इस प्रकार कहेगा—

नैनन सों रसखान जबै ब्रज के बन बाग तड़ाग निहारौं।
केतिक ये कलधौत के धाम करील के कुञ्जन ऊपर बारौं॥

रसखान तो किसी की 'लकुटी अरु कामरिया' पर तीनों पुरों का राजसिंहासन तक त्यागने को तैयार थे, पर देश-प्रेम की दुहाई देने वालों में से कितने अपने किसी थके-माँदे भाई के फटे-पुराने कपड़ों और धूल भरे पैरों पर रीझकर या कम से कम खीझकर, बिना मन मैला किये कमरे की फर्श भी मैली होने देंगे? मोटे आदमियो! तुम जरा सा दुबले हो जाते—अपने अंदेशे से सही—तो न जाने कितनी ठठरियों पर मांस चढ़ जाता।

अब पूछिए कि जिनमें यह देश-प्रेम नहीं है उनमें वह किसी प्रकार हो भी सकता है? हाँ, हो सकता है—परिचय से, सान्निध्य से जिस प्रकार लोभ से सान्निध्य की इच्छा उत्पन्न होती है उसी प्रकार सान्निध्य से भी लोभ या प्रेम की प्रतिष्ठा होती है। जिनके बीच हम रहते हैं, जिन्हें हम बराबर आँखों से देखते हैं, जिनकी बातें हम बराबर सुनते रहते हैं, जिनका हमारा हर घड़ी का साथ हो जाता है; सारांश यह है कि जिनके सान्निध्य का हमें अभ्यास पड़ जाता है, उनके प्रति लोभ या राग हो जाता है। जिस स्थान पर कोई बहुत दिनों

तक रह आता है उसे छोड़ते हुए दुःख होता है। पशु और बालक भी जिनके साथ अधिक रहते हैं उन्हें परच जाते हैं। यह 'परचना' परिचय से निकला है। परिचय प्रेम का प्रवर्तक है। बिना परिचय के प्रेम नहीं हो सकता। यदि देश-प्रेम के लिए हृदय में जगह करनी है तो देश के स्वरूप में परिचित और अभ्यस्त हो जाओ। बाहर निकलो तो आँखें खोलकर देखो कि खेत कैसे लहलहा रहे हैं, नाले झाड़ियों के बीच से कैसे बह रहे हैं, टेसू के फूलों से वनस्थली कैसी लाल हो रही है, चौपायों के झुण्ड चरते हैं, चरवाहे तान लड़ा रहे हैं, अमराइयों के बीच में गाँव झाँक रहे हैं। उनमें घुसो, देखो क्या हो रहा है। जो मिलें उनसे दो-दो बातें करो; उनके साथ किसी पेड़ की छाया के नीचे घड़ी-आधघड़ी बैठ जाओ और समझो कि ये सब हमारे हैं। इस प्रकार जब देश का रूप तुम्हारी आँखों में समा जायेगा; तुम उसके अंग-प्रत्यंग से परिचित हो जाओगे, तब तुम्हारे अन्तःकरण में इस इच्छा का उदय होगा कि वह हमसे कभी न छूटे; वह सदा हरा-भरा और फूला-फला रहे; उसके धन-धान्य की वृद्धि हो, उसके सब प्राणी सुखी रहें। यह तो वर्तमान प्रेमसूत्र हुआ। अतीत की ओर दृष्टि फैलाओ। राम, कृष्ण, भीम, अर्जुन, विक्रम, कालिदास, भवभूति इत्यादि का स्मरण करो जिससे यह सब नाम तुम्हारे हो जायें। इनके नाते भी यह भूमि और इस भूमि के निवासी तुम्हें प्रिय होंगे।

पर आजकल इस प्रकार का परिचय बाबुओं की लज्जा का एक विषय हो रहा है। वे देश के स्वरूप से अनजान रहने या बनने में अपनी बड़ी शान समझते हैं। मैं अपने एक लखनवी दोस्त के साथ साँची का स्तूप देखने गया। यह स्तूप एक बहुत सुन्दर छोटी-सी पहाड़ी के ऊपर है, नीचे एक छोटा-सा जंगल है जिसमें महुए के पेड़ भी बहुत से हैं। संयोग से उन दिनों पुरातत्व विभाग का कैंप पड़ा हुआ था। रात हो जाने से हम लोग उस दिन स्तूप नहीं देख सके। सबेरे देखने का विचार करके नीचे उतर रहे थे। वसन्त का समय था। महुए चारों ओर टपक रहे थे। मेरे मुँह से निकला—"महुओं की कैसी मीठी महक आ रही है।" इस पर लखनवी महाशय ने मुझे रोककर कहा, "यहाँ महुए-सहुए का नाम न लीजिए, लोग देहाती समझेंगे।" मैं चुप हो गया, समझ गया कि महुए का नाम जानने से बाबूपन में बड़ा भारी बट्टा लगता है।

आरम्भ में ही कहा जा चुका है कि प्रवृत्ति-भेद से प्रिय वस्तु के सम्बन्ध में इच्छा दो प्रकार की होती है—प्राप्ति या सान्निध्य की इच्छा तथा दूर न करने या कष्ट न होने देने की इच्छा। प्राप्ति या सान्निध्य की इच्छा का विचार तो हो चुका, अब रक्षा की इच्छा का अन्वेषण करना है। रक्षा की इच्छा भी दो प्रकार की होती है—

१. स्वायत्त रक्षा की इच्छा अर्थात् अपने अधिकार में रखने की इच्छा।

२. स्व-निरपेक्ष रक्षा की इच्छा अर्थात् केवल बने रहने देने की इच्छा।

स्वायत्त रखने की इच्छा प्रायः अनन्य उपभोग या उपभोग की वासना से सम्बद्ध रहती है। इससे वह कभी-कभी लोगों को खटकती है और लोग उसका विरोध करते हैं। कोई बहुत मीठे आम का पेड़ है जिसका फल सब लोग खाते हैं और जिसकी रखवाली सब लोग करते हैं, यदि उनमें से कोई एक अकेले उसकी रखवाली करने चले और किसी को पास न आने दे, तो सब लोग मिलकर विरोध करेंगे। पर कभी-कभी स्वायत्त रखने की इच्छा अन्य द्वारा यथेष्ट रक्षा के उस अविश्वास के कारण होती है जो लोभ या प्रीति की अधिकता से उत्पन्न होता है।

ऐसी दशा में यदि संरक्ष्य वस्तु के उपभोग या उपभोग आदि से औरों को कोई बाधा नहीं पहुँचती है तो किसी एक का उसे अपनी रक्षा में रखना दूसरे को बुरा नहीं लगता।

यदि लोभ की वस्तु ऐसी है जिससे सबको सुख और आनन्द है तो उस पर जितना ही अधिक ध्यान रहेगा, रक्षा के भाव की एकता के कारण परस्पर मेल की उतनी ही प्रवृत्ति होगी। यदि दस आदमियों में से सबकी यह इच्छा है कि कोई मन्दिर बना रहे; गिरने-पड़ने न पाये अथवा और अधिक उन्नत और सुसज्जित हो, तो यह सम्मिलित इच्छा ऐक्य-सूत्र होगी। मिलकर कोई कार्य करने से उसका साधन अधिक या सुगम होता है, यह बतलाना 'पर उपदेश कुशल' नीतिज्ञों का काम है, मेरे विचार का विषय नहीं। मेरा उद्देश्य तो मनुष्य की स्वाभाविक प्रवृत्तियों की छानबीन है जो निश्चयात्मिका वृत्ति से भिन्न है। मुझे तो यह कहना है कि इन-इन अवस्थाओं में मेल की प्रवृत्ति होती है। अब मेल से क्या-क्या लाभ होते हैं, यह तो न जाने कितने झगड़ालू बताते हैं और न जाने कितने लोग सुनकर झगड़ा करते हैं।

लोभ का सबसे प्रशस्त रूप वह है जो रक्षा मात्र की इच्छा का प्रवर्तक होता है, जो मन में ही वासना उत्पन्न करता है कि कोई चीज बनी रहे, चाहे वह हमारे किसी उपयोग में आये या न आये। इस लोभ में दोष का लेश उसी अवस्था में आ सकता है जबकि वह वस्तु ऐसी हो जिससे किसी को कोई बाधा या हानि पहुँचती हो। कोई सुन्दर कृष्णसार मृग नित्य आकर खेती की हानि किया करता है। उसके सौन्दर्य पर मुग्ध होकर उसकी रक्षा चाहने वाला यदि बराबर उसकी रक्षा में प्रवृत्त रहेगा तो बहुतों से उसकी अनबन हो सकती है। वह लोभ धन्य है जिससे किसी के लोभ का विरोध नहीं और लोभ की जो वस्तु अपने सब लोभियों को एक-दूसरे का लोभी बनाये रहती वह भी परम पूज्य है। घर का प्रेम, पुर या ग्राम का प्रेम, देश का प्रेम इसी पवित्र लोभ के क्रमशः विस्तृत रूप हैं। मनुष्य के प्रयत्नों की पहुँच बहुत परिमित होती है। अतः जो प्रेम-क्षेत्र जितना ही निकटस्थ होगा उसमें उतने ही अधिक प्रयत्न की आवश्यकता होगी और जो जितना ही दूर होगा, प्रयत्नों का उतना ही कम अंश उसके लिए आवश्यक होगा। सबसे अधिक घर की रक्षा का, फिर पुर या ग्राम की रक्षा का और फिर देश की रक्षा का ध्यान जन-साधारण के लिए स्वाभाविक है। पर जिनकी दृष्टि बहुत व्यापक होती है, जिनके अन्तःकरण में परार्थ को छोड़ स्वार्थ के लिए अलग जगह नहीं होती वे इस क्रम का विपर्यय कर दिखाते हैं। वे देश की रक्षा के लिए अवसर पड़ने पर घर का लोभ क्या, प्राण तक का लोभ छोड़ देते हैं। पर ऐसे लोग विरले होते हैं। सबसे ऐसी आशा नहीं की जा सकती।

अब घर का प्रेम, पुर का प्रेम, देश का प्रेम, कहाँ तक विरोध-शून्य होता है, यह भी देखिए। इनका अवरोध परिमित होता है—"घर के भीतर, पुर या ग्राम के भीतर" ही उसके होने का निश्चय रहता है घर के बाहर, पुर या ग्राम के बाहर, देश के बाहर विरोध करने वाले मिल सकते हैं। एक घर की रक्षा दूसरे घर वालों से, एक पुर की रक्षा दूसरे पुर वालों से और एक देश की रक्षा दूसरे देश वालों से करनी पड़ती है।

जिनकी आत्मा समस्त भेदभाव को भेदकर अत्यन्त उत्कर्ष पर पहुँची हुई होती है, वे सारे संसार की रक्षा चाहते हैं—जिस स्थिति में भूमण्डल के समस्त प्राणी, कीट-पतंग से लेकर मनुष्य तक सुखपूर्वक रह सकते हैं, उसके अभिलाषी होते हैं, ऐसे लोग विरोध के परे होते हैं। उनसे जो विरोध रखें वे सारे संसार के विरोधी हैं, वे लोक के कण्टक हैं।

कोई वस्तु हमें बराबर सुख या आनन्द देती रहे और कोई वस्तु बनी रहे, इन्हीं दो भावों को लेकर स्वायत्त की रक्षा की इच्छा और स्वनिरपेक्ष रक्षा की इच्छा, ये दो विभाग पहले किये गये हैं। अतः पहली को यदि हम अपने सुख की रक्षा की इच्छा कहें तो बहुत अनुचित न होगा। वस्तु के दूसरे के पास जाने से या नष्ट हो जाने से हमें सुख का आनन्द न मिल सकेगा, इसी से हम उसकी रक्षा के लिए व्यग्र होते हैं। यदि ऐसी वस्तु को कोई उठाये लिये जाता हो और वह बीच में नष्ट हो जाये, तो हमें दुःख न होगा; क्योंकि जब चीज हमारे हाथ से निकल गयी, हमें वह सुख या आनन्द दे नहीं सकती, तब वह चाहे रहे, चाहे नष्ट हो। यहाँ तक कि यदि ले जाने के प्रति हमें क्रोध होगा या ईर्ष्या होगी तब हम प्रसन्न होंगे। जहाँ वस्तु-रक्षा की इच्छा होगी वहाँ यह बात न होगी। हम किसी देश में उस वस्तु का नाश न चाहेंगे। किसी पुराने काजी के पास दो स्त्रियाँ एक बच्चे को लेकर लड़ती हुई आयीं। एक कहती थी कि बच्चा मेरा है, दूसरी कहती थी मेरा। काजी साहब ने परीक्षा के विचार से कहा—"अच्छा, तुम दोनों को बच्चा काटकर आधा-आधा बाँट दिया जायेगा।" इतना सुनते ही दोनों में से एक स्त्री घबराकर बोल उठी—"जाने दीजिये, बच्चा मुझे न चाहिए, उसी को दे दीजिए।" काजी साहब समझ गये कि बच्चा इसी का है। वह स्त्री बच्चे की माँ थी, अतः उसे उसका सच्चा लोभ था।

अब तक लोभ के सम्बन्ध में जो कुछ कहा गया वह उसका व्यापक अर्थ लेकर। पर जैसा पहले कहा जा चुका है, 'लोभ' शब्द कहने से आजकल प्रायः धन के लोभ की भावना होती है, प्राप्ति या रक्षा की उस इच्छा की ओर ध्यान जाता है जो जीवन-निर्वाह की सामग्रियों के प्रति होती है। धन से अनेक सुखों की प्राप्ति और अनेक कष्टों का निवारण होता है अथवा यों कहिए कि धन के बिना संसार में रहना सम्भव नहीं। संसार में जो इतने लोग धन इकट्ठा करते दिखाई देते हैं उनमें से कुछ तो घोर कष्ट के निवारण के लिए, कुछ अधिक सुख की प्राप्ति के लिए, कुछ भविष्य में सुख के अभाव या कष्ट की शंका से और कुछ बिना किसी उद्देश्य-भावना के। इनमें प्रथम श्रेणी के लोग तो धन की जितनी प्रबल इच्छा करें, उसके लिए चाहे जितना आतुर हों, लोभी नहीं कहला सकते। धन के बिना जिन्हें पेट भर अन्न नहीं मिलता, जो शीत और ताप से अपने शरीर की रक्षा नहीं कर सकते, उन्हें जो लोभी कहें वे बड़े भारी लोभी और बड़े भारी क्रूर हैं। दूसरी श्रेणी के लोगों पर से लोभ के आरोप की सम्भावना क्रमशः बढ़ते-बढ़ते चौथी श्रेणी के लोगों पर जाकर निश्चय कोटि की पहुँच जाती है। कष्ट-निवारण की इच्छा, अधिक सुख प्राप्ति की इच्छा, सुखाभाव या कष्ट की आशंका—ये तीनों धन और उसकी प्राप्ति की इच्छा के बीच ओट या व्यवधान के रूप में रहती हैं। जहाँ इन तीनों में से कोई परदा नहीं रहता वहाँ शुद्ध धन-लोभी की जघन्य मूर्ति साक्षात् दिखाई पड़ती है।

धन की कितनी इच्छा लोभ के लक्षणों तक पहुँचती है, इसका निर्णय कठिन है। पर किसी मनोविकार की उचित सीमा का अतिक्रमण प्रायः वहाँ समझा जाता है जहाँ और मनोवृत्तियाँ दब जाती हैं या उनके लिए बहुत कम स्थान रह जाता है और मनोवेगों के आधिक्य से लोभ के आधिक्य में विशेषता यह होती है कि लोग स्वविषयान्वेषी होने के कारण अपनी स्थिति और वृद्धि का आधार आप खड़ा करता रहता है, जिससे असंतोष की प्रतिष्ठा के साथ ही साथ और वृत्तियों के लिए स्थायी अनवकाश हो जाता है, और मनोविकारों में यह बात नहीं होती। क्रोध को ही लीजिए। क्रोध कुछ बातों पर आता है, पर

उन बातों को ढूँढ़ने में प्रवृत्त नहीं होता। क्रोधी स्वभाव का मनुष्य ऐसी बातों पर चिढ़ जाता है जिनसे और लोग नहीं चिढ़ते पर वह सदा इस फेर में नहीं घूमा करता कि कोई बात चिढ़ने को मिले। क्रोध में आगबबूला होने वाले तुरन्त करुणा से आर्द्र और लज्जा से पानी-पानी हुए भी देखे जाते हैं। क्रोध आदि में अन्य वृत्तियों का जो बोध हो जाता है वह प्रायः क्षणिक होता है, पर लोभ द्वारा स्थायी हो जाता है। बात यह है कि लोभ का प्रथम अवयव सुखात्मक होने के कारण लोभी को विषय की ओर बराबर प्रवृत्त रखता है। धन का लोभी धन पाकर लोभ से निवृत्त नहीं हो जाता, या तो भले-बुरे का सब विचार छोड़ रक्षा में तत्पर दिखाई देता है या और अधिक प्राप्ति में। इस प्रकार लोभ से अन्यमुख वृत्तियों का जो स्तम्भन होता है, वह स्वभावान्तर्गत हो जाता है। अस्तु, स्थूल रूप से उद्धत लोभ के दो उग्र लक्षण कहे जा सकते हैं—

(१) असन्तोष,

(२) अन्य वृत्तियों का दमन।

लोभ चाहे जिस वस्तु का हो, जब बहुत बढ़ जाता है तब उस वस्तु की प्राप्ति, सान्निध्य या उपभोग से जी नहीं भरता। मनुष्य चाहता है कि वह बार-बार मिले या बराबर मिलता रहे। धन का लोभ जब रोग होकर चित्त में घर कर लेता है तब प्राप्ति होने पर भी और प्राप्ति की इच्छा बराबर जगी रहती है जिससे मनुष्य सदा आतुर और प्राप्त के आनन्द से विमुख रहता है। जितना नहीं है उतने के पीछे जितना है उतने से प्रसन्न होने का उसे कभी अवसर ही नहीं मिलता। उसका सारा अन्तःकरण सदा अभावमय रहता है। उसके लिए जो है वह भी नहीं है। असन्तोष अभाव-कल्पना से उत्पन्न दुःख है, अतः जिस किसी में यह अभाव-कल्पना स्वाभाविक हो जाती है, सुख से उसका नाता सब दिनों के लिए टूट जाता है। न किसी को देखकर वह प्रसन्न होता है और न उसे देखकर कोई प्रसन्न होता है। इसी से संतोष सात्त्विक जीवन का एक अंग बतलाया गया है। भक्तवर तुलसीदास जो सन्तोष-वृत्ति की वांछा इस प्रकार करते हैं—

कबहुँक हौं यहि रहनि रहौंगो।
यथालाभ सन्तोष सदा काहू सों कछु न चहौंगो॥

पर जिस स्थिति से कोई कष्ट या कठिनता हो उससे असन्तुष्ट रहना गृहस्थ का धर्म है क्योंकि ऐसे असन्तोष से जिस प्रयत्न की प्रेरणा होती है वह एक अच्छे फल के निमित्त होता है। ऐसे असन्तोष का अभाव आलस्य-सूचक होता है। पर प्राप्ति की जो इच्छा व्यसन के रूप में होती है उसका निरसन ही ठीक है।

धन का जो लोभ मानसिक व्याधि या व्यसन के रूप में होता है उसका प्रभाव अन्तःकरण की शेष वृत्तियों पर यह होता है कि वे अनभ्यास से कुण्ठित हो जाती हैं। जो लोभ मान-अपमान के भावों को, करुधा और दया के भाव को, न्याय-अन्याय के भाव को, यहाँ तक कि अपने कष्ट-निवारण या सुखभोग की इच्छा तक को दबा दे, वह मनुष्यता कहाँ तक रहने देगा? जो अनाथ विधवा का सर्वस्वहरण करने के लिए कुर्क अमीन लेकर चढ़ाई करते हैं, जो अभिमानी धनिकों की दुतकार सुनकर त्योरी पर बल नहीं आने देते, जो मिट्टी में रुपया गाड़कर न आप खाते और न दूसरों को खाने देते हैं, परिजनों का कष्ट-क्रन्दन सुनकर भी रुपये गिनने में लगे रहते हैं, वे अधमरे होकर जीते हैं। उनका आधा अन्तःकरण मारा गया समझिये। जो किसी के लिए नहीं जीते उनका जीना न जीना बराबर है।

लोभियों का दमन योगियों के दमन से किसी प्रकार कम नहीं होता। लोभ के बल से वे, काम और क्रोध को जीतते हैं, सुख की वासना का त्याग करते हैं, मान-अपमान में समान भाव रखते हैं। अब और चाहिए क्या? जिससे वे कुछ पाने की आशा रखते हैं वह यदि उन्हें दस गालियाँ भी देता है तो उनकी आकृति पर न रोष का कोई चिह्न प्रकट होता है और न मन में ग्लानि होती है। न उन्हें मक्खी चूसने में घृणा होती है और न रक्त चूसने में दया। सुन्दर से सुन्दर रूप देखकर वे अपनी एक कौड़ी भी नहीं भूलते। करुण से करुण स्वर सुनकर वे अपना एक पैसा भी किसी के यहाँ नहीं छोड़ते। तुच्छ से तुच्छ व्यक्ति के सामने हाथ फैलाने में वे लज्जित नहीं होते। क्रोध, दया, घृणा, लज्जा आदि करने से क्या मिलता है कि वे करने जायें? जिस बात से उन्हें कुछ मिलता नहीं जब कि उसके लिए उनके मन के किसी कोने में जगह नहीं होती, तब जिस बात से पास का कुछ जाता है, वह बात उन्हें कैसी लगती होगी; यह यों ही समझा जा सकता है। जिस बात में कुछ लगे वह उनके किसी काम की नहीं चाहे वह कष्ट-निवारण हो या सुख-प्राप्ति, धर्म हो या न्याय। वे शरीर सुखाते हैं, अच्छे भोजन, अच्छे वस्त्र आदि की आकांक्षा नहीं करते। लोभ के अंकुश से अपनी सम्पूर्ण इन्द्रियों को वश में रखते हैं। लोभियो! तुम्हारा अक्रोध, तुम्हारा इन्द्रिय-निग्रह, तुम्हारा मानापमान-समता, तुम्हारा तप अनुकरणीय है, तुम्हारी निष्ठुरता, तुम्हारी निर्लज्जता, तुम्हारा अविवेक, तुम्हारा अन्याय विगर्हणीय है। तुम धन्य हो! तुम्हें धिक्कार है!!

पक्के लोभी लक्ष्य-भ्रष्ट नहीं होते, कच्चे हो जाते हैं। किसी वस्तु को लेने के लिए कई आदमी खींचतान कर रहे हैं। उनमें से एक क्रोध में आकर उस वस्तु को नष्ट कर देता है। उसे पक्का लोभी नहीं कह सकते, क्योंकि क्रोध ने उसके लोभ को दबा दिया, वह लक्ष्य-भ्रष्ट हो गया।

अब एक प्राणी के लोभ का प्रसंग सामने आता है जिसे प्रीति या प्रेम कहते हैं। यद्यपि किसी व्यक्ति की ओर प्रवृत्ति भी जब तक एकनिष्ठ न हो, लोभ ही कही जा सकती है, पर साधारण बोल-चाल में वस्तु के प्रति मन की जो ललक होती है उसे 'लोभ' और किसी व्यक्ति के प्रति जो ललक होती है उसे 'प्रेम' कहते हैं। वस्तु और व्यक्ति के विषय-भेद से लोभ के स्वरूप और प्रवृत्ति में बहुत कुछ भेद पड़ जाता है, इससे व्यक्ति के लोभ को अलग नाम दिया गया है। पर मूल में लोभ और प्रेम दोनों एक ही हैं, इसका पता हमारी भाषा ही देती है। किसी रूपवान् या रूपवती को देखकर उस पर 'लुभा जाना' बराबर कहा जाता है। अंग्रेजी के प्रेम-वाचक शब्द 'लव' (Love), सैक्सन के 'लुफु' (Lufu) और लैटिन के 'लुबेट' (Lubet) का सम्बन्ध संस्कृत का 'लोभ' शब्द या लुभ् धातु से स्पष्ट लक्षित होता है।

किसी व्यक्ति का लोभ वस्तु के लोभ से कितना विलक्षण होता है, अब यह देखना चाहिए। विलक्षणता का सबसे बड़ा कारण है दोनों पक्षों में मनस्तत्त्व का विधान। जो लुब्ध होता है उसके भी हृदय होता है, जिस पर वह लुब्ध होता है उसके भी। अतः किसी व्यक्ति का लोभी उस व्यक्ति से केवल बाह्य सम्पर्क रखकर ही तुष्ट नहीं हो सकता; उसके हृदय का सम्पर्क भी चाहता है। अतः मनुष्य का मनुष्य के साथ जितना गूढ़, जटिल और व्यापक सम्बन्ध हो सकता है उतना वस्तु के साथ नहीं। वस्तु-लोभ के आश्रय और आलम्बन इन दो पक्षों में भिन्न-भिन्न कोटि की सत्ताएँ रहती हैं। पर प्रेम एक ही कोटि की दो सत्ताओं का योग है, इससे कहीं अधिक गूढ़ और पूर्ण होता है।

वस्तु के भीतर लोभी चेतना का कोई विधान नहीं देखता जिस पर प्रभाव डालने का वह प्रयत्न करे। पर प्रेमी प्रिय की अन्तर्वृत्ति पर प्रभाव डालने में तत्पर रहा करता है। प्रभाव डालने की यह वासना प्रेम उत्पन्न होने के साथ ही जगती है और बढ़ी चली जाती है। वस्तु पर लुब्ध होकर कोई उस चिन्ता में नहीं पड़ता कि उस वस्तु को मालूम हो जाय कि वह उस पर लुब्ध है। पर किसी पर लुब्ध या प्रेमासक्त होते ही प्रेमी इस बात के लिए आतुर होने लगता है कि प्रिय को उसके प्रेम की सूचना मिल जाये। उसे इस बात की चिन्ता रहती है कि प्रिय को भी उससे प्रेम हो गया है, कम से कम उसके प्रेम का पता लग गया है, या नहीं—

वा निरमोहिनि रूप की रासि जऊ उर हेतु न ठानति ह्वैहै।
बारहिं बार बिलोकि घरी घरी सूरति तौ पहिचानति ह्वैहै।
ठाकुर या मन को परतीति है, जो पै सनेह न मानति ह्वैहै।
आवत हैं नित मेरे लिए, इतनो तो विशेष कै जानति ह्वैहै।।

इस प्रवृत्ति के मूल में कई बातें दिखाई पड़ती हैं। पहली बात तो तुष्टि का विधान है। लोभी या प्रेमी सान्निध्य या सम्पर्क द्वारा तुष्ट होना चाहता है। वस्तु के सान्निध्य या सम्पर्क के लिए तो वस्तु की ओर से किसी प्रकार की स्वीकृति या प्रयत्न की अपेक्षा नहीं। पर किसी चेतन प्राणी से प्रेम करके कोई उसके सान्निध्य या सम्पर्क की इच्छा न उत्पन्न कर ले। दूसरी बात यह है कि प्रेम का पूर्ण विकास तभी होता है जब दो हृदय एक-दूसरे की ओर क्रमशः खिंचते हुए मिल जाते हैं। इस अन्तर्योग के बिना प्रेम की सफलता नहीं मानी जा सकती अतः प्रिय को अपने प्रेम की सूचना देना उसके मन को अपने मन से मिलाने के लिए न्योता देना है।

अपने प्रेम की सूचना देने के उपरान्त प्रेमी प्रिय के हृदय में अपनी ओर कुछ भावों की प्रतिष्ठा चाहता है। पहले कहा जा चुका है कि सहसा उत्पन्न लोभ या प्रीति का प्रथम संवेदनात्मक अवयव है 'अच्छा लगना'। वस्तु के सम्बन्ध में तो उसी वस्तु का अच्छा लगना काफी होता है। लोभियों को इस फेर में नहीं पड़ना पड़ता कि कोई वस्तु उन्हें अच्छी लग रही है उसे वे भी अच्छे लगें पर प्रेमी यह चाहने लगता है कि जिस प्रकार प्रिय मुझे अच्छा लगता है उसी प्रकार मैं भी प्रिय को अच्छा लगूँ। वह सारा अच्छापन किसी न किसी बहाने उसके सामने रखना चाहता है। यह बराबर देखने में आता है कि जब कभी किसी नवयुवक का चित्त किसी युवती की ओर आकर्षित होता है तब ऐसे स्थानों पर जाते समय जहाँ उसके दिखाई पड़ने की सम्भावना होती है, उसका ध्यान कपड़े-लत्ते की सफाई और सजावट की ओर कुछ अधिक हो जाता है। सामने होने पर बातचीत और चेष्टा में भी एक खास ढब देखा जाता है। अवसर पड़ने पर चित्त की कोमलता, सुशीलता, वीरता, निपुणता इत्यादि का भी प्रदर्शन होता है। प्रेमी को जिस घड़ी यह पता चलता है कि प्रिय का चित्त भी उसकी ओर थोड़ा-बहुत खिंचा है उसी घड़ी से वह लोभ की ऊपरी सतह से और गहरे में जाकर प्रेम के आनन्द-लोक में मग्न हो जाता है।

एक-दूसरे की ओर आकर्षित दो हृदयों के योग से जीवन में एक नया रस उत्पन्न हो जाता है या दूनी सजीवता आ जाती है। आनन्द की सम्भावना भी बहुत अधिक बढ़ जाती है और दुःख की भी। प्रिय के हृदय का आनन्द प्रेमी के हृदय का आनन्द हो जाता है। अतः एक ओर तो प्रिय के आनन्द का मेल हो जाने से प्रेमी संसार की नाना वस्तुओं में कई गुने अधिक

आनन्द का अनुभव करने लगता है; दूसरी ओर प्रिय के अभाव में उन्हीं वस्तुओं में उसके लिए आनन्द बहुत कम या कुछ भी नहीं रह जाता है। वियोग की दशा में तो वे वस्तुएँ उलटा दु:ख देने लगती हैं। होते-होते यहाँ तक होता है कि प्रेमी के लिए प्रिय के आनन्द से अलग आनन्द रह ही नहीं जाता। प्रिय के आनन्द में ही वह अपना आनन्द ढूँढ़ा करता है। दो हृदयों की यह अभिन्नता अखिल जीवन की एकता के अनुभव-पथ का द्वार है, प्रेम का यह एक रहस्यपूर्ण महत्त्व है।

प्रेम का अभाव एकान्त भी होता है और लोक-जीवन के नाना क्षेत्रों में भी दिखाई पड़ता है। एकान्त प्रभाव उस अन्तर्मुख प्रेम में देखा जाता है जो प्रेमी को लोक के कर्म क्षेत्र से खींचकर केवल दो प्राणियों के एक छोटे से संसार में बन्द कर देता है। उसका उठना-बैठना, चलना-फिरना, मरना-जीना, सब उसी घेरे के भीतर होता है। वह उस घेरे के बाहर कोई प्रभाव उत्पन्न करने के उद्देश्य से कुछ भी नहीं करता। उसमें जो साहस, धीरता, दृढ़ता, कष्ट-सहिष्णुता आदि दिखाई देती है वह प्रेम-मार्ग के बीच प्रेमोन्माद के रूप में, लोक के बीच कर्त्तव्य के रूप में नहीं। सारांश यह कि इस प्रकार के प्रेम का क्षेत्र सामाजिक और पारिवारिक जीवन से विच्छिन्न होता है। उसमें प्रियपक्ष का प्रबल राग जीवन के अन्य सब पक्षों से पूर्ण विराग की प्रतिष्ठा कर देता है। फारसी के साहित्य में ऐसे ही ऐकान्तिक और लोक-बाह्य प्रेम की प्रधानता है। भारतीय साहित्य में गोपियों के प्रेम को प्राय: यही स्वरूप दिया गया है। भक्ति-मार्ग में प्राय: यही ऐकान्तिक और अनन्य प्रेम लिया गया है। क्योंकि यह एक ऐसा राग है जिसके प्रभाव से विराग की साधना आप से आप, बिना किसी मानसिक प्रयत्न के, हो जाती है।

प्रेम का दूसरा स्वरूप वह है जो अपना मधुर और रंजनकारी प्रकाश जीवन-यात्रा के नाना पथों पर फेंकता है। प्रेमी जगत् के बीच अपने अस्तित्व की रमणीयता का अनुभव आप भी करता है और अपने प्रिय को भी कराना चाहता है। प्रेम के दिव्य प्रभाव से उसे अपने आसपास चारों ओर सौन्दर्य की आभा फैली दिखाई पड़ती है, जिसके बीच वह बड़े उत्साह और प्रफुल्लता के साथ अपना कर्म-सौन्दर्य प्रदर्शित करता है। वह प्रिय को अपने समग्र जीवन का सौन्दर्य जगत् के बीच दिखाना चाहता है। यह प्रवृत्ति इस बात का पूरा संकेत करती है कि मनुष्य की अन्त:प्रवृत्ति में जाकर प्रेम का जो विकास हुआ है वह सृष्टि के बीच सौन्दर्य-विधान की प्रेरणा करने वाले एक दिव्य शक्ति के रूप में। मनुष्य का प्रेम-सौन्दर्य, वस्तु-सौन्दर्य, कर्म-सौन्दर्य, वाक्-सौन्दर्य, भाव-सौन्दर्य, सब—देखना और दिखाना चाहता है। वीरता के पुराने जमाने में युवक योद्धा यह समझकर कि गढ़ी की ऊँची अट्टालिका के गवाक्षों से हमारी प्रेयसी झाँकती होगी, किस सौन्दर्य-भावनापूर्ण उमंग के साथ रणक्षेत्र में उतरता था। कर्म का सबसे अधिक विकट क्षेत्र युद्ध है। इससे आर्य जाति के वीरकाल के काव्यों में शृंगार और वीर का अत्यन्त मनोहर समन्वय पाया जाता है। जिस प्रकार यूरोपीय साहित्य में वीर धर्म का एक युग रहा है उसी प्रकार हमारे हिन्दी-साहित्य में भी। उस काल की कविता का प्रसंग अधिकतर 'युद्ध और प्रेम' (love and war) ही पाया जाता है।

भारतीय प्रबन्ध काव्यों की मूल प्रवृत्ति लोक-जीवन के संश्लिष्ट प्रेम के वर्णन की ओर ही रही। आदिकवि वाल्मीकि ने राम और सीता के प्रेम का विकास मिथिला या अयोध्या के महलों और बगीचों में न दिखाकर दण्डकारण्य के विस्तृत कर्मक्षेत्र के बीच दिखाया है। उनका प्रेम जीवन-यात्रा के मार्ग में माधुर्य फैलाने वाला है; उससे अलग किसी कोने में

चौकड़ी या आहें भराने वाला नहीं; उसके प्रभाव से वनचर्या में एक अद्भुत रमणीयता आ गयी है। सारे कंटीले पथ प्रसूनमय हो गये हैं, सम्पूर्ण कर्म-क्षेत्र एक मधुर ज्योति से जगमगा उठा है। कोमलांगी सीता अपने प्रिय पति की विशाल भुजाओं और कन्धे के ऊपर निकली हुई धनुष की वक्रकोटि पर मुग्ध निविड़ और निर्जन काननों में निश्शंक विचर रही हैं। खर-दूषण की राक्षसी सेना कोलाहल करती आ रही है। राम कुछ मुस्कराकर एक बार प्रेम भरी दृष्टि से सीता की ओर देखते हैं, फिर वीरदर्प से राक्षसों की ओर दृष्टि फेरकर अपना धनुष चढ़ाते हैं। उस वीरदर्प में कितनी उमंग, कितना उत्साह, कितना माधुर्य रहा होगा। सीता-हरण होने पर राम का वियोग जो सामने आता है वह भी चारपाई पर करवटें बदलने वाला नहीं है, समुद्र पार कराकर पृथ्वी का भार उतारने वाला है।

उस ऐकान्तिक प्रेम की अपेक्षा जो प्रेमी को एक घेरे में उसी प्रकार बन्द कर देता है जिस प्रकार कोई मर्ज मरीज को एक कोठरी में डाल देता है, हम उस प्रेम का अधिक मान करते हैं जो संजीवन रस के रूप में प्रेमी के सारे जीवन-पथ को रमणीय और सुन्दर कर देता है, उसके सारे कर्मक्षेत्र को अपनी ज्योति से जगमगा देता है। जो प्रेम जीवन की नीरसता हटाकर उसमें सरलता ला दे, वह प्रेम धन्य है। जिस प्रेम का रंजनकारी प्रभाव विद्वान् की बुद्धि, कवि की प्रतिभा, चित्रकार की कला, उद्योगी की तत्परता, वीर के उत्साह तक बराबर फैली दिखाई दे उसे हम भगवान् का अनुग्रह समझते हैं। भगवद्भक्ति के लिए हम तो प्रेम की यही पद्धति समीचीन मानते हैं। जबकि प्रिय के सम्बन्ध से न जाने कितनी वस्तुएँ प्रिय हो जाती हैं तब उस परम प्रिय के सम्बन्ध से सारा जगत् प्रिय हो सकता है। शुद्ध भक्ति-मार्ग में जगत् से विरक्ति का स्थान हम ढूँढ़ते हैं और नहीं पाते हैं। भक्ति-राग की वह दिव्य भूमि है जिसके भीतर सारा चराचर जगत् आ जाता है। जो भक्त इस जगत् को ब्रह्म की ही व्यक्त सत्ता या विभूति समझेगा, भगवान् के लोकपालक और लोकरंजक स्वरूप पर मुग्ध रहेगा, वह अपने स्नेह, अपनी दया, अपनी सहानुभूति को लोक में और फैलायेगा कि चारों ओर से खींच लेगा? हम तो जगत् के बीच हृदय के सम्यक् प्रसार में ही भक्ति का प्रकृत लक्षण देखते हैं क्योंकि राम की ओर ले जाने वाला रास्ता इसी संसार से होता हुआ गया है।

जब कोई रामभक्त पुत्र-कलत्र, भाई-बन्धु का राग छोड़ने, कर्मपथ से मुँह मोड़ने और जगत् का नाता तोड़ने का उपदेश देता है तब मेरी समझ जवाब देने लगती है। मेरे देखने में तो वही रामभक्त-सा लगता है जो अपने पुत्र-कलत्र, भाई-बहिन, माता-पिता से स्नेह का व्यवहार करता है, रास्ते में चींटियाँ बचाता है, किसी प्राणी का दुःख देख आँसू बहाता हुआ रुक जाता है, किसी दीन पर निष्ठुर अत्याचार होते देख क्रोध से तिलमिलाता हुआ अत्याचारी का हाथ थामने के लिए कूद पड़ता है, बालकों की क्रीड़ा देख विनोद से पूर्ण हो जाता है, लहलहाती हुई हरियाली देख लहलहा उठता है और खिले हुए फूलों को देख खिल जाता है। जो यह सब देख 'मुझसे क्या प्रयोजन?' कहकर विरक्त या उदासीन रहेगा—क्रोध, करुणा, स्नेह, आनन्द आदि को पास तक न फटकने देगा—उसे मैं ज्ञानी, ध्यानी, संयमी चाहे जो कहूँ भक्त कदापि न कह सकूँगा। 'राम का नाता' सारे संसार से नाता जोड़ता है, तोड़ता नहीं। लोकमंगल की प्रेरणा द्वारा भक्त अपने 'नेह का नाता' संसार से निभाता हुआ राम से जोड़ने का प्रयत्न करता है। इस सम्बन्ध-निर्वाह में जो बाधक हों भक्त के लिए वे अवश्य त्याज्य हैं, चाहे वे अपने सुहृद और स्नेही परिजन ही क्यों न हों, क्योंकि—

नाते सबै राम के मनियत सुहृद् सुसेव्य जहाँ लौं।

ऐकान्तिक और लोकबद्ध प्रेम के इन दो स्वरूपों का परिचय हो चुका। अब हम प्रेमी और प्रिय, इन दो पक्षों की पारस्परिक स्थिति पर कुछ विचार करना चाहते हैं। प्रेम कहीं तो दोनों पक्षों में युगपद् होता है अर्थात् आरम्भ ही से सम है, कहीं पहले एक में उत्पन्न होकर फिर दूसरे में होता है और कहीं एक ही में उत्पन्न होकर रह जाता है, दूसरों में होता ही नहीं अर्थात् विषम ही रह जाता है। पहले कहा जा चुका है कि किसी के प्रति प्रेम का प्रादुर्भाव होते ही प्रेमी उसे अपने प्रेम का परिचय देने के लिए आतुर होता है। यह आतुरता तुल्यानुराग की प्रतिष्ठा के लिए होती है जिसके बिना प्रेम सफल नहीं जान पड़ता। तुल्यानुराग के प्रयत्न की भी एक बँधी हुई पद्धति दिखाई पड़ती है।

दूसरों की ओर द्रवित करने वाली हृदय की दो कोमल वृत्तियाँ हैं—करुणा और प्रेम। इसमें से प्रेम का पात्र होने के लिए भिन्न-भिन्न प्रकार की विशिष्टता अपेक्षित होती है। इससे दूसरे के हृदय में प्रेम उत्पन्न कर सकने का निश्चय किसी को जल्दी नहीं हो सकता। पर दया का पात्र होने के लिए केवल दुःख या पीड़ा का प्रदर्शन ही पर्याप्त होता है। दया का क्षेत्र अत्यन्त विस्तृत है। दया मनुष्य-मात्र का धर्म है और प्राणी-मात्र उसके अधिकारी हैं। दया यह नहीं देखने जाती कि दुखी या पीड़ित कौन और कैसा है? इसी से प्रेमी कभी तो यह चेष्टा करता दिखाई पड़ता है कि वह भी प्रिय को अच्छा लगे और कभी ऐसे उपायों का अवलम्बन करता है जिससे प्रिय के हृदय में उसके ऊपर दया उत्पन्न हो। दया उत्पन्न करके वह प्रिय के अन्तस् में प्रेम की भूमिका बाँधना चाहता है। वह समझता है कि दया उत्पन्न होगी तो धीरे-धीरे प्रेम भी उत्पन्न हो जायेगा। वह वियोग की अपनी दारुण वेदना प्रिय के कानों तक बराबर पहुँचाता रहता है।

यह न समझना चाहिए कि प्रिय के हृदय में क्या उत्पन्न करने की यह चाह तुल्यानुराग की प्रतिष्ठा के पूर्व तक ही रहती है। वह प्रेम-मार्ग की एक सामान्य प्रवृत्ति है जो प्रेमी के हृदय में सदा बनी रहती है। बात यह है कि जिस प्रकार दूसरे के हृदय में प्रेम उत्पन्न करने की जरूरत होती है उसी प्रकार बराबर बनाये रखने की भी। प्रेम की रखवाली करने के लिए प्रेमी प्रिय के हृदय में दया को बराबर जगाता रहता है। दया या करुणा का भाव जाग्रत रखने की इस प्रवृत्ति का प्रकर्ष फारसी या उर्दू की शायरी में विशेष रूप से पाया जाता है। वहाँ प्रेमी जीते-जी यार के कूचे में अपनी कब्र बनवाते हैं, उस कूचे के कुत्तों के नाम अपनी हड्डियाँ वक्फ करते हैं और बार-बार मरकर अपना हाल सुनाया करते हैं। मरण से बढ़कर करुणा का विषय और क्या हो सकता है? शत्रु तक का मरना सुनकर सहानुभूति के एक-आध शब्द मुँह से निकल आते हैं। प्रिय के मुख से निकले हुए सहानुभूतिक शब्द-सा प्रिय संसार में कोई शब्द नहीं हो सकता। 'बेचारा बहुत अच्छा था' प्रिय के मुँह से इस प्रकार के कुछ शब्दों की सम्भावना पर ही आंशिक लोग अपने मर जाने की कल्पना बड़े आनन्द से किया करते हैं। जबकि सहानुभूति के एक शब्द का इतना मोल है तब अश्रु का तो कोई मोल ही नहीं हो सकता, प्राण के बदले में भी वह सस्ता ही जँचेगा। यदि प्रेमी को यह निश्चित हो जाये कि मर जाने पर प्रिय की आँखों में आयी हुई आँसू की बूँद वह देख सकेगा तो वह अपना शरीर छोड़ने के लिए तैयार हो सकता है।

यह कहा जा चुका है कि तुल्यानुराग की प्रतिष्ठा हो जाने पर ही प्रेम को पूर्ण तुष्टि और सफलता प्राप्त होती है। हमारे साहित्य के पुराने आचार्यों ने एक पक्ष की प्रीति को रसाभास के अन्तर्गत लिया है। जब तक तुल्यानुराग की सम्भावना रहती है या प्रिय-पक्ष की विरक्ति और

उदासीनता का प्रमाण सामने नहीं रहता तब तक रस में त्रुटि नहीं मानी जाती। प्रेमी का तिरस्कार करता हुआ प्रिय जब अन्य में अनुरक्त पाया जाता है तब उसकी विरक्ति का पक्का प्रमाण सामने आ जाता है। ऐसी दशा में भी बने रहने वाले प्रेम की चर्चा काव्यों में मिलती है। फारसी और उर्दू की शायरी में आशिकों की अक्सर यह शिकायत रहती है कि ''माशूक गैरों से मिला करता है और हमारी ओर ताकता तक नहीं।'' कृष्ण के मथुरा चले जाने पर गोपियों की शिकायत भी कुछ इस ढंग की हो गई थी।

रस और रसाभास की बात छोड़ हमें प्रेम के स्वरूप पर विचार करना है जिसमें प्रेमी तो प्रेम में विह्वल रहता है और प्रिय उसकी ओर ध्यान ही नहीं देता या बराबर उसका तिरस्कार करता जाता है। क्या ऐसा प्रेम कोई प्रेम ही नहीं है? यह नहीं कहा जा सकता। प्रेमी तो प्रेम कर चुका, उसका कोई प्रभाव प्रिय पर पड़े या न पड़े। उसके प्रेम में कोई कसर नहीं। प्रिय यदि उससे प्रेम करके उसकी आत्मा को तुष्ट नहीं करता तो इसमें उसका क्या दोष? तुष्टि का विधान न होने से प्रेम के स्वरूप की पूर्णता में कोई त्रुटि नहीं आ सकती। जहाँ तक ऐसे प्रेम के साथ तुष्टि की कामना या अतृप्ति का लोभ लगा दिखाई पड़ता है वहाँ तक तो उसका उत्कर्ष प्रकट नहीं होता; पर जहाँ आत्मतुष्टि की वासना विरत हो जाती है या पहले ही से नहीं रहती, वहाँ प्रेम का अत्यन्त निखरा हुआ निर्मल और विशुद्ध रूप दिखाई पड़ता है। ऐसे प्रेम की अविचल प्रतिष्ठा अत्यन्त उच्च भूमि पर होती है जहाँ सामान्य हृदयों की पहुँच नहीं हो सकती। इस उच्च भूमि पर पहुँचा हुआ प्रेमी प्रिय से कुछ भी नहीं चाहता है, केवल यही चाहता है—प्रिय से नहीं, ईश्वर से—कि हमारा प्रिय बना रहे और हमें ऐसा ही प्रिय रहे। इसी उच्च दशा का अनुभव करती हुई सूर की गोपियाँ कहती हैं—

जहँ जहँ रहौ राज करौ तहँ तहँ लेहु कोटि सिर भार।
यह असीस हम देति सूर सुनु 'न्हात खसै जनि बार'॥

ऐसे प्रेमी के लिए प्रिय की तुष्टि या सुख से अलग अपनी कोई तुष्टि या सुख रह ही नहीं जाता। प्रिय का सुख-सन्तोष ही उसका सुख-सन्तोष हो जाता है। बंकिम बाबू की 'दुर्गेशनन्दिनी' में आयशा का जगत सिंह पर अनुराग इसी उच्च भूमि पर लाकर छोड़ा गया है। जिस दिन से उसे जगत सिंह और तिलोत्तमा के प्रेम का पता चलता है उसी दिन से वह अपने प्रेम को भौतिक कामनाओं से मुक्त करने लगती है और अन्त में तिलोत्तमा के साथ जगत सिंह का विवाह कराकर पूर्ण शान्ति के साथ प्रेम के विरुद्ध मानस लोक में प्रवेश करती है।

प्रेमी यदि अपने प्रेम का कोई प्रभाव प्रिय पर न देखे तो उसके सामने प्रेम की यही उच्च भूमि दिखाई पड़ती है। सान्निध्य या सम्पर्क की कामना के त्याग द्वारा ही वह प्रेम रक्षा और शान्ति लाभ कर सकता है। यदि उसमें यह क्षमता न होगी तो प्रतिवर्तन (Reaction) द्वारा घोर मानसिक विप्लव और पतन की आशंका रहेगी, ईर्ष्या आदि बुरे भावों के संचार के लिए रास्ता खुल जायेगा। यहाँ तक कि समय-समय पर क्रोध का दौरा और प्रेम का स्थान बैर ले लेगा।

प्रेम-काव्यों में प्राय: रूप-लोभ ही प्रेम का प्रवर्तक दिखाया जाता है। किसी के उत्कृष्ट रूप-गुण पर कोई मुग्ध होता है और उसका प्रेमी बन जाता है। पर प्रेम का एक और कारण, जो रूप गुण से सर्वथा स्वतन्त्र और उनकी अपेक्षा अधिक निश्चित प्रभाववाला होता है, साहचर्य है। देश-प्रेम के अन्तर्गत इसका उल्लेख हो चुका है। किसी अरब को उसकी

रेगिस्तानी जन्म-भूमि से ले जाकर कश्मीर के हरे-भरे मैदान में रख दें तो भी वह अपने देश के वियोग में रोया करेगा। इसी प्रकार जिन मनुष्यों के बीच कोई बचपन से या बहुत दिनों से रहता चला आता है, उनके प्रति हृदय में एक स्थायी प्रेम होता है। इस साहचर्यगत प्रेम में विशेषता यह होती है कि इसका वेग साहचर्य काल से कुछ अवसरों पर ही रह-रहकर व्यक्त होता है पर विच्छेद काल में बराबर उमड़ा रहता है। भाई-बहिन, पिता-पुत्र, इष्ट-मित्र से लेकर चिर-परिचित पशु-पक्षी और वृक्ष तक का प्रेम इसी ढंग का होता है। रूप-गुण की भावना से उत्पन्न प्रेम भी आगे चलकर कुछ दिनों में यह साहचर्यजन्य स्वरूप प्राप्त करता है। अत: प्रेम के स्वरूप का महत्त्व बराबर ध्यान में रहना चाहिए।

लोभ या प्रेम की सबसे बड़ी विलक्षणता का उल्लेख करके अब हम यह निबन्ध समाप्त करते हैं। यही एक ऐसा भाव है जिसकी व्यंजना हँसकर भी की जाती है और रोकर भी; जिसके व्यंजक दीर्घ नि:श्वास और अश्रु भी होते हैं तथा हर्षपुलक और उछल-कूद भी। इसके विस्तृत शासन के भीतर आनन्दात्मक और दु:खात्मक दोनों प्रकार के मनोविकार आ जाते है। साहित्य के आचार्यों ने इससे शृंगार के दो पक्ष कर दिये हैं—संयोगपक्ष और वियोगपक्ष। कोई और भाव ऐसा नहीं है जो आलम्बन के रहने पर तो एक प्रकार की मनोवृत्तियाँ और चेष्टाएँ उत्पन्न करे और न रहने पर बिल्कुल दूसरे प्रकार की। कुछ और भाव भी लोभ या प्रेम का-सा स्थायित्व प्राप्त करते हैं—जैसे क्रोध बहुत दिनों तक टिका रह जाने पर द्वेष या वैर का रूप धारण करता है और जुगुप्सा घृणा या विरक्ति का—पर यह विशेषता और किसी में नहीं पायी जाती। मनुष्य की अन्तर्वृत्तियों पर लोभ या प्रेम के शासन का यही दीर्घ विस्तार देखकर लोगों ने शृंगार को 'रसराज' कहा है।

घृणा

सृष्टि-विस्तार से अभ्यस्त होने पर प्राणियों को कुछ विषय रुचिकर और कुछ अरुचिकर प्रतीत होने लगते हैं। इन अरुचिकर विषयों के उपस्थित होने पर अपने ज्ञानपथ से उन्हें दूर रखने की प्रेरणा करने वाला जो दुःख होता है उसे घृणा कहते हैं। सुबीते के लिए हम यहाँ घृणा के विषयों के दो विभाग करते हैं—स्थूल और मानसिक। स्थूल विषय आँख, कान और नाक इन्हीं तीन इन्द्रियों से सम्बन्ध रखते हैं। हम चिपटी नाक और मोटे ओंठ से सुसज्जित चेहरे को देख दृष्टि फेरते हैं, खरस्वान खर्राट की तान सुनकर कान में उँगली डालते हैं और म्युनिसिपैलिटी की मैला गाड़ी सामने आने पर नाक पर रूमाल रखते हैं। रस और स्पर्श अकेले घृणा नहीं उत्पन्न करते। रस का रुचिकर या अरुचिकर लगना तो कई अंशों में घृणा से सम्बद्ध है। मानसिक विषयों की घृणा मन में कुछ अपनी ही क्रिया से आरोपित और कुछ शिक्षा द्वारा प्राप्त आदर्शों के प्रतिकूल विषयों से सर्वथा स्वतंत्र होते हैं। निर्लज्जता की कथा कितनी ही सुरीली तान में सुनायी जाय, घृणा उत्पन्न ही करेगी। कैसा ही गन्दा आदमी परोपकार करे उसे देख श्रद्धा उत्पन्न हुए बिना न रहेगी।

अरुचिकर और प्रतिकूल विषयों के उपस्थित काल में इन्द्रिय या मन का व्यापार अच्छा नहीं लगता, इससे या तो प्राणी ऐसे विषयों को दूर करना चाहता है अथवा अपने इन्द्रिय या मन के व्यापार को बन्द करना। इसके अतिरिक्त वह और कुछ नहीं करना चाहता। क्रोध और घृणा में जो अन्तर है वह यहाँ देखा जा सकता है। क्रोध का विषय पीड़ा या हानि पहुँचाने वाला होता है, इससे क्रोधी उसे नष्ट करने में प्रवृत्त होता है। घृणा का विषय इन्द्रिय या मन के व्यापार में संकोच मात्र उत्पन्न करने वाला होता है, इससे मनुष्य को उतना उग्र उद्वेग नहीं होता और वह घृणा के विषय की हानि करने में तुरन्त बिना कुछ और विचार किये प्रवृत्त नहीं होता। हम अत्याचारी पर क्रोध और व्यभिचारी से घृणा करते हैं। क्रोध और घृणा के बीच एक अन्तर और ध्यान देने योग्य है। घृणा का विषय हमें घृणा का दुःख पहुँचाने के विचार से हमारे सामने उपस्थित नहीं होता, पर क्रोध का चेतन विषय हमें आघात या पीड़ा पहुँचाने के उद्देश्य से हमारे सामने उपस्थित होता है या समझा जाता है। न दुर्गन्ध ही इसलिए हमारी नाक में घुसती है कि हमें घिन लगे और न व्यभिचारी ही इसलिए व्यभिचार करता है कि हमें उसकी करतूत सुन उससे घृणा करने का दुःख उठाना पड़े। यदि घृणा का विषय जान-बूझकर हमें घृणा का दुःख पहुँचाने के अभिप्राय से हमारे सामने उपस्थित हो तो हमारा ध्यान उस घृणा के विषय से हटकर उसकी उपस्थिति के कारण की ओर हो जाता है और हम क्रोध-साधन में तत्पर हो जाते हैं। यदि आपको किसी के पीले दाँत देख घिन लगेगी तो आप अपना मुँह दूसरी ओर फेर लेंगे, उसके दाँत नहीं तोड़ने जायेंगे। पर यदि जिधर-जिधर आप मुँह फेरते हैं उधर-उधर वह भी आकर खड़ा हो तो आश्चर्य नहीं कि वह थप्पड़ खा जाये। यदि होली में कोई गन्दी गालियाँ बकता चला जाता है तो घृणा मात्र लगने पर आप उसे मारने न

जायेंगे; उससे दूर हटेंगे, पर यदि जहाँ-जहाँ आप जाते हैं वहाँ-वहाँ वह भी आपके साथ-साथ अश्लील बकता जाता है तो आप उस पर फिर पड़ेंगे।

घृणा और पीड़ा के स्वरूप में जो अन्तर है वह स्पष्ट है। वज्रपात के शब्द का अनुभव भद्दे गले के आलाप के अनुभव से भिन्न है। आँख में किरकिरी पड़ना और बात है, सड़ी बिल्ली सामने आना और बात। यदि कोई स्त्री आपसे मीठे शब्दों में कलुषित प्रस्ताव करे तो उसके प्रति आपको घृणा होगी, पर वही स्त्री यदि आपको छड़ी लेकर मारने आये तो आप उस पर क्रोध करेंगे। घृणा का भाव शान्त है उसमें क्रियोत्पादिनी शक्ति नहीं है। घृणा निवृत्ति का मार्ग दिखलाती है और क्रोध प्रवृत्ति का। हम किसी से घृणा करेंगे तो बहुत करेंगे उसकी राह बचाएँगे, उससे बोलेंगे नहीं, पर यदि किसी पर क्रोध करेंगे तो ढूँढ़कर उससे मिलेंगे और उसे और नहीं तो दस-पाँच ऊँची-नीची सुनायेंगे। घृणा विषय से दूर ले जाने वाली है और क्रोध हानि पहुँचाने की प्रवृत्ति उत्पन्न कर विषय के पास ले जाने वाला। कहीं-कहीं घृणा क्रोध का शान्त रूपान्तर मात्र प्रतीत होती है। साधारण लोग जिन बातों पर क्रोध करते देखे जाते हैं, साधु लोग उनसे घृणा मात्र करके; और यदि साधुता ने बहुत जोर किया तो उदासीन होकर, रह जाते हैं। दुर्जनों की गाली सुनकर साधारण लोग क्रोध करते हैं पर साधु लोग उपेक्षा ही करके सन्तोष कर लेते हैं, जो क्रोध एक बार उत्पन्न होकर सामान्य लोगों में बैर के रूप में टिक जाता है वही क्रोध साधु में घृणा के रूप में टिकता है। दोनों के जो भिन्न-भिन्न परिणाम हैं वे प्रत्यक्ष हैं। यदि जिस पर एक बार क्रोध उत्पन्न हुआ उसका व्यवहार आकस्मिक है तो बैर कर बैठना और बराबर अग्रसर होने वाला है तो घृणा मात्र करना निष्फल होता है।

आजकल की बनावटी सभ्यता या शिष्टता में 'घृणा' शब्द वैर या क्रोध को छिपाने का भी काम दे जाता है। यदि हमें किसी से वैर है तो हम दस-पाँच सभ्यों के बीच बैठकर कहते हैं कि हमें उससे घृणा है। इस बात में हमारी चालाकी प्रत्यक्ष है। वैर का आधार व्यक्तिगत होता है, घृणा का सार्वजनिक। वैर के नाम पर यह समझा जाता है कि कहीं दो या अधिक मनुष्यों के लक्ष्य का परस्पर विरोध हुआ है, पर घृणा का नाम सुनकर अधिकतर यही अनुमान होता है कि समाज के लक्ष्य या आदर्श का विरोध हुआ है। वैर करना एक छोटी बात समझी जाती है। अत: वैर के स्थान पर घृणा का नाम लेने से बदला बचाव दोनों हो जाते हैं।

घृणा के स्थूल विषय प्राय: सब मनुष्यों के लिए समान होते हैं। सुगन्ध और दुर्गन्ध, सौन्दर्य और भद्दापन इत्यादि के विषय में अधिकांश एकमत रहता है। यह दूसरी बात है कि एक प्रकार की सुगन्ध की अपेक्षा दूसरे प्रकार की सुगन्ध किसी को अधिक अच्छी लगे, पर गुलाब की गन्ध को कोई दुर्गन्ध नहीं कहेगा। घृणा और श्रद्धा के मानसिक विषय भी सभ्य जातियों के बीच प्राय: सब हृदयों के समान और निर्दिष्ट होते हैं। वेश्यागमन, जुआ, मद्यपान, स्वार्थपरता, कायरता, आलस्य, लम्पटता, पाखंड, अनधिकार-चर्चा, मिथ्याभिमान आदि विषय उपस्थित होने पर प्राय: सब मनुष्य घृणा करने के लिए विवश हैं। इसी प्रकार स्वार्थत्याग, परोपकार, इन्द्रिय-संयम आदि पर श्रद्धा होना एक प्रकार से स्वाभाविक-सा हो गया है। मतभेद वहाँ देखा जाता है जहाँ और विषयों को पाकर लोग अनुबन्ध द्वारा घृणा के इन प्रतिष्ठित मूल विषयों तक पहुँचते हैं। यदि एक ही व्यापार से एक आदमी को घृणा मालूम हो रही है और दूसरे को नहीं तो यह समझना चाहिए कि पहला उस व्यापार के आगे-पीछे चारों ओर जिन रूपों की उद्भावना करता है, दूसरा नहीं।

दल-बल सहित भरत को वन में आते देख निषाद को उनके प्रति घृणा उत्पन्न हो रही है और राम को नहीं, क्योंकि निषादराज भरत के आगमन में असहाय राम को मार निष्कंटक राज करने की उद्भावना करता है और राम नहीं। इस प्रकार के भेद का कारण मनुष्य के अनुबन्ध-ज्ञान की उलटी गति है। अनुबन्ध-ज्ञान का क्रम या तो प्रस्तुत विषय पर से उसे संघटित करने वाले कारणों की ओर चलता है या परिणामों की ओर। किसी प्रस्तुत विषय को पाकर हर एक आदमी अनुबन्ध द्वारा उससे वास्तविक सम्बन्ध रखने वाले अत: समान विषयों तक नहीं पहुँच सकता। एक बात को देखकर हर एक आदमी उसका एक ही या समान कारण या परिणाम नहीं बतलाएगा। किसी रियासत के नौकर ने अपने एक मित्र से कहा कि 'तुम कभी-भूलकर भी इस रियासत में नौकरी न करना।' इस कथन में एक आदमी को तो हितकामना की झलक दिखाई पड़ रही है और दूसरे को ईर्ष्या की। इससे एक उस पर श्रद्धा करता है और दूसरा घृणा। जहाँ घृणा के मूल विषय प्रत्यक्ष रूप में सीधे हमारे सामने आते हैं वहाँ कोई मतभेद नहीं दिखाई देता है। पर कभी-कभी स्वयं ये विषय हमारे सामने नहीं आते। इनके अनुमित लक्षण हमारे सामने रहते हैं जो और-और विषयों के भी लक्षण हो सकते हैं। घृणा-सम्बन्धी इस प्रकार का मतभेद सभ्य जातियों में, जिनमें उद्देश्यों के छिपाने की चाल बहुत है, अधिक देखा जाता है। एक ही आदमी को कोई परम धार्मिक नेता समझता है, कोई पूरा मक्कार। एक ही राजकीय कार्रवाई को कोई व्यापार-स्वातन्त्र्य का प्रयत्न समझता है, कोई राज्य का लोभ।

मूसाई और ईसाई लोग देवपूजकों से इसलिए घृणा नहीं करते कि वे छोटी वस्तुओं पर श्रद्धा-भक्ति करते हैं, बल्कि यह समझकर कि वे उनके जमीन और आसमान बनाने वाले खुदा से दुश्मनी किये बैठे हैं। अपने बनाने और पालने वाले से वैर ठानना कृतघ्नता है। अत: उनकी घृणा आरोपित कृतघ्नता के प्रति है, देवपूजा के प्रति नहीं। संसार द्वारा ऐसे आरोपों पर यहाँ तक विश्वास बढ़ा कि अरब और यहूद की धर्म-पुस्तकों में मूर्तिपूजन या देवाराधन महापातक ठहराया गया। अंग्रेज कवि मिल्टन ने प्राचीन जातियों के देवताओं को शैतान की फौज के सरदार बनाकर बड़ी ही संकीर्णता और कट्टरपन का परिचय दिया है। सीधे-सादे गोस्वामी तुलसीदासजी से भी बिना यह कहे न रहा गया—

जे परिहरि हरि-हर-चरन भजहिं भूतगन घोर।
तिनकी गति मोहिं देहु विधि जो जननी मत मोर॥

भिन्न-भिन्न मतवालों में जो परस्पर घृणा देखी जाती है वह अधिकतर ऐसे ही आरोपों के कारण। एक के आचार-विचार से जब दूसरा घृणा करता है तब उसकी दृष्टि यथार्थ में उस आचार-विचार पर नहीं रहती है, बल्कि ऊपर लिखे घृणा के सामान्य मूलाधारों में से किसी पर रहती है।

घृणा के विषय में मतभेद का एक और कारण ग्राह्य और अग्राह्य होने के लिए विषय-मात्र की अनियति है। सृष्टि में बहुत-सी वस्तुओं के बीच की सीमाएँ अस्थिर हैं। एक ही वस्तु, व्यापार या गुण किसी मात्रा में श्रद्धा का विषय होता है किसी मात्रा में अश्रद्धा का। इसके अतिरिक्त शिक्षा और संस्कार के कारण एक ही मात्रा का प्रभाव प्रत्येक हृदय पर एक ही प्रकार का नहीं पड़ता। यह नहीं है कि एक बात एक आदमी को जहाँ तक अच्छी लगती है वहाँ तक दूसरे को भी अच्छी लगे। मन में प्रतिकूल बातें रखकर मुँह पर अनुकूल बातें कहने

वाले को एक आदमी शिष्ट और दूसरा कुटिल कहता है। उपचार या मुँह पर प्रसन्न करने वाली बात कहने को जहाँ तक एक आदमी शिष्टता समझता चला जाता है, दूसरा वहाँ से कुटिलता का आरम्भ मान लेता है। दो-चार बार किसी आदमी को थोड़ी-थोड़ी बात पर रोते या कोप करते देखकर एक तो उसको दुर्बल चित्त और उद्वेगशील समझता है और दूसरा उसी को थोड़ी-थोड़ी बात पर विलाप करते और आपे के बाहर होते दस बार देखकर भी उसे सहृदय कहता है। रसिक लोग शुष्क हृदय लोगों से घृणा करते हैं और शुष्क हृदय लोग रसिकों से। यदि ये दोनों मिलकर एक दिन शुष्कता और रसिकता की सीमा तय कर डालें तो झगड़ा मिट जाय। शुष्क हृदय लोग नाप-तोलकर यह बतला दें कि यहाँ तक की रसिकता शोहदापन या विषयासक्त नहीं है और रसिक लोग यह बतला दें कि यहाँ तक की शुष्कता कठोर-हृदयता नहीं है, बस झगड़ा साफ। पर यह हो नहीं सकता। दृढ़ता और हठ, धीरता और आलस्य, सहनशीलता और भीरुता, उदारता और फिजूलखर्ची, किफायत और कंजूसी आदि के बीच की सीमाएँ सब मनुष्यों के हृदय में न एक हैं और न एक होंगी।

मनोविकार दो प्रकार के होते हैं—प्रेष्य और अप्रेष्य। प्रेष्य वे हैं जो एक के हृदय में पहले के प्रति उत्पन्न होकर दूसरे के हृदय में भी पहले के प्रति उत्पन्न हो सकते हैं, जैसे क्रोध, घृणा, प्रेम इत्यादि। हम जिस पर क्रोध करेंगे वह (हमारे क्रोध के कारण) हम पर भी क्रोध कर सकता है। जिससे हम प्रेम करेंगे वह हमारे प्रेम को देख हमसे भी प्रेम कर सकता है। अप्रेक्ष्य मनोविकार जिसके प्रति उत्पन्न होते हैं उसके हृदय में यदि करेंगे तो सदा दूसरे भावों की सृष्टि करेंगे। उसके अन्तर्गत भय, दया, ईर्ष्या आदि हैं। जिससे हम भय करेंगे वह हमसे हमारे भय के प्रभाव से भय नहीं करेगा बल्कि हम पर दया करेगा। जिस पर हम दया करेंगे वह हमारी दया के कारण हम पर दया नहीं करेगा बल्कि श्रद्धा करेगा। जिससे हम ईर्ष्या करेंगे वह हमारी ईर्ष्या को देख हमसे ईर्ष्या नहीं करेगा बल्कि घृणा करेगा।

प्रेष्य मनोवेग सजातीय संयोग पाकर बहुत जल्दी बढ़ते हैं। एक के क्रोध को देख दूसरा क्रोध करेगा, दूसरे का क्रोध बढ़ते देख पहले का क्रोध बढ़ेगा, पहले का क्रोध बढ़ते देख दूसरे का क्रोध और बढ़ेगा, इस प्रकार एक अत्यन्त भीषण क्रोध का दृश्य उपस्थित हो सकता है। इसी प्रकार एक के प्रेम को देख दूसरे को प्रेम हो सकता है, दूसरे के प्रेम को देख पहले का प्रेम बढ़ सकता है, पहले के प्रेम को बढ़ते देख दूसरे का प्रेम और बढ़ सकता है और अन्त में रात-रात भर करवटें बदलते रहने की नौबत आ सकती है। अतः प्रेष्य मनोवेगों से बहुत सावधान रहना चाहिए। अप्रेष्य मनोवेगों का ऐसे विजातीय मनोवेगों से संयोग होता है जिनसे उनकी वृद्धि नहीं हो सकती। जिससे हम भय करेंगे वह हम पर दया करेगा। उसकी दया को देख हमारा भय बढ़ेगा नहीं। हमें जिससे भय प्राप्त हुआ है उसमें फिर क्रोध को देख हमारा भय बढ़ सकता है; पर हमारे भय के कारण उसमें नया क्रोध उत्पन्न ही नहीं होगा। अपने ऊपर किसी को दया करते देख हम उस पर श्रद्धा प्रकट करेंगे। हमारी श्रद्धा से उसकी दया तत्क्षण बढ़ेगी नहीं। श्रद्धा पर दया नहीं होती है, दया होती है क्लेश पर। श्रद्धा पर जो वस्तु हो सकती है वह कृपा है। जिस पर हमें दया उत्पन्न हुई है उसको क्लेशित या भयभीत देखकर हमारी दया बढ़ सकती है। पर हमें दया करते देख (उस दया के कारण) उसका क्लेश या भय बढ़ेगा नहीं। किसी को अपने प्रति ईर्ष्या करते देखकर हम उससे घृणा प्रकट करेंगे। हमारी घृणा उसमें नयी ईर्ष्या उत्पन्न कर उसकी ईर्ष्या बढ़ायेगी नहीं। घृणा पर ईर्ष्या नहीं होती है, ईर्ष्या होती है किसी की उन्नति या बढ़ती देखकर। प्रतिकार के रूप में जो

अहित-कामना उत्पन्न होती है वह ईर्ष्या नहीं है। घृणा के बदले में तो घृणा, क्रोध या वैर होता है।

यह जानकार घृणा प्रेष्य मनोविकारों में से है, लोगों को बहुत समझ-बूझकर उसे स्थान देना और प्रकट करना चाहिए। ऊपर कहा जा चुका है कि घृणा निवृत्ति के मार्ग को दिखलाती है अर्थात् अपने विषयों से दूर रखने की प्रेरणा करती है। अतः यदि हमारी घृणा अज्ञानवश ऐसी वस्तुओं से है जिनसे हमें लाभ पहुँच सकता है तो उनके अभाव का कष्ट हमें भोगना पड़ेगा। शारीरिक बल और शिक्षा आदि से जिन्हें घृणा है वे उनके लाभों से वंचित रहेंगे। किसी बुद्धिमान मनुष्य से जो मन में घृणा रखेगा वह उसके सत्संग के लाभ से हाथ धोयेगा।

उपयुक्त घृणा को भी यदि वह शुद्ध है, तो प्रकट करने की आवश्यकता नहीं होती। घृणा का उद्देश्य जिसके हृदय में वह उत्पन्न होती है उसी की क्रियाओं को निर्धारित करना है, जिसके प्रति उत्पन्न होती है उस पर किसी तरह का प्रभाव डालना नहीं। अतः उपयुक्त घृणा को भी उसके पात्र पर यत्नपूर्वक प्रकट करने की आवश्यकता नहीं है। यदि हमें किसी आदमी से खालिस घृणा मात्र है तो हम उससे दूर रहेंगे; हमें इसकी जरूरत नह होगी कि हम उसके पास जाकर कहें कि 'हमें तुमसे घृणा है'। जब क्रोध करुणा या हित कामना आदि का कुछ मेल रहेगा तभी हम अपनी घृणा प्रकट करने को आकुल होंगे। हमें जिस पर क्रोध मिश्रित घृणा होगी उसी के सामने हम अपनी घृणा प्रकट करके उसे दुःख पहुँचाना चाहेंगे क्योंकि दुःख पहुँचाने की प्रवृत्ति क्रोध की है, घृणा की नहीं। इसी प्रकार के कार्यों से हमें घृणा उत्पन्न होगी यदि उसे कुछ दया या उसके हित की कुछ चिन्ता होगी तभी हम उसे उन कार्यों से विरत करने के अभिप्राय से उस पर अपनी घृणा प्रकट करने जायेंगे। पर इन दोनों अवस्थाओं में यह भी हो सकता है कि जिस पर हम घृणा प्रकट करें वह हमसे बुरा मान जाय।

मनोविकारों को उत्पन्न होने देने और न उत्पन्न होने देने की इच्छा को मनोविकारों से स्वतंत्र समझना चाहिए। किसी वस्तु से घृणा उत्पन्न होना एक बात है और घृणा के दुःख को न उत्पन्न होने देने के लिए उस वस्तु को दूर करने या उससे दूर होने की इच्छा दूसरी बात। हम घृणा के दुःख का अनुभव या अनुभव की आशंका कर चुके तब उससे बचने को आकुल हुए। ऐसी आकुलता को हम 'घृणा लगने का भय' कह सकते हैं। एक पूछता है, "क्यों भाई! तुम उसके सामने क्यों नहीं जाते?" दूसरा कहता है, "उसका चेहरा देखकर और उसकी बात सुनकर हमें क्रोध लगता है।" इस प्रकार की अनिच्छा को हम 'क्रोध की अनिच्छा' कह सकते हैं। किसी वस्तु का अच्छा लगना एक बात है और उस अच्छा लगने के सुख को उत्पन्न करने के लिए उस वस्तु की प्राप्ति की इच्छा दूसरी बात।

घृणा और भय की प्रवृत्ति एक-सी है। दोनों अपने-अपने विषयों से दूर होने की प्रेरणा करते हैं। परन्तु भय का विषय भावी हानि का अत्यन्त निश्चय कराने वाला होता है और घृणा का विषय उसी क्षण इन्द्रिय या मन के व्यापारों में संकोच उत्पन्न करने वाला। घृणा के विषय से यह समझा जाता है कि जिस प्रकार का दुःख यह दे रहा है उसी प्रकार का देता जायेगा पर भय के विषय से यह समझा जाता है कि अभी और प्रकार का अधिक तीव्र दुःख देगा। भय क्लेश नहीं है, क्लेश की छाया है, पर ऐसी छाया है जो हमारे चारों ओर अन्धकार फैला सकती है। सारांश यह है कि भय एक अतिरिक्त क्लेश है। यदि जिस बात का हमें भय था वह हम पर आ पड़ी तो हमें दोहरा क्लेश पहुँचा। इसी से आने वाली अनिवार्य आपदाओं के

पूर्वज्ञान की हमें उतनी आवश्यकता नहीं, क्योंकि उनसे भय करके हम अपने को बचा तो सकते नहीं, उनके पहले के दिनों से सुख को भी खो अलबत्ता सकते हैं।

सभ्यता या शिष्टता के व्यवहार में 'घृणा' उदासीनता के नाम से छिपाई जाती है। दोनों में जो अन्तर है वह प्रत्यक्ष है। जिस बात से हमें घृणा है, हम चाहते क्या आकुल रहते हैं कि वह बात न हो, पर जिस बात से हम उदासीन हैं उसके विषय में हमें परवाह नहीं रहती; वह चाहे हो, चाहे न हो। यदि कोई काम किसी की रुचि के विरुद्ध होता है तो वह कहता है, "ऊँह! हमसे क्या मतलब, जो चाहे सो हो।" वह सरासर झूठ बोलता है, पर इतना झूठ समाज-स्थिति के लिए आवश्यक है।

ईर्ष्या

जैसे दूसरे के दुःख को देख दुःख होता है वैसे ही दूसरे के सुख या भलाई को देखकर भी एक प्रकार का दुःख होता है, जिसे ईर्ष्या कहते है। ईर्ष्या की उत्पत्ति कई भावों के संयोग से होती है, इससे इसका प्रादुर्भाव बच्चों में कुछ देर में देखा जाता है और पशुओं में तो शायद होता ही न हो। ईर्ष्या एक संकर भाव है जिसकी सम्प्राप्ति आलस्य, अभिमान और नैराश्य के युग से होती है। जब दो बच्चे किसी खिलौने के लिए झगड़ते हैं तब कभी-कभी ऐसा देखा जाता है कि एक उस खिलौने को लेकर फोड़ देता है जिससे वह किसी के काम में नहीं आता। इससे अनुमान हो सकता है कि उस लड़के के मन में यही रहता है कि चाहे वह खिलौना मुझे मिले या न मिले, दूसरे के काम में न आये अर्थात् उसकी स्थिति मुझसे अच्छी न रहे। ईर्ष्या पहले-पहल इसी रूप में व्यक्त होती है।

ईर्ष्या प्राप्ति की उत्तेजित इच्छा नहीं है। एक के पास कोई वस्तु है और दूसरे के पास नहीं है तो वह दूसरा व्यक्ति इस बात के लिए तीन प्रकार से दुःख प्रकट कर सकता है—

१. क्या कहें, हमारे पास भी वह वस्तु होती।

२. हाय! वह वस्तु उसके पास न होकर हमारे पास होती तो अच्छा था।

३. वह वस्तु किसी प्रकार उसके हाथ से निकल जाती, चाहे जहाँ जाती।

इन तीनों वाक्यों को ध्यानपूर्वक देखने से जान पड़ेगा कि इनमें दूसरे व्यक्ति की ओर जो लक्ष्य है उसे क्रमशः विशेषत्व प्राप्त होता गया है और वस्तु की ओर जो लक्ष्य है वह कम होता गया है। पहले वाक्य से जो भाव झलकता है वह ईर्ष्या नहीं है, साधारण स्पर्द्धा अर्थात् लाभ की उत्तेजित इच्छा का एक अच्छा रूप है। उसमें वस्तु की ओर लक्ष्य है, व्यक्ति की ओर नहीं। ईर्ष्या व्यक्तिगत होती है और स्पर्द्धा वस्तुगत। दूसरे वाक्य में ईर्ष्या का कुछ और तीसरे में पूरा आभास है। इन दोनों में से एक (दूसरे) में दूसरे को वंचित न कर सकने का दुःख गौण और दूसरे (तीसरे) में प्रधान या एकान्त है।

स्पर्द्धा में किसी सुख, ऐश्वर्य, गुण या मान से किसी व्यक्ति-विशेष को सम्पन्न देख अपनी त्रुटि पर दुःख होता है, फिर प्राप्ति की एक प्रकार की उद्वेगपूर्ण इच्छा उत्पन्न होती है, या यदि इच्छा पहले से होती है तो उस इच्छा को उत्तेजना मिलती है। इस प्रकार की वेगपूर्ण इच्छा या इच्छा की उत्तेजना अन्तःकरण की उन प्रेरणाओं में से है जो मनुष्य को अपने उन्नति-साधन में तत्पर करती है। इसे कोई संसार को सच्चा समझने वाला बुरा नहीं कह सकता। यह उत्तेजना ऐश्वर्य, गुण या मान के किसी चित्ताकर्षक रूप या प्रभाव के साक्षात्कार से उत्पन्न होती है और कभी-कभी उस ऐश्वर्य, गुण या मान को धारण करने वाले की पूर्व-स्थिति के परिज्ञान से बहुत बढ़ जाती है। किसी अपने पड़ोसी या मित्र की विद्या का चमत्कार या आदर देख विद्या प्राप्ति की इच्छा उत्तेजित होती है और यह जानकर कि पहले वह एक बहुत साधारण बुद्धि या वित्त का मनुष्य था, यह उत्तेजना आशाप्रेरित होकर और भी बढ़ जाती है।

प्राप्ति की इस उत्तेजित इच्छा के लिए सम्पन्न व्यक्ति ऐसा मूर्तिमान और प्रत्यक्ष आधार हो जाता है जिससे अपनी उन्नति या सम्पन्नता की भी आशा बँधती है और कार्यक्रम की शिक्षा मिलती है। किसी वस्तु की प्राप्ति की इच्छा वाले को किसी ऐसे व्यक्ति को देख जिसने अपने पुरुषार्थ से वह वस्तु प्राप्त की हो, कभी-कभी बड़ा सहारा हो जाता है और वह सोचता है कि 'जब उस मनुष्य ने उस वस्तु को प्राप्त कर लिया तब क्या मैं भी नहीं कर सकता?' ऐसे सम्पन्न व्यक्ति की ओर जो इच्छुक या स्पर्द्धावान का बार-बार ध्यान जाता है वह उसकी स्थिति में किसी प्रकार का परिवर्तन करने के लिये नहीं, बल्कि अपनी स्थिति में परिवर्तन करने के लिए। स्पर्द्धा में अपनी कमी या त्रुटि पर दुःख होता है, दूसरे की सम्पन्नता पर नहीं। स्पर्द्धा में दुःख का विषय होता है, "मैंने उन्नति क्यों नहीं की?" और ईर्ष्या में दुःख का विषय होता है—"उसने उन्नति क्यों की?" स्पर्द्धा संसार में गुणी, प्रतिष्ठित और सुखी लोगों की संख्या में कुछ बढ़ती करना चाहती है और ईर्ष्या में कमी।

ऊपर के विवरण से यह बात झलक गयी होगी कि ईर्ष्या एक अनावश्यक विकार है, इससे उसकी गणना मूल मनोविकारों में नहीं हो सकती। यह यथार्थ में कई भावों के विचित्र मिश्रण से संघटित एक विष है। जब किसी विषय में अपनी स्थिति को रक्षित रख सकने या समुन्नत कर सकने के निश्चय में अयोग्यता या आलस्य आदि के कारण कुछ कसर रहती है तभी इस इच्छा का उदय होता है। किसी व्यक्ति-विशेष की स्थिति उस विषय में हमारे तुल्य या हमसे बढ़कर न होने पाये। यही इच्छा बढ़कर द्वेष में परिवर्तित हो जाती है और तब उस दूसरे व्यक्ति का अनिष्ट, न केवल उस विषय में बल्कि प्रत्येक विषय में वांछित हो जाता है। वैर और द्वेष में अन्तर यह है कि वैर अपनी किसी वास्तविक हानि के प्रतिकार में होता है, पर द्वेष अपनी किसी हानि के कारण या लाभ की आशा से नहीं किया जाता।

यह बात ध्यान देने की है कि ईर्ष्या व्यक्ति-विशेष से होती है। यह नहीं होता कि जिस किसी को ऐश्वर्य, गुण या मान से सम्पन्न देखा उसी से ईर्ष्या हो गयी। ईर्ष्या उन्हीं से होती है जिनके विषय में यह धारणा होती है कि लोगों की दृष्टि हमारे साथ-साथ उन पर भी अवश्य पड़ती होगी। अपने से दूरस्थ होने के कारण अपने साथ-साथ जिन पर लोगों का ध्यान जाने का निश्चय नहीं होता उनके प्रति ईर्ष्या नहीं उत्पन्न होती। काशी में रहने वाले किसी धनी को अमेरिका के किसी धनी की बात सुनकर ईर्ष्या नहीं होगी। हिन्दी के किसी कवि को इटली के किसी कवि का महत्त्व सुनकर ईर्ष्या नहीं होगी। सम्बन्धियों, बालसखाओं, सहपाठियों और पड़ोसियों के बीच ईर्ष्या का विकास अधिक देखा जाता है। लड़कपन से जो आदमी एक साथ उठते-बैठते देखे गये हैं उन्हीं में से कोई एक-दूसरे की बढ़ती से जलता हुआ भी पाया गया है। यदि दो साथियों में से कोई किसी अच्छे पद पर पहुँच गया तो वह इस उद्योग में देखा जाता है कि दूसरे किसी अच्छे पद पर न पहुँचने पाएँ। प्रायः अपनी उन्नति के गुप्त बाधकों का पता लगाते-लगाते लोग अपने किसी बड़े पुराने मित्र तक पहुँच जाते हैं। जिस समय संसर्ग-सूत्र में बाँधकर हम औरों को अपने साथ एक पंक्ति में खड़ा करते हैं उस समय सहानुभूति, सहायता आदि की सम्भावना प्रतिष्ठित होने के साथ ही साथ ईर्ष्या और द्वेष की सम्भावना की नींव भी पड़ जाती है। अपने किसी विधान से हम भलाई ही भलाई की सम्भावना का सूत्रपात करें और इस प्रकार भविष्य के अनिश्चय में बाधा डालें, यह कभी हो ही नहीं सकता। भविष्य की अनिश्चयात्मकता अटल और अजेय है। अपनी लाख विद्या-बुद्धि से भी हम उसे बिल्कुल हटा नहीं सकते।

अब ध्यान देने की बात यह निकली कि ईर्ष्या के संसार के लिए ईर्ष्या करने वाले और ईर्ष्या के पात्र के अतिरिक्त स्थिति पर ध्यान देने वाले समाज की भी आवश्यकता है। इसी समाज की धारणा पर प्रभाव डालने के लिए ही ईर्ष्या की जाती है; ऐश्वर्य गुण या मान का गुप्त रूप से बिना किसी समुदाय को विदित कराये, सुख या सन्तोष भोगने के लिए नहीं। ऐश्वर्य या गुण में हम चाहे किसी व्यक्ति से वस्तुतः बढ़कर या उसके तुल्य न हों, पर यदि समाज की यह धारणा है कि हम उससे बढ़कर या उसके तुल्य हैं तो हम सन्तुष्ट रहेंगे, ईर्ष्या का घोर कष्ट न उठाने जायेंगे। कैसी अनोखी बांत है कि वस्तु-प्राप्ति से वंचित रहकर भी हम समाज की धारणा मात्र से सन्तुष्ट रहते हैं। ईर्ष्या सामाजिक जीवन की कृत्रिमता से उत्पन्न एक विष है। इसके प्रभाव से हम दूसरे की बढ़ती से अपनी कोई वास्तविक हानि न देखकर भी व्यर्थ दुःखी होते हैं। समाज के संघर्ष से जो अवास्तविकता उत्पन्न होती है वह हम पर प्रभाव डालने में वास्तविकता से कम नहीं। वह हमें सुखी भी कर सकती है, दुःखी भी। फारसी मसल है, 'मार्गे अम्बोह जशने दारद'। हम किसी कष्ट में हैं, इसी बीच में कोई दूसरा व्यक्ति हमसे अपना भी कष्ट वर्णन करने लगता है तो हमारे मुँह पर कुछ हँसी आ जाती है और हम कुछ आनन्दित होकर कहते हैं, "भाई! हम भी तो इसी बला में गिरफ्तार हैं।" यदि दस-पाँच आदमी वही कष्ट बताने वाले मिलें तो हमारी हँसी कुछ बढ़ भी जाती है। एक बार किसी ने अपने सम्बन्धी के मरने पर एक विद्वान से पूछा, "हम धैर्य कैसे धारण करें?" उसने कहा, "थोड़ी देर के लिए सोचो कि इसी संसार में लाखों अनाथ इधर-उधर ठोकर खा रहे हैं, लाखों बच्चे बिना माँ-बाप के रो रहे हैं, लाखों विधवाएँ आँसू बहा रही हैं। यदि हमें कोई कष्ट है तो क्या दूसरों को भी उसी कष्ट में देखकर थोड़ी देर के लिए हमारा वह कष्ट सचमुच घट जाता है? यदि नहीं घटता है तो यह हँसी कैसी, यह धैर्य कैसा? यह हँसी केवल स्थिति के मिलान पर निर्भर है, जिससे अपनी स्थिति के विशेषत्व का परिहार होता है। यह लोक संश्रय का एक गुण है कि कभी-कभी स्थिति के बने रहने पर भी उसके विशेषत्व के परिहार से तत्सम्बन्धी भावना में अन्तर पड़ जाता है। पर यह अन्तर ऐसा ही है जैसे रोते-रोते सो जाना या फोड़ा चिराते समय क्लोरोफार्म सूँघ लेना।

समाज में पड़ते ही मनुष्य देखने लगता है कि उसकी स्थिति दोहरी हो गयी है। वह देखता है कि 'मैं यह हूँ', और 'मैं यह समझा जाता हूँ'। इस दोहरेपन से उसका सुख भी दोहरा हो जाता है और दुःख भी। 'मैं बड़ा हूँ' इस निश्चय के साथ एक यह निश्चय और जुड़ जाने से कि 'मैं बड़ा समझा जाता हूँ' मनुष्य के आनन्द या सुख के अनुभव में वृद्धि होती है। इसी प्रकार 'मैं क्षुद्र हूँ' इस धारणा के साथ 'मैं क्षुद्र समझा जाता हूँ' इस धारणा के योग से दुःख के अनुभव की वृद्धि होती है। इस प्रकार स्थिति के एकान्त और सामाजिक दो विभाग हो जाने से कोई तो दोनों विभागों पर दृष्टि रख सकते हैं और कोई एक ही पर। शक्तिशाली और प्रतिभा-सम्पन्न मनुष्य पहले यह प्रयत्न करते हैं कि 'हम ऐसे हों'। फिर वैसे हो जाने पर यदि आवश्यक हुआ तो वे यह प्रयत्न भी करते हैं कि 'हम ऐसे समझे जायें'। इन दोनों के प्रयत्न जुदे-जुदे हैं। संसार में शक्ति-सम्पन्न सब नहीं होते, इससे बहुत से लोग स्थिति के पहले विभाग के लिए जिन प्रयत्नों की आवश्यकता है उनमें अपने को असमर्थ देख दूसरे ही विभाग से किसी प्रकार अपना संतोष करना चाहते हैं और उसी पर दृष्टि रखकर प्रयत्न करते हैं। ईर्ष्या ऐसे लोगों के हृदय में बहुत जगह पाती है और उनके प्रयत्नों में सहायक भी होती है। भाव-प्रवर्तन आदि के बल से जिस समुदाय के प्राणी परस्पर ऐसे बन गये हैं कि अपने

इन्द्रियानुभाव और भावनाओं तक को जवाब देकर दूसरों के इन्द्रियानुभाव और भावनाओं द्वारा निर्वाह कर सकते हैं, उसी से ईर्ष्या का विकास हो सकता है। अतः ईर्ष्या का अनन्य अधिकार मनुष्य-जाति ही पर है। एक कुत्ता किसी दूसरे कुत्ते को कुछ खाते देख उसे आप खाने की इच्छा कर सकता है, पर वह यह नहीं चाह सकता कि चाहे हम खायें या खायें वह दूसरा कुत्ता न खाने पाये। दूसरे कुत्तों की दृष्टि में हमारी स्थिति कैसी है, इसकी चिन्ता उस कुत्ते को न होगी।

अपने विषय में दूसरों के चित्त में अच्छी धारणा उत्पन्न करने का प्रयत्न अच्छी बात है। इस प्रयत्न को जो बुरा रूप प्राप्त होता है वह असत्य के समावेश के कारण दूसरों की धारणा की वास्तविक और अपनी स्थिति की सापेक्षता के कारण—जब हम अपने विषय में दूसरों की झूठी धारणा और अपनी स्थिति के सापेक्ष रूप मात्र से संतोष करना चाहते हैं तभी बुराइयों के लिए जगह होती है और ईर्ष्या की राह खुलती है। जैसी स्थिति हमारी नहीं है, जैसी स्थिति प्राप्त करने की योग्यता हममें नहीं है, हम चाहते हैं कि लोग हमारी वैसी स्थिति समझें। जैसी स्थिति से वास्तव में हमें कोई सुख नहीं है वैसी स्थिति किसी दूसरे के समान या दूसरे से अच्छी स्वयं समझने से नहीं बल्कि दूसरों के द्वारा समझी जाने से ही हम संतोष करते हैं। ऐसे असत्य आरोपों के बीच यदि ईर्ष्या ऐसी असार वृत्ति का उदय हो तो इसमें आश्चर्य ही क्या है?

ऊपर जो कुछ कहा गया उससे शायद यह धारणा हो सकती है कि ईर्ष्या अप्राप्त वस्तु ही के लिए होती है। पर यह बात नहीं है। हमारे पास जो वस्तु है उसे भी दूसरे के पास देखकर कभी-कभी हमें बुरा लगता है, हम दुःखी होते हैं। किसी गरीब पड़ोसी को क्रमशः धनी होते देख आस-पास में धनी माना जाने वाला मनुष्य कभी-कभी बुरा मानने लगता है। एक ऊँची जाति का आदमी किसी नीच जाति के आदमी को अपने ही समान वस्त्र आदि पहने देख बुरा मानता और कुढ़ता है। इसका कारण यह अस्थायी बुद्धि या अहंकार है कि 'हम ऊँचे हैं वह वह नीचा है, हम बड़े हैं वह छोटा है।' लोक-व्यवस्था के भीतर कुछ विशेष वर्ग के लोग, जैसे शिष्ट, विद्वान्, धर्म-चिन्तक, शासन-कार्य पर नियुक्त अधिकारी, देश-रक्षा में प्राण देने को तैयार वीर इत्यादि औरों से अधिक आदर और सम्मान के पात्र होते हैं। इनके प्रति उचित सम्मान न प्रदर्शित करना अपराध है। अन्य वर्ग के लोग धर्मानुसार इन्हें बड़ा मानने को विवश हैं। पर इन्हें, दूसरों को छोटा प्रकट करने, या मानने तक का अधिकार नहीं है। जहाँ इन्होंने ऐसा किया कि सम्मान का स्तत्व खोया।

न्यायाधीश न्याय करता है, कारीगर ईंट जोड़ता है। समाज-कल्याण के विचार से न्यायाधीश का साधारण व्यवहार में कारीगर के प्रति यह प्रकट करना उचित नहीं कि तुम हमसे छोटे हो। जिस जाति में इस छोटाई-बड़ाई का अभिमान जगह-जगह जमकर दृढ़ हो जाता है, उसके भिन्न-भिन्न वर्गों के बीच स्थायी ईर्ष्या स्थापित हो जाती है, और संघ शक्ति का विकास बहुत कम अवसरों पर देखा जाता है। यदि समाज में कार्यों की, जिनके द्वारा भिन्न-भिन्न प्राणी जीवन-निर्वाह करते हैं परस्पर छोटाई-बड़ाई का ढिंढोरा न पीटा जाये, बल्कि उनकी विभिन्नता ही स्वीकार की जाये, तो बहुत-सा असंतोष दूर हो जाये, राजनीतिक स्वत्व की आकांक्षा से स्त्रियों को पुरुषों की हद में न जाना पड़े, सब पढ़े-लिखे आदमियों को सरकारी नौकरियों ही के पीछे न दौड़ना पड़े। जहाँ इस छोटाई-बड़ाई का भाव बहुत प्रचार पा जाता है और जीवन-व्यवहारों में निर्दिष्ट और स्पष्ट रूपों में दिखाई पड़ता है,

वहाँ लोगों की शक्तियाँ केवल कुछ विशेष-विशेष स्थानों की ओर प्रवृत्त होकर उन-उन स्थानों पर इकट्ठी होने लगती हैं और समाज के कार्य-विभागों में विषमता आ जाती है। अर्थात् कुछ विभाग सूने पड़ जाते हैं, और कुछ आवश्यकता से अधिक भर जाते हैं, जैसा कि आजकल इस देश में देखा जा रहा है। यहाँ कृषि, विज्ञान, शिल्प, वाणिज्य आदि की ओर तब तक पढ़े-लिखे लोग ध्यान न देंगे जब तक कुछ पेशों और नौकरियों की शान लोगों की नजरों में समायी रहेगी। इसी प्रकार की शान प्रायः किसी शक्ति के अनुचित प्रयोग में अधिक समझी जाती है। कोई पुलिस का कर्मचारी जब अपने पद का अभिमान प्रकट करता है तब यह नहीं कहता कि 'मैं जिस बदमाश को चाहूँ उसको पकड़कर तंग कर सकता हूँ' बल्कि यह कहता है कि 'मैं जिसको चाहूँ उसको पकड़कर तंग कर सकता हूँ।'

अधिकार सम्बन्धी अभिमान अनौचित्य की सामर्थ्य का अधिक होता है। यदि अधिकार के अनुचित उपयोग की सम्भावना दूर कर दी जाय तो स्थान-स्थान पर अभिमान की जमी हुई मैल साफ हो जाये और समाज के कार्य-विभाग चमक जायें। यदि समाज इस बात की पूरी चौकसी रखे कि पुलिस के अफसर उन्हीं लोगों को कष्ट दे सकें जो दोषी हैं, माल के अफसर उन्हीं लोगों को क्षतिग्रस्त कर सकें जो कुछ गड़बड़ करते हैं, तो उन्हीं शेष लोगों पर जो निर्दोष हैं, जिनका मामला साफ है और जिससे हर घड़ी काम पड़ता है, अभिमान प्रकट करने का अवसर कहाँ मिल सकता है? जब तक किसी कार्यालय में छोटे से बड़े तक सब अपना-अपना नियमित कार्य ठीक-ठीक करते हैं तब तक एक के लिए दूसरे पर अपनी बड़ाई प्रकट करने का अवसर नहीं आता है। पर जब कोई अपने कार्य में त्रुटि करता है तब उसका अफसर उसे दण्ड देकर अपनी बड़ाई या अधिक सामर्थ्य दिखलाता है। सापेक्ष बड़ाई दूसरे को क्षतिग्रस्त करने और दूसरे को नम्र करने की सामर्थ्य का नाम है। अधिकार की सापेक्ष बड़ाई दूसरे को क्षतिग्रस्त करने की सामर्थ्य है और धन या गुण की सापेक्ष बड़ाई में दूसरे को नम्र करने की सामर्थ्य है। इससे विदित हुआ कि यह छोटाई-बड़ाई हर समय तमाशा दिखाने के लिए नहीं है, बल्कि अवसर पड़ने पर संशोधन या शिक्षा के लिए है। किसी अवध के ताल्लुकेदार के लिए बड़ाई का वह स्वाँग दिखाना आवश्यक नहीं है कि वह जब मन में आए तब कामदार टोपी सिर पर रख, हाथी पर चढ़ गरीबों को पिटवाता चले। किसी देहाती थानेदार के लिए यह जरूरी नहीं है कि वह सिर पर लाल पगड़ी रख गँवारों को गाली देकर हर समय अपनी बड़ाई का अनुभव करता और कराता रहे। अभिमान एक व्यक्तिगत गुण है, उसे समाज के भिन्न व्यवसायों के साथ जोड़ना ठीक नहीं। समाज में स्थान-स्थान पर अभिमान के अजायबघर स्थापित होना अच्छा नहीं। इस बात का ध्यान रखना समाज का कर्त्तव्य है कि धर्म और राजबल से प्रतिष्ठित संस्थाओं के अन्तर्गत अभिमानालय और खुशामदखाने न खुलने पायें।

इसी प्रकार किसी बड़े धनी या गुणी का यह हर घड़ी का काम न हो जाना चाहिए कि वह औरों के धन या गुण से अपने धन या गुण का मिलान किया करे और अपने से कम धनी या गुणी लोगों से अपनी श्रेष्ठता देख-दिखाकर संतोष किया करे। इस प्रकार संतोष करना, वस्तु को छोड़ छाया पर संतोष करना है। इस प्रकार संतोष का सुख मनुष्य के लिए स्वाभाविक है; पर वह ऐसे ही अवसरों तक के लिए निर्दिष्ट है जब किसी त्रुटि का संशोधन हो, कठिनता का निराकरण हो या आवश्यकता की पूर्ति हो। उसे ऐसे अवसरों के अतिरिक्त और अवसरों में घसीटना बुराई है। कई आदमी किसी रास्ते के पत्थर के हटाने में लगे हैं और वह

नहीं हिलता है। एक दूसरा आदमी आकर अकेले उस पत्थर को हटाकर फेंक देता है उस समय उसे अपने को बल में औरों से बढ़कर देख सन्तोष और आनन्द होगा और शेष लोग भी उसके कृत्य से प्रभावित रहने के कारण उस समय उसके इस सापेक्ष आनन्द या आनन्द-प्रदर्शन से कुढ़ेंगे नहीं, बल्कि कुतूहलयुक्त होंगे और शायद कुछ शिक्षा भी ग्रहण करें। पर यदि उसे इस बड़ाई के आनन्द का चसका लग जायेगा और वह हर घड़ी इसका अनुभव करना चाहेगा, उसे प्रकट किया करेगा, तो यह एक प्रकार का दुर्व्यसन हो जायेगा और अहंकार के नाम से पुकारा जायेगा।

जिस किसी के चित्त में इस प्रकार अहंकार घर करेगा, उसमें अपने चारों ओर अपने से घटकर धन, मान, गुण या बल देखने की स्थायी इच्छा स्थापित हो जायेगी और जो वस्तु उसे प्राप्त है, उसे भी दूसरों को प्राप्त करते देख उसे कुढ़न या ईर्ष्या होगी। उसके अहंकार से आहत होकर दूसरे लोभी उसकी उन्नति न देखना चाहेंगे और उससे एक प्रकार की उचित ईर्ष्या रखेंगे। इस प्रकार ईर्ष्या की अच्छी खेती होगी। सारांश यह कि अभिमान हर घड़ी बड़ाई की भावना भोगने का दुर्व्यसन है और ईर्ष्या उसकी सहगामिनी है। इस बड़ाई के अनुभव को भोगने का जिसे दुर्व्यसन हो जाता है, उसके लिए उन्नति का द्वार बन्द-सा हो जाता है। उसे हर घड़ी अपनी बड़ाई अनुभव करते रहते का नशा हो जाता है, इससे उसकी चाट के लिए वह सदा अपने से घटकर लोगों की ओर दृष्टि डाला करता है और अपने से बड़े लोगों की ओर नशा मिट्टी होने के भय से देखने का साहस नहीं करता। ऐसी अवस्था में वह उन्नति की उत्तेजना और शिक्षा से वंचित रहता है। इसी से अभिमान को 'मद' भी कहते हैं। दुर्व्यसन किसी प्रकार का हो, मद है।

यह तो कहा ही जा चुका है कि ईर्ष्या दूसरे की असम्पन्नता की इच्छा की आपूर्ति से उत्पन्न होती है। ऐसी इच्छा यदि किसी हानि के बदले में अथवा हानि की आशंका से हो तो वह शुद्ध ईर्ष्या नहीं है। किसी दूसरे से हानि उठाकर उसकी हानि की आकांक्षा करना केवल बुराई का बुराई से जवाब देना है और क्रोध या वैर के अन्तर्गत है। इसी प्रकार यदि किसी की सम्पन्नता से हमें क्लेश या हानि की आशंका है और हम उसकी ऐसी सम्पन्नता की अनिच्छा या उसका दुःख करते हैं तो केवल अपना बचाव करते हैं—आजकल के शब्दों में अपनी रक्षा के स्वत्व का उपयोग करते हैं। यदि हम किसी अन्यायी को कोई अधिकार पाते देख कुढ़ते हैं, तो केवल अपने या समाज के बचाव की फिक्र करते हैं, ईर्ष्या नहीं करते। यदि हमें निश्चय है कि हमारा कोई मित्र इतना घमण्डी है कि यदि उसे किसी वस्तु की प्राप्ति होगी तो वह हमसे ऐंठ दिखाकर हमारा अपमान करेगा, तो हमारा यह चाहना कि वह मित्र वह वस्तु न पाये अथवा इस बात पर दुखी होना कि वह मित्र वह वस्तु पा गया, ईर्ष्या नहीं; बचाव की चिन्ता है। इसी से अभिमानियों से ईर्ष्या करने का अधिकार मनुष्य मात्र को है। लोग इस अधिकार का उपयोग भी खूब करते हैं। क्या राजनीति में, क्या साहित्य में, क्या व्यवहार में, मानव-जीवन के सब विभागों में इस अधिकार का उपयोग होते देखा जाता है। ऐसा देखा गया है कि अच्छे से अच्छे लेखकों के गुणों पर उनके अभिमान से आहत लोगों के प्रयत्न या उदासीनता से बहुत दिनों तक परदा पड़ा रहा है और वे जिन्दगी भर भवभूति के इस वाक्य पर सन्तोष किये बैठे रहे हैं—

> **"उत्पत्स्यते हि मम कोऽपि समानधर्मा**
> **कालो ह्ययं निरवधिर्विपुला च पृथ्वी।"**

अभिमान-ग्रस्त गुण को लोग देखकर भी नहीं देखते हैं। अभिमानी स्वयं अन्धा होकर दूसरों की आँखें भी फोड़ता है। न उसे दूसरों के उत्कृष्ट गुण की ओर ताकने का साहस होता है और न दूसरों को उसके गुण को स्वीकार करने की उत्कण्ठा होती है। अभिमान दोनों ओर ज्ञान का निषेध करता है। अतः जिस प्रकार अभिमान न करना श्रेष्ठ गुण है उसी प्रकार दूसरे के अभिमान को देख क्षुब्ध न होना भी श्रेष्ठ गुण है।

अब यह स्पष्ट हो गया होगा कि ईर्ष्या दूसरे की प्राप्ति या प्राप्ति की संभावना से उपन्न दुःख है, चाहे वह वस्तु में प्राप्त हो या न हो। अतः ईर्ष्या धारण करने वालों के दो रूप होते हैं एक असम्पन्न और दूसरा सम्पन्न। असम्पन्न रूप वह है, जिसमें ईर्ष्या करने वाला दूसरों को ऐसी वस्तु प्राप्त करते देख दुःखी होता है जो उसके पास नहीं है। ऐसे दुःख में आलस्य या असामर्थ्य से उत्पन्न नैराश्य, दूसरे की प्राप्ति से अपनी सापेक्षिक छोटाई का बोध, दूसरे की असम्पन्नता की इच्छा और अन्त में इस इच्छा की पूर्ति में बाधक उस दूसरे व्यक्ति पर एक प्रकार का मीठा क्रोध, इतने भावों का मेल रहता है। किसी वस्तु को हम नहीं प्राप्त कर सकते। दूसरा उसी को प्राप्त करता है। हम समझते हैं कि लोगों की दृष्टि जब हमारी स्थिति पर पड़ती होगी तब उसकी स्थिति पर भी पड़ती होगी। इससे लोगों की दृष्टि में हमारी स्थिति अवश्य कुछ न्यून जँचती होगी। अतः स्थिति की समानता के लिए हम चाहते हैं कि वह दूसरा व्यक्ति उस वस्तु को न प्राप्त करता या खो देता। पर वह दूसरा व्यक्ति जीता-जागता यत्नवान् प्राणी होने के कारण उसे प्राप्त करता या रक्षित रखता है। इससे हमारी इच्छा-पूर्ति में बाधा होती है और हम बाधक के ऊपर मन ही मन चिड़चिड़ाते हैं।

ईर्ष्या में क्रोध का भाव किस प्रकार मिला रहता है इसका प्रमाण बराबर मिलता रहता है। दूसरे व्यक्ति को किसी वस्तु से सम्पन्न देख यदि कोई उससे ईर्ष्या करता है तो केवल यही नहीं होता कि वह उसी वस्तु को उससे अलग करके या अलग करने का प्रयत्न करके सन्तोष कर ले, बल्कि वह उस सम्पन्न व्यक्ति को अवसर पाने पर, बिना किसी अन्य कारण के, कुवाक्य भी कह बैठता है। जी दुखाने का यह प्रयत्न बिना किसी प्रकार के क्रोध के नहीं हो सकता। इसी कारण जैसे 'क्रोध से जलना' कहा जाता है वैसे ही 'ईर्ष्या से जलना' भी कहा जाता है। साहित्य के शब्दों में, क्रोध ईर्ष्या के संचारी के रूप में समय-समय पर व्यक्त होता हुआ देखा जाता है। अब यहाँ पर लगे हाथों यह भी देख लेना चाहिए कि यह क्रोध है किस प्रकार का। यह क्रोध बिल्कुल जड़ क्रोध है। जिसके प्रति ऐसा क्रोध किया जाता है उसके मानसिक उद्देश्य की ओर नहीं ध्यान दिया जाता। यदि हम असावधानी से दौड़ते समय किसी सोये आदमी से टकराकर उस पर बिगड़ने लगें, या रास्ते में पत्थर की ठोकर खाकर उसे चूर-चूर करने पर उतारू हों तो हमारा यह क्रोध जड़ क्रोध होगा; क्योंकि हमने यह विचार नहीं किया कि क्या वह आदमी हमें ठोकर खिलाने के लिए ही सोया था; या वह पत्थर हमारे पैर में लगने के ही नामाकूल इरादे से वहाँ आ पड़ा था। यदि हमारे पास कोई वस्तु नहीं है और दूसरा उसे प्राप्त करता है, तो वह उस उद्देश्य से नहीं प्राप्त करता कि उससे हम अपनी हेठी समझकर दुःखी हों और हमारी इच्छा पूर्ति में बाधा पड़े। यह दूसरी बात है कि पीछे से यह मालूम करके भी कि उसकी प्राप्ति से हम अपनी हेठी समझ-समझकर बेचैन हो रहे हैं, वह हमारे दुःख में सहानुभूति न करे और उस वस्तु को लिये आनन्द से कान में तेल डाले बैठा रहे। प्रायः तो ऐसा होता है कि किसी वस्तु को प्राप्त करने वाले मनुष्य को पहले यह ख्याल भी नहीं होता कि उसकी प्राप्ति से किन-किन महाशयों की मान-हानि हो रही है।

ऊपर कहा जा चुका है कि ईर्ष्या धारण करने वालों की दो दशाएँ होती हैं। असम्पन्न और सम्पन्न। असम्पन्न दशा का दिग्दर्शन तो ऊपर हो चुका। सम्पन्न दशा वह है जिसमें जो वस्तु हमें प्राप्त है, उसे दूसरे को भी प्राप्त करते देख हमें दुःख होता है। असम्पन्नता में दूसरे को अपने से बढ़कर होते देख दुःख होता है। असम्पन्न दशा में यह प्रवृत्ति पायी जाती है कि हम दूसरे से घटकर न रहें, बराबर रहें; और सम्पन्न दशा में यह प्रवृत्ति पाई जाती है कि हम दूसरे से बढ़कर रहें। उसके बराबर न रहें। सम्पन्न की ईर्ष्या में आकांक्षा बढ़ी-चढ़ी होती है, इससे उसका अनौचित्य भी बढ़कर होता है। असम्पन्न ईर्ष्या वाला केवल अपने को नीचा समझे जाने से बचाने के लिए आकुल रहता है, पर सम्पन्न ईर्ष्या वाला दूसरे को नीचा समझते रहने के लिए व्याकुल रहता है। असम्पन्न की ईर्ष्या में नैराश्य का भाव और अपनी कमी का दुःख मिला रहता है, इससे उसकी कलुषता उतनी गहरी नहीं जान पड़ती। निराश और अभाव-पीड़ित मनुष्य जैसे इधर-उधर भूलता-भटकता फिरता है, वैसे ही ईर्ष्या की राह में भी जा पड़ता है। पर सम्पन्न ईर्ष्यालु की स्थिति ऐसी क्षोभकारिणी नहीं होती।

हमारा कोई साथी है जो किसी वस्तु में हमसे कम है। उसकी कमी और अपनी बड़ाई देख-दिखाकर हर घड़ी प्रसन्न होने का हमें दुर्व्यसन हो गया है। इसी बीच उसको भी वह वस्तु प्राप्त हो जाती है और हमें जान पड़ता है कि हमारी स्थिति, जो सापेक्ष थी, मारी गयी। अपने आनन्द में इस प्रकार बाधा पड़ते देख हम अपने साथी की उस प्राप्ति से दुःखी होते हैं, और मन ही मन उस पर कुढ़ते भी हैं। साथी को बहुत दिनों तक तो इसका पता ही नहीं चलता, पीछे पता चलने पर भी वह हमारे इस दुःख में कुछ भी सहानुभूति नहीं करता। हमारी कुप्रवृत्ति का कारण बिना अवसर के हर घड़ी बड़ाई का अनुभव व स्थिति की सापेक्षिकता का सुख भोगने की लत है। किसी स्थिति की वास्तविकता पर मुख्य और सापेक्षिकता पर गौण दृष्टि रखनी चाहिए। सापेक्षिकता नजर का खेल है, और कुछ नहीं। यदि हमें पेट भर अन्न नहीं मिलता है, पर लोग समझते हैं कि हम अपने किसी साथी से अच्छे या धनी हैं, तो लोगों की इस धारणा से हमारा पेट नहीं भर सकता। लोगों की इस धारणा से आनन्द होता है पर वह उस आनन्द का शतांश भी नहीं है जो वास्तविक स्थिति में प्राप्त वस्तुओं से मिलता है। अतः स्थिति के वास्तविक आनन्दों को छोड़ इस छायारूपी आनन्द पर मुख्य रूप से ध्यान रखना प्रमाद और स्थिति की रक्षा का बाधक है। यदि हम वास्तविक दशा की ओर ध्यान रख आवश्यक प्रयत्न न करते रहेंगे तो अपनी सँभाल नहीं कर सकते।

कभी-कभी ऐसा होता है कि लोगों की धारणा का कुछ मूल्य होता है अर्थात् उससे कोई अनुकूल स्थिति प्राप्त होती है। जैसे, यदि किसी गाँव में मूर्ख और विद्वान् दो वैद्य हैं तो लोग दूसरे को अधिक निपुण समझ उसके पास अधिक जायेंगे और उसकी आमदनी अधिक होगी। अब यदि पहला वैद्य भी परिश्रम करके वैद्यक पढ़ लेगा और लोगों की यह धारणा हो जायेगी कि यह भी विद्वान है तो दूसरे वैद्य की आमदनी कम हो जायेगी। ऐसी अवस्था में उस दूसरे वैद्य का पहले वैद्य की उन्नति से कुढ़ना शुद्ध ईर्ष्या नहीं, हानि का दुःख या झुंझलाहट है। ईर्ष्या निःस्वार्थ होनी चाहिए।

ईर्ष्या का दुःख प्रायः निष्फल हो जाता है। अधिकतर तो जिस बात की ईर्ष्या होती है, वह ऐसी बात होती है, जिस पर हमारा वश नहीं होता। जब हममें अपनी ही स्थिति में

अनुकूल परिवर्तन करने की सामर्थ्य नहीं है तब हम दूसरे की स्थिति में कहाँ तक परिवर्तन कर सकते हैं? जितनी जानकारी हमें अपनी स्थिति से हो सकती है उतनी दूसरे की स्थिति से नहीं। किसी स्थिति में परिवर्तन करने के लिए उसके अंग-प्रत्यंग का परिचय आवश्यक होता है पर कभी-कभी ऐसे अवसर आ जाते हैं जिनमें ईर्ष्या की तुष्टि का साधन सुगम होता है, जैसे यदि किसी आदमी को किसी दूसरे से कुछ लाभ पहुँचने वाला होता है या पहुँचता होता है तो हम उस दूसरे से उसकी कुछ बुराई कर आते हैं और उसे उस लाभ से वंचित कर देते हैं। पर हमारी यह सफलता निरापद नहीं। यदि वंचित व्यक्ति को हमारी कार्रवाई का पता लग गया तो वह क्रुद्ध होकर हमारी हानि करने के लिए हमसे अधिक वेग के साथ यत्न करेगा। हमने तो केवल जरा-सा जाकर जबान हिलाने का कष्ट उठाया था, पर वह हमारी हानि करने के लिए पूरा परिश्रम करेगा।

ईर्ष्या में प्रयत्नोत्पादिनी शक्ति बहुत कम होती है। उसमें वह वेग नहीं होता जो क्रोध आदि में होता है, क्योंकि आलस्य और नैराश्य के आश्रय से तो उसकी उत्पत्ति ही होती है। जब आलस्य और नैराश्य के कारण अपनी उन्नति के हेतु प्रयत्न करना तो दूर रहा, हम अपनी उन्नति का ध्यान तक अपने मन में नहीं ला सकते, तभी हम हारकर दूसरे की स्थिति की ओर बार-बार देखते हैं और सोचते हैं कि यदि उसकी स्थिति ऐसी न होती तो हमारी स्थिति जैसी है वैसी ही रहने पर भी बुरी न दिखाई देती। अपनी स्थिति को ज्यों की त्यों रख सापेक्षिकता द्वारा सन्तोष-लाभ करने का ढीला यत्न आलस्य और नैराश्य नहीं तो और क्या है? जो वस्तु उज्ज्वल नहीं है उसे मैली वस्तु के पास रखकर हम उसकी उज्ज्वलता से कब तक और कहाँ तक सन्तोष कर सकते हैं? जो अपनी उन्नति के प्रयत्न में बराबर लगा रहता है उसे न तो नैराश्य होता है और न हर घड़ी दूसरे की स्थिति से अपनी स्थिति के मिलान करते रहने की फुर्सत। ईर्ष्या की सबसे अच्छी दवा है उद्योग और आशा। जिस वस्तु के लिए उद्योग और आशा निष्फल हो, उस पर से अपना ध्यान हटाकर दृष्टि की अनन्तता से लाभ उठाना चाहिए।

जिससे ईर्ष्या की जाती है उस पर ईर्ष्या का प्रभाव क्या पड़ता है, यह भी देख लेना चाहिए। ईर्ष्या अप्रेख्य मनोविकार है। यह पहले ही कहा जा चुका है कि किसी मनुष्य को अपने से ईर्ष्या करते देख हम भी बदले में उससे ईर्ष्या नहीं करने लगते। दूसरे को ईर्ष्या करते देख हम उससे घृणा करते हैं। दूसरे की ईर्ष्या का फल भोग हम उस पर क्रोध करते हैं, जिसमें अधिक अनिष्टकारिणी शक्ति होती है। अत: ईर्ष्या एक ऐसी बुराई है, जिसका बदला यदि मिलता है तो कुछ अधिक ही मिलता है। इससे इस बात का आभास मिलता है कि प्रकृति के कानून में ईर्ष्या एक पाप या जुर्म है। अपराधी ने अपने अपराध से जितना कष्ट दूसरे को पहुँचाया, अपराधी को भी केवल उतना ही कष्ट पहुँचाना सामाजिक न्याय नहीं है, अधिक कष्ट पहुँचाना न्याय है; क्योंकि निरपराध व्यक्ति की स्थिति को अपराधी की स्थिति से अच्छा दिखलाना न्याय का काम है।

ईर्ष्या अत्यन्त लज्जावती वृत्ति है। वह अपने धारणकर्त्ता स्वामी के सामने भी मुँह खोलकर नहीं आती। उसके रूप आदि का पूरा परिचय न पाकर भी धारणकर्त्ता उसकी हरम की बेगमों से अधिक पर्दा करता है। वह कभी प्रत्यक्ष रूप से समाज के सामने नहीं आती। उसका कोई बाहरी लक्षण धारणकर्त्ता पर नहीं दिखाई देता। क्रोध में आँखें लाल हों, भय में

आकुलता हो, घृणा में नाक-भौं सिकुड़े, करुणा से आँसू आये, पर ईर्ष्या में शायद ही कभी असावधानी से ठंडी साँस निकल जाये। ईर्ष्या इतनी कुत्सित वृत्ति है कि सभा-समाज में, मित्रमंडली में, परिवार में, एकान्त कोठरी में, कहीं भी स्वीकार नहीं की जाती। लोग अपना क्रोध स्वीकार करते हैं, भय स्वीकार करते हैं, घृणा स्वीकार करते हैं, लोभ स्वीकार करते हैं पर ईर्ष्या का नाम कभी मुँह पर नहीं लाते; ईर्ष्या से उत्पन्न अपने कार्यों को दूसरी मनोवृत्तियों के सिर मढ़ते हैं। यदि हमें ईर्ष्या के कारण किसी की प्रशंसा अच्छी नहीं लग रही है तो हम बड़ी गम्भीरता और सज्जनता प्रकट करते हुए उसके दोषों और त्रुटियों का निदर्शन करते हैं। वैर ऐसी बुरी वृत्ति तक कभी-कभी ईर्ष्या को छिपाने का काम दे जाती है।

भय

किसी आती हुई आपदा की भावना या दुःख के कारण के साक्षात्कार से जो एक प्रकार का आवेगपूर्ण अथवा स्तम्भ-कारक मनोविकार होता है उसी को भय कहते हैं। क्रोध दुःख के कारण पर प्रभाव डालने के लिए आकुल करता है और भय उसकी पहुँच से बाहर होने के लिए। क्रोध दुःख के कारण के स्वरूप-बोध के बिना नहीं होता। यदि दुःख का कारण चेतन होगा और यह समझा जायेगा कि उसने जान-बूझकर दुःख पहुँचाया है, तभी क्रोध होगा। पर भय के लिए कारण का निर्दिष्ट होना जरूरी नहीं; इतना भर मालूम होना चाहिए कि दुःख या हानि पहुँचेगी। यदि कोई ज्योतिषी किसी गँवार से कहे कि 'कल तुम्हारे हाथ-पाँव टूट जायेंगे' तो उसे क्रोध न आयेगा; भय होगा। पर उसी से यदि कोई दूसरा आकर कहे कि 'कल अमुक-अमुक तुम्हारे हाथ-पैर तोड़ देंगे' तो वह तुरन्त त्योरी बदलकर कहेगा कि 'कौन है हाथ-पैर तोड़ने वाला? देख लूँगा।'

भय का विषय दो रूपों में सामने आता है—असाध्य रूप में और साध्य रूप में। असाध्य विषय वह है कि जिसका किसी प्रयत्न द्वारा निवारण असंभव हो या असंभव समझ पड़े। साध्य विषय वह है जो प्रयत्न द्वारा दूर किया या रखा जा सकता हो। दो मनुष्य एक पहाड़ी नदी के किनारे बैठे या आनन्द से बातचीत करते चले जा रहे थे। इतने में सामने शेर की दहाड़ सुनायी पड़ी। यदि वे दोनों उठकर भागने, छिपने या पेड़ पर चढ़ने आदि का प्रयत्न करें तो बच सकते हैं। विषय के साध्य या असाध्य होने की धारणा परिस्थिति की विशेषता के अनुसार तो होती है पर बहुत कुछ मनुष्य की प्रकृति पर भी अवलम्बित रहती है। क्लेश के कारण का ज्ञान होने पर उसकी अनिवार्यता का निश्चय अपनी विवशता या अक्षमता की अनुभूति के कारण होता है। यदि यह अनुभूति कठिनाइयों और आपत्तियों को दूर करने के अनभ्यास या साहस के अभाव के कारण होती है, तो मनुष्य स्तम्भित हो जाता है और उसके हाथ-पाँव नहीं हिल सकते। पर कड़े दिल का या साहसी आदमी पहले तो जल्दी डरता नहीं और डरता भी है तो सँभलकर अपने बचाव के उद्योग में लग जाता है।

भय जब स्वभावगत हो जाता है तब कायरता या भीरुता कहलाता है और भारी दोष माना जाता है, विशेषतः पुरुषों में। स्त्रियों की भीरुता तो उनकी लज्जा के समान ही रसिकों के मनोरंजन की वस्तु रही है। पुरुषों की भीरुता की पूरी निन्दा होती है। ऐसा जान पड़ता है कि बहुत पुराने जमाने से पुरुषों ने न डरने का ठेका ले रखा है। भीरुता के संयोजक अवयवों में क्लेश सहने की आवश्यकता और अपनी शक्ति का अविश्वास प्रधान है। शत्रु का सामना करने से भागने का अभिप्राय यही होता है कि भागने वाला शारीरिक पीड़ा नहीं सह सकता तभी अपनी शक्ति के द्वारा उस पीड़ा से अपनी रक्षा का विश्वास नहीं रखता। यह तो बहुत पुरानी चाल की भीरुता हुई। जीवन के और अनेक व्यापारों में भी भीरुता दिखाई देती है। अर्थहानि के भय से बहुत से व्यापारी कभी-कभी किसी विशेष व्यवसाय में हाथ नहीं डालते, परास्त होने के भय से बहुत से पण्डित कभी-कभी शास्त्रार्थ से मुँह चुराते हैं। इस प्रकार की भीरुता

की तह में सहन करने की अक्षमता और अपनी शक्ति का अविश्वास छिपा रहता है। भीरु व्यापारी में अर्थहानि सहने की अक्षमता और अपने व्यवसाय कौशल पर अविश्वास तथा भीरु पंडित में मान-हानि सहने की अक्षमता और अपने विद्या-बुद्धि-बल पर अविश्वास निहित है।

एक ही प्रकार की भीरुता ऐसी दिखाई पड़ती है जिसकी प्रशंसा होती है। वह धर्म-भीरुता है। पर हम तो उसे भी कोई बड़ी प्रशंसा की बात नहीं समझते। धर्म से डरने वालों की अपेक्षा धर्म की ओर आकर्षित होने वाले हमें अधिक धन्य जान पड़ते हैं। जो किसी बुराई से यही समझकर पीछे हटते हैं कि उसके करने से अधर्म होगा, उसकी अपेक्षा वे कहीं श्रेष्ठ हैं जिन्हें बुराई अच्छी ही नहीं लगती।

दुःख या आपत्ति का पूर्ण निश्चय न रहने पर उसकी सम्भावना-मात्र के अनुमान से जो आवेग-शून्य भय होता है उसे आशंका कहते हैं। उसमें वैसी आकुलता नहीं होती। उसका संचार कुछ धीमा पर अधिक काल तक रहता है। घने जंगल से होकर जाता हुआ यात्री चाहे रास्ते भर इस आशंका में रहे कि कहीं चीता न मिल जाये, पर वह बराबर चला चल सकता है। यदि उसे असली भय हो जायेगा तो वह या तो लौट जायेगा अथवा एक पैर आगे न रखेगा। दुःखात्मक भावों में आशंका की वही स्थिति समझनी चाहिए जो सुखात्मक भावों में आशा की। अपने द्वारा कोई भयंकर काम किये जाने की कल्पना या भावना-मात्र से भी क्षणिक स्तम्भ के रूप में एक प्रकार के भय का अनुभव होता है। जैसे, कोई किसी से कहे कि "इस छत पर से कूद जाओ" तो कूदना और न कूदना उसके हाथ में होते हुए भी वह कहेगा कि "डर मालूम होता है।" पर यह डर भी पूर्ण भय नहीं है।

क्रोध का अभाव दुःख के कारण पर डाला जाता है, इससे उसके द्वारा दुःख का निवारण यदि होता है तो सब दिन के लिए या बहुत दिनों के लिए। भय के द्वारा बहुत-सी अवस्थाओं में यह बात नहीं हो सकती। ऐसे सज्ञान प्राणियों के बीच जिनमें भाव बहुत काल तक संचित रहते हैं और ऐसे उन्नत समाज में जहाँ एक-एक व्यक्ति की पहुँच और परिचय का विस्तार बहुत अधिक होता है, प्रायः भय का फल भय के संचार-काल तक ही रहता है। जहाँ वह भय भूला कि आफत आयी। यदि कोई क्रूर मनुष्य किसी बात पर आपसे बुरा मान गया और आपको मारने दौड़ा तो उस समय भय की प्रेरणा से आप भागकर अपने को बचा लेंगे। पर सम्भव है कि उस मनुष्य का क्रोध जो आप पर था उसी समय दूर न हो, बल्कि कुछ दिन के लिए वैर के रूप में टिक जाये, तो उसके लिए आपके सामने फिर आना कोई बड़ी बात न होगी। प्राणियों की असभ्य दशा में ही भय से अधिक काम निकलता है जबकि समाज का ऐसा गहरा संगठन नहीं होता है कि बहुत से लोगों को एक-दूसरे का पता और उसके विषय में जानकारी रहती हो।

जंगली मनुष्यों के परिचय का विस्तार बहुत थोड़ा होता है। बहुत-सी ऐसी जंगली जातियाँ अब भी हैं जिनमें कोई एक व्यक्ति बीस-पचीस से अधिक आदमियों को नहीं जानता। अतः उसे दस-बारह कोस पर ही रहने वाला यदि कोई दूसरा जंगली मिले और मारने दौड़े तो वह भागकर उससे अपनी रक्षा उसी समय के लिए ही नहीं बल्कि सब दिनों के लिए कर सकता है। पर सभ्य, उन्नत और विस्तृत समाज में भय के द्वारा स्थायी रक्षा की उतनी सम्भावना नहीं होती। इसी से जंगली और असभ्य जातियों में भय अधिक होता है। जिससे वे भयभीत हो सकते हैं उसी को वे श्रेष्ठ मानते हैं और उसी की स्तुति करते हैं। उनके देवी-

देवता भय के प्रभाव से ही कल्पित होते हैं। किसी आपत्ति या दुःख से बचे रहने के लिए ही अधिकतर वे उनकी पूजा करते हैं। अति भय और भयकारक का सम्मान असभ्यता के लक्षण हैं। अशिक्षित होने के कारण अधिकांश भारतवासी भी भय के उपासक हो गये हैं। वे जितना सम्मान एक थानेदार का करते हैं, उतना किसी विद्वान् का नहीं।

चलने-फिरने वाले बच्चों में, जिनमें भाव देर तक नहीं टिकते और दुःख परिहार का ज्ञान या बल नहीं होता, भय अधिक होता है। बहुत से बच्चे तो किसी अपरिचित आदमी को देखते ही घर के भीतर भागते हैं। पशुओं में भी भय अधिक पाया जाता है। अपरिचित के भय में जीवन का कोई गूढ़ रहस्य छिपा जान पड़ता है। प्रत्येक प्राणी भीतरी आँख कुछ खुलते ही अपने सामने मानों एक दुःख-कारक-पूर्ण संसार फैला हुआ पाता है जिसे क्रमशः कुछ अपने ज्ञानबल से और कुछ बाहुबल से थोड़ा बहुत सुखमय बनाता चलता है। क्लेश और बाधा का ही सामान्य आरोप करते जीव संसार में पैर रखता है सुख और आनन्द को वह सामान्य का व्यतिक्रम समझता है; विरल विशेष मानता है। इस विशेष से सामान्य की ओर जाने का साहस उसे बहुत दिनों तक नहीं होता। परिचय के उत्तरोत्तर अभ्यास के बल से अपने माता-पिता या नित्य दिखाई पड़ने वाले कुछ थोड़े से और लोगों के ही सम्बन्ध में वह यह धारणा रखता है कि मुझे सुख पहुँचाते हैं और कष्ट न पहुँचाएँगे। जिन्हें वह नहीं जानता, जो पहले पहल उसके सामने आते हैं, उनके पास वह बेधड़क नहीं चला जाता। बिल्कुल अज्ञात वस्तुओं के प्रति भी वह ऐसा ही करता है।

भय की इस वासना का परिहार क्रमशः होता चलता है। ज्यों-ज्यों वह नाना रूपों से अभ्यस्त होता है त्यों-त्यों उसकी धड़क खुलती जाती है। इस प्रकार अपने ज्ञान बल, हृदय बल और शरीर बल की वृद्धि के साथ वह दुःख की छाया मानों हटाता चलता है। समस्त मनुष्य-जाति की सभ्यता के विकास का ही यही क्रम रहा है। भूतों का भय तो अब बहुत कुछ छूट गया है, पशुओं की बाधा भी मनुष्य के लिए प्रायः नहीं रह गयी है; पर मनुष्य के लिए मनुष्य का भय बना हुआ है। इस भय के छूटने के लक्षण भी नहीं दिखाई देते। अब मनुष्यों के दुःख के कारण मनुष्य ही हैं। सभ्यता से अन्तर केवल इतना ही पड़ा है कि दुःख-दान की विधियाँ बहुत गूढ़ और जटिल हो गयी हैं। उनका क्षोभकारक रूप बहुत से आवरणों के भीतर ढक गया है। अब इस बात की आशंका तो नहीं रहती है कि कोई जबर्दस्ती आकर हमारे घर, खेत, बाग-बगीचे, रुपये-पैसे छीन न ले, पर इस बात का खटका रहता है कि कोई नकली दस्तावेजों, झूठे गवाहों और कानूनी बहसों के बल से हमें इन वस्तुओं से वंचित न कर दे। दोनों बातों का परिणाम एक ही है।

एक-एक व्यक्ति के दूसरे-दूसरे व्यक्तियों के लिए सुखद और दुःखद दोनों रूप बराबर रहे हैं और बराबर रहेंगे। किसी प्रकार की राजनीतिक और सामाजिक व्यवस्था—एकाशाही से लेकर साम्यवाद तक—इस दोरंगी झलक को दूर नहीं कर सकती। मानवी प्रकृति की अनेकरूपता शेष प्रकृति की अनेकरूपता के साथ-साथ चलती रहेगी। ऐसे समाज की कल्पना, ऐसी परिस्थिति का स्वप्न, जिसमें सुख ही सुख, प्रेम ही प्रेम हो, या तो लम्बी-चौड़ी बात बनाने के लिए अथवा अपने को या दूसरों को फुसलाने के लिए ही समझा जा सकता है।

ऊपर जिस व्यक्तिगत विषमता की बात कही गयी है, उससे समष्टि रूप में मनुष्य जाति का वैसा अमंगल नहीं है। कुछ लोग अलग-अलग यदि क्रूर लोभ के व्यापार में रत रहें, तो थोड़े से लोग ही उनके द्वारा दुःखी या त्रस्त होंगे। यदि उक्त व्यापार का साधन एक बड़ा दल

बाँधकर किया जायेगा, तो उसमें अधिक सफलता होगी और उसका अनिष्ट प्रभाव बहुत दूर तक फैलेगा। संघ एक शक्ति है जिसके द्वारा शुभ और अशुभ दोनों के प्रसार की सम्भावना बहुत बढ़ जाती है। प्राचीन काल में जिस प्रकार के स्वदेश-प्रेम की प्रतिष्ठा यूनान में हुई थी, उसने आगे चलकर योरप में बड़ा भयंकर रूप धारण किया। अर्थशास्त्र के प्रभाव के अर्थोन्माद का उसके साथ संयोग हुआ और व्यापार, राजनीति या राष्ट्रनीति का प्रधान अंग हो गया। योरप के देश इस धुन में लगे कि व्यापार के बहाने दूसरे देशों से जहाँ तक धन खींचा जा सके, बराबर खींचा जाता रहे। पुरानी चढ़ाइयों की लूटपाट का सिलसिला आक्रमण-काल तक ही—जो बहुत दीर्घ नहीं हुआ करता था—रहता था। पर योरप के अर्थोन्मादियों ने ऐसी गूढ़, जटिल और स्थायी प्रणालियाँ प्रतिष्ठित कीं जिनके द्वारा भूमंडल की न जाने कितनी जनता का क्रम-क्रम से रक्त चुसता चला जा रहा है—न जाने कितने देश चलते-फिरते कंकालों के कारागार हो रहे हैं।

जब तक योरप की जातियों ने आपस में लड़कर अपना रक्त नहीं बहाया तब तक उनका ध्यान अपनी उस अंधनीति से अनर्थ की ओर नहीं गया। गत महायुद्ध के पीछे जगह-जगह स्वदेश-प्रेम के साथ-साथ विश्वप्रेम उमड़ता दिखाई देने लगा। आध्यात्मिकता की भी बहुत कुछ पूछ होने लगी। पर इस विश्वप्रेम और आध्यात्मिकता का शाब्दिक प्रचार ही तो अभी देखने में आया है। इस फैशन की लहर भारतवर्ष में आयी। पर फैशन के रूप में गृहीत इस 'विश्वप्रेम' और 'अध्यात्म' की चर्चा का कोई स्थायी मूल्य नहीं। इसे हवा का एक झोंका समझना चाहिए।

सभ्यता की वर्तमान स्थिति में एक व्यक्ति को दूसरे व्यक्ति से वैसा भय तो नहीं रहा जैसा पहले रहा करता था, पर एक जाति को दूसरी जाति से, एक देश को दूसरे देश से, भय के स्थायी कारण प्रतिष्ठित हो गये हैं। सबल और सबल देशों के बीच अर्थ संघर्ष की, सबल और निर्बल देशों के बीच अर्थ-शोषण की प्रक्रिया अनवरत चल रही है; एक क्षण का विराम नहीं है। इस सार्वभौम वणिग्वृत्ति से उतना अनर्थ कभी न होता यदि क्षात्रवृत्ति उसके लक्ष्य से अपना लक्ष्य अलग रखती। पर इस युग में दोनों का विलक्षण सहयोग हो गया है। वर्तमान अर्थोन्माद को शासन के भीतर रखने के लिए क्षात्रधर्म के उच्च और पवित्र आदर्श को लेकर क्षात्रसंघ की प्रतिष्ठा आवश्यक है।

जिस प्रकार सुखी होने का प्रत्येक प्राणी को अधिकार है, उसी प्रकार मुक्तांतक होने का भी। पर कर्म-क्षेत्र के चक्रव्यूह में पड़कर जिस प्रकार सुखी होना प्रयत्न-साध्य होता है उसी प्रकार निर्भय रहना भी। निर्भयता के सम्पादन के लिए दो बातें अपेक्षित होती हैं—पहली तो यह है कि दूसरों को हमसे किसी प्रकार का भय या कष्ट न हो; दूसरी यह कि दूसरे हमको कष्ट या भय पहुँचाने का साहस न कर सकें। इनमें से एक का सम्बन्ध उत्कृष्ट शील से है और दूसरी का शक्ति और पुरुषार्थ से। इस संसार में किसी को न डराने से ही डरने की सम्भावना दूर नहीं हो सकती। साधु से साधु प्रकृति वाले को क्रूर लोभियों और दुर्जनों से क्लेश पहुँचता है। अतः उनके प्रयत्नों को विफल करने या भय-संचार द्वारा रोकने की आवश्यकता से हम बच नहीं सकते।

क्रोध

क्रोध दु:ख के चेतन कारण से साक्षात्कार या अनुमान से उत्पन्न होता है। साक्षात्कार के समय दु:ख और उसके कारण के सम्बन्ध का परिज्ञान आवश्यक है। तीन-चार महीने के बच्चे को कोई हाथ उठाकर मार दे, तो उसने हाथ उठाते तो देखा है पर अपनी पीड़ा और उस हाथ उठाने से क्या सम्बन्ध है, यह वह नहीं जानता है। अत: वह केवल रोकर अपना दु:ख मात्र प्रकट कर देता। दु:ख के कारण की स्पष्ट धारणा के बिना क्रोध का उदय नहीं होता। दु:ख के सज्ञान कारण पर प्रबल प्रभाव डालने में प्रवृत्त करने वाला मनोविकार होने के कारण क्रोध का आविर्भाव बहुत पहले देखा जाता है। शिशु अपनी माता की आकृति से परिचित हो जाने पर ज्यों ही यह जान जाता है कि दूध इसी से मिलता है, भूखा होने पर वह उसे देखते ही अपने रोने में कुछ क्रोध का आभास देने लगता है।

सामाजिक जीवन में क्रोध की जरूरत बराबर पड़ती है। यदि क्रोध न हो तो मनुष्य दूसरों के द्वारा पहुँचाये जाने वाले बहुत से कष्टों की चिर-निवृत्ति का उपाय ही न कर सके। कोई मनुष्य किसी दुष्ट के नित्य दो-चार प्रहार सहता है। यदि उसमें क्रोध का विकास नहीं हुआ है तो केवल आह-ऊह करेगा जिसका उस दुष्ट पर कोई प्रभाव नहीं। उस दुष्ट के हृदय में विवेक, दया आदि उत्पन्न करने में बहुत समय लगेगा। संसार किसी को इतना समय ऐसे छोटे-छोटे कामों के लिए नहीं दे सकता। भयभीत होकर प्राणी अपनी रक्षा कभी-कभी कर लेता है; पर समाज में इस प्रकार प्राप्त दु:ख निवृत्ति चिरस्थायिनी नहीं होती। हमारे कहने का अभिप्राय यह नहीं है कि क्रोध के समय क्रोध करने वाले के मन में सदा भावी कष्ट से बचने का उद्देश्य रहा करता है। कहने का तात्पर्य केवल इतना ही है कि चेतना सृष्टि के भीतर क्रोध का विधान इसीलिए है।

जिससे एक बार दु:ख पहुँचा पर उसके दुहराये जाने की सम्भावना कुछ भी नहीं है, जो कष्ट पहुँचाया जाता है वह प्रतिकार मात्र है; उसमें रक्षा की भावना कुछ भी नहीं रहती। अधिकतर क्रोध इसी रूप में देखा जाता है। एक-दूसरे से अपरिचित दो आदमी रेल पर चले जा रहे हैं। इनमें से एक को आगे ही के स्टेशन पर उतरना है। स्टेशन तक पहुँचते-पहुँचते बात ही बात में एक ने दूसरे को एक तमाचा जड़ दिया और उतरने की तैयारी करने लगा। अब दूसरा मनुष्य भी यदि उतरते-उतरते उसे एक तमाचा लगा दे तो यह उसका बदला या प्रतिकार ही कहा जायेगा, क्योंकि उसे फिर उसी व्यक्ति से तमाचे खाने का कुछ भी निश्चय नहीं था। जहाँ और दु:ख पहुँचने की कुछ भी सम्भावना होगी, वहाँ शुद्ध प्रतिकार न होगा, उसमें स्वरक्षा की भावना भी मिली होगी।

हमारा पड़ोसी कई दिनों से नित्य आकर हमें दो-चार टेढ़ी-सीधी सुना जाता है। यदि हम एक दिन उसे पकड़कर पीट दें तो हमारा यह कर्म शुद्ध प्रतिकार न कहलायेगा, क्योंकि हमारी दृष्टि नित्य गालियाँ सहने के दु:ख से बचने के परिणाम की ओर भी समझी जायेगी।

इन दोनों दृष्टान्तों को ध्यानपूर्वक देखने से पता लगेगा कि दुःख से उद्विग्न होकर दुःखदाता को कष्ट पहुँचाने की प्रवृत्ति दोनों में है; पर एक में वह परिणाम आदि का विचार बिल्कुल छोड़े हुए है और दूसरे में कुछ लिये हुए। इनमें से पहले दृष्टान्त का क्रोध उपयोगी नहीं दिखाई पड़ता। पर क्रोध करने वाले के पक्ष में उसका उपयोग चाहे न हो पर लोक के भीतर, वह बिल्कुल खाली नहीं जाता। दुःख पहुँचाने वाले से हमें फिर दुःख पहुँचने का डर न सही, पर समाज को तो है इससे उसे उचित दण्ड देने से पहले तो उसी की शिक्षा या भलाई हो जाती है फिर समाज के और लोगों के बचाव का बीज भी बो दिया जाता है। यहाँ पर भी वही बात है कि क्रोध के समय लोगों के मन में लोक कल्याण की यह व्यापक भावना सदा नहीं रहा करती। अधिकतर तो ऐसा क्रोध प्रतिकार के रूप में ही होता है।

यह कहा जा चुका है कि क्रोध दुःख के चेतन कारण के साक्षात्कार या परिज्ञान से होता है, अतः एक तो जहाँ कार्य-कारण के सम्बन्ध-ज्ञान में त्रुटि या भूल होती है, वहाँ क्रोध धोखा देता है। दूसरी बात यह है कि क्रोध करने वाला जिस ओर से दुःख आता है उसी ओर देखता है; अपनी ओर नहीं। जिसने दुःख पहुँचाया उसका नाश हो या उसे दुःख पहुँचे; क्रोध का यही लक्ष्य होता है। न तो वह यह देखता है कि मैंने भी कुछ किया है या नहीं, और न इस बात का ध्यान रहता है कि क्रोध के वेग में मैं जो कुछ करूँगा उसका परिणाम क्या होगा। यही क्रोध का अंधापन है। इसी से एक तो मनोविकार ही एक-दूसरे को परिमित किया करते हैं, ऊपर से बुद्धि या विवेक भी उन पर अंकुश रखता है। यदि क्रोध इतना उग्र हुआ कि मन में दुःखदाता की शक्ति के रूप और परिणाम के निश्चय, दया-भय आदि और भावों के संचार तथा अनुचित के विचार के लिए जगह ही न रही तो बड़ा अनर्थ खड़ा हो जाता है जैसे यदि कोई सुने कि उसका शत्रु बीस-पचीस आदमी लेकर उसे मारने आ रहा है और वह चट क्रोध से व्याकुल होकर बिना शत्रु की शक्ति का विचार और अपनी रक्षा का पूरा प्रबन्ध किये उसे मारने के लिए अकेले दौड़ पड़े, तो उसके मारे जाने में बहुत कम सन्देह समझा जायेगा। अतः कारण के यथार्थ निश्चय के उपरान्त, उसका उद्देश्य अच्छी तरह समझ लेने पर ही आवश्यक मात्रा और उपयुक्त स्थिति में ही क्रोध वह काम दे सकता है जिसके लिए उसका विकास होता है।

क्रोध की उग्र चेष्टाओं का लक्ष्य हानि या पीड़ा पहुँचाने के पहले आलम्बन में भय का संचार करना रहता है। जिस पर क्रोध प्रकट किया जाता है वह यदि डर जाता है और नम्र होकर पश्चात्ताप करता है तो क्षमा का अवसर सामने आता है। क्रोध का गर्जन-तर्जन क्रोधपात्र के लिए भावी दुष्परिणाम की सूचना है, जिससे कभी-कभी उद्देश्य की पूर्ति हो जाती है और दुष्परिणाम की नौबत नहीं आती। एक की उग्र आकृति देख दूसरा किसी अनिष्ट व्यापार से विरत हो जाता है या नम्र होकर पूर्वकृत दुर्व्यवहार के लिए क्षमा चाहता है। बहुत से स्थलों पर क्रोध का लक्ष्य किसी का गर्व चूर्ण करना मात्र रहता है अर्थात् दुःख का विषय केवल दूसरे का गर्व या अहंकार होता है। अभिमान दूसरों के मन में या उसकी भावना में बाधा डालता है, उससे वह बहुत से लोगों को यों ही खटका करता है। लोग जिस तरह हो सके—अपराध द्वारा, हानि द्वारा—अभिमानी को नम्र करना चाहते हैं। अभिमान पर जो रोष होता है उसकी प्रवृत्ति अभिमानी को केवल नम्र करने की रहती है; उसको हानि या पीड़ा पहुँचाने का उद्देश्य नहीं होता। संसार में बहुत से अभिमान का उपचार अपमान द्वारा ही हो जाता है।

कभी-कभी लोग अपने कुटुम्बियों या स्नेहियों से झगड़कर क्रोध से अपना ही सर पटक देते हैं। यह सिर पटकना अपने को दुःख पहुँचाने के अभिप्राय से नहीं होता; क्योंकि बिल्कुल बेगानों के साथ कोई ऐसा नहीं करता। जब किसी को क्रोध में अपना ही सर पटकते या अंग-भंग करते देखे तब समझ लेना चाहिए कि उसका क्रोध ऐसे व्यक्ति के ऊपर है जिसे उसके सर पटकने की परवाह है अर्थात् जिसे उसका सर फटने से उस समय नहीं तो आगे चलकर दुःख पहुँचेगा।

क्रोध का वेग इतना प्रबल होता है कि कभी-कभी मनुष्य यह भी विचार नहीं करता कि जिसने दुःख पहुँचाया है, उसमें दुःख पहुँचाने की इच्छा थी या नहीं। इसी से कभी तो वह अचानक पैर कुचल जाने पर किसी को मार बैठता है और कभी ठोकर खाकर कंकड़-पत्थर तोड़ने लगता है। चाणक्य ब्राह्मण अपना विवाह करने जाता था। मार्ग में कुश उसके पैर में चुभे। वह चट मट्ठा और कुदाली लेकर पहुँचा और कुशों को उखाड़कर उनकी जड़ों में मट्ठा देने लगा। एक बार मैंने देखा कि एक ब्राह्मण देवता चूल्हा फूँकते-फूँकते थक गये। जब आग न जली तब उस पर क्रोध करके चूल्हे में पानी डाल किनारे हो गये। इस प्रकार का क्रोध अपरिष्कृत है। यात्रियों ने बहुत से ऐसे जंगलियों का हाल लिखा है जो रास्ते में पत्थर की ठोकर लगने पर बिना उसके चूर-चूर किये आगे नहीं बढ़ते। अधिक अभ्यास के कारण यदि कोई मनोविकार बहुत प्रबल पड़ जाता है, तो वह अन्तःप्रकृति में अव्यवस्था उत्पन्न कर मनुष्य को बचपन से मिलती-जुलती अवस्था में ले जाकर पटक देता है।

क्रोध सब मनोविकारों से फुर्तीला है, इसी से अवसर पड़ने पर वह और मनोविकारों का भी साथ देकर उनकी तुष्टि का साधक होता है। कभी वह दया के साथ कूदता है, कभी घृणा के। एक क्रूर कुमार्गी किसी अनाथ अबला पर अत्याचार कर रहा है। हमारे हृदय में उस अनाथ अबला के प्रति दया उमड़ रही है। पर दया की अपनी शक्ति तो त्याग और कोमल व्यवहार तक होती है। यदि वह स्त्री अर्थकष्ट में होती तो उसे कुछ देकर हम अपनी दया के वेग को शान्त कर लेते। पर यहाँ तो उस अबला के दुःख का कारण मूर्तिमान तथा अपने विरुद्ध प्रयत्नों को ज्ञानपूर्वक रोकने की शक्ति रखने वाला है। ऐसी अवस्था में क्रोध ही उस अत्याचारी के दमन के लिए उत्तेजित करता है जिसके बिना हमारी दया ही व्यर्थ जाती। क्रोध अपनी इस सहायता के बदले में दया की वाहवाही को नहीं बँटाता। काम क्रोध करता है, पर नाम दया ही का होता है। लोग यही कहते हैं कि "उसने दया करके बचा लिया" यह कोई नहीं कहता कि "क्रोध करके बचा लिया।" ऐसे अवसरों पर यदि क्रोध दया का साथ न दे तो दया अपनी प्रवृत्ति के अनुसार परिणाम उपस्थित ही नहीं करती।

क्रोध शान्ति-भंग करने वाला मनोविकार है। एक का क्रोध दूसरे में भी क्रोध का संचार करता है। जिसके प्रति क्रोध-प्रदर्शन होता है वह तत्काल अपमान का अनुभव करता है और इस दुःख पर उसकी भी त्योरी चढ़ जाती है। यह विचार करने वाले बहुत थोड़े निकलते हैं कि हम पर जो क्रोध प्रकट किया जा रहा है, वह उचित है या अनुचित। इसी से धर्म, नीति और शिष्टाचार तीनों में क्रोध के निरोध का उपदेश पाया जाता है। सन्त लोग तो खलों के वचन सहते ही हैं, दुनियादार लोग भी न जाने कितनी ऊँची-नीची पचाते रहते हैं, सभ्यता के व्यवहार में भी क्रोध नहीं तो क्रोध के चिह्न दबाये जाते हैं। इस प्रकार का प्रतिबन्ध समाज की

सुख-शान्ति के लिए बहुत आवश्यक है। पर इस प्रतिबन्ध की भी सीमा है। यह परपीड़कोन्मुख क्रोध तक नहीं पहुँचता।

क्रोध के निरोध का उपदेश अर्थ-परायण और धर्म परायण दोनों देते हैं। पर दोनों में जिसे अति से अधिक सावधान रहना चाहिए वही कुछ भी नहीं रहता। बाकी रुपया वसूल करने का ढंग बताने वाला चाहे कड़े पड़ने की शिक्षा दे भी दे, पर धज के साथ धर्म की ध्वजा लेकर चलने वाला धोखे में भी क्रोध को पाप का बाप ही कहेगा। क्रोध रोकने का अभ्यास ठगों और स्वार्थियों को सिद्धों और साधकों से कम नहीं होता। जिससे कुछ स्वार्थ निकालना रहता है, जिसे बातों में फँसाकर ठगना रहता है, उसकी कठोर और अनुचित बातों पर न जाने कितने लोग जरा भी क्रोध नहीं करते, पर उसका यह अक्रोध न धर्म का लक्षण है, न साधन।

क्रोध के प्रेरक दो प्रकार के दुःख हो सकते हैं—अपना दुःख और पराया दुःख। जिस क्रोध के त्याग का उपदेश दिया जाता है वह पहले प्रकार के दुःख से उत्पन्न क्रोध है। दूसरे के दुःख पर उत्पन्न क्रोध बुराई की हद के बाहर समझा जाता है। क्रोधोत्तेजक दुःख जितना ही अपने सम्पर्क से दूर होगा, उतना ही लोक में क्रोध का स्वरूप सुन्दर और मनोहर दिखाई देगा। दुःख से आगे बढ़ने पर भी कुछ दूर तक क्रोध का कारण थोड़ा-बहुत अपना ही दुःख कहा जा सकता है—जैसे, अपने या आत्मीय परिजन का दुःख, इष्ट-मित्र का दुःख। इसके आगे भी जहाँ तक दुःख की भावना के साथ कुछ ऐसी विशेषता लगी रहेगी कि जिसे कष्ट पहुँचाया जा रहा है वह हमारे ग्राम, पुर या देश का रहने वाला है, वहाँ तक हमारे क्रोध से सौन्दर्य की पूर्णता में कुछ कसर रहेगी। जहाँ उक्त भावना निर्विशेष रहेगी वही सच्ची पर-दुःखकातरता मानी जायेगी, वही क्रोध के स्वरूप को पूर्ण सौन्दर्य प्राप्त होगा—ऐसा सौन्दर्य जो काव्यक्षेत्र के बीच भी जगमगाता है।

यह क्रोध करुणा के आज्ञाकारी सेवक के रूप में हमारे सामने आता है। स्वामी से सेवक कुछ कठिन होते ही हैं, उनमें कुछ अधिक कठोरता रहती है। पर यह कठोरता ऐसी कठोरता को भंग करने के लिए होती है जो पिघलने वाली नहीं होती। क्रौंच के वध पर वाल्मीकि मुनि से करुण क्रोध का सौन्दर्य एक महाकाव्य का सौन्दर्य हुआ। उक्त सौन्दर्य का कारण है निर्विशेषता। वाल्मीकि के क्रोध के भीतर प्राणिमात्र के दुःख की सहानुभूति छिपी है—राम के क्रोध के भीतर सम्पूर्ण लोक के दुःख का क्षोभ समाया हुआ है। क्षमा जहाँ से श्रीहत हो जाती है, वहीं से क्रोध के सौन्दर्य का आरम्भ होता है। शिशुपाल की बहुत-सी बुराइयों तक जब श्रीकृष्ण की क्षमा पहुँच चुकी तब जाकर उसका लौकिक लावण्य फीका पड़ने लगा और क्रोध की समीचीनता का सूत्रपात हुआ। अपने ही दुःख पर उत्पन्न क्रोध तो प्रायः समीचीनता ही तक रह जाता है, सौन्दर्यदशा तक नहीं पहुँचता। दूसरे के दुःख पर उत्पन्न क्रोध में या तो हमें तत्काल क्षमा का अवसर या अधिकार ही नहीं रहता अथवा वह अपना प्रभाव खो चुकी रहती है।

बहुत दूर तक और बहुत काल से पीड़ा पहुँचाते चले आते हुए किसी घोर अत्याचारी का बना रहना ही लोक की क्षमा की सीमा है। इसके आगे क्षमा न दिखाई देगी—नैराश्य, कायरता और शिथिलता ही छायी दिखाई पड़ेगी। ऐसी गहरी उदासी की छाया के बीच आशा, उत्साह और तत्परता की प्रभा जिस क्रोधाग्नि के साथ फूटती दिखाई पड़ेगी, उसके सौन्दर्य का अनुभव

सारा लोक करेगा। राम का कालाग्नि-सदृश क्रोध ऐसा ही है। वह सात्त्विक तेज है; तामस ताप नहीं।

दण्ड कोप का ही एक विधान है। राजदण्ड राजकोप है, जहाँ कोप लोककोप और लोककोप धर्मकोप है। जहाँ राजकोप धर्मकोप से एकदम भिन्न दिखाई पड़े, वहाँ उसे राजकोप न समझकर कुछ विशेष मनुष्यों का कोप समझना चाहिए। ऐसा कोप राजकोप के महत्त्व और पवित्रता का अधिकारी नहीं हो सकता। उसका सम्मान जनता अपने लिए आवश्यक नहीं समझ सकती।

वैर क्रोध का अचार या मुरब्बा है। जिससे हमें दुःख पहुँचा है उस पर यदि हमने क्रोध किया और यह क्रोध हमारे हृदय में बहुत दिनों तक टिका रहा तो वह वैर कहलाता है। इस स्थायी रूप में टिक जाने के कारण क्रोध का वेग और उग्रता तो धीमी पड़ जाती है; पर लक्ष्य को पीड़ित करने की प्रेरणा बराबर बहुत काल तक हुआ करती है। क्रोध अपना बचाव करते हुए शत्रु को पीड़ित करने की युक्ति आदि सोचने का समय प्रायः नहीं देता, पर वैर उसके लिए बहुत समय देता है। पूछिए तो क्रोध और वैर का भेद केवल कालकृत है। दुःख पहुँचाने के साथ ही दुःखदाता को पीड़ित करने की प्रेरणा करने वाला मनोविकार क्रोध और कुछ काल बीत जाने पर प्रेरणा करने वाला भाव वैर है। किसी ने आपको गाली दी। यदि आपने उसी समय उसे मार दिया तो आपने क्रोध किया। मान लीजिए कि वह गाली देकर भाग गया और दो महीने बाद आपको कहीं मिला। अब यदि आपने उससे बिना फिर गाली सुने, मिलने के साथ ही उसे मार दिया तो यह आपका वैर निकालना हुआ। विवरण से स्पष्ट है कि वैर उन्हीं प्राणियों में होता है जिनमें धारणा अर्थात् भावों के संचय की शक्ति होती है। पशु और बच्चे किसी से वैर नहीं मानते। चूहे और बिल्ली के सम्बन्ध का 'वैर' नाम आलंकारिक है। आदमी का न आम-अंगूर से कुछ वैर है न भेड़-बकरे से। पशु और बच्चे दोनों क्रोध करते हैं और थोड़ी देर के बाद भूल जाते हैं।

क्रोध का एक हल्का रूप है चिड़चिड़ाहट, जिसकी व्यंजना प्रायः शब्दों ही तक रहती है। इसका कारण भी वैसा उग्र नहीं होता। कभी-कभी चित्त व्यग्र रहने, किसी प्रवृत्ति में बाधा पड़ने या किसी बात का ठीक सुभीता न बैठने के कारण ही लोग चिड़चिड़ा उठते हैं। ऐसे सामान्य कारणों के अवसर बहुत अधिक आते रहते हैं इसमें चिड़चिड़ाहट स्वभावगत होने की सम्भावना बहुत अधिक रहती है। किसी मत, सम्प्रदाय या संस्था के भीतर निरूपित आदर्शों पर ही अनन्य दृष्टि रखने वाले बाहर की दुनिया देख-देखकर अपने जीवन भर चिड़चिड़ाते चले जाते हैं। जिधर निकलते हैं, रास्ते भर मुँह बिगड़ा रहता है। चिड़चिड़ाहट एक प्रकार की मानसिक दुर्बलता है, इसी से यह रोगियों और बुड्ढों में अधिक पायी जाती है। इसका स्वरूप उग्र और भयंकर न होने से यह बहुतों के—विशेषतः बालकों के—विनोद की एक सामग्री भी हो जाती है। बालकों को चिड़चिड़े बुड्ढों को चिढ़ाने में बहुत आनन्द आता है और कुछ विनोदी बुड्ढे भी चिढ़ने की नकल किया करते हैं। कोई 'राधाकृष्ण' कहने से, कोई 'सीताराम' पुकारने से और कोई 'करेले' का नाम लेने से चिढ़ता है और अपने पीछे लड़कों की एक खासी भीड़ लगाये फिरता है। जिस प्रकार लोगों को हँसाने के लिए कुछ लोग मूर्ख या बेवकूफ बनते हैं उसी प्रकार चिड़चिड़े भी। मूर्खता मूर्ख को चाहे रुलाये पर दुनिया को तो हँसाती ही है। मूर्ख हास्यरस के बड़े प्राचीन आलम्बन हैं। न जाने कब से इस संसार की

रुखाई के बीच हास का विकास कराते चले आ रहे हैं। आज भी दुनिया को हँसाने का हौसला बहुत कुछ उन्हीं की बरकत से हुआ करता है।

किसी बात का बुरा लगना, उसकी असह्यता का क्षोभयुक्त और आवेगपूर्ण अनुभव होना, अमर्ष कहलाता है। पूर्ण क्रोध की अवस्था में मनुष्य दुःख पहुँचाने वाले पात्र की ओर ही उन्मुख रहता है—उसी को भयभीत या पीड़ित करने की चेष्टा में प्रवृत्त रहता है। अमर्ष में दुःख पहुँचाने वाली बात के ब्यौरों पर और उसकी असह्यता पर विशेष ध्यान रहता है। इसकी ठीक व्यंजना ऐसे वाक्यों से समझनी चाहिए—"तुमने मेरे साथ यह किया, वह किया। अब तक तो मैं सहता आया, अब नहीं सह सकता।" इसके आगे बढ़कर जब कोई दाँत पीसता और गरजता हुआ यह कहने लगे कि "मैं तुम्हें धूल में मिला दूँगा, तुम्हारा घर खोदकर फेंक दूँगा" तब क्रोध का पूर्ण स्वरूप समझना चाहिए।

कविता क्या है?

मनुष्य अपने भावों, विचारों और व्यापारों के लिए दूसरों के भावों, विचारों और व्यापारों के साथ कहीं मिलाता और कहीं लड़ाता हुआ अन्त तक चला चलता है और इसी को जीना कहता है। जिस अनन्त-रूपात्मक क्षेत्र में यह व्यवसाय चलता रहता है उसका नाम है जगत्। जब तक कोई अपनी पृथक् सत्ता की भावना को ऊपर किये इस क्षेत्र के नाना रूपों और व्यापारों को अपने योगक्षेम, हानि-लाभ, सुख-दु:ख आदि से सम्बद्ध करके देखता रहता है तब तक उसका हृदय एक प्रकार से बद्ध रहता है। इन रूपों और व्यापारों के सामने जब कभी वह अपनी पृथक् सत्ता की धारणा से छूटकर—अपने आपको बिल्कुल भूलकर—विशुद्ध अनुभूति मात्र रह जाता है, तब वह मुक्त हृदय हो जाता है। जिस प्रकार आत्मा की मुक्तावस्था ज्ञानदशा कहलाती है, उसी प्रकार हृदय की यह मुक्तावस्था रसदशा कहलाती है। हृदय की इसी मुक्ति की साधना के लिए मनुष्य की वाणी जो शब्द-विधान करती आयी है, उसे कविता कहते हैं। इस साधना को हम भावयोग कहते हैं और कर्मयोग और ज्ञानयोग का समकक्ष मानते हैं।

कविता ही मनुष्य के हृदय को स्वार्थ-सम्बन्धों के संकुचित मण्डल से ऊपर उठाकर लोक-सामान्य भाव-भूमि पर ले जाती है। जहाँ जगत् की नाना गतियों के मार्मिक स्वरूप का साक्षात्कार और शुद्ध अनुभूतियों का संचार होता है, इस भूमि पर पहुँचे हुए मनुष्य को कुछ काल के लिए अपना पता नहीं रहता। वह अपनी सत्ता को लोक-सत्ता में लीन किये रहता है। उसकी अनुभूति सबकी अनुभूति होती है या हो सकती है। इस अनुभूति-योग के अभ्यास से हमारे मनोविकार का परिष्कार तथा शेष सृष्टि के साथ हमारे रागात्मक सम्बन्ध की रक्षा और निर्वाह होता है। जिस प्रकार जगत् अनेक रूपात्मक है उसी प्रकार हमारा हृदय भी अनेक भावात्मक है। इस अनेक भावों का व्यायाम और परिष्कार तभी समझा जा सकता है जबकि इन सबका प्रकृति सामंजस्य जगत् के भिन्न-भिन्न रूपों, व्यापारों या तथ्यों के साथ हो जाये। इन्हीं भावों के सूत्र से मनुष्य-जाति जगत् के साथ तादात्म्य का अनुभव चिरकाल से करती चली आयी है। जिन रूपों और व्यापारों से मनुष्य आदिम युगों से ही परिचित है, जिन रूपों और व्यापारों को सामने पाकर वह नर जीवन के आरम्भ से ही लुब्ध और क्षुब्ध होता आ रहा है, उनका हमारे भावों के साथ मूल या सीधा सम्बन्ध है। अत: काव्य के प्रयोजन के लिए हम उन्हें मूल रूप और मूल व्यापार कह सकते हैं। इस विशाल विश्व के प्रत्यक्ष से अप्रत्यक्ष और गूढ़ से गूढ़, तथ्यों को भावों के विषय या आलम्बन बनाने के लिए इन्हीं मूल रूपों में और व्यापारों में परिणत करना पड़ता है। जब तक वे इन मूल मार्मिक रूपों में नहीं लाये जाते तब तक उन पर काव्य-दृष्टि नहीं पड़ती।

वन, पर्वत, नदी, नाले, निर्झर, कछार, पटपर, चट्टान, वृक्ष, लता, झाड़, फूस, शाखा, पशु, पक्षी, आकाश, मेघ, नक्षत्र, समुद्र इत्यादि ऐसे ही चिर-सहचर रूप हैं। खेत, ढुर्री, हल,

झोपड़े, चौपाये इत्यादि भी कुछ कम पुराने नहीं हैं। इसी प्रकार पानी का बहना, सूखे पत्तों का झड़ना, बिजली का चमकना, घटा का घिरना, नदी का उमड़ना, मेह का बरसना, कुहरे का छाना, डर से भागना, लोभ से लपकना, छीनना, झपटना, नदी या दलदल से बाँह पकड़कर निकालना, हाथ से खिलाना, आग में झोंकना, गला काटना ऐसे व्यापारों का भी मनुष्य-जाति के भावों के साथ अत्यन्त प्राचीन साहचर्य है। ऐसे आदि रूपों और व्यापारों में वंशानुगत वासना की दीर्घ-परम्परा के प्रभाव से, भावों के उद्‌बोधन की गहरी शक्ति संचित है; अतः इनके द्वारा जैसा रस-परिपाक सम्भव है वैसा कल-कारखाने, गोदाम, स्टेशन, इंजिन, हवाई जहाज ऐसी वस्तुओं तथा अनाथालय के लिए चेक काटना, सर्वस्वहरण के लिए जाली दस्तावेज बनाना, मोटर की चरखी घुमाना या इंजिन में कोयला झोंकना आदि व्यापारों द्वारा नहीं।

सभ्यता के आवरण और कविता

सभ्यता की वृद्धि के साथ-साथ ज्यों-ज्यों मनुष्यों के व्यापार बहुरूपी और जटिल होते गये त्यों-त्यों उसके मूल रूप बहुत कुछ आच्छन्न होते गये। भावों के आदिम और सीधे लक्ष्यों के अतिरिक्त और-और लक्ष्यों की स्थापना होती गयी; वासनाजन्य मूल व्यापारों के सिवा बुद्धि द्वारा निश्चित व्यापारों का विधान बढ़ता गया। इस प्रकार बहुत से ऐसे व्यापारों से मनुष्य घिरता गया जिनके साथ उसके भावों का सीधा लगाव नहीं। जैसे आदि में भय का लक्ष्य अपने शरीर और सन्तति ही की रक्षा तक था, पर पीछे गाय, बैल, अन्न आदि की रक्षा आवश्यक हुई, यहाँ तक कि होते-होते धन, मान, अधिकार, प्रभुत्व इत्यादि अनेक बातों की रक्षा की चिन्ता ने घर किया और रक्षा के उपाय भी वासना-जन्य प्रवृत्ति से भिन्न प्रकार के होने लगे। इसी प्रकार क्रोध, घृणा, लोभ आदि अन्य भावों के विषय भी अपने मूल रूपों से भिन्न रूप धारण करने लगे। कुछ भावों के विषय तो अमूर्त्त तक होने लगे, जैसे कीर्ति की लालसा। ऐसे भावों को ही बौद्धदर्शन में 'अरूपराग' कहते हैं।

भावों के विषयों और उनके द्वारा प्रेरित व्यापारों में जटिलता आने पर भी उनका सम्बन्ध मूल विषयों और मूल व्यापारों से भीतर-भीतर बना है और बराबर बना रहेगा। किसी का कुटिल भाई उसे सम्पत्ति से एकदम वंचित रखने के लिए वकीलों की सलाह से एक नया दस्तावेज तैयार करता है। इसकी खबर पाकर वह क्रोध से नाच उठता है। प्रत्यक्ष व्यावहारिक दृष्टि से तो उसके क्रोध का विषय है वह दस्तावेज या कागज का टुकड़ा। पर उस कागज के टुकड़े के भीतर वह देखता है कि उसे और उसकी सन्तति को अन्न-वस्त्र न मिलेगा। उसके क्रोध का प्रकृत विषय न तो वह कागज का टुकड़ा है और न उस पर लिखे हुए काले-काले अक्षर। ये तो सभ्यता के आवरण मात्र हैं। अतः उसके क्रोध में और कुत्ते के क्रोध में जिसके सामने का भोजन कोई दूसरा कुत्ता छीन रहा है, काव्य-दृष्टि से कोई भेद नहीं है—भेद है केवल विषय का थोड़ा रूप बदलकर आने का। इसी रूप बदलने का नाम है सभ्यता। इस रूप बदलने से होता यह है कि क्रोध आदि को भी अपना रूप कुछ बदलना पड़ता है, वह भी कुछ सभ्यता के साथ अच्छे कपड़े-लत्ते पहनकर समाज में आता है जिससे मार-पीट, छीन-खसोट आदि भद्दे समझे जाने वाले व्यापारों का कुछ निवारण होता है।

पर यह प्रच्छन्न रूप वैसा मर्मस्पर्शी नहीं हो सकता। इसी से प्रच्छन्नता का उद्‌घाटन कवि-कर्म का एक मुख्य अंग है। ज्यों-ज्यों सभ्यता बढ़ती जायेगी त्यों-त्यों कवियों के लिए यह काम बढ़ता जायेगा। मनुष्य के हृदय की वृत्तियों से सीधा सम्बन्ध रखने वाले रूपों और

व्यापारों को प्रत्यक्ष करने के लिए उसे बहुत से पदों को हटाना पड़ेगा। इससे यह स्पष्ट है कि ज्यों-ज्यों हमारी वृत्तियों पर सभ्यता के नये-नये आवरण चढ़ते जायेंगे त्यों-त्यों एक ओर तो कविता की आवश्यकता बढ़ती जायेगी, दूसरी ओर कवि-कर्म कठिन होता जायेगा। ऊपर जिस क्रुद्ध व्यक्ति का उदाहरण दिया गया है, वह यदि क्रोध से छुट्टी पाकर अपने भाई के मन में दया का संचार करना चाहेगा तो क्षोभ के साथ उससे कहेगा, "भाई! तुम यह सब इसीलिए न कर रहे हो कि पक्की हवेली में बैठकर हलवा-पूरी खाओ, मैं बैठा सूखे चने चबाऊँ; तुम्हारे लड़के दोपहर को भी दुशाले ओढ़कर निकलें और मेरे बच्चे रात को भी ठण्ड से काँपते रहें।" यह हुआ प्राकृत रूप का प्रत्यक्षीकरण। इसमें सभ्यता के बहुत से आवरणों को हटाकर वे मूल गोचर रूप सामने रखे गये हैं जिनसे हमारे भावों का सीधा लगाव है और जो इस कारण भावों को उत्तेजित करने में अधिक समर्थ हैं। कोई बात जब इस रूप में आयेगी तभी उसे काव्य का उपयुक्त रूप प्राप्त होगा। "तुमने हमें नुकसान पहुँचाने के लिए जाली दस्तावेज बनाया" इस वाक्य में रसात्मकता नहीं। इसी बात को ध्यान में रखकर ध्वनिकार ने कहा है—"नहि कवेरितिवृत्तमात्र निर्वाहेणात्मपदलाभः।"

देश की वर्तमान दशा के वर्णन में यदि हम केवल इस प्रकार के वाक्य कहते जायें कि "हम मूर्ख, बलहीन और आलसी हो गये हैं, हमारा धन बिदेश चला जाता है, रुपये का डेढ़ पाव घी बिकता है; स्त्री-शिक्षा का अभाव है" तो ये छन्दोबद्ध होकर भी काव्य पद के अधिकारी न होंगे। सारांश यह है कि काव्य के लिए अनेक स्थलों पर हमें भावों के विषयों के मूल और आदिम रूपों तक जाना होगा जो मूर्त और गोचर होंगे। जब तक भावों से सीधा और पुराना लगाव रखने वाले मूर्त्त और गोचर रूप न मिलेंगे तब तक काव्य का वास्तविक ढाँचा खड़ा न हो सकेगा। भावों के अमूर्त्त विषयों की तह में भी मूर्त्त और गोचर रूप छिपे मिलेंगे, जैसे यशोलिप्सा में कुछ दूर भीतर चलकर उस आनन्द के उपभोग की प्रवृत्ति छिपी हुई पायी जायेगी जो अपनी तारीफ कान में पड़ने से हुआ करता है।

काव्य में अर्थग्रहण मात्र से काम नहीं चलता, बिम्बग्रहण अपेक्षित होता है। यह बिम्बग्रहण निर्दिष्ट, गोचर और मूर्त्त विषय का ही हो सकता है। 'रुपये का डेढ़ पाव घी मिलता है' इस कथन से कल्पना में यदि कोई बिम्ब या मूर्ति उपस्थित होगी तो वह तराजू लिए हुए बनिये की होगी जिससे हमारे करुण भाव का कोई लगाव न होगा। बहुत कम लोगों को घी खाने को मिलता है, अधिकतर लोग रूखी-सूखी खाकर रहते हैं, इस तथ्य तक हम अर्थग्रहण परम्परा द्वारा इस चक्कर के साथ पहुँचते हैं—एक रुपये का बहुत कम घी मिलता है, इससे रुपये वाले ही घी खा सकते हैं, पर रुपये वाले बहुत कम हैं, इससे अधिकांश जनता घी नहीं खा सकती, रूखी-सूखी खाकर रहती है।

कविता और सृष्टि-प्रसार

हृदय पर नित्य प्रभाव रखने वाले रूपों और व्यापारों की भावना को सामने लाकर कविता बाह्य प्रकृति के साथ मनुष्य की अन्तःप्रकृति का सामंजस्य घटित करती हुई उसके भावात्मक सत्ता के प्रकार का प्रसार करती है। यदि अपने भावों को समेटकर मनुष्य अपने हृदय को शेष सृष्टि से किनारे कर ले या स्वार्थ की पशुवृत्ति में ही लिप्त रखे तो उसकी मनुष्यता कहाँ रहेगी? यदि वह लहलहाते हुए खेतों और जंगलों, हरी घास के बीच घूम-घूमकर बहते हुए नालों, काली चट्टानों पर चाँदी की तरह ढलते हुए झरनों, मंजरियों से लदी हुई अमराइयों और

पटपर के बीच खड़ी झाड़ियों को देख क्षण भर लीन न हुआ, यदि कलरव करते हुए पक्षियों के आनन्दोत्सव में उसने योग न दिया, यदि खिले हुए फूलों को देख वह न खिला, यदि सुन्दर रूप सामने पाकर अपनी भीतरी कुरूपता का उसने विसर्जन न किया, यदि दीन-दुःखी का आर्त्तनाद सुन वह न पसीजा, यदि अनाथों और अबलाओं पर अत्याचार होते देख क्रोध से न तिलमिलाया, यदि किसी बेढब और विनोदपूर्ण दृश्य या उक्ति पर न हँसा, तो उसके जीवन में क्या रह गया? इस विश्वकाव्य की रस-धारा में जो थोड़ी देर के लिए निमग्न न हुआ उसके जीवन को मरुस्थल की यात्रा ही समझना चाहिए।

काव्यदृष्टि कहीं तो १. नरक्षेत्र के भीतर रहती है, २. कहीं मनुष्येतर बाह्य सृष्टि के और, ३. कहीं समस्त चराचर के।

१. पहले नरक्षेत्र को लेते हैं। संसार में अधिकतर कविता इसी क्षेत्र के भीतर हुई है। नरत्व की बाह्य प्रकृति और अन्तःप्रकृति के नाना सम्बन्धों और पारस्परिक विधानों का संकलन या उद्‌भावना ही काव्यों में—मुक्तक हो या प्रबन्ध—अधिकतर पायी जाती है।

प्राचीन महाकाव्यों और खण्डकाव्यों के मार्ग में यद्यपि शेष दो क्षेत्र भी बीच-बीच में पड़ जाते हैं। पर मुख्य यात्रा नरक्षेत्र के भीतर ही होती है। वाल्मीकि रामायण में यद्यपि बीच-बीच में ऐसे विशद वर्णन बहुत कुछ मिलते हैं, जिनमें कवि की मुग्ध दृष्टि प्रधानतः मनुष्येतर बाह्य प्रकृति के रूप-जाल में फँसी पायी जाती है, पर उसका प्रधान विषय लोकचरित ही है और प्रबन्ध-काव्यों के सम्बन्ध में भी यही बात कही जा सकती है। रहे मुक्तक या फुटकल पद्य, वे भी अधिकतर मनुष्य ही की भीतरी-बाहरी वृत्तियों से सम्बन्ध रखते हैं। साहित्य-शास्त्र की रस-निरूपण-पद्धति में आलम्बनों के बीच बाह्य प्रकृति को स्थान ही नहीं मिला है। यह उद्‌दीपन रूप में जो प्राकृतिक दृश्य लाये जाते हैं, उनके प्रति रतिभाव नहीं होता, नायक या नायिका के प्रति होता है। वे दूसरे के प्रति उत्पन्न प्रीति को उद्दीपित करने वाले होते हैं, स्वयं प्रीति के पात्र या आलम्बन नहीं होते। संयोग में वे सुख बढ़ाते हैं और वियोग में काटने दौड़ते हैं। जिस भावोद्रेक और जिस ब्यौरे के साथ नायक या नायिका के रूप का वर्णन किया जाता है, उस भावोद्रेक और उस ब्यौरे के साथ उनका नहीं। कहीं-कहीं तो उनके नाम गिनाकर ही काम चला लिया जाता है।

मनुष्यों के रूप, व्यापार या मनोवृत्तियों के सादृश्य, साधर्म्य की दृष्टि से जो प्राकृतिक वस्तु-व्यापार आदि लाये जाते हैं उनका स्थान भी गौण ही समझना चाहिए। वे नर-सम्बन्धी भावना को ही तीव्र करने के लिए रखे जाते हैं।

२. मनुष्येतर बाह्य प्रकृति का आलम्बन के रूप में ग्रहण हमारे यहाँ संस्कृत के प्राचीन प्रबन्ध-काव्यों के बीच-बीच में ही पाया जाता है। वहाँ प्रकृति का ग्रहण आलम्बन के रूप में हुआ है, इसका पता वर्णन की प्रणाली से लग जाता है। पहले कह आये हैं कि किसी वर्णन में आयी हुई वस्तुओं का मन में ग्रहण दो प्रकार का हो सकता है—बिम्बग्रहण और अर्थग्रहण। किसी ने कहा 'कमल'। अब इस 'कमल' पद का ग्रहण कोई इस प्रकार भी कर सकता है कि ललाई लिये हुए सफेद पंखुड़ियों और झुके हुए नाल आदि के सहित एक फूल की मूर्ति मन में थोड़ी देर के लिए आ जाये या कुछ देर बनी रहे; और इस प्रकार भी कह सकता है कि कोई चित्र उपस्थित न हो; केवल पद का अर्थ मात्र समझकर काम चला लिया जाये। काव्य के दृश्य-चित्रण में पहले प्रकार का संकेत-ग्रहण अपेक्षित होता है, और व्यवहार तथा शास्त्र चर्चा

में दूसरे प्रकार का। बिम्बग्रहण वहीं होता है जहाँ कवि अपने सूक्ष्म निरीक्षण द्वारा वस्तुओं के अंग-प्रत्यंग, वर्ण, आकृति तथा उनके आसपास की परिस्थिति का परस्पर संश्लिष्ट विवरण देता है। बिना अनुराग के ऐसे सूक्ष्म ब्यौरों पर न दृष्टि जा ही सकती है, न रम ही सकती है। अतः जहाँ ऐसा पूर्ण और संश्लिष्ट चित्रण मिले, वहाँ समझना चाहिए कि कवि ने बाह्य प्रकृति को आलम्बन के रूप में ग्रहण किया है। उदाहरण के लिए वाल्मीकि का यह हेमन्त वर्णन लीजिए—

अवश्याय-निपातेन किञ्चित्प्रक्लिन्नशाद्वला।
वनानां शोभते भूमिर्निविष्टतरुणातपा॥
स्पृशंतु विपुलं शीतमुदकं द्विरदः सुखम्।
अत्यन्ततृषितो वन्यः प्रतिसंहरते करम्॥
अवश्याय-तमोनद्धा नीहार-तमसावृताः।
प्रसुप्ता इव लक्ष्यन्ते विपुष्पा वनराजयः॥
वाष्पसंछन्नसलिला रुतविज्ञेयसारसाः।
हिमार्द्र बालुकैस्तीरैः सरितो भान्ति साम्प्रतम्॥
जरा-जर्जरितैः पद्मैः- शीर्णकेशरकर्णिकैः।
नालशेषैर्हिमध्वस्तैर्न भान्ति कमलाकरः॥

(वन की भूमि, जिसकी हरी-हरी घास ओस गिरने से कुछ-कुछ नीली हो गयी है, तरुण धूप के पड़ने से कैसी शोभा दे रही है। अत्यन्त प्यासा जंगली हाथी बहुत शीतल जल के स्पर्श से अपनी सूँड़ सिकोड़ लेता है। बिना फूल के वन-समूह कुहरे के अन्धकार में सोये से जान पड़ते हैं। नदियाँ, जिनका जल कुहरे से ढँका हुआ है और जिनमें सारस पक्षियों का पता केवल उनके शब्द से लगता है, हिम से आर्द्र बालू के तटों से ही पहचानी जाती है। कमल, जिनके पत्ते जीर्ण होकर झड़ गये हैं, जिनकी केसर-कणिकाएँ टूट-फूटकर छितरा गयी हैं, पाले से ध्वस्त होकर नाल मात्र खड़े हैं।)

मनुष्येतर बाह्य प्रकृति का इसी रूप में ग्रहण कुमारसम्भव के आरम्भ तथा रघुवंश के बीच-बीच में मिलता है। नाटक यद्यपि मनुष्य ही की भीतरी-बाहरी प्रवृत्तियों के प्रदर्शन के लिए लिखे जाते हैं और भवभूति अपने मार्मिक और तीव्र अन्तर्वृत्ति विधान के लिए ही प्रसिद्ध हैं, पर उनके 'उत्तररामचरित' में कहीं-कहीं बाह्य प्रकृति के बहुत ही सांग और संश्लिष्ट खण्ड-चित्र पाये जाते हैं। पर मनुष्येतर बाह्य प्रकृति की जो प्रधानता मेघदूत में मिली है, वह संस्कृत के और किसी काव्य में नहीं। 'पूर्वमेघ' तो यहाँ से वहाँ तक प्रकृति की ही एक मनोहर झाँकी या भारत भूमि के स्वरूप का ही मधुर ध्यान है। जो इस स्वरूप के ध्यान में अपने को भूलकर कभी-कभी मग्न हुआ करता है वह घूम-घूमकर वक्तृता दे या न दे, चन्दा इकट्ठा करे या न करे, देशवासियों की आमदनी का औसत निकाले या न निकाले, सच्चा देश-प्रेमी है। मेघदूत न कल्पना की क्रीड़ा है, न कला की विचित्रता। वह है प्राचीन भारत के सबसे भावुक हृदय की अपनी प्यारी भूमि की रूप-माधुरी पर सीधी-सादी प्रेम-दृष्टि।

अनन्त रूपों में, प्रकृति हमारे सामने आती है—कहीं मधुर, सुसज्जित या सुन्दर रूप में, कहीं रूखे बेडौल या कर्कश रूप में, कहीं भव्य, विशाल या विचित्र रूप में, कहीं उग्र, कराल

या भयंकर रूप में। सच्चे कवि का हृदय उसके इन सब रूपों में लीन होता है, क्योंकि उसके अनुराग का कारण अपना खास सुख-भोग नहीं, बल्कि चिरसाहचर्य द्वारा प्रतिष्ठि वासना है। जो केवल प्रफुल्ल-प्रसून के सौरभ-संचार, मकरन्द-लोलुप, मधुप-गुंजार, कोकिल-कूजित निकुंज और शीतल सुख-स्पर्श समीर इत्यादि की चर्चा किया करते हैं, वे विषयी या भोगलिप्सु हैं। इसी प्रकार जो केवल मुक्ताभास हिमबिन्दु मण्डित मरकताभ शाद्वल-जल, अत्यन्त विशाल गिरिशिखर से गिरते हुए जल-प्रपात के गम्भीर गर्त से उठी हुई सीकर-नीहारिका के बीच विविधवर्णस्फुरण की विशालता, भव्यता और विचित्रता में ही अपने हृदय के लिये कुछ पाते हैं, वे तमाशबीन हैं, सच्चे भावुक या सहृदय नहीं। प्रकृति के साधारण-असाधारण सब प्रकार के रूपों में रमने वाले वर्णन हमें वाल्मीकि, कालिदास, भवभूति आदि संस्कृत के प्राचीन कवियों में मिलते हैं। पिछले खेवे के कवियों में मुक्तक-रचना में तो अधिकतर प्राकृतिक वस्तुओं का अलग-अलग उल्लेख मात्र उद्दीपन की दृष्टि से किया गया है। प्रबन्ध-रचना में जो थोड़ा-बहुत संश्लिष्ट चित्रण किया है वह प्रकृति की विशेष रूप-विभूति को लेकर ही। अंग्रेजी के पिछले कवियों के वर्ड्सवर्थ की दृष्टि सामान्य में चिरपरिचित, सीधे-सादे प्रशान्त और मधुर दृश्यों की ओर रहती थी, पर शेली की असाधारण-भव्य और विशाल की ओर।

साहचर्य-सम्भूत रस के प्रभाव से सामान्य सीधे-सादे चिरपरिचित दृश्यों में कितने माधुर्य की अनुभूति होती है। पुराने कवि कालिदास ने वर्षा के प्रथम जल से सिक्त तुरन्त की जाती हुई धरती तथा उसके पास बिखरी हुई भोली चितवनवाली ग्रामवनिताओं में साफ-सुथरे ग्रामचैत्यों और कथा-कोविद ग्रामवृद्धों में इसी प्रकार के माधुर्य का अनुभव किया था। आज भी इसका अनुभव लोग करते हैं। बाल्य या कौमार अवस्था में जिस पेड़ के नीचे हम अपनी मण्डली के साथ बैठा करते थे; चिड़चिड़ी बुढ़िया की जिस झोपड़ी के पास से होकर हम आते-जाते थे, उसकी मधुर स्मृति हमारी भावना को बराबर लीन किया करती है। बुड्ढी की झोपड़ी में न कोई चमक-दमक थी, न कला-कौशल का वैचित्र्य। मिट्टी की दीवारों पर फूस का छप्पर पड़ा था, नींव के किनारे चढ़ी हुई मिट्टी पर सत्यानाशी के नीलाभ हरित कँटीले, कटावदार पौधे खड़े थे जिनके पीले फूलों के गोल सम्पुटों के बीच लाल-लाल बिन्दियाँ झलकती थीं।

सारांश यह कि केवल असाधारणत्व की रुचि सच्ची सहृदयता की पहिचान नहीं है। शोभा और सौन्दर्य की भावना के साथ जिनमें मनुष्य-जाति के उस समय के पुराने सहचरों की वंश-परम्परागत स्मृति वासना के रूप में बनी हुई है, जब वह प्रकृति के खुलेक्षेत्र में विचरती थी, वे ही पूरे सहृदय भावुक कहे जा सकते हैं। वन्य और ग्रामीण दोनों प्रकार के जीवन प्राचीन हैं; दोनों पेड़-पौधों, पशु-पक्षियों, नदी-नालों और पर्वत-मैदानों के बीच व्यतीत होते हैं, अतः प्रकृति के अधिक रूपों के साथ सम्बन्ध रखते हैं। हम पेड़-पौधों और पशु-पक्षियों से सम्बन्ध तोड़कर बड़े-बड़े नगरों में आ बसे, पर उनके बिना रहा नहीं जाता। हम उन्हें हर वक्त पास न रखकर एक घेरे में बन्द करते हैं और कभी-कभी मन बहलाने के लिए उनके पास चले जाते हैं। हमारा साथ उनसे भी छोड़ते नहीं बनता। कबूतर हमारे घर के छज्जों के नीचे सुख से सोते हैं, गौरे हमारे घर के भीतर आ बैठते हैं, बिल्ली अपना हिस्सा या तो म्यावँ म्यावँ करते माँगती है या चोरी से ले जाती है, कुत्ते घर की रखवाली करते हैं, और वासुदेव जी कभी-कभी दीवार फोड़कर निकल पड़ते हैं। बरसात के दिनों में जब सुर्खी-चूने की

कड़ाई की परवा न कर हरी-हरी घास पुरानी छत पर निकलने लगती है, तब हमें उसके प्रेम का अनुभव होता है। वह मानों हमें ढूँढ़ती हुई आती है और कहती है कि "तुम हमसे क्यों दूर-दूर भागे फिरते हो?"

जो केवल अपने विलास या शरीर-सुख की सामग्री ही प्रकृति में ढूँढ़ा करते हैं उनमें उस रागात्मक 'सत्त्व' की कमी है जो व्यक्त सत्ता मात्र के साथ एकता की अनुभूति में लीन करके हृदय के व्यापकत्व का आभास देता है। सम्पूर्ण सत्ताएँ एक ही परम सत्ता और सम्पूर्ण भाव एक ही परम भाव के अन्तर्भूत हैं। अत: बुद्धि की क्रिया से हमारा ज्ञान जिस अद्वैत भूमि पर पहुँचता है उसी भूमि तक हमारा भावात्मक हृदय भी इस सत्त्व-रस के प्रभाव से पहुँचता है। इस प्रकार अन्त में जाकर दोनों पक्षों की वृत्तियों का समन्वय हो जाता है। इस समन्वय के बिना मनुष्यत्व की साधना पूरी नहीं हो सकती।

मार्मिक तथ्य

मनुष्येतर प्रकृति के बीच के रूप-व्यापार कुछ भीतरी भावों या तथ्यों की भी व्यंजना करते हैं। पशु-व्यापार के सुख, हर्ष-विषाद, राग-द्वेष, तोष-क्षोभ, कृपा-क्रोध इत्यादि भावों की व्यंजना जो उनकी आकृति, चेष्टा, शब्द आदि से होती है, वह तो प्राय: बहुत प्रत्यक्ष होती है। कवियों को उन पर अपने भावों का आरोप करने की आवश्यकता प्राय: नहीं होती। तथ्यों का आरोप या सम्भावना अलबत्ता वे कभी-कभी किया करते हैं। पर इस प्रकार का आरोप कभी-कभी कथन को, 'काव्य' के क्षेत्र में घसीटकर 'सूक्ति' या 'सुभाषित' के क्षेत्र में डाल देता है। जैसे, 'कौवे सवेरा होते ही क्यों चिल्लाने लगते हैं? वे समझते हैं कि सूर्य अन्धकार का नाश करता बढ़ा आ रहा है, कहीं धोखे से हमारा भी नाश न कर दे।' यह सूक्ति मात्र है, काव्य नहीं। जहाँ तथ्य केवल आरोपित या सम्भावित रहते हैं वहाँ के अलंकार रूप में ही रहते हैं। पर जिन तथ्यों का आभास हमें पशु-पक्षियों के रूप, व्यापार या परिस्थिति में ही मिलता है वे हमारे भावों के विषय वास्तव में हो सकते हैं। मनुष्य सारी पृथ्वी छेंकता चला जा रहा है। जंगल कट-कटकर खेत, गाँव और नगर बनते चले जा रहे हैं। पशु-पक्षियों का भाग छिनता चला जा रहा है। उनके सब ठिकानों पर हमारा निष्ठुर अधिकार होता चला जा रहा है। वे कहाँ जायें? कुछ तो हमारी गुलामी करते हैं। कुछ हमारी बस्ती के भीतर या आस-पास रहते हैं और छीन-झपटकर अपना हक ले जाते हैं। हम उनके साथ बराबर ऐसा ही व्यवहार करते हैं, मानो उन्हें जीने का कोई अधिकार ही नहीं है। इन तथ्यों का सच्चा आभास हमें उनकी परिस्थिति से मिलता है। अत: उनमें से किसी की चेष्टा-विशेष में इन तथ्यों की मार्मिक व्यंजना की प्रतीति काव्यानुभूति के अन्तर्गत होगी। यदि कोई बन्दर हमारे सामने से कोई खाने-पीने की चीज उठा ले जाये और किसी पेड़ के ऊपर बैठा-बैठा हमें घुड़की दे, तो काव्य-दृष्टि से हमें ऐसा मालूम हो सकता है कि—

देते हैं घुड़की यह अर्थ-ओज-भरी हरि
"जीने का हमारा अधिकार क्या न गया रह?
पर प्रतिषेध के प्रसार बीच तेरे नर!
क्रीड़ामय जीवन-उपाय है हमारा यह।
दानी जो हमारे रहे, वे भी दास तेरे हुए
उनकी उदारता भी सकता नहीं तू सह।

फूली फली उनकी उमंग उपकार की तू
छेंकता है जाता, हम जायें कहाँ, तू ही कह!"

पेड़-पौधे, लता-गुल्म आदि भी इसी प्रकार कुछ भावों या तथ्यों की व्यंजना करते हैं जो कभी-कभी कुछ गूढ़ होती है। सामान्य दृष्टि भी वर्षा को झड़ी के पीछे उनके हर्ष और उल्लास को, ग्रीष्म के प्रचण्ड आतप में उनकी शिथिलता और म्लानता को, शिशिर के कठोर शासन में उसकी दीनता को, मधुकाल में उनके रसोन्माद, उमंग और ह्रास को, प्रबल वात के झकोरों में उनकी विकलता को, प्रकाश के प्रति उनकी ललक को देख सकती है। इसी प्रकार भावुकों के समक्ष वे अपनी रूपचेष्टा आदि द्वारा कुछ मार्मिक तथ्यों की भी व्यंजना करते हैं। हमारे यहाँ के पुराने अन्योक्तिकारों ने कहीं-कहीं इस व्यंजना की ओर ध्यान दिया है। कहीं-कहीं का मतलब यह है कि बहुत जगह उन्होंने अपनी भावना का आरोप किया है, उनकी रूपचेष्टा या परिस्थिति से तथ्य-चयन नहीं। पर उनकी विशेष-विशेष परिस्थितियों की ओर भावुकता से ध्यान देने पर बहुत से मार्मिक तथ्य सामने आते हैं। कोसों तक फैले, कड़ी धूप में तपते मैदान के बीच एक अकेला वटवृक्ष दूर तक छाया फैलाये खड़ा है। हवा के झोंकों से उसकी टहनियाँ और पत्ते हिल-हिलकर मानों बुला रहे हैं। हम धूप से व्याकुल होकर उसकी ओर बढ़ते हैं। देखते हैं, उसकी जड़ के पास एक गाय बैठी आँखें मूँदे जुगाली कर रही है। हम लोग भी उसी के पास आराम से जा बैठते हैं। इतने में एक कुत्ता जीभ बाहर निकाले हाँफता हुआ उस छाया के नीचे आता है और हममें से कोई उठकर उसे छड़ी लेकर भगाने लगता है। इस परिस्थिति को देख हममें से कोई भावुक पुरुष उस पेड़ को इस प्रकार सम्बोधन करे तो कर सकता है—

काया की न छाया यह केवल तुम्हारी द्रुम
अंतस के मर्म का प्रकाश यह छाया है।
भरी है इसी में वह स्वर्ग-स्वप्न-धरा अभी
जिसमें न पूरा-पूरा नर बह पाया है।
शांतिसार शीतल प्रसार यह छाया धन्य!
प्रीति सा पसारे इसे कैसी हरी काया है।
हे नर! तू प्यारा इस तरु का स्वरूप देख,
देख फिरि घोर रूप तूने जो कमाया है।।

ऊपर नरक्षेत्र और मनुष्येतर सजीव सृष्टि के क्षेत्र का उल्लेख हुआ है। काव्यदृष्टि कभी तो इन पर अलग-अलग रहती है कभी समष्टि-दृष्टि में समस्त जीवन-क्षेत्र पर। कहने की आवश्यकता नहीं कि विच्छिन्न दृष्टि की अपेक्षा समष्टि-दृष्टि में अधिक व्यापकता और गम्भीरता रहती है। काव्य का अनुशीलन करने वाले मात्र जानते हैं कि काव्य-सृष्टि सजीव दृष्टि तक ही बद्ध नहीं रहती। वह प्रकृति के उस भाग की ओर भी जाती है जो निर्जीव या जड़ कहलाता है। भूमि, पर्वत, चट्टान, नाले, टीले, मैदान, समुद्र, आकाश, मेघ, नक्षत्र इत्यादि की रूप-गति आदि से भी हम सौन्दर्य, माधुर्य, भीषणता, भव्यता, विचित्रता, उदासी, उदारता, सम्पन्नता इत्यादि की भावना प्राप्त करते हैं। कड़कड़ाती धूप के पीछे उमड़ी हुई घटा की श्यामल स्निग्धता और शीतलता का अनुभव मनुष्य क्या पशु-पक्षी, पेड़-पौधे तक करते हैं। अपने इधर-उधर हरी-भरी लहलहाती प्रफुल्लता का विधान करती हुई नदी की

अविराम जीवन-धारा में हम द्रवीभूत औदार्य का दर्शन करते हैं। पर्वत की ऊँची चोटियों में विशालता और भव्यता का, बाल-विलोड़ित जल-प्रसार में क्षोभ और आकुलता का, विकीर्णधन-खण्ड-मण्डित, रस्मि-रञ्जित सान्ध्य-दिगञ्चल में चमत्कार पूर्ण सौन्दर्य का, ताप से तिलमिलाती धरा पर धूल झोंकते हुए अंधड़ के प्रचण्ड झोंकों में उग्रता और उच्छृंखलता का, बिजली की कँपाने वाली कड़क और ज्वालामुखी के ज्वलन्त स्फोट में भीषणता का आभास मिलता है। ये सब विश्वरूपी महाकाव्य की भावनाएँ या कल्पनाएँ हैं। स्वार्थ-भूमि से परे पहुँचे हुए सच्चे अनुभूति-योगी या कवि इनके द्रष्टा मात्र होते हैं।

जड़ जगत् के भीतर पाये जाने वाले रूप, व्यापार या परिस्थितियाँ अपने मार्मिक तथ्यों की भी व्यंजना करती हैं। जीवन में तथ्यों के साथ उनके साम्य का बहुत अच्छा मार्मिक उद्घाटन कहीं--कहीं हमारे यहाँ के अन्योक्तिकारों ने किया है। जैसे, इधर नरक्षेत्र के बीच देखते हैं तो सुख-समृद्धि और सम्पन्नता की दशा में दिन-रात घेरे रहने वाले स्तुति का खासा कोलाहल खड़ा करने वाले, विपत्ति और दुर्दिन में पास नहीं फटकते; उधर जड़ जगत् के भीतर देखते हैं तो भरे हुए सरोवर के किनारे जो पक्षी बराबर कलरव करते रहते हैं, वे उसके सूखने पर अपना-अपना रास्ता लेते हैं।

कोलाहल सुनि खगन के, सरवर! जनि अनुरागि।
ये सब स्वारथ के सखा, दुर्दिन दैहैं त्यागि॥
दुर्दिन दैहैं त्यागि, तोय तेरो जब जैहैं।
दूरहि ते तजि आस, पास कोऊ नहिं ऐहैं॥

इसी प्रकार सूक्ष्म और मार्मिक दृष्टि वालों को और गूढ़ व्यंजना भी मिल सकती है। अपने इधर-उधर हरियाली और प्रफुल्लता का विधान करने के लिए यह आवश्यक है कि नदी कुछ काल तक एक बँधी हुई मर्यादा के भीतर बहती रहे। वर्षा की उमड़ी हुई उच्छृंखलता में पोषित हरियाली और प्रफुल्लता का ध्वंस सामने आता है। पर यह उच्छृंखलता और ध्वंस अल्पकालिक होता है और इसके द्वारा आगे के लिए पोषण की नई शक्ति का संचय होता है। उच्छृंखलता नदी की स्थायी वृत्ति नहीं है। नदी के इस स्वरूप के भीतर सूक्ष्म मार्मिक दृष्टि लोकगति के स्वरूप का साक्षात्कार करती है। लोक जीवन की धारा जब तक बँधे मार्ग पर कुछ काल तक अबाध गति से चलने पाती है तभी सभ्यता के किसी रूप का पूर्ण विकास और उसके भीतर सुख-शान्ति की प्रतिष्ठा होती है। जब जीवन-प्रवाह क्षीण और शाक्त पड़ने लगता है और गहरी विषमता आने लगती है तब नयी शक्ति का प्रवाह फूट पड़ता है जिसमें वेग की उच्छृंखलता के सामने बहुत कुछ ध्वंस भी होता है। पर यह उच्छृंखल वेग जीवन का या जगत् का नित्य स्वरूप नहीं है।

३. पहले कहा जा चुका है कि नरक्षेत्र के भीतर बद्ध रहने वाली काव्य-दृष्टि की अपेक्षा सम्पूर्ण जीवन-क्षेत्र और समस्त चराचर के क्षेत्र से मार्मिक तथ्यों का चयन करने वाली दृष्टि उत्तरोत्तर अधिक व्यापक और गम्भीर कही जायेगी। जब कभी हमारी भावना का प्रसार इतना विस्तीर्ण और व्यापक होता है कि हम अनन्त व्यक्ति सत्ता के भीतर नरसत्ता के स्थान का अनुभव करते हैं तब हमारी पार्थक्य-बुद्धि का परिहार हो जाता है। उस समय हमारा हृदय ऐसी उच्च भूमि पर पहुँचा रहता है जहाँ उसकी वृत्ति प्रशान्त और गम्भीर हो जाती है, उसकी अनुभूति का विषय ही कुछ बदल जाता है।

तथ्य चाहे नरक्षेत्र के ही हों, चाहे अधिक व्यापक क्षेत्र के हों, कुछ प्रत्यक्ष होते हैं और कुछ गूढ़। जो तथ्य हमारे किसी भाव को उत्पन्न करे उसे उस भाव का आलम्बन रहना चाहिए। ऐसे रसात्मक तथ्य आरम्भ में ज्ञानेन्द्रियाँ उपस्थित करती हैं। फिर ज्ञानेन्द्रियों द्वारा प्राप्त सामग्री से भावना या कल्पना उनकी योजना करती है। अत: यह कहा जा सकता है कि ज्ञान ही भावों में संचार के लिए मार्ग खोलता है। ज्ञान-प्रसार के भीतर ही भाव-प्रसार होता है। आरम्भ में मनुष्य की चेतन सत्ता अधिकतर इन्द्रियज ज्ञान की समष्टि के रूप में ही रही। फिर ज्यों-ज्यों अन्त:करण का विकास होता गया और सभ्यता बढ़ती गयी त्यों-त्यों मनुष्य का ज्ञान बुद्धि-व्यवसायात्मक होता गया। अब मनुष्य का ज्ञानक्षेत्र बुद्धि-व्यवसायात्मक या विचारात्मक होकर बहुत ही विस्तृत हो गया है। अत: उसके विस्तार के साथ हमें अपने हृदय का विस्तार भी बढ़ाना पड़ेगा। विचारों की क्रिया से, वैज्ञानिक विवेचन और अनुसंधान द्वारा उद्‌घाटित परिस्थितियों और तथ्यों के मर्मस्पर्शी पक्ष का मूर्त्त और सजीव चित्रण भी—उसका इस रूप में प्रत्यक्षीकरण भी कि वह हमारे किसी भाव का आलम्बन हो सके—कवियों का काम और उच्च काव्य का एक लक्षण होगा। कहने की आवश्यकता नहीं कि इन तथ्यों और परिस्थितियों के मार्मिक रूप न जाने कितनी बातों की तह में छिपे होंगे।

काव्य और व्यवहार

भावों या मनोविकारों के विवेचन में हम कह चुके हैं कि मनुष्य को कर्म में प्रवृत्त करने वाली मूल वृत्ति भावात्मिकता है। केवल तर्क-बुद्धि या विवेचना के बल से हम किसी कार्य में प्रवृत्त नहीं होते। जहाँ जटिल बुद्धि-व्यापार के अंतर में किसी कर्म का अनुष्ठान देखा जाता है वहाँ भी तह में कोई भाव या वासना छिपी रहती है। चाणक्य जिस समय अपनी नीति की सफलता के लिए किसी निष्ठुर व्यापार में प्रवृत्त दिखाई पड़ता है उस समय वह दया, करुणा आदि सब मनोविकारों या भावों से परे दिखाई पड़ता है। पर थोड़ा अन्तर्दृष्टि गड़ाकर देखने से कौटिल्य को नचाने वाली डोर का छोर भी अन्त:करण के रागात्मक खण्ड की ओर मिलेगा। प्रतिज्ञा-पूर्ति की आनन्द भावना और नन्दवंश के प्रति क्रोध या वैर की वासना बारी-बारी से उस डोर को हिलाती हुई मिलेगी। अर्वाचीन राष्ट्रनीति के गुरु-घण्टाल जिस समय अपनी किसी गहरी चाल से किसी देश की निरपराध जनता का सर्वनाश करते हैं, उस समय वे दया आदि दुर्बलताओं से निर्लिप्त, केवल बुद्धि के कठपुतले दिखाई पड़ते हैं। पर उनके भीतर यदि छानबीन की जाये तो कभी अपने देशवासियों के सुख की उत्कण्ठा, कभी अन्य जाति के प्रति घोर विद्वेष, कभी अपनी जातीय श्रेष्ठता का नया या पुराना घमण्ड, इशारे करता हुआ मिलेगा।

बात यह है कि केवल इस बात को जानकर ही हम किसी काम को करने या न करने के लिए तैयार नहीं होते कि वह काम अच्छा है या बुरा, लाभदायक है या हानिकारक। जब उसकी या उसके परिणाम की कोई ऐसी बात हमारी भावना में आती है जो आह्लाद, क्रोध, करुणा, भय, उत्कंठा आदि का संचार कर देती है तभी हम उस काम को करने या न करने के लिए उद्यत होते हैं। शुद्ध-ज्ञान या विवेक में कर्म की उत्तेजना नहीं होती। कर्म-प्रवृत्ति के लिए मन में कुछ वेग का आना आवश्यक है। यदि किसी जन समुदाय के बीच कहा जाये कि अमुक देश तुम्हारा इतना रुपया प्रतिवर्ष उठा ले जाता है तो सम्भव है कि उस पर कुछ प्रभाव न पड़े। पर यदि दारिद्र्य और अकाल का भीषण और करुण दृश्य दिखाया जाये, पेट की ज्वाला से जले हुए कंकाल कल्पना के सम्मुख रखे जायें और भूख से तड़पते हुए बालक के

पास बैठी हुई माता का आर्त्त-क्रन्दन सुनाया जाये तो बहुत से लोग क्रोध और करुणा से व्याकुल हो उठेंगे और इस दशा को दूर करने का यदि उपाय नहीं तो संकल्प अवश्य करेंगे। पहले ढंग की बात कहना राजनीतिक या अर्थशास्त्री का काम है और पिछले प्रकार का दृश्य भावना में लाना कवि का। अत: यह धारणा कि काव्य व्यवहार का बाधक है, उसके अनुशीलन से अकर्मण्यता आती है, ठीक नहीं। कविता तो भाव-प्रसार द्वारा कर्मण्य के लिए कर्मक्षेत्र का और विस्तार कर देती है।

उक्त धारणा का आधार यदि कुछ हो सकता है तो यही कि जो भावुक या सहृदय होते हैं अथवा काव्य के अनुशीलन से जिनके भाव-प्रसार का क्षेत्र विस्तृत हो जाता है, उनकी वृत्तियाँ उतनी स्वार्थबद्ध नहीं रह सकतीं। कभी-कभी वे दूसरों का जी दुखाने के डर से, आत्मगौरव या कुलगौरव या जातिगौरव के ध्यान से अथवा जीवन के किसी पक्ष की उत्कर्ष-भावना में नग्न होकर अपने लाभ के कर्म में अतत्पर या उससे विरत देखे जाते हैं। अत: अर्थागम से 'हृष्ट, स्वकार्य साधयेत्' के अनुयायी काशी के ज्योतिषी और कर्मकाण्डी, कानपुर के बनिये और दलाल, कचहरियों के अमले और मुख्तार ऐसों को कार्य-भ्रंशकारी, मूर्ख, निरे निठल्ले या खब्त-उल-हवास समझ सकते हैं। जिनकी भावना किसी बात के मार्मिक पक्ष का चित्रानुभव करने में तत्पर रहती है, जिनके भाव चराचर के बीच किसी की भी आलम्बनोपयुक्त रूप या दशा में पाते ही उसकी ओर दौड़ पड़ते हैं, वे सदा अपने लाभ के ध्यान से या स्वार्थ-बुद्धि द्वारा ही परिचालित नहीं होते। उसकी यही विशेषता अर्थपरायणों को—अपने काम से काम रखने वालों को—एक त्रुटि-सी जान पड़ती है। कवि और भावुक हाथ-पैर न हिलाते हों, यह बात नहीं है। पर अर्थियों के निकट उनकी बहुत-सी क्रियाओं का कोई अर्थ नहीं होता।

मनुष्यता की उच्च भूमि

मनुष्य की चेष्टाओं और कर्मकलाप से भावों का मूल-सम्बन्ध निरूपित हो चुका है और यह भी दिखाया जा चुका है कि कविता इन भावों या मनोविकारों के क्षेत्र को विस्तृत करती हुई इनका प्रसार करती है। पशुत्व से मनुष्यत्व में जिस प्रकार अधिक ज्ञान-प्रसार की विशेषता है उसी प्रकार अधिक भाव-प्रसार की भी। पशुओं के प्रेम की पहुँच प्राय: अपने जोड़े बच्चों या खिलाने-पिलाने वालों तक ही होती है। इसी प्रकार उनका क्रोध भी अपने सताने वालों तक ही जाता है, स्वर्ग या पशुमात्र को सताने वालों तक नहीं पहुँचता। पर मनुष्य में ज्ञान-प्रसार के साथ भाव-प्रसार भी क्रमश: बढ़ता गया है। अपने परिजनों, अपने सम्बन्धियों, अपने पड़ोसियों, अपने देशवासियों क्या मनुष्य मात्र और प्राणिमात्र तक से प्रेम करने भर को जगह उसके हृदय में बन गयी है। मनुष्य की त्योरी मनुष्य को ही सताने वाले पर नहीं चढ़ती, गाय-बैल और कुत्ते-बिल्ली को सताने वाले पर भी चढ़ती है। पशु की वेदना देखकर भी उनके नेत्र सजल होते हैं। बन्दर को शायद बंदरिया के मुँह में ही सौन्दर्य दिखाई पड़ता होगा; पर मनुष्य पशु-पक्षी, फूल-पत्ते और रेत-पत्थर में भी सौन्दर्य पाकर मुग्ध होता है। इस हृदय-प्रसार का स्मारक स्तम्भ काव्य है जिसकी उत्तेजना से हमारे जीवन में एक नया जीवन आ जाता है। हम सृष्टि के सौन्दर्य को देखकर रसमग्न होने लगते हैं, कोई निष्ठुर कार्य हमें असह्य होने लगता है, हमें जान पड़ता है कि हमारा जीवन कई गुना बढ़कर सारे संसार में व्याप्त हो गया है।

कवि-वाणी के प्रसार से हम संसार के सुख-दुःख, आनन्द-क्लेश आदि का शुद्ध स्वार्थमुक्त रूप में अनुभव करते हैं। इस प्रकार के अनुभव के अभ्यास से हृदय का बन्धन खुलता है और मनुष्यता की उच्च भूमि की प्राप्ति होती है। किसी अर्थपिशाच कृपण को देखिए, जिसने केवल अर्थलोभ के वशीभूत होकर क्रोध, दया, श्रद्धा, भक्ति, आत्माभिमान आदि भावों को एकदम दबा दिया है और संसार के मार्मिक पक्ष से मुँह मोड़ लिया है। न सृष्टि के किसी रूप-माधुर्य को देख वह पैसों का हिसाब-किताब भूल कभी मुग्ध होता है, न किसी दीन-दुनिया को देख कभी करुणा से द्रवीभूत होता है, न कोई अपमानसूचक बात सुनकर क्रुद्ध या क्षुब्ध होता है। यदि उससे किसी लोमहर्षण अत्याचार की बात कही जाये तो वह मनुष्य धर्मानुसार क्रोध या घृणा प्रकट करने के स्थान पर रुखाई के साथ कहेगा कि "जाने दो, हमसे क्या मतलब; चलो अपना काम देखें।" यह महा भयानक मानसिक रोग है। इससे मनुष्य आधा मर जाता है। इसी प्रकार किसी महाक्रूर पुलिस कर्मचारी को जाकर देखिए जिसका हृदय पत्थर के समान जड़ और कठोर हो गया है, जिसे दूसरे के दुःख और क्लेश की भावना स्वप्न में भी नहीं होती है। ऐसों को सामने पाकर स्वभावतः यह मन में आता है कि क्या इनकी भी कोई दवा है? इनकी दवा कविता है।

कविता ही हृदय को प्रकृत दशा में लाती है और जगत् के बीच क्रमशः उसका अधिकाधिक प्रसार करती हुई उसे मनुष्यत्व की उच्च भूमि पर ले जाती है। भावयोग की सबसे उच्च कक्षा पर पहुँचे हुए मनुष्य का जगत् के साथ पूर्ण तादात्म्य हो जाता है, उसकी अलग भावसत्ता नहीं रह जाती, उसका हृदय विश्व-हृदय हो जाता है। उसकी अश्रुधारा में जगत् की अश्रुधारा का, उसके हास-विलास में जगत् के आनन्द-नृत्य का, उसके गर्जन-तर्जन का आभास मिलता है।

भावना या कल्पना

इस निबन्ध के आरम्भ में ही हम काव्यानुशीलन को भावयोग कह आये हैं और उसे कर्मयोग और ज्ञानयोग के समकक्ष बता आये हैं। यहाँ पर अब यह कहने की आवश्यकता प्रतीत होती है कि 'उपासना' भावयोग का ही एक अंग है। पुराने धार्मिक लोग उपासना का अर्थ 'ध्यान' ही लिया करते हैं। जो वस्तु हमसे अलग है, हमसे दूर प्रतीत होती है, उसकी मूर्ति मन में लाकर उसके सामीप्य का अनुभव करना ही उपासना है। साहित्य वाले इसी को 'भावना' कहते हैं और आजकल के लोग 'कल्पना'। जिस प्रकार भक्ति के लिए उपासना या ध्यान की आवश्यकता होती है, उसी प्रकार और भावों के प्रवर्तन के लिए भी भावना या कल्पना अपेक्षित होती है। जिनकी भावना या कल्पना शिथिल या अशक्त होती है, किसी कविता या सरस उक्ति को पढ़-सुनकर उनके हृदय में मार्मिकता होते हुए भी वैसी अनुभूति नहीं होती। बात यह है कि उनके अंतःकरण में चटपट वह सजीव और स्पष्ट मूर्ति-विधान नहीं होता जो भावों को परिचालित कर देता है। कुछ कवि किसी बात के सारे मार्मिक अंगों का पूरे ब्यौरे के साथ चित्रण कर देते हैं, पाठक या श्रोता की कल्पना के लिए बहुत कम काम छोड़ते हैं और कुछ कवि कुछ मार्मिक खण्ड रखते हैं जिन्हें पाठक की तत्पर कल्पना आप से आप पूर्ण करती है।

कल्पना दो प्रकार की होती है—विधायक और ग्राहक। कवि में विधायक कल्पना अपेक्षित होती है और श्रोता या पाठक में अधिकतर ग्राहक। अधिकतर कहने का अभिप्राय

यह है जहाँ कवि पूर्ण चित्रण नहीं करता वहाँ पाठक या श्रोता को भी अपनी ओर से कुछ मूर्ति-विधान करना पड़ता है। योरोपीय साहित्य-मीमांसा में कल्पना को बहुत प्रधानता दी गयी है। है भी यह काव्य का अनिवार्य साधन, पर है साधन ही, साध्य नहीं, जैसा कि उपर्युक्त विवेचन से स्पष्ट है। किस प्रसंग के अंतर्गत कैसा ही विचित्र मूर्ति विधान हो पर यदि उसमें उपर्युक्त भाव संचार की क्षमता नहीं है तो वह काव्य के अंतर्गत न होगा।

मनोरंजन

प्राप: सुनने में आता है कि कविता का उद्देश्य मनोरंजन है। पर जैसा कि हम पहले कह आये हैं, कविता का अन्तिम लक्ष्य जगत् के मार्मिक पक्षों का प्रत्यक्षीकरण करके उनके साथ मनुष्य-हृदय का सामंजस्य-स्थापन है। इतने गम्भीर उद्देश्य के स्थान पर केवल मनोरंजन का हल्का उद्देश्य सामने रखकर जो कविता का पठन-पाठन या विचार करते हैं, वे रास्ते ही में रह जाने वाले पथिक के समान हैं। कविता पढ़ते समय मनोरंजन अवश्य होता है, पर उसके उपरांत कुछ और भी होता है और वही सब कुछ है। मनोरंजन वह शक्ति है जिससे कविता अपना प्रभाव जमाने के लिए मनुष्य की चित्तवृत्ति को स्थिर किये रहती है, इधर-उधर जाने नहीं देती। अच्छी से अच्छी बात को भी कभी-कभी जो केवल कान से सुन भर लेते हैं, उनकी ओर उनका मनोयोग नहीं होता। केवल यही कहकर कि 'परोपकार करो', 'दूसरों पर दया करो', 'चोरी करना महापाप है', हमें यह आशा कदापि न करनी चाहिए कि कोई अपकारी उपकारी, कोई क्रूर दयावान् या कोई चोर साधु हो जायेगा। क्योंकि ऐसे वाक्यों के अर्थ की पहुँच हृदय तक होती ही नहीं, वह ऊपर ही ऊपर रह जाता है। ऐसे वाक्यों द्वारा सूचित व्यापारों का मानव-जीवन के बीच कोई मार्मिक चित्र सामने न पाकर हृदय उनकी अनुभूति की ओर प्रवृत्त ही नहीं होता।

पर कविता अपनी मनोरंजन-शक्ति द्वारा पढ़ने या सुनने वाले का चित्त रमाये रहती है, जीवन-पट पर उक्त कर्मों की सुन्दरता या विरूपता अंकित करके हृदय के मर्मस्थलों का स्पर्श करती है। मनुष्य के कुछ कर्मों में जिस प्रकार दिव्य सौन्दर्य और माधुर्य होता है, उसी प्रकार कुछ कर्मों में भीषण कुरूपता और भद्दापन होता है। इसी सौन्दर्य या कुरूपता का प्रभाव मनुष्य के हृदय पर पड़ता है और इस सौन्दर्य या कुरूपता का सम्यक् प्रत्यक्षीकरण कविता ही कर सकती है।

कविता की इसी रमाने वाली शक्ति को देखकर जगन्नाथ पंडितराज ने रमणीयता का पल्ला पकड़ा और उसे काव्य का साध्य स्थिर किया तथा योरोपीय समीक्षकों ने 'आनंद' को काव्य का परम लक्ष्य ठहराया। इस प्रकार मार्ग को ही अन्तिम गन्तव्य स्थल मान लेने के कारण बड़ा गड़बड़झाला हुआ। मनोरंजन या आनन्द तो बहुत-सी बातों में हुआ करता है। किस्सा-कहानी सुनने में भी तो पूरा मनोरंजन होता है, लोग रात-रात भर सुनते रह जाते हैं। पर क्या कहानी सुनना और कविता सुनना एक ही बात है? हम रसात्मक कथाओं या आख्यानों की बात नहीं कहते हैं; केवल घटना वैचित्र्यपूर्ण कहानियों की बात कहते हैं। कविता और कहानी का अन्तर स्पष्ट है। कविता सुनने वाला किसी भाव में मग्न रहता है और कभी-कभी बार-बार एक ही पद्य सुनना चाहता है। पर कहानी सुनने वाला आगे की घटना के लिए आकुल रहता है। कविता सुनने वाला कहता है, ''जरा फिर तो कहिए।'' कहानी सुनने वाला कहता है, ''हाँ! तब क्या हुआ!''

मन को अनुरंजित करना, उसे सुख या आनन्द पहुँचाना ही यदि कविता का अन्तिम लक्ष्य माना जाये तो कविता भी केवल विलास की एक सामग्री हुई। परन्तु क्या कोई कह सकता है कि वाल्मीकि ऐसे मुनि और तुलसीदास ऐसे भक्त ने केवल इतना ही समझकर श्रम किया कि लोगों को समय काटने का एक अच्छा सहारा मिल जायेगा? क्या इससे गम्भीर कोई उद्देश्य उनका न था? खेद के साथ कहना पड़ता है कि बहुत दिनों से बहुत-से लोग कविता को विलास की सामग्री समझते आ रहे हैं। हिन्दी के रीति-काल के कवि तो मानो राजाओं-महाराजाओं की काम-वासना उत्तेजित करने के लिए ही रखे जाते थे। एक प्रकार के कविराज तो रईसों के मुँह के मकरध्वज रस झोंकते थे, दूसरे प्रकार के कविराज कान में मकरध्वज रस की पिचकारी देते थे, पीछे से तो ग्रीष्मोपचार आदि के नुस्खे भी कवि लोग तैयार करने लगे। गर्मी के मौसम के लिए एक कवि जी व्यवस्था करते हैं—

> सीतल गुलाबजल भरि चहबच्चन में,
> डारि कै कमलदल न्हायबे को धँसिए।
> कालिदास अंग-अंग अगर अतर संग,
> केसर उसीर नीर घनसार धँसिए।
> जेठ में गोविंद लाल चन्दन के चहलन,
> भरि-भरि गोकुल के महलन बसिए।

इसी प्रकार शिशिर के मसाले सुनिए—

> गुलगुली गिलमैं, गलीचा हैं, गुनीजन हैं,
> चिक हैं, चिराकैं हैं, चिरागन की माला हैं।
> कहै पदमाकर है गजक गजा हू सजी,
> सज्जा हैं, सुरा हैं, सुराही हैं सुप्याला हैं।
> शिशिर के पाला को न व्यापत कसाला तिन्हैं,
> जिनके अधीन एते उदित मसाला हैं॥

सौन्दर्य

सौन्दर्य बाहर की कोई वस्तु नहीं है, मन के भीतर की वस्तु है। योरोपीय कला समीक्षा की यह एक बड़ी ऊँची उड़ान या बड़ी दूर की कौड़ी समझी गयी है। पर वास्तव में यह भाषा के गड़बड़झाले के सिवा और कुछ नहीं है। जैसे वीरकर्म से पृथक् वीरत्व कोई पदार्थ नहीं वैसे ही सुन्दर वस्तु से पृथक् सौन्दर्य कोई पदार्थ नहीं। कुछ रूप-रंग की वस्तुएँ ऐसी होती हैं जो हमारे मन में आते ही थोड़ी देर के लिए हमारी सत्ता पर ऐसा अधिकार कर लेती हैं कि उसका ज्ञान ही हवा हो जाता है और हम उन वस्तुओं की भावना के रूप में ही परिणत हो जाते हैं। हमारी अन्तस्सत्ता की यही तदाकार-परिणति सौन्दर्य की अनुभूति है। इसके विपरीत कुछ रूप-रंग की वस्तुएँ ऐसी होती हैं जिनकी प्रतीति या जिनकी भावना हमारे मन में कुछ देर टिकने ही नहीं पाती और एक मानसिक आपत्ति-सी जान पड़ती है। जिस वस्तु के प्रत्यक्ष ज्ञान या भावना से तदाकार परिणति जितनी ही अधिक होगी, उतनी ही वह वस्तु हमारे लिए सुन्दर कही जायेगी। इस विवेचन से स्पष्ट है कि भीतर-बाहर का भेद व्यर्थ है। जो भीतर है वही बाहर है।

यही बाहर हँसता-खेलता, रोता-गाता, खिलता-मुरझाता जगत् भीतर भी है जिसे हम मन कहते हैं। जिस प्रकार यह जगत् रूपमय और गतिमय है उसी प्रकार मन भी। मन भी रूप-गति का संघात ही है। रूप मन और इन्द्रियों द्वारा संघटित है या मन और इन्द्रियाँ रूपों-द्वारा, इससे यहाँ प्रयोजन नहीं। हमें तो केवल यही कहना है कि हमें अपने मन का और अपनी सत्ता का बोध रूपात्मक ही होता है।

किसी वस्तु के प्रत्यक्ष ज्ञान या भावना से हमारी अपनी सत्ता के क्रोध का जितना ही अधिक तिरोभाव और हमारे मन की उस वस्तु के रूप में जितनी ही पूर्ण परिणति होगी उतनी ही बढ़ी हुई हमारी सौन्दर्य की अनुभूति कही जायेगी। जिस प्रकार की रूपरेखा या वर्ण-विन्यास से किसी की तदाकार परिणति होती है, उसी प्रकार की रूपरेखा या वर्ण-विन्यास उसके लिए सुन्दर है। मनुष्यता की सामान्य भूमि पर पहुँची हुई संसार की सब सभ्य जातियों में सौन्दर्य के सामान्य आदर्श प्रतिष्ठित हैं। भेद अधिकतर अनुभूति की मात्रा में पाया जाता है। न सुन्दर को कोई एकबारगी कुरूप कहता है और न बिल्कुल कुरूप को सुन्दर। जैसा कि कहा जा चुका है, सौन्दर्य का दर्शन मनुष्य मनुष्य ही में नहीं करता, प्रत्युत पल्लव-गुम्फित पुष्पहास में, पक्षियों के पक्षजाल में, सिन्दूराभ सान्ध्य दिगंचल के हिरण्य-मेखला-मण्डित घनखण्ड में, तुषारावृत्त तुंग-गिरि-शिखिर में, चन्द्रकिरण से झलझलाते निर्झर में और न जाने कितनी वस्तुओं में वह सौन्दर्य की झलक पाता है।

जिस सौन्दर्य की भावना में मग्न होकर मनुष्य अपनी पृथक् सत्ता की प्रतीति का विसर्जन करता है वह अवश्य एक दिव्य विभूति है। भक्त लोग अपनी उपासना या ध्यान में इसी विभूति का अवलम्बन करते हैं। तुलसी और सूर ऐसे सगुणोपासक भक्त राम और कृष्ण की सौन्दर्य-भावना में मग्न होकर ऐसी मंगल-दशा का अनुभव कर गये हैं जिसके सामने कैवल्य या मुक्ति की कामना का कहीं पता नहीं लगता।

कविता केवल वस्तुओं के ही रंग-रूप में सौन्दर्य की छटा नहीं दिलाती, प्रत्युत कर्म और मनोवृत्ति के भी अत्यन्त मार्मिक दृश्य सामने रखती है। वह जिस प्रकार विकसित कमल, रमणी के मुखमंडल आदि का सौन्दर्य मन में लाती है उसी प्रकार उदारता, वीरता, त्याग, दया, प्रेमोत्कर्ष इत्यादि कर्मों और मनोवृत्तियों का सौन्दर्य भी मन में जगाती है। जिस प्रकार वह शव को नोचते हुए कुत्तों और शृगालों के वीभत्स व्यापार की झलक दिखाती है उसी प्रकार क्रूरों की हिंसावृत्ति और दुष्टों की ईर्ष्या आदि की कुरूपता से भी क्षुब्ध करती है। इस कुरूपता का अवस्थान सौन्दर्य को पूर्ण और स्पष्ट अभिव्यक्ति के लिए ही समझना चाहिए। जिन मनोवृत्तियों का अधिकतर बुरा रूप हम संसार में देखा करते हैं उनका भी रूप सुन्दर कविता ढूँढ़कर दिखाती है। दशवदन-निधनकारी राम के क्रोध के सौन्दर्य पर कौन मोहित न होगा?

जो कविता रमणी के रूपमाधुर्य से हमें तृप्त करती है वही उसकी अन्तर्वृत्ति की सुन्दरता का आभास देकर हमें मुग्ध करती है। जिस बंकिम की लेखनी ने गढ़ पर बैठी हुई राजकुमारी तिलोत्तमा के अंग-प्रत्यंग की सुषमा को अंकित किया है उसी ने नवाब-नन्दिनी आयशा के अन्तस् की अपूर्व सात्त्विकी ज्योति की झलक दिखाकर पाठकों को चमत्कृत किया है। जिस प्रकार बाह्य प्रकृति के बीच वन, पर्वत, नदी-निर्झर आदि की रूप-विभूति से हम सौन्दर्य-मग्न होते हैं, उसी प्रकार अन्तःप्रकृति में दया, दाक्षिण्य, श्रद्धा, भक्ति आदि वृत्तियों की स्निग्ध शीतल आभा में सौन्दर्य लहराता हुआ पाते हैं। यदि कहीं बाह्य और आभ्यन्तर दोनों सौन्दर्य

का योग दिखाई पड़े तो फिर क्या कहना है? यदि किसी अत्यन्त सुन्दर पुरुष की धीरता, वीरता, सत्यप्रियता आदि अथवा किसी अत्यंत रूपवती स्त्री की सुशीलता, कोमलता और प्रेमपरायणता आदि भी सामने रख दी जाये तो सौन्दर्य की भावना सर्वाङ्ग पूर्ण हो जाती है।

सुन्दर और कुरूप-काव्य में बस ये ही दो पक्ष हैं। भला-बुरा, शुभ-अशुभ, पाप-पुण्य, मंगल-अमंगल, अनुपयोगी-उपयोगी—से सब शब्द काव्यक्षेत्र के बाहर के हैं। ये नीति, धर्म, व्यवहार, अर्थशास्त्र आदि के शब्द हैं। शुद्ध काव्य-क्षेत्र में न कोई बात भली कही जाती है न बुरी, न शुभ, न अशुभ, न उपयोगी, न अनुपयोगी। सब बातें केवल दो रूपों में दिखाई जाती हैं—सुन्दर और असुन्दर। जिसे धार्मिक शुभ या मंगल कहता है, कवि उसके सौन्दर्य-पद्य पर आप ही मुग्ध रहता है और दूसरों को भी मुग्ध करता है। जिसे धर्मज्ञ अपनी दृष्टि के अनुसार शुभ या मंगल समझता है, उसी को कवि अपनी दृष्टि के अनुसार सुन्दर कहता है। दृष्टिभेद अवश्य है। धार्मिक की दृष्टि जीव के कल्याण, परलोक में सुख, भवबन्धन से मोक्ष आदि की ओर रहती है। पर कवि की दृष्टि इन सब बातों की ओर नहीं रहती। वह उधर देखता है जिधर सौन्दर्य दिखाई पड़ता है। इतनी-सी बात ध्यान में रखने से ऐसे-ऐसे झमेलों में पड़ने की आवश्यकता बहुत कुछ दूर हो जाती है कि "कला में सत्-असत्, धर्माधर्म का विचार होना चाहिए या नहीं", "कवि को उपदेशक बनना चाहिए या नहीं।"

कवि की दृष्टि तो सौन्दर्य की ओर जाती है चाहे वह जहाँ हो—वस्तुओं के रूप-रंग में अथवा मनुष्यों के मन, वचन और कर्म में। उत्कर्ष-साधन के लिए, प्रभाव की वृद्धि के लिए, कवि लोग कई प्रकार के सौन्दर्यों का मेल भी किया करते हैं। राम की रूपमाधुरी और रावण की विकरालता भीतर का प्रतिबिम्ब-सी जान पड़ती है। मनुष्य के भीतरी-बाहरी सौन्दर्य के साथ चारों ओर की प्रकृति के सौन्दर्य को भी मिला देने से वर्णन का प्रभाव कभी-कभी बहुत बढ़ जाता है। चित्रकूट ऐसे रम्य स्थान में राम और भरत ऐसे रूपवानों की रम्य अन्तःप्रकृति की छटा का क्या कहना है।

चमत्कारवाद

काव्य के सम्बन्ध में 'चमत्कार' अनूठापन आदि शब्द बहुत दिनों से लाये जाते हैं। चमत्कार मनोरंजन की सामग्री है, इसमें सन्देह नहीं, इसमें जो लोग मनोरंजन को ही काव्य का लक्ष्य समझते हैं, वे यदि कविता में चमत्कार ही ढूँढ़ा करें तो कोई आश्चर्य की बात नहीं। पर जो लोग इससे ऊँचा और गम्भीर लक्ष्य समझते हैं वे चमत्कार मात्र को काव्य नहीं मान सकते। चमत्कार से हमारा अभिप्राय यहाँ प्रस्तुत वस्तु के अद्‌भुतत्व या वैलक्षण्य से नहीं जो अद्‌भुत रस के आलम्बन में होता है। 'चमत्कार' से हमारा तात्पर्य उक्ति के चमत्कार से है, जिसके अन्तर्गत वर्ण-विन्यास की विशेषता (जैसे, अनुप्रास में), शब्दों की क्रीड़ा (जैसे श्लेष, यमक आदि में), वाक्य की वक्रता या वचनभंगी (जैसे, काव्यार्थापत्ति, परिसंख्या, विरोधाभास, असंगति इत्यादि में) तथा अप्रस्तुत वस्तुओं का अद्‌भुतत्व अथवा प्रस्तुत वस्तुओं के साथ उनके सादृश्य का सम्बन्ध की अनहोनी या दूरारूढ़ कल्पना (जैसे, उत्प्रेक्षा, अतिशयोक्ति आदि में) इत्यादि बातें आती हैं।

चमत्कार का प्रयोग भावुक कवि भी करते हैं, पर किसी भाव की अनुभूति को तीव्र करने के लिए। जिस रूप या जिस मात्रा में भाव की स्थिति है उसी रूप और उसी मात्रा में उसकी

व्यंजना के लिए प्राय: कवियों की व्यंजना का कुछ असामान्य ढंग पकड़ना पड़ता है। बातचीत में भी देखा जाता है कि कभी-कभी हम किसी को मूर्ख न कहकर 'बैल' कह देते हैं। इसका मतलब यही है कि उसकी मूर्खता की जितनी गहरी भावना मन में है वह 'मूर्ख' शब्द से नहीं व्यक्त होती। इसी बात को देखकर कुछ लोगों ने यह निश्चय किया कि यही चमत्कार या उक्तिवैचित्र्य ही काव्य का नित्य लक्षण है। इस निश्चय के अनुसार कोई वाक्य, चाहे वह कितना ही मर्मस्पर्शी हो, यदि उक्तिवैचित्र्य शून्य है तो काव्य के अन्तर्गत न होगा और कोई वाक्य जिसमें किसी भाव या कर्म विचार की व्यंजना कुछ भी न हो पर उक्तिवैचित्र्य हो, वह खासा काव्य कहा जायेगा। उदाहरण के लिए पद्माकर का यह सीधा-सादा वाक्य लीजिये—

"नैन नचाय कही मुसुकाय 'लला फिर आइयो खेलन होरी'।"

अथवा मंडन का यह सवैया लीजिए—

अलि! हौं तौ गई जमुना-जल को,
सो कहा कहौं, बीर! विपत्ति परी।
घहराय कै कारी घटा उनई,
इतनेई में गागर सीस धरी॥
रपट्यो पग, घाट चढ्यौ न गयो,
कवि मंडन ह्वै कै विहाल गिरी।
चिरजीवहु नन्द को बारो अरी,
गहि बाँह गरीब ने ठाढ़ी करी॥

इसी प्रकार ठाकुर की यह अत्यन्त स्वाभाविक वितर्क-व्यंजना देखिए—

वा निरमोहिनि रूप की रासि जऊ उर हेतु न ठानति ह्वैहै।
बारहिं बार बिलोकि घरी-घरी सूरति तो पहिचानति ह्वैहै।
ठाकुर या मन को परतीति है, जो पै सनेह न मानति ह्वैहै।
आवत हैं नित मेरे लिए, इतनो तो विशेष कै जानति ह्वैहै॥

मंडन ने प्रेम-गोपन के जो वचन कहलाये हैं, वे ऐसे ही हैं जैसे जल्दी में स्वभावत: मुँह से निकल पड़ते हैं। उनमें विदग्धता की अपेक्षा स्वाभाविकता कहीं अधिक झलक रही है। ठाकुर के सवैये में भी अपने प्रेम का परिचय देने के लिए आतुर नये प्रेमी के चित्त के वितर्क की बड़े सीधे-सादे शब्दों में, बिना किसी वैचित्र्य या लोकोत्तर चमत्कार के, व्यंजना की गयी है। क्या कोई सहृदय वैचित्र्य के अभाव के कारण कह सकता है कि इनमें काव्यत्व नहीं है?

अब इनके सामने उन केवल चमत्कारवाली उक्तियों का विचार कीजिये जिनमें कहीं कोई कवि किसी राजा की कीर्ति की धवलता चारों ओर फैलती देख यह आशंका प्रकट करता है कि कहीं मेरी स्त्री के बाल भी सफेद न हो जायें अथवा प्रभात होने पर कौवों के काँव-काँव का कारण यह भय बताता है कि कालिमा या अंधकार का नाश करने में प्रवृत्त सूर्य कहीं कवियों को उस पर अपने भावों का आरोप करने की आवश्यकता प्राय: नहीं होती। उन्हें काला देख उनका भी नाश न कर दे। भोज-प्रबंध तथा और-और सुभाषित-संग्रहों में इस प्रकार की उक्तियाँ भरी पड़ी हैं। केशव की रामचन्द्रिका में पचीसों ऐसे पद्य हैं जिनमें अलंकारों की

भद्दी भरती के चमत्कार के सिवा हृदय को स्पर्श करने वाली या किसी भावना में मग्न करने वाली कोई बात न मिलेगी। उदाहरण के लिए पताका और पंचवटी के ये वर्णन लीजिये—

पताका

अति सुन्दर अति साधु! थिर न रहति पल आधु।
परम तपोमय मानि। दंडधारिणी जानि॥

पंचवटी

बेर भयानक अति लगै। अर्क समूह जहाँ जगमगै।
पांडव की प्रतिमा सम लेखौ। अर्जुन भीम महामति देखौ।
है सुभगा सम दीपति पूरी। सिंदुर औ तिलकावलि रूरी।
राजति है यह ज्यौं कुलकन्या। धाय विराजति है सँग धन्या॥

क्या कोई भावुक इन उक्तियों को शुद्ध काव्य कह सकता है? क्या ये उसके मर्म का स्पर्श कर सकती हैं?

ऊपर दिये अवतरणों में हम स्पष्ट देखते हैं कि किसी उक्ति की तह में उसके प्रवर्तक के रूप में यदि कोई भाव या मार्मिक अन्तर्वृत्ति छिपी है तो चाहे वैचित्र्य या चमत्कार ही चमत्कार है तो थोड़ी देर के लिए कुछ कुतूहल या मन-बहलाव चाहे हो जाये पर काव्य को लीन करने वाली सरसता न पायी जायेगी। केवल कुतूहल तो बालवृत्ति है। कविता सुनना और तमाशा देखना एक ही बात नहीं है। यदि सब प्रकार की कविता में केवल आश्चर्य या कुतूहल का ही संचार मानें तब तो अलग-अलग स्थायी भावों की रसरूप में अनुभूति और भिन्न-भिन्न भावों के आश्रयों के साथ तादात्म्य का कहीं प्रयोजन ही नहीं रह जाता है।

यह बात ठीक है कि हृदय पर जो प्रभाव पड़ता है, उसके मर्म का जो स्पर्श होता है, वह उक्ति ही के द्वारा। पर उक्ति के लिए यह आवश्यक नहीं कि वह सदा विचित्र, अद्‌भुत या लोकोत्तर हो—ऐसी ही जो सुनने में नहीं आया करती या जिसमें बड़ी दूर की सूझ होती है। ऐसी उक्ति जिसे सुनते ही मन किसी भाव या मार्मिक भावना (जैसे प्रस्तुत वस्तु का सौन्दर्य आदि) में लीन न होकर एकबारगी कथन के अनूठे ढंग, वर्ण-विन्याय या पद-प्रयोग की विशेषता, दूर की सूझ, कवि की चातुरी या निपुणता इत्यादि का विचार करने लगे, वह काव्य नहीं, सूक्ति है। बहुत से लोग काव्य और सूक्ति को एक ही समझा करते हैं। पर इन दोनों का भेद सदा ध्यान में रहना चाहिए। जो उक्ति हृदय में कोई भाव जागरित कर दे या उसे प्रस्तुत वस्तु या तथ्य की मार्मिक भावना में लीन कर दे, वह तो है काव्य। जो उक्ति केवल कथन के ढंग के अनूठेपन, रचना-वैचित्र्य, चमत्कार, कवि के श्रम या निपुणता के विचार में ही प्रवृत्त करे, वह है सूक्ति।

यदि किसी उक्ति में रसात्मकता और चमत्कार दोनों हों तो प्रधानता का विचार करके सूक्ति या काव्य का निर्णय हो सकता है। जहाँ उक्ति में अनूठापन अधिक मात्रा में होने पर भी उसकी तह में रहने वाला भाव आच्छन्न नहीं हो जाता, वहाँ भी काव्य ही माना जायेगा। जैसे, देव का यह सवैया लीजिये—

साँसन ही में समीर गयो अरु आँसुन ही सब नीर गयो ढरि।
तेज गयो गुन लै अपनो अरु भूमि गई तन की तनुता करि॥

देव जियै मिलिबेई की आस कै, आसहु पास अकाल रह्यो भरि।
जा दिन तें मुख फेरि हरै हँसि हेरि हियो जो लियो हरि जू हरि॥

सवैये का अर्थ यह है कि वियोग में उस नायिका के शरीर को संघटित करने वाले पंचभूत धीरे-धीरे निकलते जा रहे हैं। वायु दीर्घ नि:श्वासों के द्वारा निकल गयी, जलतत्त्व सारा आँसुओं ही आँसुओं में ढल गया, तेज भी न रह गया—शरीर की सारी दीप्ति या कान्ति जाती रही, पार्थिव तत्व के निकल जाने से शरीर भी क्षीण हो गया; अब तो उसके चारों ओर आकाश ही आकाश रह गया है—चारों ओर शून्य दिखाई पड़ रहा है। जिस दिन से श्रीकृष्ण ने उसकी ओर मुँह फेरकर ताका है और मन्द-मन्द हँसकर उसके मन को हर लिया है, उसी दिन से उनकी यह दशा है।

इस वर्णन में देव जी ने विरह की भिन्न-भिन्न दशाओं में चार भूतों को निकलने की बड़ी सटीक उद्भावना की है। आकाश का अस्तित्व भी बड़ी निपुणता से चरितार्थ किया है। यमक, अनुप्रास आदि भी हैं। सारांश यह कि उनकी उक्ति में एक पूरी सावयव कल्पना है, मजमून की पूरी बन्दिश है, पूरा चमत्कार या अनूठापन है। पर इस चमत्कार के बीच में भी विरह वेदना स्पष्ट झलक रही है, उसकी चकाचौंध में अदृश्य नहीं हो गयी है। इसी प्रकार मतिराम के इस सवैये की पिछली दो पंक्तियों में वर्षा के रूपक का जो व्यंग्य चमत्कार है वह भाव-सबलता के साथ अनूठे ढंग से गुम्फित है—

दोऊ अनन्द सों आँगन माँझ
बिराजैं असाढ़ की साँझ सुहाई।
प्यारी के बूझत और तिया को
अचानक नाम लियो रसिकाई॥
आई उनै मुँह में हँसी, कोहि
तिया पुनि चाप सी भौंह चढ़ाई।
आँखिन ते गिरे आँसू के बूँद,
सुहास गयो उड़ि हंस की नाईं॥

इसके विरुद्ध बिहारी की उन उक्तियों में जिनमें विरहिणी के शरीर के पास ले जाते शीशी का गुलाबजल सूख जाता है, उसके विरह-ताप की लपट के मारे माघ के महीने में भी पड़ोसियों का रहना कठिन हो जाता है, कृशता के कारण विरहिणी साँस खींचने के साथ दो-चार हाथ पीछे और साँस छोड़ने के साथ दो-चार हाथ आगे उड़ जाती है, अत्युक्ति का एक बड़ा तमाशा ही खड़ा किया गया है। कहाँ यह सब मजाक, कहाँ विरह की वेदना।

यह कहा जा चुका है कि उमड़ते हुए भाव की प्रेरणा से अक्सर कथन के ढंग में कुछ वक्रता आ जाती है। ऐसी वक्रता काव्य की प्रक्रिया के भीतर रहती है। उसका अनूठापन भाव-विधान के बाहर की वस्तु नहीं। उदाहरण के लिए दास जी की ये विरहदशासूचक उक्तियाँ लीजिए—

अब तौ बिहारी के वे बानक गये री,
तेरी तनदुति-केसर को नैन कसमीर भो।

श्रौन तुव बानी स्वाति-बूँदन के चातक भे,
साँसन को भरिबो द्रुपदजा को चीर भो॥
हिय को हरष मरुधरनि को नीर भो,
री जियरो मनोभव-शरन को तुनीर भो।
एरी! बेगि करिकै मिलापु थिर थापु,
न तौ आपु अब चहत अतनु को सरीर भो॥

ऐसी ही भाव-प्रेरित वक्रता द्विजदेव की इस मनोहर उक्ति में है—

तू जो कही, सखि! लोनो सरूप,
सो मो अँखियान को लोनी गई लगि।

प्रेम के स्फुरण की विलक्षण अनुभूति नायिका को हो रही है—कभी आँसू आते हैं, कभी अपनी दशा पर आप अचरज होता है, कभी हल्की-सी हँसी भी आ जाती है कि अच्छी बला मैंने मोल ली। इसी बीच अपनी अंतरंग सखी को सामने पाकर किंचित् विनोद-चातुरी की भी प्रवृत्ति होती है। ऐसी जटिल अन्तर्वृत्ति द्वारा प्रेरित उक्ति में विचित्रता आ ही जाती है। ऐसी चित्त-वृत्तियों के अवसर घड़ी-घड़ी नहीं आया करते। सूरदास जी का 'भ्रमरगीत' ऐसी भावप्रेरित वक्र उक्तियों से भरा पड़ा है।

उक्ति की वहीं तक की वचनभंगी या वक्रता के सम्बन्ध में हमसे कुन्तल जी का 'वक्रोक्तिः काव्यजीवितम्' मानते बनता है, जहाँ तक कि वह भावानुमोदित हो या किसी मार्मिक अन्तर्वृत्ति से सम्बद्ध हो; उसके आगे नहीं। कुन्तल जी की वक्रता बहुत व्यापक है जिसके अन्तर्गत वे वाक्य-वैचित्र्य की वक्रता और वस्तु-वैचित्र्य की वक्रता दोनों लेते हैं। सालंकृत वक्रता के चमत्कार ही में वे काव्यत्व मानते हैं। योरप में भी आजकल क्रोसे के प्रभाव से एक प्रकार वा वक्रोक्तिवाद में ही, उक्ति के अनूठे स्वरूप में ही, बहुत से लोग वहाँ कविता मानने लगे हैं। उक्ति ही काव्य होती है, यह तो सिद्ध बात है। हमारे यहाँ भी व्यंजना वाक्य ही काव्य माना जाता है। अब प्रश्न यह है कि कैसी उक्ति, किस प्रकार की व्यंजना करने वाला वाक्य? वक्रोक्तिवादी कहेंगे कि ऐसी उक्ति जिसमें कुछ वैचित्र्य या चमत्कार हो, व्यंजना चाहे जिसकी हो, या किसी ठीक-ठीक बात की न भी हो पर जैसा कि हम कह चुके हैं, मनोरंजनमात्र काव्य का उद्देश्य न मानने वाले इस बात का समर्थन करने में असमर्थ होंगे। वे किसी लक्षणा में उसका प्रयोजन अवश्य ढूँढ़ेंगे।

कविता की भाषा

कविता में कही गयी बात चित्र-रूप में हमारे सामने आनी चाहिए, यह हम पहले कह आए हैं। अतः उसमें गोचर-रूपों का विधान अधिक होता है। वह प्रायः ऐसे रूपों और व्यापारों को ही लेती है जो स्वाभाविक होते हैं और संसार में सबसे अधिक मनुष्यों को सबसे अधिक दिखाई पड़ते हैं।

अगोचर बातों या भावनाओं को भी, जहाँ तक हो सकता है, कविता स्थूल गोचर रूप में रखने का प्रयास करती है। इस मूर्ति-विधान के लिए वह भाषा की लक्षणा-शक्ति से काम लेती है। जैसे, ''समय बीता जाता है'' कहने की अपेक्षा ''समय भागा जाता है'' कहना वह अधिक पसन्द करेगी। किसी काम से हाथ खींचना, किसी का रुपया खा जाना, कोई बात पी

जाना, दिन ढलना या डूबना, मन मारना, मन छूना, शोभा बरसना, उदासी टपकना इत्यादि ऐसी ही कवि-समय-सिद्ध उक्तियाँ हैं जो बोलचाल में रूढ़ि होकर आ गयी हैं। लक्षणा-द्वारा स्पष्ट और सजीव आकार-प्रदान का विधान प्राय: सब देशों के कवि-कर्म में पाया जाता है। कुछ उदाहरण देखिए—

(क) धन्य भूमि बनपंथ पहारा। जहँ जहँ नाथ पाँव तुम धारा —तुलसी

(ख) मनहु उमगि अँग अँग छबि छलकै। —तुलसी

(ग) चूनरि चारु चुई सी परै।

(घ) बनन में बागन में बगरो बसन्त है। —पद्माकर

(ङ) वृन्दावन बागन पै बसन्त बरसो परै। —पद्माकर

(च) हौं तो श्यामरंग में चोराय, चित्त चोरा चोरी बोरत तो
बोर्‌यो पै निचोरत बनै नहीं —पद्माकर

(छ) एहो नन्दलाल ऐसी व्याकुल परी है बाल,
हाल ही चलौ तौ चलौ, जोरे जुरि जायगी।
कहै पद्माकर नहीं तौ ये झकोरे लगे,
ओरे लौं अचाका बिनु धोरे घुरि जायगी।
तौ ही लगि चैन जौलौं चेतिहैं न चन्द्रमुखी,
चेतैगी कहूँ तौ चाँदनी में चुरि जायगी।

इन उदाहरणों से स्पष्ट है कि वस्तु या तथ्य के पूर्ण प्रत्यक्षीकरण तथा भाव या मार्मिक अन्त:वृत्ति के अनुरूप व्यंजना के लिए लक्षणा का बहुत कुछ सहारा कवि को लेना पड़ता है।

भावना को मूर्त्त रूप में रखने की आवश्यकता के कारण कविता की भाषा में दूसरी विशेषता यह रहती है कि उसमें जाति संकेत वाले शब्दों की अपेक्षा विशेष-रूप-व्यापार सूचक शब्द अधिक रहते हैं। बहुत से ऐसे शब्द होते हैं जिनसे किसी एक का नहीं बल्कि बहुत से रूपों का या व्यापारों का एक साथ चलता-सा अर्थ ग्रहण हो जाता है। ऐसे शब्दों को हम जाति-संकेत कह सकते हैं। ये मूर्त विधान के प्रयोजन के नहीं होते। किसी ने कहा, "वहाँ बड़ा अत्याचार हो रहा है।" इस अत्याचार शब्द के अन्तर्गत मारना-पीटना, डाँटना-डपटना, लूटना-पाटना इत्यादि बहुत से व्यापार हो सकते हैं, अत: 'अत्याचार' शब्द सुनने से उन सब व्यापारों की एक मिली-जुली अस्पष्ट भावना थोड़ी देर के लिए मन में आ जाती है; कुछ विशेष व्यापारों का स्पष्ट चित्र या मूर्त्त रूप नहीं खड़ा होता। इससे ऐसे शब्द कविता के उतने काम के नहीं। ये तत्त्व-निरूपण, शास्त्रीय विचार आदि में ही अधिक उपयोगी होते हैं। भिन्न-भिन्न शास्त्रों में बहुत से शब्द तो विलक्षण ही अर्थ देते हैं और पारिभाषिक कहलाते हैं। शास्त्र-मीमांसक या तत्त्व-निरूपक को किसी सामान्य तथ्य या तत्त्व तक पहुँचने की जल्दी रहती है, इससे वह किसी सामान्य धर्म के अन्तर्गत आने वाली बहुत सी बातों को एक मानकर अपना काम चलाता है; प्रत्येक का अलग-अलग दृश्य देखने-दिखाने में नहीं उलझता।

पर कविता कुछ वस्तुओं और व्यापारों को मन के भीतर मूर्त्त रूप में लाना और प्रभाव उत्पन्न करने के लिए कुछ देर रखना चाहती है। अत: उक्त प्रकार के व्यापक अर्थ-संकेतों से

ही उसका काम नहीं चल सकता। इससे जहाँ उसे किसी स्थिति का वर्णन करना रहता है, वहाँ वह उसके अन्तर्गत सबसे अधिक मर्मस्पर्शिनी कुछ विशेष वस्तुओं या व्यापारों को लेकर उनका चित्र खड़ा करने का आयोजन करती है। यदि कहीं के घोर अत्याचार का वर्णन करना होगा, तो वह कुछ निरपराध व्यक्तियों के वध, भीषण यंत्रणा, स्त्री-बच्चों पर निष्ठुर प्रहार आदि क्षोभकारी दृश्य सामने रखेगी। ''वहाँ घोर अत्याचार हो रहा है'' इस वाक्य द्वारा वह कोई प्रभाव नहीं उत्पन्न कर सकती। अत्याचार शब्द के अन्तर्गत न जाने कितने व्यापार आ सकते हैं, अतः उसे सुनकर या पढ़कर सम्भव है कि भावना में एक भी व्यापार स्पष्ट रूप से न आये या आये भी तो ऐसा जिसमें मर्म को क्षुब्ध करने की शक्ति न हो।

उपर्युक्त विचार से ही किसी व्यवहार या शास्त्र के पारिभाषिक शब्द भी काव्य में लाये जाने योग्य नहीं माने जाते। हमारे यहाँ के आचार्यों ने पारिभाषिक शब्दों के प्रयोग को 'अप्रतीतत्व' दोष माना है। पर दोष स्पष्ट होते हुए भी चमत्कार के प्रेमी कब मान सकते हैं? संस्कृत के अनेक कवियों ने वेदान्त, आयुर्वेद, न्याय के पारिभाघिक शब्दों को लेकर बड़े-बड़े चमत्कार खड़े किये हैं या अपनी बहुज्ञता दिखाई है। हिन्दी के किसी मुकदमेबाज कवित्त करने वाले ने 'प्रेम फौजदारी' नाम की एक छोटी सी पुस्तक में शृंगार-रस की बातें अदालती कार्रवाइयों पर घटाकर लिखी हैं। 'एकतरफा डिगरी', 'तनकीह' ऐसे-ऐसे शब्द चारों ओर अपनी बहार दिखा रहे हैं, जिन्हें सुनकर कुछ अशिक्षित या भद्दी रुचि वाले वाह-वाह भी कर देते हैं।

शास्त्र के भीतर निरूपित तथ्य को भी जब कोई कवि अपनी रचना के भीतर लेता है, तब वह पारिभाषिक तथा अधिक व्याप्ति वाले जाति-संकेत शब्दों को हटाकर उस तथ्य को व्यंजित करने वाले कुछ विशेष मार्मिक रूपों और व्यापारों का चित्रण करता है। कवि गोचर और मूर्त्त रूपों के द्वारा ही अपनी बात कहता है। उदाहरण के लिए गोस्वामी तुलसीदास जी के ये वचन लीजिये—

जेहि निसि सफल जीव सूतहिं तब कृपापात्र जन जागै।

इसमें माया में पड़े हुए जीव की अज्ञान दशा का काव्य-पद्धति पर कथन है। और देखिए—प्राणी आयु भर क्लेश-निवारण और सुख-प्राप्ति का प्रयास करता रह जाता है और कभी वास्तविक सुख-शान्ति प्राप्त नहीं करता; इस बात को गोस्वामी जी यों सामने रखते हैं—

डासत ही गई बीति निसा सब,
कबहुँ न नाथ! नींद भरि सोयो।

भविष्य का ज्ञान अत्यन्त अद्‌भुत और रहस्यमय है जिसके कारण प्राणी आने वाली विपत्ति की कुछ भी भावना न करके अपनी दशा में मग्न रहता है। इस बात को गोस्वामी जी ने 'चरै हरित तृन बलिपशु' इस चित्र द्वारा व्यक्त किया है। अँगरेज कवि पोप ने भी भविष्य के अज्ञान का यही मार्मिक चित्र लिया है, यद्यपि उसने इस अज्ञान को ईश्वर का बड़ा भारी अनुग्रह कहा है—

उस बलिपशु को देख आज जिसका तू, रे नर!
अपने रँग में रक्त बहायेगा बेदी पर।
होता उसको ज्ञान कहीं तेरा है जैसा,

क्रीड़ा करता कभी उछलता फिरता ऐसा!
अन्तकाल तक हरा-हरा चारा चभलाता।
हनन हेतु उस उठे हाथ को चाटे जाता॥
आगम का अज्ञान ईश का परम अनुग्रह॥[1]

बातचीत में भी जब किसी को अपने कथन द्वारा कोई मार्मिक प्रभाव उत्पन्न करना होता है, तब वह इसी पद्धति का अवलम्बन करता है। यदि अपनी पत्नी पर अत्याचार करने वाले किसी व्यक्ति को उसे समझाना है तो वह कहेगा कि "तुमने इसका हाथ पकड़ा है।" यह न कहेगा कि "तुमने इसके साथ विवाह किया है।" विवाह शब्द के अन्तर्गत न जाने कितने विधि-विधान हैं जो सब के सब एकबारगी मन में आ भी नहीं सकते और उतने व्यंजक या मर्मस्पर्शी भी नहीं होते। अतः कहने वाला उनमें से जो सबसे अधिक व्यंजक और स्वाभाविक व्यापार 'हाथ पकड़ना' है, जिससे सहारा देने का चित्र सामने आता है, उसे भावना में लाता है।

तीसरी विशेषता कविता की भाषा में वर्ण-विन्यास की है। "शुष्को वृक्षस्तिष्ठत्यग्रे" और "नीरसतरुरिह विलसति पुरतः" का भेद हमारी पण्डित मण्डली में बहुत दिनों से प्रसिद्ध चला आता है। काव्य एक बहुत ही व्यापक कला है। जिस प्रकार मूर्त्त विधान के लिए कविता चित्र-विद्या की प्रणाली का अनुसरण करती है उसी प्रकार नादसौष्ठव के लिए वह संगीत का कुछ-कुछ सहारा लेती है। श्रुति-कटु मानकर कुछ वर्णों का त्याग, वृत्तिविधान, लय, अन्त्यानुप्रास आदि नाद सौन्दर्य-साधन के लिए ही हैं। नादसौष्ठव के निमित्त निरूपित-वर्ण विशिष्टता को हिन्दी के हमारे कुछ पुराने कवि दूर तक घसीट ले गये कि उनकी बहुत सी रचना बेडौल और भावशून्य हो गयी। उसमें अनुप्रास की लम्बी लड़ी—वर्ण-विशेष की निरन्तर आवृत्ति—के सिवा और किसी बात पर ध्यान नहीं जाता। जो बात भाव या रस की धारा का मन के भीतर अधिक प्रसार करने के लिए थी, वह अलग चमत्कार या तमाशा खड़ा करने के लिए काम में लायी गयी।

नाद सौन्दर्य से कविता की आयु बढ़ती है। तालपत्र, भोजपत्र, कागज आदि का आश्रय छूट जाने पर भी वह बहुत दिनों तक लोगों की जिह्वा पर नाचती रहती है। बहुत सी उक्तियों को लोग, उनके अर्थ की रमणीयता इत्यादि की ओर ध्यान ले जाने का कष्ट उठाये बिना ही प्रसन्न-चित्त रहने पर गुनगुनाया करते हैं। अतः नाद सौन्दर्य का योग भी कविता का पूर्ण स्वरूप खड़ा करने के लिए कुछ-न-कुछ आवश्यक होता है। इसे हम बिल्कुल हटा नहीं सकते। जो अन्त्यानुप्रास को फालतू समझते हैं, वे छन्द को पकड़े रहते हैं; जो छन्द को भी फालतू समझते हैं, वे लय में लीन होने का प्रयास करते हैं। संस्कृत से सम्बन्ध रखने वाली भाषाओं में नाद सौन्दर्य के समावेश के लिए बहुत अवकाश रहता है। अतः अँगरेजी आदि अन्य भाषाओं की देखा-देखी, जिनमें इसके लिए कम जगह है, अपनी कविता को हम इस विशेषता से वंचित कैसे कर सकते हैं?

---

1. The lamp thy riot dooms to bleed today,
Had he the reason, would he skip and play?
Pleased to the last he crops the flow'ry, food,
And licks the hand just raised to shed his blood,
The blindness to the future kindly given. —*Essay on Man.*

हमारी काव्य भाषा में एक चौथी विशेषता भी है जो संस्कृत से ही आयी है। वह यह है कि कहीं-कहीं व्यक्तियों के नामों के स्थान पर उनके रूप-गुण या कार्यबोधक शब्दों का व्यवहार किया जाता है, ऊपर से देखने में तो पद्य के नपे हुए चरणों में शब्द खपाने के लिए ही ऐसा किया जाता है, पर थोड़ा विचार करने पर इसमें गुरुतर उद्देश्य प्रकट होता है। सच पूछिये तो यह बात कृत्रिमता बचाने के लिये की जाती है। मनुष्यों के नाम यथार्थ में कृत्रिम संकेत हैं जिनमें कविता की पूर्ण परिपोषकता नहीं होती। अतएव कवि मनुष्यों के नामों के स्थान पर कभी-कभी उनके ऐसे रूप, गुण या व्यापार की ओर इशारा करता है जो स्वाभाविक और अर्थगर्भित होने के कारण सुनने वाले की भावना के निर्माण में योग देते हैं। गिरिधर, मुरारि, त्रिपुरारि, दीनबन्धु, चक्रपाणि, मुरलीधर, सव्यसाची इत्यादि शब्द ऐसे ही हैं।

ऐसे शब्दों को चुनते समय इस बात का ध्यान रखना चाहिए कि वे प्रकरण विरुद्ध या अवसर के प्रतिकूल न हों। जैसे, यदि कोई मनुष्य किसी दुर्धर्ष अत्याचारी के हाथ से छुटकारा पाना चाहता हो तो उसके लिए "हे गोपिकारमण! हे वृन्दावन-बिहारी!" आदि कहकर कृष्ण को पुकारने की अपेक्षा 'हे मुरारि! हे कंसनिकन्दन!" आदि संबोधनों से पुकारना अधिक उपयुक्त है; क्योंकि श्रीकृष्ण के द्वारा कंस आदि दुष्टों का मारा जाना देखकर उसे अपनी रक्षा की आशा होती है, न कि उनका वृन्दावन में गोपियों के साथ विहार करना देखकर। इसी तरह किसी आपत्ति से उद्धार पाने के लिए कृष्ण को "मुरलीधर" कहकर पुकारने की अपेक्षा "गिरधर" कहना अधिक अर्थसंगत है।

अलंकार

कविता में भाषा की सब शक्तियों से काम लेना पड़ता है। वस्तु या व्यापार की भावना चटकीली करने और भाव को अधिक उत्कर्ष पर पहुँचाने के लिए कभी किसी वस्तु का आकार या गुण बहुत बढ़ाकर दिखाना पड़ता है, कभी उसके रूप-रंग या गुण की भावना को उसी प्रकार के और रूप-रंग मिलाकर तीव्र करने के लिए समान रूप और धर्मशाली और-और वस्तुओं को सामने लाकर रखना पड़ता है। कभी-कभी बात को भी घुमा-फिराकर कहना पड़ता है। इस तरह के भिन्न-भिन्न विधान और कथन के ढंग अलंकार कहलाते हैं। इनके सहारे से कविता अपना प्रभाव बहुत कुछ बढ़ाती है। कहीं-कहीं तो इनके बिना काम ही नहीं चल सकता। पर साथ ही यह भी स्पष्ट है कि ये साधन हैं, साध्य नहीं। साध्य को भुलाकर इन्हीं को साध्य मान लेने से कविता का रूप कभी-कभी इतना विकृत हो जाता है कि वह कविता ही नहीं रह जाती। पुरानी कविता में कहीं-कहीं इस बात के उदाहरण मिल जाते हैं।

अलंकार चाहे अप्रस्तुत वस्तु-योजना के रूप में हों (जैसे, उपमा, रूपक, उत्प्रेक्षा इत्यादि में), चाहे वाक्य-वक्रता के रूप में (जैसे, अप्रस्तुत-प्रशंसा, परिसंख्या, ब्याज-स्तुति, विरोध इत्यादि में), चाहे वर्ण-विन्यास के रूप में (जैसे, अनुप्रास में) लाये जाते हैं, वे प्रस्तुत भाव या भावना के उत्कर्ष-साधन के लिए ही मुख के वर्णन में जो कमल, चन्द्र आदि सामने रखे जाते हैं वह इसीलिए जिनमें इनकी वर्ण-रुचिरता, कोमलता, दीप्ति इत्यादि के योग से सौन्दर्य की भावना और बढ़े। सादृश्य या साधर्म्य दिखाना उपमा, उत्प्रेक्षा इत्यादि का प्रकृत लक्ष्य नहीं है। इस बात को भूलकर कवि-परम्परा में बहुत से ऐसे उपमान चला दिये गये हैं जो प्रस्तुत भावना में सहायता पहुँचाने के स्थान पर बाधा डालते हैं। जैसे, नायिका का अंग-वर्णन सौन्दर्य की

भावना प्रतिष्ठित करने के लिए ही किया जाता है। ऐसे वर्णन में यदि कटि का प्रसंग आने पर भिड़ या सिंह की कमर सामने कर दी जायेगी तो सौन्दर्य की भावना में क्या वृद्धि होगी? प्रभात के सूर्यबिम्ब के सम्बन्ध में इस कथन से कि "है शोणित-कलित कपाल यह किल कापालिक काल को" अथवा शिखर की तरह उठे हुए मेघखंड के ऊपर उदित होते हुए चन्द्रबिम्ब के सम्बन्ध में इस उक्ति से कि "मनहुँ क्रमेलक-पीठि पै धर्‌यो गोल घंटा लसत", दूर की सूझ चाहे प्रकट हो, पर प्रस्तुत सौन्दर्य की भावना की कुछ भी पुष्टि नहीं होती।

पर जो लोग चमत्कार ही को काव्य का स्वरूप मानते हैं, वे अलंकार को काव्य का सर्वस्व कहा ही चाहें। चन्द्रालोककार तो कहते हैं—

अंगीकरोति यः काव्यं शब्दार्थावनलंकृती।
असौ न मन्यते कस्मादनुष्णः मनलंकृती॥

भरत मुनि ने रस की प्रधानता की ओर ही संकेत किया था; पर भामह, उद्‌भट आदि कुछ प्राचीन आचार्यों ने वैचित्र्य का पल्ला पकड़ अलंकार को प्रधानता दी। इनमें बहुतेरे आचार्यों ने अलंकार शब्द का प्रयोग व्यापक अर्थ में—रस, रीति, गुण आदि काव्य में प्रयुक्त होने वाली सारी सामग्री के अर्थ में—किया है। पर ज्यों-ज्यों शास्त्रीय विचार गम्भीर और सूक्ष्म होता गया त्यों-त्यों साध्य और साधनों को विविक्त करके काव्य के नित्य स्वरूप या मर्म-शरीर को अलग निकालने का प्रयास बढ़ता गया। रुद्रट और मम्मट के समय से ही काव्य का प्रकृत स्वरूप उभरते-उभरते विश्वनाथ महापात्र के साहित्य-दर्पण में साफ ऊपर आ गया।

प्राचीन गड़बड़झाला मिटे बहुत दिन हो गये। वर्ण्य-वस्तु और वर्णन-प्रणाली बहुत दिनों से एक-दूसरे से अलग कर दी गयी है। प्रस्तुत-अप्रस्तुत के भेद ने बहुत-सी बातों के विचार और निर्णय के सीधे रास्ते खोल दिये हैं। अब यह स्पष्ट हो गया है कि अलंकार प्रस्तुत वर्ण्य-वस्तु नहीं; बल्कि वर्णन की भिन्न-भिन्न प्रणालियाँ हैं, कहने के खास-खास ढंग हैं। पर प्राचीन अव्यवस्था के स्मारक-स्वरूप कुछ अलंकार ऐसे चले आ रहे हैं, जो वर्ण्य-वस्तु का निर्देश करते हैं, और अलंकार नहीं कहे जा सकते—जैसे, स्वभावोक्ति, उदात्त, अत्युक्ति। स्वभावोक्ति को लेकर कुछ अलंकार-प्रेमी कह बैठते हैं कि प्रकृति का वर्णन भी तो स्वभावोक्ति अलंकार ही है। पर स्वभावोक्ति कोटि में आ ही नहीं सकती। अलंकार वर्णन करने की प्रणाली है। चाहे जिस वस्तु या तथ्य के कथन को हम किसी अलंकार-प्रणाली के अन्तर्गत ला सकते हैं। किसी वस्तु-विशेष से किसी अलंकार-प्रणाली का सम्बन्ध नहीं हो सकता। किसी तथ्य तक वह परिमित नहीं रह सकती। वस्तु-निर्देश अलंकार का काम नहीं, रस-व्यवस्था का विषय है। किन-किन वस्तुओं, चेष्टाओं या व्यापारों का वर्णन किन-किन रसों के विभावों और अनुभावों के अन्तर्गत आयेगा, इसकी सूचना रस-निरूपण के अन्तर्गत ही हो सकती है।

अलंकारों के भीतर स्वभावोक्ति का ठीक-ठीक लक्षण-निरूपण हो भी नहीं सकता है। काव्यप्रकाश की कारिका में यह लक्षण दिया गया है—

स्वभावोक्तिस्तु डिम्भावेः स्वक्रिया रूप-वर्णनम्

अर्थात्—जिसमें बालकादिकों की निज की क्रिया या रूप का वर्णन हो वह स्वभावोक्ति है। प्रथम तो बालकादिक पद की व्याप्ति कहाँ तक है, यही स्पष्ट नहीं। अतः यही समझा जा

सकता है कि सृष्टि की वस्तुओं के रूप और व्यापार का वर्णन स्वभावोक्ति है। खैर, बालक की रूपचेष्टा को लेकर ही स्वभावोक्ति की अलंकारता पर विचार कीजिए। वात्सल्य में बालक के रूप आदि का वर्णन आलम्बन विभाव के अन्तर्गत और उनकी चेष्टाओं का वर्णन उद्दीपन विभाव के अन्तर्गत होगा। प्रस्तुत वस्तु की रूप-क्रिया आदि के वर्णन को रस-क्षेत्र से घसीटकर अलंकार-क्षेत्र में हम कभी नहीं ले जा सकते। मम्मट ही के ढंग के और आचार्यों के लक्षण भी हैं। अलंकार-सर्वस्वकार राजानक रुय्यक कहते हैं—

सूक्ष्म-वस्तु-स्वभाव-यथावद्वर्णनं स्वभावोक्तिः।

आचार्य दंडी ने अवस्था की योजना करके यह लक्षण लिखा है—

नानावस्थं पदार्थानां रूपं साक्षाद्विवृण्वती।
स्वभावोक्तिश्च जातिश्चेत्याद्या सालंकृतिर्यथा;

बात यह है कि स्वभावोक्ति अलंकारों के भीतर आ नहीं सकती। वक्रोक्तिवादी कुन्तल ने भी इसे अलंकार नहीं माना है।

जिस प्रकार एक कुरूप स्त्री अलंकार लादकर सुन्दर नहीं हो सकती, उसी प्रकार प्रस्तुत या तथ्य की रमणीयता के अभाव में अलंकारों का ढेर काव्य का सजीव स्वरूप नहीं खड़ा कर सकता। केशवदास के पचीसों पद्य ऐसे रखे जा सकते हैं जिनमें यहाँ से वहाँ तक उपमाएँ और उत्प्रेक्षाएँ भरी हैं, शब्दसाम्य के बड़े खेल-तमाशे जुटाये गये हैं, पर उनके द्वारा कोई मार्मिक अनुभूति नहीं उत्पन्न होती। इन्हें कोई सहृदय या भावुक काव्य न कहेगा। आचार्यों ने भी अलंकारों को 'काव्य शोभाकर', 'शोभातिशायी' आदि ही कहा है। महाराज भोज भी अलंकार को 'अलमर्थमलंकर्तुः' ही कहते हैं। पहले से सुन्दर अर्थ को ही अलंकार शोभित कर सकता है। सुन्दर अर्थ की शोभा बढ़ाने में जो अलंकार प्रत्युक्त नहीं वे काव्यालंकार नहीं। वे ऐसे ही हैं जैसे शरीर पर से उतारकर किसी अलग कोने में रखा हुआ गहनों का ढेर। किसी भाव या मार्मिक भावना से असंपृक्त अलंकार चमत्कार या तमाशे हैं। चमत्कार विवेचन पहले हो चुका है।

अलंकार है क्या? सूक्ष्म दृष्टि वालों ने काव्यों के सुन्दर-सुन्दर स्थल चुने और उनकी रमणीयता के कारणों की खोज करने लगे। वर्णन शैली या कथन की पद्धति में ऐसे लोगों को जो-जो विशेषताएँ मालूम होती गयीं, उनका वे नामकरण करते गये। जैसे, 'विकल्प' अलंकार का निरूपण पहले-पहल राजानक रुय्यक ने किया। कौन कह सकता है कि काव्यों में जितने रमणीक स्थल हैं, सब ढूँढ़ डाले गये, वर्णन की जितनी सुन्दर प्रणालियाँ हो सकती हैं सब निरूपित हो गयीं अथवा जो-जो स्थल रमणीय लगे, उनकी रमणीयता का कारण वर्णन प्रणाली ही थी। आदि काव्य रामायण से लेकर इधर तक के काव्यों में न जाने कितनी विचित्र वर्णन प्रणालियाँ भरी पड़ी हैं जो न निर्दिष्ट की गयी हैं और न जिनके कुछ नाम रखे गये हैं।

कविता पर अत्याचार

कविता पर अत्याचार भी बहुत कुछ हुआ है। लोभियों, स्वार्थियों और खुशामदियों ने उसका गला दबाकर कहीं अपात्रों की—आसमान पर चढ़ने वाली—स्तुति करायी है, कहीं द्रव्य न देने वालों की निराधार निन्दा। ऐसी तुच्छ वृत्ति वालों का अपवित्र हृदय है। कक्तिा के निवास के योग्य नहीं। कविता देवी के मन्दिर ऊँचे खुले, विस्तृत और पुनीत हृदय हैं। सच्चे

कवि राजाओं की सवारी, ऐश्वर्य की सामग्री में ही सौन्दर्य नहीं ढूँढ़ा करते। वे फूस के झोपड़ों, धूल-मिट्टी में सने किसानों, बच्चों के मुँह में चारा डालते हुए पक्षियों, दौड़ते हुए कुत्तों और चोरी करती हुई बिल्लियों में कभी-कभी सौन्दर्य का दर्शन करते हैं जिसकी छाया भी महलों और दरबारों तक नहीं पहुँच सकती। श्रीमानों के शुभागमन पर पद्य बनाना, बात-बात में उनको बधाई देना, कवि का काम नहीं। जिनके रूप या कर्मकलाप जगत् और जीवन के बीच में उसे सुन्दर लगते हैं, उन्हीं के वर्णन में वह 'स्वान्त:सुखाय' प्रवृत्त होता है।

कविता की आवश्यकता

मनुष्य के लिए कविता इतनी प्रयोजनीय वस्तु है कि संसार की सभ्य-असभ्य सभी जातियों में, किसी-न-किसी रूप में पायी जाती है। चाहे इतिहास न हो, विज्ञान न हो, दर्शन न हो, पर कविता का प्रचार अवश्य रहेगा। बात यह है कि मनुष्य अपने ही व्यापारों का ऐसा सघन और जटिल मण्डल बाँधता चला आ रहा है जिसके भीतर बँध-बँध वह शेष सृष्टि के साथ अपने हृदय का सम्बन्ध भूला-सा रहता है। इस परिस्थिति में मनुष्य को अपनी मनुष्यता खोने का डर बराबर रहता है। इसी की अन्त:प्रकृति में मनुष्यता को समय-समय पर जगाते रहने के लिए कविता मनुष्य जाति के साथ लगी चली आ रही है और चली चलेगी। जानवरों को इसकी जरूरत नहीं।

भारतेन्दु हरिश्चन्द्र

हिन्दी-गद्य-साहित्य का सूत्रपात करने वाले चार महानुभाव कहे जाते हैं—मुंशी सदासुखलाल, इंशाअल्ला खाँ, लल्लू लाल और सदल मिश्र। ये चारों संवत् १८६० के आस-पास वर्तमान थे। सच पूछिए तो ये गद्य के नमूने दिखाने वाले ही रहे; अपनी परम्परा प्रतिष्ठित करने का गौरव इनमें से किसी को भी प्राप्त न हुआ। हिन्दी-गद्य-साहित्य की अखण्ड परम्परा का प्रवर्तन इन चारों लेखकों के ७०-७२ वर्ष पीछे हुआ। विक्रम की बीसवीं शताब्दी का प्रथम चरण समाप्त हो जाने पर जब भारतेन्दु ने हिन्दी-गद्य की भाषा को सुव्यवस्थित और परिमार्जित करके उसका स्वरूप स्थिर कर दिया तब से गद्य-साहित्य की परम्परा लगातार चली। इस दृष्टि से भारतेन्दु जी जिस प्रकार वर्तमान गद्य-भाषा के स्वरूप के प्रतिष्ठापक थे, उसी प्रकार वर्तमान-परम्परा के प्रवर्तक।

राजा शिवप्रसाद के उर्दू की ओर एकबारगी झुक पड़ने के पहले ही राजा लक्ष्मण सिंह अपने 'शकुन्तला नाटक' द्वारा संवत् १९१९ में थोड़ी संस्कृत मिली ठेठ और विशुद्ध हिन्दी सामने रख चुके थे, जिसमें अरबी-फारसी के शब्द नहीं थे। उसका कुछ अंश राजा शिवप्रसाद ने अपने 'गुटका' में दाखिल किया था। पीछे जब वे उर्दू की ओर झुके तब राजा लक्ष्मण सिंह ने अपने 'रघुवंश' के अनुवाद के प्राक्कथन में भाषा के सम्बन्ध में अपना मत इस प्रकार प्रकट किया—

"हमारे मत में हिन्दी और उर्दू दो बोली न्यारी-न्यारी हैं। हिन्दी इस देश के हिन्दू बोलते हैं और उर्दू यहाँ के मुसलमानों और फारसी पढ़े हुए हिन्दुओं की बोलचाल है। हिन्दी में संस्कृत के पद बहुत आते हैं; उर्दू में अरबी-फारसी के। परन्तु कुछ आवश्यक नहीं है कि अरबी-फारसी के शब्दों के बिना हिन्दी न बोली जाये और न हम उस भाषा को हिन्दी कहते हैं जिसमें अरबी-फारसी के शब्द भरे हों।"

ऊपर के अवतरण से स्पष्ट है कि जिस समय राजा लक्ष्मण सिंह और राजा शिवप्रसाद मैदान में आये थे, उस समय खींचतान बनी थी; भाषा के स्वरूप को स्थिरता नहीं प्राप्त हुई थी। वह भाषा का प्रस्तावकाल था। प्रवर्तन-काल का आरम्भ भारतेन्दु की कुछ रचनाओं के निकल जाने के उपरान्त संवत् १९३० के लगभग हुआ। यद्यपि इसके पहले 'विद्यासुन्दर' (संवत् १९२५) तथा और कई नाटक भारतेन्दु जी लिख चुके थे, पर वर्तमान हिन्दी गद्य के उदय का समय उन्होंने 'हरिश्चन्द्र मैगजीन' के निकलने पर, अर्थात् संवत् १९३० से माना है।

भारतेन्दु की भाषा में ऐसी क्या विशेषता पायी गयी कि उसका इतना चलन उन्हीं के सामने हो गया, इसका थोड़ा विचार कर लेना चाहिए। संवत् १८६० में खड़ीबोली के गद्य का सूत्रपात करने वालों में मुंशी सदासुख लाल और सदल मिश्र ने ही व्यवहार-योग्य चलती भाषा का नमूना तैयार किया था। पर इन दोनों की रचनाओं में सफाई नहीं थी। बहुत कूड़ा-करकट भरा था। मुंशी सदासुख लाल भगवद्भक्त पुरुष थे और पंडितों और साधु-सन्तों के

सत्संग में रहा करते थे। इससे 'सुखसागर' की भाषा में बहुत कुछ पंडिताऊपन है। उनकी खड़ीबोली उस ढंग की है जिस ढंग की संस्कृत के विद्वान् पंडित काशी, प्रयाग आदि पूरब के नगरों में बोलते थे और अब भी बोलते हैं। यद्यपि मुंशी जी खास दिल्ली के रहने वाले थे और उर्दू के अच्छे कवि और लेखक थे; पर हिन्दी-गद्य के लिए उन्होंने पंडितों की बोली ही ग्रहण की। "स्वभाव करके वे दैत्य कहलाये", "उसे दुःख होयगा", "बहकाने वाले बहुत हैं"। इस प्रकार के प्रयोग उन्होंने बहुत किये हैं। रहे सदल मिश्र; उनकी भाषा में पूरबीपन बहुत अधिक है "जो" के स्थान पर "जौन", "माँ" के स्थान पर "मतारी", "यहाँ" के स्थान पर "इहाँ", "देखूँगी" के स्थान पर "देखौंगी" ऐसे शब्द बराबर मिलते हैं। इसके अतिरिक्त ब्रजभाषा या काव्य-भाषा के ऐसे-ऐसे प्रयोग जैसे "फूलन्ह के", "चहुँ दिशि", "सुनि" भी लगे रह गये हैं।

इन दोनों के पीछे राजा शिवप्रसाद और लक्ष्मण सिंह का समय आता है।

राजा शिवप्रसाद के गद्य में अधिक खटकने वाली बात थी उर्दूपन, जो दिन-दिन बढ़ती गयी। इसी प्रकार राजा लक्ष्मण सिंह के गद्य में खटकने वाली बात थी आगरे के बोलचाल का पुट। दूसरी बात यह थी कि विशुद्धता का जो आदर्श लेकर राजा लक्ष्मण सिंह चले थे, वह एक चलती व्यावहारिक भाषा के उपयुक्त न था। फारसी-अरबी के जो शब्द लोगों की जबान पर नाचा करते थे उन्हें एकदम छोड़ देना भाषा की संचित शक्ति को घटाना था। हँसी-मजाक के लिए कुछ अरबी-फारसी के चलते शब्द कभी-कभी कितना अच्छा काम देते हैं। यह हम लोग बराबर देखते हैं।

ऊपर लिखी त्रुटियों को ध्यान में रखते हुए जब हम भारतेन्दु की भाषा पर विचार करने बैठते हैं, तब इस बात का समझना कुछ सुगम हो जाता है कि उन्होंने हिन्दी गद्य का क्या संस्कार किया। उनकी भाषा में न तो लल्लू लाल का ब्रजभाषापन आने पाया, न मुंशी सदासुख का पंडिताऊपन, न सदल मिश्र का पूरबीपन, न राजा शिवप्रसाद का उर्दूपन, और न राजा लक्ष्मण सिंह का खालिसपन और आगरापन। इतने 'पनों' से एक साथ पीछा छुड़ाना भाषा के सम्बन्ध में बहुत ही परिष्कृत रुचि का परिचय देता है। संस्कृत-शब्दों के रहने पर भी भाषा का सुबोध बना रहना, फारसी-अरबी के शब्द आने पर भी साथ-साथ उर्दूपन न आना, हिन्दी की स्वतंत्र सत्ता का प्रमाण था। उनका भाषा संस्कार शब्दों की काट-छाँट तक ही नहीं रहा। वाक्य-विन्यास में भी वे सफाई लाये। उनकी लिखावट में एक साथ न जुड़ सकने वाले वाक्य एक में गुँथे हुए प्रायः नहीं पाये जाते। तात्पर्य कि उपर्युक्त संयोजक अव्ययों का व्यवहार जैसा उन्होंने चलाया, वैसा उनके पहले न था। विराम की परख भी उन्हें राजा लक्ष्मण सिंह और राजा शिवप्रसाद से कहीं अच्छी थी।

चली आती हुई काव्यभाषा के स्वरूप पर भी उनकी दृष्टि गई। उन्होंने देखा कि बहुत से ऐसे शब्द, जिन्हें बोलचाल से उठे कई सौ वर्ष हो गये थे, कविताओं में बराबर लाये जाते हैं जिसमें वे सर्वसाधारण के लगाव से कुछ दूर पड़ती जाती हैं 'चक्कवै', 'ठायो', 'करसायल', 'ईठ', 'दीह', 'ऊनी', 'लोय' आदि के कारण बहुत से लोग हिन्दी कविता को अपने से कुछ दूर की चीज समझने लगे थे। दूसरा दोष जो बढ़ते-बढ़ते बहुत बुरी हद तक पहुँच गया था, वह शब्दों का तोड़-मरोड़ था। जैसे कपियों का स्वभाव 'रूख तोड़ना' तुलसीदास जी ने बताया है, वैसे ही कवियों का स्वभाव शब्द तोड़ना-मरोड़ना हो गया था। भाषा की सफाई पर बहुत कम ध्यान रहता था। बाबू हरिश्चन्द्र द्वारा इन बातों का भी बहुत कुछ सुधार—चाहे जान में

या अनजान में—हुआ। इस प्रकार काव्य की ब्रजभाषा के लिए भी उन्होंने बहुत अच्छा रास्ता दिखाया। अपने रसीले कवित्तों और सवैयों में उन्होंने चलती भाषा का व्यवहार किया है जैसे—

आजु लौं जौ न मिले तो कहा, हम तौ तुम्हरे सब भाँति कहावैं।
मेरे उराहनों है कुछ नाहिं, सबै फल आपने भाग को पावैं॥
जो हरिचन्द भई सो भई, अब प्रान चले चहैं तासों सुनावैं।
प्यारे जू! है जग की यह रीति, बिदा के समय सब कंठ लगावैं॥

इसी कारण उनकी कविता का प्रचार भी देखते-देखते हो गया। लोगों के मुँह से उनके सवैये भी चारों ओर सुनायी देने लगे, उनके बनाये गीत स्त्रियाँ तक घर-घर में गाने लगीं। उनकी रचना लोकप्रिय हुई। उनके समय में जो संग्रह-ग्रंथ बने, उन सबमें उनकी कविताएँ विशेषतः सवैये भी रखे गये। लीक पीटनेवालों की पुरानी पड़ी हुई शब्दावली हटा देने से उनकी काव्य-भाषा में बड़ी सफाई दिखाई पड़ी।

यह तो हुई भाषा की रूप-प्रतिष्ठा की बात। इससे भी बढ़कर काम उन्होंने हिन्दी-साहित्य को एक नये मार्ग पर खड़ा करके किया। वे साहित्य के नये युग के प्रवर्तक हुए। यद्यपि देश में नये-नये विचारों और भावनाओं का संचार हो गया था, पर हिन्दी उनसे दूर थी। लोगों की अभिरुचि बदल चली थी, पर हमारे साहित्य पर उसका कोई प्रभाव नहीं दिखाई पड़ता था। शिक्षित लोगों के विचारों और व्यापारों ने तो दूसरा मार्ग पकड़ लिया था, पर उनका साहित्य उसी पुराने मार्ग पर था। वे लोग समय के साथ आप तो कुछ आगे बढ़ आये थे, पर जल्दी में अपने साहित्य को साथ न ले सके थे। उसका साथ छूट गया था और वह उनके विचार-क्षेत्र और कार्य-क्षेत्र दोनों से अलग पड़ गया था। प्रायः सभी सभ्य जातियों का साहित्य उनके विचारों और व्यापारों से लगा हुआ चलता है। यह नहीं कि उनकी चिन्ताओं और कार्यों का प्रवाह एक ओर जा रहा हो और उनके साहित्य का प्रवाह दूसरी ओर।

फिर यह विचित्र घटना यहाँ कैसे हुई? बात यह थी कि जिन लोगों के मन में नयी शिक्षा के प्रभाव से नये विचार उत्पन्न हो रहे थे, जो अपनी आँखों काल की गति देख रहे थे और देश की आवश्यकताओं को समझ रहे थे, उनमें अधिकांश तो ऐसे थे जिनका कई कारणों से—विशेषतः उर्दू के बीच में पड़ जाने से हिन्दी-साहित्य से लगाव छूट-सा गया था और शेष—जिनमें नवीन भावों की कुछ प्रेरणा और विचारों की कुछ स्फूर्ति थी—ऐसे थे जिन्हें हिन्दी-साहित्य का क्षेत्र इतना परिमित दिखाई देता था कि नये-नये विचारों को सन्निविष्ट करने के लिए स्थान ही नहीं सूझता था। उस समय एक ऐसे सामंजस्य पटु, साहसी और प्रतिभा-सम्पन्न पुरुष की आवश्यकता थी जो कौशल से उन बढ़ते हुए विचारों का मेल देश के परम्परागत साहित्य से करा देता। ऐसे ही पुरुष के रूप में बाबू हरिश्चन्द्र साहित्य-क्षेत्र में उतरे। उन्होंने हमारे जीवन के साथ हमारे साहित्य को फिर से लगा दिया। बड़े भारी विच्छेद से उन्होंने हमें बचाया।

वे सिद्ध-वाणी के अत्यन्त सरस हृदय कवि थे। इससे एक ओर तो उनकी लेखनी से शृंगार-रस के ऐसे रसपूर्ण और मर्मस्पर्शी कवित्त-सवैये निकलते थे, जो उनके जीवन-काल में ही इधर-उधर लोगों के मुँह से सुनायी पड़ने लगे थे और दूसरी ओर स्वदेश प्रेम में भरे हुए उनके लेख और कविताएँ चारों ओर देश के मंगल का मंत्र-सा फूँकती थीं। अपनी सर्वतोमुखी प्रतिभा के बल से एक ओर तो वे पद्माकर और द्विजदेव की परम्परा में दिखाई पड़ते थे, दूसरी

ओर बंगदेश के मधुसूदनदत्त और हेमचन्द्र की श्रेणी में, एक ओर तो राधा-कृष्ण की भक्ति में झूमते हुए 'नयी भक्तमाल' गूँथते दिखाई देते थे, दूसरी ओर टीकाधारी बगला भगतों की हँसी उड़ाते तथा स्त्री-शिक्षा, समाज-सुधार आदि पर व्याख्यान देते पाये जाते थे। प्राचीन और नवीन का यही सुन्दर सामंजस्य भारतेन्दु की कला का विशेष माधुर्य है। साहित्य के एक नवीन युग के आदि में प्रवर्तक के रूप में खड़े होकर उन्होंने यह भी प्रदर्शित किया कि नये-नये या बाहरी भावों को पचाकर इस ढंग से मिलाना चाहिए कि वे अपने ही साहित्य के विकसित अंग से लगें। प्राचीन और नवीन के उस संधिकाल में जैसी शीतल और मृदुल कला का संचार अपेक्षित था, वैसी ही शीतल और मृदुल कला के साथ भारतेन्दु का उदय हुआ; इसमें सन्देह नहीं।

कविता की नवीन धारा के बीच भारतेन्दु की वाणी का सबसे ऊँचा स्वर देशभक्ति का था। नीलदेवी, भारत दुर्दशा आदि नाटकों के भीतर आई हुई कविताओं में देशदशा की जो मार्मिक व्यंजना है, वह तो है ही; बहुत-सी स्वतंत्र कविताएँ भी उन्होंने लिखीं जिनमें कहीं देश के अतीत गौरव गाथा का गर्व, कहीं वर्तमान अधोगति की क्षोभ भरी वेदना, कहीं भविष्य की भावना से जगी हुई चिन्ता इत्यादि अनेक पुनीत भावों का संचार पाया जाता है। 'विजयिनी विजय वैजयन्ती' में जो मिस्र में, भारतीय सेना की विजय-प्राप्ति पर लिखी गयी थी, देश-प्रेम-व्यंजक कैसे भिन्न-भिन्न संचारी भावों के उद्‌गार हैं। कहीं गर्व, कहीं क्षोभ, कहीं विषाद! "सहसन-बरसन सों सुन्यो जो सपने नहिं कान, सो जय-आरज-शब्द" को सुन और "फरकि उठीं सबकी भुजा, खरकि उठीं तलवार। क्यों आपुहि ऊँचे भये आर्य मोंछ के बार" का कारण जान प्राचीन आर्य गौरव का गर्व कुछ आ ही रहा था कि वर्तमान अधोगति का दृश्य ध्यान में आया और फिर वही 'हाय भारत।' की धुन—

हाय वहै भारत भुव-भारी। सबही विधि सों भई दुखारी॥
हाय पंचनद! हा पानीपत! अजहुँ रहे तुम धरनि बिराजत॥
हाय चितौर! निलज तू भारी। अजहुँ खरो भारतहिं मंझारी॥
तुममें जल नहिं जमुना गंगा! बढ़हु बेगि किन प्रबल तरंगा॥
बोरहु किन झट मथुरा कासी। धोवहु यह कलंक की रासी॥

'चित्तौर', 'पानीपत' इन नामों में ही इतिहासविज्ञ हिन्दू-हृदय के लिए कितने भावों की व्यंजना भरी है। उनके लिए ये नाम ही काव्य हैं। यदि कोई कवि केवल इन दो-चार नामों को एक साथ ले ले तो वह अपना बहुत कुछ काम कर चुका। ये आप ही कल्पना के कपाट खोल ऐसे-ऐसे दृश्य सामने ला देंगे जिनसे क्षुब्ध होकर हृदय अनेक गम्भीर भावनाओं में मग्न हो जायेगा।

'भारत दुर्दशा' में आलस्य आदि को लाकर इस कवि ने देश दशा को इस ढंग से झलकाया है कि नये और पुराने दोनों ढाँचों के लोगों का मन लगे। इस कलाकार में बड़ा भारी गुण यह था कि इसने नये और पुराने विचारों को अपनी रचनाओं में इस सफाई से मिलाया कि कहीं से जोड़ मालूम न हुआ। पुराने भावों और आदर्शों को लेकर इन्होंने नये आदर्श खड़े किये। देखिये, 'नीलदेवी' ने एक देवता के मुँह से भारतवर्ष का कैसा मर्मभेदी भविष्य कहलाया—

सब भाँति दैव प्रतिकूल होय एहि नासा।
अब तजहु बीर बर भारत की सब आसा॥

अब सुख-सूरज को उदय नहीं इत ह्वैहै।
मंगलमय भारत-भुव मसान ह्वै जैहै॥

राजा सूरजदेव के मारे जाने पर रानी नीलदेवी ने जिस रीति से भगवान् को पुकारा है वह कोई नयी बात नहीं। वह वही रीति है जिससे द्रौपदी ने भगवान् को पुकारा था। भेद इतना ही है कि द्रौपदी ने अपनी लज्जा रखने के लिए, अपना संकट हटाने के लिए, पुकार मचायी थी; नीलदेवी ने देश की लज्जा रखने के लिए, देश का संकट दूर करने के लिए पुकारा है—

कहाँ करुनानिधि केशव सोये?
जागत नाहिं, अनेक जतन करि भारतवासी रोये॥

बड़ा भारी काम भारतेन्दु ने यह किया कि स्वदेशाभिमान, स्वजाति-प्रेम, समाज-सुधार आदि की आधुनिक भावनाओं के प्रवाह के लिए हिन्दी को चुना तथा इतिहास, विज्ञान, उपन्यास, पुरावृत्त इत्यादि अनेक समयानुकूल विषयों की ओर हिन्दी को दौड़ा दिया। अब यह देखना है कि यदि वे कवि थे तो किस ढंग के थे? विषय-क्षेत्र के विचार से देखते हैं तो प्राय: तीन ढंग के कवि पाये जाते हैं, कुछ तो नर-प्रकृति के वर्णन में ही अधिकतर लीन रहते हैं, कुछ बाह्य प्रकृति के वर्णन में और कुछ दोनों में समान रुचि रखते हैं। पिछले वर्ग में वाल्मीकि, कालिदास, भवभूति इत्यादि संस्कृत के प्राचीन कवि ही आते हैं।

बाबू हरिश्चन्द्र अधिकांश भाषा-कवियों के समान प्रथम प्रकार के कवियों में थे। यद्यपि इन्होंने अपनी कविता द्वारा नये-नये संस्कार उत्पन्न किये; पर उसके स्वरूप को परम्परानुसार ही रखा। मानवी वृत्तियों ही के मर्मस्पर्शी अंशों को छाँटकर उन्होंने मनोविकारों को तीव्र और परिष्कृत करने का प्रयत्न किया, दूसरी प्राकृतिक वस्तुओं और व्यापारों की मर्मस्पर्शिनी शक्ति पर बहुत कम ध्यान दिया। इन्होंने मनुष्य को सारी सृष्टि के बीच रखकर नहीं देखा, उसे उसी के उठाये हुए घेरे में रखकर देखा। मनुष्य की दृष्टि को उसके फैलाये हुए प्रपंचावरण से बाहर, प्रकृति के विस्तृत क्षेत्र की ओर, ले जाने का प्रयास इन्होंने नहीं किया। बात यह थी कि हिन्दी-साहित्य का उत्थान ही ऐसे समय में हुआ जब लोगों की दृष्टि बहुत कुछ संकुचित हो चुकी थी। वाल्मीकि, कालिदास और भवभूति के आदर्श लोगों के सामने से हट चुके थे।

हमारे आदिकवि वाल्मीकि के हृदय में जो भावुकता थी, वह कुछ काल पीछे मन्द पड़ने लगी। जिस तन्मयता के साथ उन्होंने प्रकृति का निरीक्षण किया है, उसकी परम्परा कालिदास, भवभूति तक पायी जाती है। वाल्मीकि के हेमन्त-वर्णन में कैसा सूक्ष्म प्रकृति निरीक्षण है। उनके वर्षा-वर्णन में भी यही बात है—

क्वचित्प्रकाशं क्वचिदप्रकाशं,
नभः प्रकीर्णाम्बुधनं विभाति।
क्वचित् क्वचित्पर्वत-संनिरुद्धं
रूपं यथा शान्तमहार्णवस्य॥
व्यामिश्रितं सर्जकदम्ब-पुष्पै-
र्नवं जलं पर्वत-धातु-ताम्रम्।
मयूरकेकाभिरनुप्रयातं
शैलापगाः शीघ्रतरं वहन्ति॥

उपर्युक्त वर्णन में किस सूक्ष्मता के साथ कविकुल-गुरु ने ऐसे प्राकृतिक व्यापारों का निरीक्षण किया है जिनको बिना किसी अनूठी उक्ति के गिना देना ही कल्पना को परिष्कार और भाव को संचार करने के लिए बहुत है। कालिदास के कुमारसम्भव का हिमालय-वर्णन रघुवंश में उस वन का वर्णन जहाँ नन्दिनी को लेकर दिलीप गये हैं, तथा मेघदूत में यक्ष के बताये हुए मार्ग का वर्णन बार-बार पढ़ने योग्य है। भवभूति का तो कहना ही क्या है। देखिए—

एते त एव गिरयो विरुवन्मयूरा-
स्तान्येव मत्तहरिणानि वनस्थलानि।
आमञ्जु-वञ्जुल-लतानि च तान्यमूनि,
नीरन्ध्र-नील-निचुलानि सरित्तटानि॥

इन महाकवियों ने कथा-प्रसंग के अतिरिक्त जहाँ वर्णन की रोचकता के लिए मनुष्य-व्यापार दिखाये हैं, वहाँ इन्होंने ऐसे ही स्थलों के व्यापारों को दिखलाया है जहाँ मनुष्य के प्रकृति की सन्निकटता है—जैसे ग्रामों के आस-पास किसानों का खेत जोतना या काटना, ग्वालों का गाय चराना इत्यादि-इत्यादि। जैसे मेघदूत में यक्ष मेघ से कहता है—

(क) त्वय्यायत्तं कृषिफलमिति भ्रूविकारानभिज्ञैः
प्रीतिस्निग्धैर्जनपदवधूलोचनैः पीयमानः।
सद्यस्सीरोत्कर्षण-सुरभि क्षेत्रमारुह्य मालं
किञ्चित्पश्चाद व्रज लघुगतिः किञ्चिदेवोत्तरेण।

(ख) कृषी निरावहिं चतुर किसाना।
जिमि बुध तजहिं मोह मद माना॥

सच्चे कवि ऋतु आदि के वर्णन में ऐसे ही व्यापारों को सामने लाये हैं। ऐसे कवि ग्रीष्म में छाया के नीचे बैठकर हाँफते हुए कुत्तों और पानी में बैठी हुई भैंसों का उल्लेख चाहे भले ही कर जायें, पर पसीने से तर रोकड़ मिलाते हुए मुनीम जी की ओर ध्यान न देंगे।

मनुष्य के व्यापार परिमित और संकुचित हैं। अतः बाह्य प्रकृति के अनन्त और असीम व्यापारों के सूक्ष्म से सूक्ष्म अंशों को सामने करके भावना या कल्पना को शुद्ध और विस्तृत करना भी कवि का धर्म है, धीरे-धीरे लोग इस बात को भूल चले। इधर उच्च श्रेणी के भी जो कवि हुए, उन्होंने अधिकतर मनुष्य की चित्त-वृत्तियों के विविध रूपों को कौशल और मार्मिकता के साथ दिखाया, पर बाह्य प्रकृति की स्वच्छन्द क्रीड़ा की ओर कम ध्यान दिया। पीछे से तो राजाश्रयलोलुप मँगते कवियों के कारण केवल वाक्पटुता या शब्दों का शतरंज बन गयी; विषयी लोगों के काम की चीज हो गयी। भर्तृहरि के समय ही से यह दुरवस्था आरम्भ हो गयी थी जिस पर उन्होंने दुःख के साथ कहा था—

पुरा विद्वत्तासीदुपशमवतां क्लेशहतये,
गता कालेनासौ विषयसुख-सिद्ध्यै विषयिणाम्।

वन, नदी, पर्वत आदि इन याचक कवियों को क्या दे देते जो वे उनका वर्णन करने जाते। सूर और तुलसी आदि स्वच्छन्द कवियों ने हिन्दी कविता को उठाकर खड़ा ही किया था कि रीतिकाल के श्रृंगारी कवियों ने उसके पैर छानकर उसे गन्दी गलियों में भटकने के लिए छोड़

दिया। फिर क्या था, नायिकाओं के पैरों में मखमल से सुर्ख बिछौने गड़ने लगे। यदि कोई षड्ऋतु की लीक पीटने खड़े हुए तो कहीं शरद् की चाँदनी से किसी विरहिणी का शरीर जलाया, कहीं कोयल की कूक से कलेजों के टूक किये, कहीं किसी को प्रमोद से प्रमत्त किया। उन्हें तो इन ऋतुओं को उद्दीपन मात्र मान संयोग या वियोग की दशा का वर्णन करना रहता था। उनकी दृष्टि प्रकृति के इन व्यापारों पर तो जमती नहीं थी, नायक या नायिका ही पर दौड़-दौड़कर जाती थी अत: उनके नायक या नायिका की अवस्था-विशेष का प्रकृति की दो-चार इनी-गिनी वस्तुओं से जो सम्बन्ध होता था, उसी को दिखाकर वे किनारे हो जाते थे।

बाबू हरिश्चन्द्र ने यद्यपि समयानुकूल प्रसंग छेड़ नये-नये संस्कार उत्पन्न किये पर उन्होंने भी प्रकृति पर प्रेम न दिखाया। उनका जीवन-वृत्तान्त पढ़ने से भी पता लगता है कि वे प्रकृति के उपासक थे। उन्हें जंगल, पहाड़, नदी आदि को देखने का उतना शौक न था। वे अपने भाव "दस तरह के आदमियों के साथ उठ-बैठकर" प्राप्त करते थे। इसी से मनुष्यों की भीतरी-बाहरी वृत्तियाँ अंकित करने में ही वे तत्पर रहे हैं और नाटकों की ओर उन्होंने विशेष रुचि दिखाई है। भारत-दुर्दशा, नीलदेवी, वैदिकी हिंसा हिंसा न भवति, विषस्य विषमौषधम् आदि देखने से यह बात अच्छी तरह मन में बैठ जायेगी।

ऐसा भी कहा जाता है कि एक दिन उनके यहाँ बैठकर एक वेश्या गा रही थी। उसे देखकर उन्होंने कविता बनायी और पास के लोगों से कहा—"देखो यदि हम इनका सत्संग न रखें तो ये भाव कहाँ से सूझे?" वे उर्दू कविता के भी प्रेमी थे जिसमें बाह्य प्रकृति के सूक्ष्म निरीक्षण की चाल ही नहीं और जिसमें कल्पना के सामने आने वाले चित्रों (Imagery) के वीभत्स और घिनौने होने की कुछ परवा न कर भावों के उत्कर्ष की ही ओर ध्यान रखा जाता है। यदि ऐसा न होता जो "मरे हूँ पै आँखैं ये खुली ही रहि जायेंगी" ऐसे पद्य वे न लिखते। भावों का उत्कर्ष उन्होंने अच्छा दिखलाया है। वन, नदी, पर्वत आदि के चित्रों द्वारा मनुष्य की कल्पना को स्वच्छ और स्वस्थ करने का भार उन्होंने अपने ऊपर नहीं लिया था।

उनकी रचनाओं में विशुद्ध प्राकृतिक वर्णनों का अभाव बराबर पाया जाता है। वस्तु-वर्णन में उन्होंने मनुष्यों की कृति ही की और अधिक रुचि दिखाई। जैसे 'सत्य हरिश्चन्द्र' के गंगा के इस वर्णन में—

नव उज्जल जलधार हार हीरक सी सोहति।
बिच-बिच छहरत बूँद मध्य मुक्ता मनु पोहति॥
लोल लहर लहि पवन एक पै इक इमि आवत।
जिमि नरगन मन विविध मनोरथ करत मिटावत॥
कासी कहँ प्रिय जानि ललकि भेंट्यो उठि धाई।
सपनेहू नहिं तजी रही अंकम लपटाई॥
कहूँ बँधे नवघाट उच्च गिरिवर सम सोहत।
कहुँ छतरी, कहुँ मढ़ी बढ़ी मन मोहत जोहत॥
धवल धाम चहुँ ओर, फरहरत धुजा पताका।
घहरति घंटाधुनि, धमकत धौंसा करि साका॥

मधुरी नौबत बजति, कहूँ नारी नर गावत।
वेद पढ़त कहुँ द्विज, कहुँ जोगी ध्यान लगावत॥

काशी के लोगों के विलक्षण स्वभाव तथा ऊँची-ऊँची हवेलियों और तंग गलियों का वर्णन करने ही के लिए 'काशी के छायाचित्र' लिखा गया।

'चन्द्रावली नाटिका' में एक जगह यमुना के तट पर वर्णन आया है। पर वह भी परम्परा-युक्त (Conventional) ही है। उसमें उपमानों और उत्प्रेक्षाओं आदि की भरमार इस बात को सूचित करती है कि कवि का मन प्रस्तुत प्राकृतिक वस्तुओं पर रमता नहीं था, हट-हट जाता था। कुछ अंश देखिए—

१. तरनि-तनूजा-तट तमाल तरुवर बहु छाये।
झुके कूल सों जल परसन हित मनहुँ सुहाए।
किधौं मुकुर मैं लखत उझकि सब निज-निज सोभा।
कै प्रनवत जल जानि परम पावन फल लोभा॥
मनु आतप-वारन तीर को सिमिटि सबै छाए रहत।
कै हरि-सेवा हित नै रहे, निरखि नैन मन सुख लहत॥

२. कहूँ तीर पर कमल अमल सोभित बहु भाँतिन।
कहुँ सैवालन मध्य कुमुदिनी लगि रहि पाँतिन॥
मनु दृग धारि अनेक जमुन निरखति ब्रज सोभा।
कै उमगे पिय-प्रिया-प्रेम के अगनित गोभा॥
कै करिकै कर बहु, पीय को टेरत निज ढिग सोहई।
कै पूजन को उपचार लै चलति मिलन मन मोहई॥

३. कै पिय-पद उपमान जानि यहि निज उर धारत।
कै मुख करि बहु भृंगन मिस अस्तुति उच्चारत॥
कै ब्रज तियगन-बदन-कमल की झलकति झाँईं।
कै ब्रज हरिपद-परस हेतु कमला बहु आईं॥
कै सात्त्विक अरु अनुराग दोउ ब्रजमण्डल बगरे फिरत।
कै जानि लच्छमी-भौन यहि करि सतधा निज बल धरत॥

तुलसी का भक्ति-मार्ग

भक्ति-रस का पूर्ण परिपाक जैसा तुलसीदास जी में देखा जाता है वैसा अन्यत्र नहीं। भक्ति में प्रेम के अतिरिक्त आलम्बन के महत्त्व और अपने दैन्य का अनुभव परम आवश्यक अंग है। तुलसी के हृदय से इन दोनों अनुभवों के ऐसे निर्मल शब्द-स्रोत निकले हैं, जिनमें अवगाहन करने से मन की मैल कटती है और अत्यन्त पवित्र प्रफुल्लता आती है। गोस्वामी जी के भक्ति-क्षेत्र में शील, शक्ति और सौन्दर्य तीनों की प्रतिष्ठा होने के कारण मनुष्य की सम्पूर्ण भावात्मिका प्रकृति के परिष्कार और प्रसार के लिए मैदान पड़ा हुआ है। वहाँ जिस प्रकार लोक-व्यवहार से अपने को अलग करके आत्म-कल्याण की ओर अग्रसर होने वाले काम, क्रोध आदि शत्रुओं से बहुत दूर रहने का मार्ग पा सकते हैं, उसी प्रकार लोक-व्यवहार में मगन रहने वाले अपने भिन्न-भिन्न कर्त्तव्यों के भीतर ही आनन्द की वह ज्योति पा सकते हैं जिससे इस जीवन में दिव्य जीवन का आभास मिलने लगता है और मनुष्य के वे सब कर्म, वे सब वचन और वे सब भाव—क्या डूबते हुए को बचाना, क्या अत्याचारों पर शस्त्र चलाना, क्या स्तुति करना, क्या निन्दा करना, क्या दया से आर्द्र होना, क्या क्रोध से तमतमाना—जिनसे लोक का कल्याण होता आया है, भगवान् के लोक पालन करने वाले कर्म, वचन और भाव दिखाई पड़ते हैं।

यह प्राचीन भक्ति-मार्ग एकदेशीय आधार पर स्थित नहीं, यह एकांगदर्शी नहीं। यह हमारे हृदय को ऐसा नहीं करना चाहता कि हम केवल व्रत-उपवास करने वालों और उपदेश करने वालों ही पर श्रद्धा रखें और जो लोग संसार के पदार्थों का उचित उपभोग करके अपनी विशाल भुजाओं से रणक्षेत्र में अत्याचारियों का दमन करते हैं, या अपनी अन्तर्दृष्टि की साधना और शारीरिक अध्यवसाय के बल से मनुष्य-जाति के ज्ञान की वृद्धि करते हैं, उनके प्रति उदासीन रहें। गोस्वामी जी की रामभक्ति वह दिव्य वृत्ति है जिससे जीवन में शक्ति, सरसता, प्रफुल्लता, पवित्रता, सब कुछ प्राप्त हो सकती है। आलम्बन की महत्त्व-भावना से प्रेरित दैन्य के अतिरिक्त भक्ति के और जितने अंग हैं—भक्ति के कारण अन्तःकरण की जो और-और शुभ वृत्तियाँ प्राप्त होती हैं—सबकी अभिव्यंजना गोस्वामी जी के ग्रन्थों के भीतर हम पा सकते हैं। राम में सौन्दर्य, शक्ति और शील तीनों की चरम अभिव्यक्ति एक साथ समन्वित होकर मनुष्य के सम्पूर्ण हृदय को—पाषंड है, कोरी वीरता का उपदेश उद्दण्डता है, कोरे ज्ञान का उपदेश आलस्य है और कोरी चतुराई का उपदेश धूर्तता है।

सूर और तुलसी को हमें उपदेशक के रूप में न देखना चाहिए। वे उपदेशक नहीं हैं, अपनी भावुकता और प्रतिभा के बल से लोक-व्यापार के भीतर भगवान् की मनोहर मूर्ति प्रतिष्ठित करने वाले हैं। हमारा प्राचीन भक्ति-मार्ग उपदेशकों की सृष्टि करने वाला नहीं है। सदाचार और ब्रह्मज्ञान के रुखे उपदेशों द्वारा इसके प्रचार की व्यवस्था नहीं है। न भक्तों के राम और कृष्ण उपदेशक, न उसके अनन्य भक्त तुलसी और सूर। लोक-माधुर्य का अनेक रूपों में

साक्षात्कार करके मुग्ध होना और मुग्ध करना ही इन भक्तों का प्रधान व्यवसाय है। उनका शस्त्र भी मानव-हृदय है और लक्ष्य भी। उपदेशों का ग्रहण ऊपर ही ऊपर से होता है। न वे हृदय के मर्म को ही भेद सकते हैं, न बुद्धि की कसौटी पर ही स्थिर भाव से जमे रह सकते हैं। हृदय तो उसकी ओर मुड़ता ही नहीं और बुद्धि उनको लेकर अनेक दार्शनिक वादों के बीच जा उलझती है। उपदेशवाद या तर्क गोस्वामी जी के अनुसार 'वाक्यज्ञान' मात्र कराते हैं, जिससे जीव कल्याण का लक्ष्य पूरा नहीं होता—

वाक्य-ज्ञान अत्यन्त निपुन भव पार न पावै कोई।
निसि गृह मध्य दीप की बातन तम निवृत्त नहिं होई॥

'वाक्य-ज्ञान' और बात है, अनुभूति और बात। इसी से प्राचीन परम्परा के भक्त लोग उपदेश, वाद या तर्क की अपेक्षा चरित्र-श्रवण और चरित्र-कीर्तन आदि का ही अधिक नाम लिया करते हैं।

प्राचीन भागवत सम्प्रदाय के बीच भगवान् के उस लोक-रंजनकारी रूप की प्रतिष्ठा हुई, जिसके अवलम्बन से मानव-हृदय अपने पूर्ण भाव संघात के साथ कल्याण मार्ग की ओर आपसे आप आकर्षित हो सके। इसी लोक-रंजनकारी रूप का प्रत्यक्षीकरण प्राचीन परम्परा के भक्तों का लक्ष्य है; उपदेश देना नहीं। उसी मनोहर रूप की अनुभूति से गद्‌गद और पुलकित होना उसी रूप की एक-एक छटा को औरों के सामने भी रखकर उन्हें मान-जीवन के सौन्दर्य-साधन में प्रवृत्त करना, भक्तों का काम है।

गोस्वामी जी ने अनन्त सौन्दर्य का साक्षात्कार करके उसके भीतर ही अनन्त शक्ति और अनन्त शील की वह झलक दिखाई है जिसके प्रकाश में लोक का प्रमोदपूर्ण परिचालन हो सकता है। सौन्दर्य, शक्ति और शील, तीनों में मनुष्य मात्र के लिए आकर्षण विद्यमान है। रूप-लावण्य के बीच प्रतिष्ठित होने से शक्ति और शील को और भी अधिक सौन्दर्य प्राप्त हो जाता है, उनमें एक अपूर्व मनोहरता आ जाती है। जिसे शक्ति-सौन्दर्य की झलक मिल गयी, उसके हृदय में सच्चे वीर होने की अभिलाषा जीवन भर के लिए जग गयी, जिसने शील, सौन्दर्य की यह झाँकी पायी उसके आचरण पर इसके मधुर प्रतिबिम्ब की छाप बैठी। प्राचीन भक्ति के इस तत्त्व की ओर ध्यान न देकर जो लोग भगवान् की लोक मंगलविभूति के द्रष्टा तुलसी को कबीर, दादू आदि की श्रेणी में रखकर देखते हैं वे बड़ी भारी भूल करते हैं।

अनन्त-शक्ति-सौन्दर्य-समन्वित अनन्त शील की प्रतिष्ठा करके गोस्वामी जी को पूर्ण आशा होती है कि उसका आभास पाकर जो पूरी मनुष्यता को पहुँचा हुआ हृदय होगा वह अवश्य द्रवीभूत होगा—

सुनि सीतापति शील सुभाउ।
मोद न मन, तन पुलक, नयन जल सो नर खेहर खाउ॥

इसी हृदय पद्धति द्वारा ही मनुष्य में शील और सदाचार का स्थायी संस्कार जम सकता है। दूसरी कोई पद्धति है ही नहीं। अनन्त शक्ति और अनन्त सौन्दर्य के बीच से अनन्त शील की आभा फूटती देख जिसका मन मुग्ध न हुआ, जो भगवान् की लोकरंजन मूर्ति के मधुर ध्यान में कभी लीन न हुआ, उसकी प्रकृति की कटुता बिलकुल नहीं दूर हो सकती।

सूर, सुजान, सपूत, सुलच्छन, गनियत गुन गरुआई।
बिनु हरिभजन इँदारुन के फल, तजत नहीं करुआई॥

चरम महत्त्व के इस भव्य-मनुष्य ग्राह्य रूप के सम्मुख भावविह्वल भक्त-हृदय के बीच जो-जो तरंगें उठती हैं उन्हीं की माला विनय-पत्रिका है। महत्त्व के नाना रूप और इन भाव-तरंगों की स्थिति परस्पर बिम्ब-प्रतिबिम्ब समझनी चाहिए। भक्ति में दैन्य, आशा, उत्साह, आत्मग्लानि, अनुताप, आत्मनिवेदन आदि की गम्भीरता उस महत्त्व की अनुभूति की मात्रा के अनुसार समझिए। महत्त्व का जितना ही सान्निध्य प्राप्त होता जायेगा—उसका जितना ही स्पष्ट साक्षात्कार होता जायेगा—उतना ही अधिक स्फुट भावों का विकास होता जायेगा, और इन पर भी महत्त्व की आभा चढ़ती जायेगी। मानो ये भाव महत्त्व की ओर बढ़ते जाते हैं और महत्त्व इन भावों की ओर बढ़ता जाता है। इस प्रकार लघुत्व का महत्त्व में लय हो जाता है।

सारांश यह कि भक्ति का मूल तत्त्व है महत्त्व की अनुभूति। इस अनुभूति के साथ ही दैन्य अर्थात् अपने लघुत्व की भावना का उदय होता है। इस भावना को दो ही पंक्तियों में गोस्वामी जी ने बड़े ही सीधे-सादे ढंग से व्यक्त कर दिया है—

राम सों बड़ो है कौन, मोसों कौन छोटो?
राम सों खरो है कौन, मोसों कौन खोटो?

प्रभु के महत्त्व के सामने होते ही भक्त के हृदय में अपने लघुत्व का अनुभव होने लगता है। उसे जिस प्रकार प्रभु का महत्त्व वर्णन करने में आनन्द आता है, उसी प्रकार अपना लघुत्व-वर्णन करने में भी। प्रभु की अनन्त शक्ति के प्रकाश में उसकी असामर्थ्य का, उसकी दीन दशा का बहुत साफ चित्र दिखाई पड़ता है, और वह अपने ऐसा दीन-दीन संसार में किसी को नहीं देखता। प्रभु के अनन्त शील और पवित्रता के सामने उसे अपने में दोष ही दोष और पाप ही पाप दिखाई पड़ने लगते हैं। इस अवस्था को प्राप्त भक्त अपने दोषों,पापों और त्रुटियों को अत्यन्त अधिक परिमाण में देखता है और उनका जी खोलकर वर्णन करने में बहुत कुछ सन्तोष लाभ करता है। दम्भ, अभिमान, छल, कपट आदि में से कोई उस समय बाधक नहीं हो सकता। इस प्रकार अपने पापों की पूरी सूचना देने से जी का बोध ही नहीं, सिर का बोझ भी कुछ हल्का हो जाता है। भक्त के सुधार का भार उसी पर न रहकर बँट-सा जाता है।

ऐसी उच्च मनोभूमि की प्राप्ति, जिसमें अपने दोषों को झुक-झुककर देखने ही की नहीं, उठा-उठाकर दिखाने की भी प्रवृत्ति होती है; ऐसी नहीं जिसे कोई कहे कि यह कौन बड़ी बात है लोक की सामान्य प्रवृत्ति तो प्राय: इसके विपरीत ही होती है, जिसे अपनी ही मानकर गोसाईं जी कहते हैं—

जानत हू निज पाप जलधि जिय,
जल-सीकर सम सुनत लरौं।
रज सम पर-अवगुन सुमेरु करि,
गुन गिरि सम रज तें निदरौं॥

ऐसे वचनों के सम्बन्ध में यह समझ रखना चाहिए कि ये दैन्य भाव के उत्कर्ष की व्यंजना करने वाले उद्‌गार हैं। ऐतिहासिक खोज की धुन में इन्हें आत्म-वृत्त समझ बैठना

ठीक न होगा। इन शब्द-प्रवाहों में लोक की सामान्य प्रवृत्ति की व्यंजना हो जाती है, इससे इनके द्वारा प्रत्येक मनुष्य अपने दोषों और बुराइयों की ओर दृष्टि से जाने का साहस प्राप्त कर सकता है। दैन्य भक्तों का बड़ा भारी बल है।

परम महत्त्व के सान्निध्य से हृदय में उस महत्त्व में लीन होने के लिए जो अनेक प्रकार के आन्दोलन उत्पन्न होते हैं, वे ही भक्तों के भाव हैं। कभी भक्त अनन्त रूपराशि के अनुभव से प्रेम-पुलकित हो जाता है, कभी अनन्त शक्ति की झलक पाकर आश्चर्य और उत्साह से पूर्ण होता है, कभी अनन्त शील की भावना से अपने कर्मों पर पछताता है और कभी प्रभु के दया-दाक्षिण्य को देख मन में इस प्रकार का ढाँढ़स बाँधता है—

कहा भयो जो मन मिलि कलिकालहि कियों भौंतुवा भौंर को हौं।
तुलसिदास सीतल नित एहि बल, बड़े ठेकाने ठौर को हौं॥

दिन-रात स्वामी के पास रहते-रहते जिस प्रकार सेवक की कुछ धड़क खुल जाती है, उसी प्रकार प्रभु के सतत ध्यान से जो सान्निध्य की अनुभूति भक्त के हृदय में उत्पन्न होती है, उसके कारण वह कभी-कभी मीठा उपालंभ भी देता है।

भक्ति में लेन-देन का भाव नहीं रह जाता। भक्ति के बदले में उत्तम गति मिलेगी, इस भावना को लेकर भक्ति हो ही नहीं सकती। भक्त के लिए भक्ति का आनन्द ही उसका फल है। वह शक्ति, सौन्दर्य और शील के अनन्त समुद्र के तट पर खड़ा होकर लहरें लेने में ही जीवन का परम फल मानता है।

गोस्वामी जी एक बार वृन्दावन गये थे। वहाँ किसी कृष्णोपासक ने उन्हें छेड़कर कहा—"आपके राम तो बारह ही कला के अवतार हैं। आप श्रीकृष्ण की भक्ति क्यों नहीं करते जो सोलह कला के अवतार हैं?" गोस्वामी जी बड़े भोलेपन के साथ बोले—"हमारे राम अवतार भी हैं, यह हमें आज मालूम हुआ।" राम भगवान् के अवतार हैं इससे उत्तम फल या उत्तम गति दे सकते हैं , बुद्धि के इस निर्णय पर तुलसी राम से भक्ति करने लगे हों, यह बात नहीं है। राम तुलसी को अच्छे लगते हैं, उनके प्रेम का यदि कोई कारण है तो यही।

जौ जगदीश तौ अति भलो, जौ महीस तौ भाग।
तुलसी चाहत जनम भरि, रामचरन अनुराग॥

तुलसी को राम का लोकरंजन रूप वैसा ही प्रिय लगता है जैसा चातक को मेघ का लोकसुखदायी रूप। राम प्रिय लगने लगे, राम की भक्ति प्राप्त हो गयी, इसका पता कैसे लग सकता है? इसका लक्षण है मन का आप से आप सुशीलता की ओर ढल पड़ना—

तुम अपनायो, तब जनिहौं जब मन फिरि परिहै।

इस प्रकार शील को राम-प्रेम का लक्षण ठहराकर गोस्वामी जी ने अपने व्यापक भक्ति-क्षेत्र के अन्तर्भूत कर लिया है।

भक्त यही चाहता है कि प्रभु के सौन्दर्य, शक्ति आदि की अनन्तता की जो मधुर भावना है वह अबाध रहे—उसमें किसी भी प्रकार की कसर न आने पाये। अपने ऐसे पापी की सुगति को वह प्रभु की शक्ति का एक चमत्कार समझता है। अतः उसे यदि सुगति न प्राप्त

हुई तो उसे इसका पछतावा न होगा, इस बात का कि प्रभु की अनन्त शक्ति की भावना बाधित हो गयी—

नाहिंन नरक परत मो कहँ डर यद्यपि हौं अति हारो।
यह बड़ि त्रास दास तुलसी कहँ नामहु पाप न जारो॥

प्रभु के सर्वगत होने का ध्यान करते-करते भक्त अन्त में जाकर उस अवस्था को प्राप्त करता है जिसमें वह अपने साथ-साथ समस्त संसार को उस एक अपरिच्छिन्न सत्ता में लीन होता हुआ देखने लगता है, और दृश्य भेदों का उसके ऊपर उतना जोर नहीं रह जाता। तर्क या युक्ति ऐसी अवस्था की सूचना भर दे सकती है—'वाक्य-ज्ञान' भर करा सकती है। संसार में परोपकार और आत्म-त्याग के जो उज्ज्वल दृष्टान्त कहीं-कहीं दिखाई पड़ा करते हैं, वे इसी अनुभूति मार्ग में कुछ-न-कुछ अग्रसर होने के हैं। यह अनुभूति मार्ग या भक्तिमार्ग बहुत दूर तक तो लोक-कल्याण की व्यवस्था करता दिखाई पड़ता है; पर और आगे चलकर यह निस्संग साधक को सब भेदों से परे ले जाता है।

'मानस' की धर्म-भूमि

धर्म की रसात्मक अनुभूति का नाम भक्ति है, यह हम कहीं पर कह चुके हैं। धर्म है ब्रह्म के सत्स्वरूप की व्यक्त प्रवृत्ति, जिसकी असीमता का आभास अखिल विश्व स्थिति में मिलता है। इस प्रवृत्ति का साक्षात्कार परिवार और समाज ऐसे छोटे क्षेत्रों से लेकर समस्त भू-मण्डल और अखिल विश्व तक के बीच किया जा सकता है। परिवार और समाज की रक्षा में, लोक के परिचालन में और समष्टि रूप में, अखिल विश्व की शाश्वत स्थिति में सत् की इसी प्रवृत्ति के दर्शन होते हैं। ध्यान देने की बात यह है कि सत्स्वरूप की इस प्रवृत्ति का साक्षात्कार जितने ही विस्तृत क्षेत्र के बीच हम करते हैं, भगवत्स्वरूप की ओर उतनी ही बढ़ी हुई भावना हमें प्राप्त होती है। कुल-विशेष के भीतर ही जो इस प्रवृत्ति का अनुभव करेंगे उनकी भावना कुल-नायक या कुल-देवता तक ही पहुँचेगी; किसी जाति या देश-विदेश के भीतर जो करेंगे, उनकी भावना उस जाति या देश के नेता अथवा उपास्य देवता तक पहुँचकर रह जायेगी। भक्त की भावना इतनी ही दूर जाकर संतुष्ट नहीं होती। वह अखिल विश्व के बीच सत् की इस प्रवृत्ति के साक्षात्कार की साधना करता है। उसके भीतर का 'चित्' जब बाहर 'सत्' का साक्षात्कार करता है तब आनन्द का आविर्भाव होता है। इस साधना द्वारा वह भगवान् का सामीप्य लाभ करता चला जाता है। इसी से तुलसी को राम 'अंतरजामिहु ते बड़ बाहिरजामी' लगते हैं।

ऊपर जो कुछ कहा गया है उससे सत्स्वरूप की व्यक्त प्रवृत्ति अर्थात् धर्म की ऊँची-नीची कई भूमियाँ लक्षित होती हैं—जैसे—गृहधर्म, कुलधर्म, समाजधर्म, लोकधर्म और विश्वधर्म या पूर्णधर्म।

किसी परिमित वर्ग से कल्याण से सम्बन्ध रखने वाले धर्म की अपेक्षा विस्तृत जनसमूह के कल्याण से सम्बन्ध रखने वाला धर्म, उच्च कोटि का है। धर्म की उच्चता उसके लक्ष्य के व्यापकत्व के अनुसार समझी जाती है। गृहधर्म या कुलधर्म से समाजधर्म श्रेष्ठ है, समाज-धर्म से लोकधर्म, लोकधर्म से विश्वधर्म, जिसमें धर्म अपने शुद्ध और पूर्ण स्वरूप में दिखाई पड़ता है। यह पूर्ण धर्म अंगी है और शेष धर्म अंग। पूर्ण धर्म, जिसका सम्बन्ध अखिल विश्व की स्थिति रक्षा से है, वस्तुतः पूर्ण पुरुष या पुरुषोत्तम में ही रहता है, जिसकी मार्मिक अनुभूति सच्चे भक्तों को ही हुआ करती है, इसी अनुभूति के अनुरूप उनके आचरण का भी उत्तरोत्तर विकास हो जाता है। गृहधर्म पर दृष्टि रखने वाला किसी परिवार की रक्षा देखकर, वर्गधर्म पर दृष्टि रखने वाला, किसी वर्ग या समाज की रक्षा देखकर और लोक धर्म पर दृष्टि रखने वाला लोक या समस्त मनुष्य-जाति की रक्षा देखकर आनन्द का अनुभव करता है। पूर्ण या शुद्ध धर्म का स्वरूप सच्चे भक्त ही अपने और दूसरों के सामने लाया करते हैं जिनके भगवान् पूर्ण धर्मस्वरूप हैं, अतः ये कीटपतंग से लेकर मनुष्य तक सब प्राणियों की रक्षा देखकर आनन्द प्राप्त करते हैं। विषय की व्यापकता के अनुसार उनका आनन्द भी उच्च कोटि का होता है।

धर्म की जो ऊँची-नीची भूमियाँ ऊपर कही गई हैं वे उसके स्वरूप के संबंध में; उसके पालन के स्वरूप के सम्बन्ध में नहीं। पालन का स्वरूप और बात है। उच्च से उच्च भूमि के धर्म का आचरण अत्यन्त साधारण कोटि का हो सकता है। इसी प्रकार निम्न भूमि के धर्म का आचरण उच्च से उच्च कोटि का हो सकता है। गरीबों का गला काटने वाले चींटियों के बिलों पर आटा फैलाते देखे जाते हैं; अकाल-पीड़ितों की सहायता में एक पैसा चन्दा न देने वाले अपने डूबते मित्र को बचाने के लिए प्राण संकट में डालते देखे जाते हैं।

यह हम कई जगह दिखा चुके हैं कि ब्रह्म के सत्य रूप की अभिव्यक्ति और प्रवृत्ति को लेकर गोस्वामी जी की भक्ति पद्धति चली है। उनके राम पूर्ण धर्मस्वरूप हैं। राम के लीला-क्षेत्र के भीतर धर्म के विविध रूपों का प्रकाश उन्होंने देखा है। धर्म का प्रकाश अर्थात् ब्रह्म के सत्स्वरूप का प्रकाश इसी नाम-रूपात्मक व्यक्त जगत् के बीच होता है। भगवान् की इस स्थिति-विधायिनी व्यक्त कला में हृदय न रमाकर, बाह्य जगत् के नाना कर्मक्षेत्रों के किसी कोने में ही ईश्वर को ढूँढ़ा करते हैं उनके मार्ग में गोस्वामी जी का भक्तिमार्ग अलग है। उनका मार्ग ब्रह्म का सत्स्वरूप पकड़कर, धर्म की नाना भूमियों पर से होता हुआ जाता है। लोक में जब कभी भक्त धर्म के स्वरूप को तिरोहित या आच्छादित देखता है तब मानों भगवान् उसकी दृष्टि से—खुली हुई आँखों के सामने से—ओझल हो जाते हैं और वह वियोग की आकुलता का अनुभव करता है। फिर जब अधर्म का अंधकार फाड़कर धर्मज्योति फूट पड़ती है तब मानो उसके प्रिय भगवान् का मनोहर रूप सामने आ जाता है और वह पुलकित हो उठता है।

हमारे यहाँ धर्म से अभ्युदय और नि:श्रेयस दोनों की सिद्धि कही गयी है। अत: मोक्ष का—किसी ढंग के मोक्ष का—मार्ग धर्ममार्ग से बिल्कुल अलग-अलग नहीं जा सकता। धर्म का विकास इसी लोक के बीच हमारे परस्पर व्यवहार के भीतर होता है। हमारे परस्पर व्यवहारों का प्रेरक हमारा रागात्मक या भावात्मक हृदय होता है। अत: हमारे जीवन की पूर्णता कर्म (धर्म), ज्ञान और भक्ति तीनों के समन्वय में है। साधना किसी प्रकार की हो, साधक की पूरी सत्ता के साथ होनी चाहिए—उसके किसी अंग को सर्वथा छोड़कर नहीं। यह हो सकता है कि कोई ज्ञान को प्रधान रखकर धर्म और उपासना को, अंगरूप में लेकर चले; कोई भक्ति को प्रधान रखकर ज्ञान और कर्म को अंगरूप में रखकर चले। तुलसीदास जी भक्ति को प्रधान रखकर चलने वाले अर्थात् भक्तिमार्गी थे। उनकी भक्ति-भावना में यद्यपि तीनों का योग है, पर धर्म का योग पूर्ण परिमाण में है। धर्म-भावना का उनकी भक्ति-भावना से नित्य सम्बन्ध है।

'रामचरितमानस' में धर्म की ऊँची-नीची विविध भूमियों की झाँकी हमें मिलती है। इस वैविध्य के कारण कहीं-कहीं कुछ शंकाएँ भी उठती हैं। उदाहरण के लिए भरत और विभीषण के चरित्रों को लीजिये।

जिस भरत के लोकपावन चरित्र की दिव्य-दीप्ति से हमारा हृदय जगमगा उठता है, उन्हीं को अपनी माता को चुन-चुनकर कठोर वचन सुनाते देख कुछ लोग संदेह में पड़ जाते हैं। जो तुलसीदास लोकधर्म या शिष्ट मर्यादा का इतना ध्यान रखते थे, उन्होंने अपने सर्वोत्कृष्ट पात्र द्वारा उसका उल्लंघन कैसे कराया? धर्म की विविध भूमियों के सम्बन्ध में जो विचार हम ऊपर प्रकट कर आये हैं उन पर दृष्टि रखकर यदि समझा जाये तो इसका उत्तर शीघ्र मिल

जाता है। यह हम कह आये हैं कि धर्म जितने ही अधिक विस्तृत जन-समूह के सुख-दुख से सम्बन्ध रखने वाला होगा, उतनी ही उच्च श्रेणी का माना जायेगा। धर्म के स्वरूप की उच्चता उसके लक्ष्य की व्यापकता के अनुसार समझी जाती है। जहाँ धर्म की पूर्ण, शुद्ध और व्यापक भावना का तिरस्कार दिखाई पड़ेगा वहाँ उत्कृष्ट पात्र के हृदय में भी रोष का आविर्भाव स्वाभाविक है। राम पूर्ण धर्मस्वरूप हैं, क्योंकि अखिल विश्व की स्थिति उन्हीं से है। धर्म का विरोध और राम का विरोध एक ही बात है। जिसे राम प्रिय नहीं उसे धर्म प्रिय नहीं, इसी से गोस्वामी जी कहते हैं—

जाके प्रिय न राम बैदेही।
सो नर तजिअ कोटि बैरी सम यद्यपि परम सनेही॥

इस राम-विरोध या धर्म-विरोध का व्यापक दुष्परिणाम भी आगे आता है। राम-सीता के घर से निकलते ही सारी प्रजा शोकमग्न हो जाती है; दशरथ प्राण-त्याग करते हैं। भरत कोई संसार-त्यागी विरक्त नहीं थे कि धर्म का ऐसा तिरस्कार और उस तिरस्कार का ऐसा कटु परिणाम देखकर भी क्रोध न करते या साधुता के प्रदर्शन के लिए उसे पी जाते। यदि वे अपनी माता को, माता होने के कारण, कटु वचन तक न कहते तो उनके राम-प्रेम का, उनके धर्म-प्रेम का, उनकी मनोवृत्तियों के बीच क्या स्थान दिखाई पड़ता? जो प्रिय का तिरस्कार और पीड़न देख क्षुब्ध न हो, उसके प्रेम का पता कहाँ लगाया जायेगा? भरत धर्म-स्वरूप भगवान् रामचन्द्र के सच्चे प्रेमी और भक्त के रूप में हमारे सामने रखे गये हैं। अत: काव्य दृष्टि से भी यदि देखिये तो इस अमर्ष के द्वारा उनके राम-प्रेम की जो व्यंजना हुई है वह अपना एक विशेष लक्ष्य रखती है। महाकाव्य या खंडकाव्य के भीतर जहाँ धर्म पर क्रूर और निष्ठूर आघात सामने आता है वहाँ श्रोता या पाठक का हृदय अन्यायी का उचित दण्ड—धिग्दण्ड के रूप में सही—देखने के लिए छटपटाता है। यदि कथा-वस्तु के भीतर उसे दण्ड देने वाला पात्र मिल जाता है तो पाठक या श्रोता की भावना तुष्ट हो जाती है। इसके लिए भरत से बढ़कर उपयुक्त और कौन पात्र हो सकता था? जिन भरत के लिए ही कैकेयी ने सारा अनर्थ खड़ा किया वे ही जब उसे धिक्कारते हैं, तब कैकेयी को कितनी आत्मग्लानि हुई होगी। ऐसी अत्मग्लानि उत्पन्न करने की ओर भी कवि का लक्ष्य था। इस दरजे की आत्मग्लानि और किसी युक्ति से उत्पन्न नहीं की जा सकती थी।

सारांश यह कि यदि कहीं मूल या व्यापक लक्ष्य वाले धर्म की अवहेलना हो तो उसके मार्मिक और प्रभावशील विरोध के लिए किसी परिमित क्षेत्र के धर्म या मर्यादा का उल्लंघन असंगत नहीं। काव्य में तो प्राय: ऐसी अवहेलना से उत्पन्न क्षोभ की अबोध व्यंजना के लिए मर्यादा का उल्लंघन आवश्यक हो जाता है।

अब विभीषण को लीजिए, जिसे गृहनीति या कुलधर्म की स्थूल और संकुचित दृष्टि के लोग 'घर का भेदिया' या भ्रातृद्रोही कह सकते हैं। तुलसीदास जी ने उसे भगवद्‌भक्त के रूप में लिया है। उसे भक्तों की श्रेणी में दाखिल करते समय गोस्वामी ज़ी की दृष्टि गृहनीति या कुलधर्म की संकुचित सीमा के भीतर बँधी न रहकर व्यापक लक्ष्य वाले धर्म की ओर थी। धर्म की उच्च और व्यापक भावना के अनुसार विभीषण को भक्त का स्वरूप प्रदान किया गया है। रावण लोकपीड़क है, उसके अत्याचार से तीनों लोक व्याकुल हैं, उसके अनुयायी अकारण लोगों को सताते हैं और ऋषियों-मुनियों का वध करते हैं। विभीषण को इन सब बातों

से अलग दिखाया गया है। वह रावण का भाई होकर भी लंका के एक कोने में साधु-जीवन व्यतीत करता है। उसके हृदय में अखिल लोकरक्षक भगवान् की भक्ति है।

सीताहरण होने पर रावण का अधर्म पराकाष्ठा को पहुँचा दिखाई पड़ता है। हनुमान से भेंट होने पर उसे धर्मस्वरूप भगवान् के अवतार हो जाने का आभास मिलता है। उसकी उच्च धर्म भावना और भी जग पड़ती है। वह अपने बड़े भाई रावण को समझाता है। जब वह किसी प्रकार नहीं मानता, तब उसके सामने धर्मों के पालन का सवाल आता है—एक ओर गृहधर्म या कुलधर्म के पालन का, दूसरी ओर उससे अधिक उच्च और व्यापक धर्म के पालन का। भक्त की धर्मभावना अपने गृह या कुल के तंग घेरे के भीतर बद्ध नहीं रह सकती। वह समस्त विश्व के कल्याण का व्यापक लक्ष्य रखकर प्रवृत्त होता है। अतः वह चट लोक-कल्याण विधायक धर्म का अवलम्बन करता है और धर्ममूर्ति भगवान् श्रीराम की शरण में जाता है।

काव्य में लोक-मंगल की साधनावस्था

तदेजति तन्नैजति—ईशावास्योपनिषद्

आत्मबोध और जगद्बोध के बीच ज्ञानियों ने गहरी खाईं खोदी, पर हृदय ने कभी उसकी परवाह न की; भावना दोनों को एक ही मानकर चलती रही। इस जगत् के बीच जिस आनन्द-मंगल की विभूति का साक्षात्कार होता रहा उसी दृश्य के स्वरूप की नित्य और चरम भावना द्वारा भक्तों के हृदय में भगवान् के स्वरूप की प्रतिष्ठा हुई। लोक में इसी स्वरूप के प्रकाश को किसी ने 'रामराज्य' कहा, किसी ने 'आसमान की बादशाहत'। यद्यपि मूसाइयों और उनके अनुगामी ईसाइयों की धर्म-पुस्तक में आदम को खुदा की प्रतिमूर्ति बताया गया, पर लोक के बीच नर में नारायण की दिव्य कला का सम्यक् दर्शन और उसके प्रति हृदय का पूर्ण निवेदन भारतीय भक्ति मार्ग में ही दिखायी पड़ा।

सत् चित् आनन्द—ब्रह्म के उन तीनों स्वरूपों में से काव्य और भक्ति-मार्ग 'आनन्द' स्वरूप को लेकर चले। विचार करने पर लोक में इस आनन्द की अभिव्यक्ति की दो अवस्थाएँ पायी जायेंगी—साधनावस्था और सिद्धावस्था। अभिव्यक्ति के क्षेत्र में ब्रह्म के 'आनन्द' स्वरूप का सतत् आभास नहीं रहता, उसका आविर्भाव और तिरोभाव होता रहता है। इस जगत् में न तो सदा और सर्वत्र लहलहाता वसंत-विकास रहता है, न सुख-समृद्धिपूर्ण हास-विलास। शिशिर के आतंक से सिमटी और झोंके झेलती वनस्थली की खिन्नता और हीनता के बीच से ही क्रमशः आनन्द की अरुण आभा धुँधली-धुँधली फूटती हुई अंत में वसंत की पूर्ण प्रफुल्लता और प्रचुरता के रूप में फैल जाती है; इसी प्रकार की पीड़ा लोक बाधा, अन्याय, अत्याचार के बीच दबी हुई आनन्द-ज्योति भीषण शक्ति में परिणत होकर अपना मार्ग निकालती है और फिर लोकमंगल और लोकरंजन के रूप में अपना प्रकाश करती है।

कुछ कवि और भक्त तो जिस प्रकार आनन्द-मंगल के सिद्ध या आविर्भूत स्वरूप को लेकर सुख-सौन्दर्यमय, माधुर्य सुषमा, विभूति उल्लास, प्रेम-व्यापार इत्यादि उपभोग पक्ष की ओर आकर्षित होते हैं उसी प्रकार आनन्द-मंगल की साधनावस्था या प्रयत्न पक्ष को लेकर पीड़ा, बाधा, अन्याय, अत्याचार आदि के दमन में तत्पर शक्ति के संचरण में भी। उत्साह, क्रोध, करुणा, भय, घृणा इत्यादि की गतिविधि में भी पूरी रमणीयता देखते हैं। वे जिस प्रकार प्रकाश को फैला हुआ देखकर मुग्ध होते हैं उसी प्रकार फैलने के पूर्व उसका अंधकार को हटाना देखकर भी। ये ही पूर्ण कवि हैं, क्योंकि जीवन की अनेक परिस्थितियों के भीतर ये सौन्दर्य का साक्षात्कार करते हैं। साधनावस्था या प्रयत्न पक्ष को ग्रहण करने वाले कुछ ऐसे कवि भी होते हैं जिनका मन सिद्धावस्था या उपभोग पक्ष की ओर नहीं जाता, जैसे भूषण। इसी प्रकार कुछ कवि या भावुक आनन्द के केवल सिद्धस्वरूप या उपभोग-पक्ष में ही अपनी वृत्ति रमा सकते हैं। उनका मन सदा सुख-सौन्दर्यमय, माधुर्य, दीप्ति, उल्लास, प्रेम-क्रीड़ा इत्यादि

के प्राचुर्य ही की भावना में लगता है। इसी प्रकार की भावना या कल्पना उन्हें कला-क्षेत्र के भीतर समझ पड़ती है।

उपर्युक्त दृष्टि से हम काव्यों के दो विभाग कर सकते हैं—

(१) आनन्द की साधनावस्था या प्रयत्न-पक्ष को लेकर चलने वाले।

(२) आनन्द की सिद्धावस्था या उपभोग-पक्ष को लेकर चलने वाले।

डंटन (Theodore Watts-Dunton) ने जिसे शक्ति काव्य (Poetry as an energy) कहा है, वह हमारे प्रथम प्रकार के अन्तर्गत आ जाता है। जिसमें लोकप्रवृत्ति को परिचालित करने वाला प्रभाव होता है, जो पाठकों या श्रोताओं के हृदय के भावों को स्थायी प्रेरणा उत्पन्न कर सकता है। पर डंटन ने शक्ति-काव्य से भिन्न को जो कला-काव्य (Poetry as an art) कहा है, वह कला का उद्देश्य केवल मनोरंजन मानकर। वास्तव में कला की दृष्टि दोनों प्रकार के काव्यों में अपेक्षित है। साधनावस्था या प्रयत्न-पक्ष को लेकर चलने वाले काव्यों में भी यदि कला में चूक हुई तो लोकगति को परिचालित करने वाला स्थायी प्रभाव न उत्पन्न हो सकेगा। यहीं तक नहीं, व्यंजित भावों के साथ पाठकों की सहानुभूति या साधारणीकरण तक, जो रस की पूर्ण अनुभूति के लिए आवश्यक है, न हो सकेगा। यदि 'कला' का वही अर्थ लेना है जो कामशास्त्र की चौंसठ कलाओं में है—अर्थात् मनोरंजन या उपभोग-मात्र का विधायक—तो काव्य के सम्बन्ध में दूर ही से इस शब्द को नमस्कार करना चाहिए। काव्य-समीक्षा में फ्रांसीसियों की प्रधानता के कारण इस शब्द को इसी अर्थ में ग्रहण करने से योरप में काव्य-दृष्टि इधर कितनी संकुचित हो गयी, इसका निरूपण हम किसी अन्य प्रबन्ध में करेंगे।

आनन्द की साधनावस्था या प्रयत्न-पक्ष को लेकर चलने वाले काव्यों के उदाहरण—रामायण, महाभारत, रघुवंश, शिशुपालवध, किरातार्जुनीय। हिन्दी में रामचरित मानस, पद्मावत (उत्तरार्द्ध), हम्मीररासो, पृथ्वीराज रासो, छत्रप्रकाश इत्यादि प्रबन्ध काव्य; भूषण आदि कवियों के वीर रसात्मक मुक्तक तथा आल्हा आदि प्रचलित वीरगाथात्मक गीत, उर्दू के वीररसात्मक मरसिये। योरोपीय भाषाओं में इलियड, ओडेसी, पैराडाइज लास्ट, रिवोल्ट ऑफ इस्लाम इत्यादि प्रबन्ध काव्य तथा पुराने बैलड (Ballads)।

आनन्द की सिद्धावस्था या उपभोग पक्ष को लेकर चलने वाले काव्यों के उदाहरण हैं—आर्य्यासप्तशती, गाथा सप्तशती, अमरुशतक, गीतगोविन्द तथा शृंगार-रस के फुटकल पद्य। हिन्दी में सूरसागर, कृष्ण-भक्त कवियों की पदावली, बिहारी-सतसई, रीतिकाल के कवियों के फुटकल शृंगारी पद्य, रास-पंचाध्यायी ऐसे वर्णनात्मक काव्य तथा आजकल की अधिकांश कविताएँ, फारसी उर्दू के शेर और गजलें। अंग्रेजी की लीरिक (Lyrics) कविताएँ तथा कई प्रकार की वर्णनात्मक कविताएँ।

आनन्द की साधनावस्था

लोक में फैली दुःख की छाया को हटाने में ब्रह्म की आनन्दकला जो शक्तिमय रूप धारण करती है, उसकी भीषणता में भी अद्भुत मनोहरता, कटुता में भी अपूर्व मधुरता, प्रचण्डता में भी गहरी आर्द्रता साथ लगी रहती है। विरुद्धों का यही सामंजस्य कर्मक्षेत्र का सौन्दर्य है जिसकी ओर आकर्षित हुए बिना मनुष्य का हृदय नहीं रह सकता। इस सामंजस्य का और कई रूपों में भी दर्शन होता है। किसी कोट-पतलून-हैट वाले को धारा-प्रवाह संस्कृत बोलते अथवा किसी पण्डित-वेशधारी सज्जन को अंग्रेजी की प्रगल्भ वक्तृता का यही सौन्दर्य

समझना चाहिए। भीषणता और सरसता, कोमलता और कठोरता, कटुता और मधुरता, प्रचण्डता और मृदुता का सामंजस्य ही लोकधर्म का सौन्दर्य है। आदि-कवि वाल्मीकि की वाणी इसी सौन्दर्य के उद्घाटन महोत्सव का दिव्य संगीत है। सौन्दर्य का यह उद्घाटन असौन्दर्य का आवरण हटाकर होता है। धर्म और मंगल की वह ज्योति अधर्म और अमंगल की घटा को फाड़ती हुई फटती है। इससे कवि हमारे सामने असौन्दर्य, अमंगल, अत्याचार, क्लेश इत्यादि भी रखता है; रोष, हाहाकार और ध्वंस का दृश्य भी लाता है। पर सारे भाव, सारे रूप और सारे व्यापार भीतर-भीतर आनन्द-काल के विकास में ही योग देते पाये जाते हैं। यदि किसी ओर उन्मुख ज्वलन्त रोष है तो उसके और सब ओर करुण दृष्टि फैली दिखाई पड़ती है। यदि किसी ओर ध्वंस और हाहाकार है तो और सब ओर उसका सहगामी रक्षा और कल्याण है। व्यास ने भी अपने 'जयकाव्य' में अधर्म के पराभव और धर्म की जय का सौन्दर्य प्रत्यक्ष किया था।

वह व्यवस्था या वृत्ति, जिससे लोक में मंगल का विधान होता है, 'अभ्युदय' की सिद्धि होती है, धर्म है। अतः अधर्म-वृत्ति को हटाने में धर्म-वृत्ति की तत्परता—चाहे वह उग्र और प्रचण्ड हो, चाहे कोमल और मधुर—भगवान् की आनन्द-कला के विकास की ओर बढ़ती हुई गति है। वह गति यदि सफल हुई तो 'धर्म की जय' कहलाती है। इस गति में भी सुन्दरता है और इसकी सफलता में भी। यह बात नहीं है कि जब यह गति सफल होती है तभी इसमें सुन्दरता आती है। गति में सुन्दरता रहती ही है; आगे चलकर चाहे यह सफल हो, चाहे विफल। विफलता में भी एक निराला ही विषण्ण सौन्दर्य होता है। तात्पर्य यह कि गति आदि से अन्त तक सुन्दर होती है—अन्त चाहे सफलता के रूप में हो, चाहे विफलता के। उपर्युक्त दोनों आर्ष कवियों ने पूर्णता के विचार से धर्म की गति का सौन्दर्य दिखाते हुए उसका सफलता में पर्यवसान किया है। ऐसा उन्होंने उपदेशक की बुद्धि से नहीं किया है; धर्म की जय के बीच भगवान् की मूर्ति के साक्षात्कार पर मुग्ध होकर किया है। यदि राम द्वारा रावण का वध तथा कृष्ण के साहाय्य द्वारा जरासन्ध और कौरवों का दमन न हो सकता तो भी राम कृष्ण की गति-विधि में पूरा सौन्दर्य रहता, पर उनमें भगवान् की पूर्ण कला का दर्शन न होता, क्योंकि भगवान् की शक्ति अमोघ है।

आनन्द-कला के प्रकाश की ओर बढ़ती हुई गति की विफलता में भी सौन्दर्य का दर्शन करने वाले अनेक कवि हुए हैं। अंग्रेज कवि शैली संसार में फैले पाषण्ड, अन्याय और अत्याचार के दमन तथा मनुष्य-मनुष्य के बीच सीधे सरल प्रेमभाव के सार्वभौम संसार का स्वप्न देखने वाले कवि थे। उन्होंने 'इस्लाम का विप्लव' (The Revolt of Islam) नामक द्वादश सर्गबद्ध महाकाव्य में मनुष्य-जाति के उद्धार में रत नायक और नायिका (Laon and Cythna) में मंगल-शक्ति के अपूर्व संचय की छटा दिखाकर तथा उनके द्वारा एक बार दुर्दान्त अत्याचार के पराभव के मनोरम आभास से अनुरंजित करके अन्त में उस शक्ति की विफलता की विषादमयी छाया से लोक को फिर आवृत्त दिखाकर छोड़ दिया है।

जैसे ऊपर कह आये हैं, मंगल-अमंगल के द्वंद्व में कवि लोग अन्त में मंगल शक्ति की जो सफलता दिखा दिया करते हैं उसमें सदा शिक्षावाद (Didacticism) या अस्वाभाविकता की गन्ध समझकर नाक-भौं सिकोड़ना ठीक नहीं। अस्वाभाविकता तभी आयेगी जब बीच का विधान ठीक न होगा अर्थात् जब प्रत्येक अवसर पर सत्पात्र सफल और दुष्ट पात्र विफल या ध्वस्त दिखाये जायेंगे पर सच्चे कवि ऐसा कभी नहीं करते। इस जगत् में अधर्म प्रायः

दुर्दमनीय शक्ति प्राप्त करता है जिसके सामने धर्म की शक्ति बार-बार उठकर व्यर्थ होती रहती है। कवि जहाँ मंगल-शक्ति की सफलता दिखाता है, वहाँ कला की दृष्टि से सौन्दर्य का प्रभाव डालने के लिए; धर्म-शासक की हैसियत से डराने के लिए नहीं कि यदि ऐसा कर्म करोगे तो ऐसा फल पाओगे। कवि कर्म-सौन्दर्य के प्रभाव द्वारा प्रवृत्ति या निवृत्ति अन्तःप्रकृति में उत्पन्न करता है, उसका उपदेश नहीं देता।

कवि सौन्दर्य से प्रभावित रहता है और दूसरों को भी प्रभावित करना चाहता है। किसी रहस्यमयी प्रेरणा से उसकी कल्पना में कई प्रकार के सौन्दर्यों का जो मेल आप से आप हो जाया करता है उसे पाठक के सामने भी वह प्रायः रख देता है जिस पर कुछ लोग कह सकते हैं कि ऐसा मेल क्या संसार में बराबर देखा जाता है। मंगल-शक्ति के अधिष्ठान राम और कृष्ण जैसे पराक्रमशाली और धीर हैं वैसा ही उनका रूप-माधुर्य और उनका शील भी लोकोत्तर है। लोक-हृदय आकृति और गुण, सौन्दर्य और सुशीलता एक ही अधिष्ठान में देखना चाहता है। इसी से 'यत्राकृतिस्तत्र गुणा वसन्ति' सामुद्रिक की यह उक्ति लोकोक्ति के रूप में चल पड़ी। 'नैषध' में नल हंस से कहते हैं—

न तुला-विषये तवाकृतिर्न वचो वर्त्मनि ते सुशीलता।
त्वदुदाहरणाऽकृतौ गुणा इति सामुद्रिक-सार-मुद्रणा॥

भीतरी और बाहरी सौन्दर्य, रूप-सौन्दर्य और कर्म-सौन्दर्य के मेल की यह आदत धीरोदात्त आदि भेद-निरूपण से बहुत पुरानी है और बिल्कुल छूट भी नहीं सकती। यह हृदय की एक भीतरी वासना की तुष्टि के हेतु कला की रहस्यमयी प्रेरणा है। १९वीं शताब्दी के कवि शैली—जो राजशासन, धर्म-शासन, समाज-शासन आदि सब प्रकार की शासन-व्यवस्था के घोर विरोधी थे—इस प्रेरणा से पीछा न छुड़ा सके। उन्होंने भी अपने प्रबन्ध काव्यों में रूप-सौन्दर्य और कर्म-सौन्दर्य का ऐसा ही मेल किया है। उनके नायक (या नायिका) जिस प्रकार पीड़ा, अत्याचार आदि से मनुष्य जाति का उद्धार करने के लिए अपना प्राण तक उत्सर्ग करने वाले, घोर से घोर कष्ट और यंत्रणा से मुँह न मोड़ने वाले, पराक्रमी, दयालु और धीर हैं, उसी प्रकार रूप-माधुर्य सम्पन्न भी।[१]

आज भी किसी कवि से राम की शारीरिक सुन्दरता कुम्भकर्ण को और कुम्भकर्ण की कुरूपता राम को न देते बनेगी। माइकेल मधुसूदन दत्त ने मेघनाद को अपने काव्य का रूप-गुण-सम्पन्न नायक बनाया पर लक्ष्मण को वे कुरूप न कर सके। उन्होंने जो उलट-फेर किया, वह कला या काव्यानुभूति की किसी प्रकार की प्रेरणा से नहीं, बल्कि एक पुरानी धारणा तोड़ने की बहादुरी दिखाने के लिए, जिसका शौक किसी विदेशी नयी शिक्षा के पहले पहल प्रचलित होने पर प्रायः सब देशों में कुछ दिन रहा करता है। इसी प्रकार बंगभाषा के एक-दूसरे कवि नवीनचन्द्र ने अपने 'कुरुक्षेत्र' नामक काव्य में कृष्ण का आदर्श ही बदल दिया है। उसमें

---

१. Certain it is that with Shelly goodness is ever near to sensuous beauty and passes easily into passion. Hence his choice of heroic type rather than simple ones, of Laon and Cythna and Prometheus rather than Michael, Mathew etc. Laon and Cythna possess youth, strength and beauty no less than courage and instinct for self-sacrifice and their passion for freedom. A further admirable instance of this harmony of goodness and beauty is seen in the description of Lady Beneficient who tended the garden of "The Sensitive Plant." ***—Studies in Shelly by A.T. Strong***

वे ब्राह्मणों के अत्याचार से पीड़ित जनता के उद्धार के लिए उठ खड़े हुए एक क्षत्रिय महात्मा के रूप में अंकित किये गये हैं। अपने समय में उठी हुई किसी खास हवा की झोंक में प्राचीन आर्ष काव्यों के पूर्णतया निर्दिष्ट स्वरूप वाले आदर्श पात्रों को एकदम कोई नया मनमाना रूप देना भारती के पवित्र मन्दिर में व्यर्थ गड़बड़ मचाना है।

शुद्ध मर्मानुभूति द्वारा प्रेरित कुशल कवि भी प्राचीन आख्यानों को बराबर लेते आये हैं और अब भी लेते हैं। वे उनके पात्रों में अपनी नवीन उद्‌भावना का, अपनी नयी कल्पित बातों का बराबर आरोप करते हैं, पर वे बातें उन पात्रों के चिर-प्रतिष्ठित आदर्शों के मेल में होती हैं। केवल अपने समय की परिस्थिति-विशेष को लेकर जो भावनाएँ उठती हैं उनके आश्रय के लिए जबकि नये आख्यानों और नये पात्रों की उद्‌भावना स्वच्छन्दतापूर्वक की जा सकती है, तब पुराने आदर्शों को विकृत या खण्डित करने की क्या आवश्यकता है?

कर्म-सौन्दर्य के जिस स्वरूप पर मुग्ध होना मनुष्य के लिए स्वाभाविक है और जिसका विधान कवि-परम्परा बराबर करती चली आ रही है, उसके प्रति उपेक्षा प्रकट करने और कर्म-सौन्दर्य के एक-दूसरे पक्ष में ही केवल प्रेम और भ्रातृभाव के प्रदर्शन और आचरण में ही—काव्य का उत्कर्ष मानने का जो एक नया फैशन टालस्टाय के समय से चला है वह एकदेशीय है। दीन और असहाय जनता को निरन्तर पीड़ा पहुँचाते चले जाने वाले क्रूर आततायियों को उपदेश देने, उनसे दया की भिक्षा माँगने और प्रेम जताने तथा उनकी सेवा-शुश्रूषा करने में ही कर्त्तव्य की सीमा नहीं मानी जा सकती, कर्म-क्षेत्र का एकमात्र सौन्दर्य नहीं कहा जा सकता। मनुष्य के शरीर के जैसे दक्षिण और बाम दो पक्ष हैं, वैसे ही उसके हृदय के भी कोमल और कठोर, मधुर और तीक्ष्ण, दो पक्ष हैं और बराबर रहेंगे। काव्य-कला की पूरी रमणीयता इन दोनों पक्षों के समन्वय के बीच मंगल या सौन्दर्य के विकास में दिखाई पड़ती है।

भावों की प्रक्रिया की समीक्षा से पता चलता है कि उदय से अस्त तक भावमण्डल का कुछ भाग तो आश्रय की चेतना के प्रकाश में (Consicious) रहता है और कुछ अन्तस्संज्ञा के क्षेत्र (sub-conscious region) में छिपा रहता है। संचारी भावों के संचरण-काल में कभी-कभी उनके स्थायी भाव कारणरूप में अन्तस्संज्ञा के भीतर पड़ जाते हैं। रतिभाव में संचारी होकर आयी हुई असूया या ईर्ष्या ही को लीजिए। जिस क्षण में वह अपनी चरम सीमा पर पहुँचती हुई होती है, उस क्षण में आश्रय को ही रति भाव की कोमल सत्ता का ज्ञान नहीं रहता, उस क्षण में उसके भीतर ईर्ष्या की ही तीक्ष्ण प्रतीति रहती है और बाहर ईर्ष्या के ही लक्षण दिखाई देते हैं। जिस प्रकार किसी आश्रय के भीतर कोई एक भाव स्थायी रहता है और अनेक भाव तथा अन्तर्दशाएँ उसके संचारी के रूप में आती हैं उसी प्रकार किसी प्रबन्ध काव्य के प्रधान पात्र में कोई मूल प्रेरक भाव का बीज भाव रहता है जिसकी प्रेरणा से घटना-चक्र चलता है और अनेक भावों के स्फुरण के लिए जगह निकलती चलती है। इस बीजभाव को साहित्य ग्रंथों में निरूपित स्थायी भाव और अंगीभाव दोनों से भिन्न समझना चाहिए।

बीजभाव द्वारा स्फुरित भावों में कोमल और मधुर—कठोर और तीक्ष्ण—दोनों प्रकार के भाव रहते हैं। यदि बीजभाव की प्रकृति मंगलविषयिनी होती है तो उसकी व्यापकता और निर्विशेषता के अनुसार सारे प्रेरित भाव तीक्ष्ण और कठोर होने पर भी सुन्दर होते हैं। ऐसे बीज भाव की प्रतिष्ठा जिस पात्र में होती है उसके सब भावों के साथ पाठकों की सहानुभूति होती है। अर्थात् पाठक या श्रोता भी रस-रूप में उन्हीं भावों का अनुभव करते हैं जिन भावों की वह

व्यंजना करता है। ऐसे पात्र की गति में बाधा डालने वाले पात्रों के उग्र या तीक्ष्ण भावों के साथ पाठकों का वास्तव में तादात्म्य नहीं होता, चाहे उनकी व्यंजना में रस की निष्पत्ति करने वाले तीनों अवयव वर्तमान हों। राम यदि रावण के प्रति क्रोध या घृणा की व्यंजना करेंगे तो पाठक या श्रोता का भी हृदय उस क्रोध या घृणा की अनुभूति में योग देगा। इस क्रोध या घृणा में भी काव्य का पूर्ण सौन्दर्य होगा। पर रावण यदि राम के प्रति क्रोध या घृणा की व्यंजना करेगा तो रस के तीनों अवयवों के कारण 'शास्त्र-स्थिति-सम्पादन'[१] चाहे हो जाये पर उस व्यंजित भाव के साथ पाठक के भाव का तादात्म्य कभी न होगा। पाठक केवल चरित्र-द्रष्टा मात्र रहेगा; उसका केवल मनोरंजन होगा; भाव में लीन करने वाली प्रथम कोटि की रसानुभूति उसको न होगी।

ऊपर कहा गया है कि किसी शुभ बीजभाव की प्रेरणा से प्रवर्तित तीक्ष्ण और उग्र भावों की सुन्दरता की मात्रा उस बीजभाव की निर्विशेषता और व्यापकता के अनुसार होती है। जैसे, यदि करुणा किसी व्यक्ति की विशेषता पर अवलम्बित होगी—कि पीड़ित व्यक्ति हमारा कुटुम्बी मित्र आदि है—तो उस करुणा के द्वारा प्रवर्तित तीक्ष्ण या उग्र भावों में उतनी सुन्दरता न होगी। पर बीजरूप अंतस्संज्ञा में स्थित करुणा यदि इस ढंग की होगी कि इतने पुरवासी, इतने देशवासी या इतने मनुष्य पीड़ा पा रहे हैं तो उसके द्वारा प्रवर्तित तीक्ष्ण या उग्र भावों का सौन्दर्य उत्तरोत्तर अधिक होगा। यदि किसी काव्य में वर्णित दो पात्रों में से एक तो अपने भाई को अत्याचार और पीड़ा से बचाने के लिए अग्रसर हो रहा है और दूसरा किसी बड़े भारी जन-समूह को तो गति में बाधा डालने वाले के प्रति दोनों के प्रदर्शित क्रोध के सौन्दर्य के परिणाम में बहुत अन्तर होगा।

भावों की छानबीन करने पर मंगल का विधान करने वाले दो भाव ठहरते हैं—करुणा और प्रेम। करुणा की गति रक्षा की ओर होती है और प्रेम की रंजन की ओर। लोक में प्रथम साध्य रक्षा है। रंजन का अवसर उसके पीछे आता है। अतः साधनावस्था या प्रयत्नपक्ष को लेकर चलने वाले काव्यों का बीजभाव करुणा ही ठहरता है। इसी से शायद अपने दो नाटकों में रामचरित को लेकर चलने वाले महाकवि भवभूति ने 'करुण' को ही एकमात्र रस कह दिया। रामायण का बीजभाव करुणा है कि जिसका संकेत क्रौंच को मारने वाले निषाद के प्रति वाल्मीकि के मुँह से निकले वचन द्वारा आरम्भ ही में मिलता है। उसके उपरान्त भी बालकांड १५वें सर्ग में इसका आभास दिया गया है जहाँ देवताओं ने ब्रह्मा से रावण-द्वारा पीड़ित लोक की दारुण दशा का निवेदन किया है। उक्त आदि-काव्य के भीतर लोक-मंगल की शक्ति के उदय का आभास ताड़का और मारीच के दमन के प्रसंग में ही मिल जाता है। पंचवटी से वह शक्ति जोर पकड़ती दिखाई देती है। सीताहरण होने पर उसमें आत्म-गौरव और दाम्पत्य प्रेम की प्रेरणा का भी योग हो जाता है। ध्यान देने की बात यह है कि इस आत्म-गौरव और दाम्पत्य प्रेम की प्रेरणा बीच से प्रकट होकर उस विराट मंगलोन्मुखी गति में समन्वित हो जाती है। यदि राक्षसराज पर चढ़ाई करने का मूल कारण केवल आत्म-गौरव या दाम्पत्य प्रेम होता तो राम के 'कालाग्नि-सदृश क्रोध' में काव्य का वह लोकोत्तर सौन्दर्य न होता। लोक के प्रति करुणा जब सफल हो जाती है, लोक जब पीड़ा और विघ्न बाधा से मुक्त

---

१. रसव्यक्तिमपेक्ष्यैषामङ्गानां सन्निवेशनम्
न तु केवलया शास्त्र-स्थिति-सम्पादनेच्छया॥ —साहित्यदर्पण

हो जाता है तब रामराज्य में जाकर लोक के प्रति प्रेम-प्रवर्तन का, प्रजा के रंजन का, उसके अधिकाधिक सुख के विधान का अवकाश मिलता है।

जो कुछ ऊपर कहा गया है कि उससे यह स्पष्ट है कि काव्य का उत्कर्ष केवल प्रेमभाव की कोमल व्यंजना में ही नहीं माना जा सकता जैसा कि टाल्सटाय के अनुयायी या कुछ कलावादी कहते हैं। क्रोध आदि उग्र और प्रचण्ड भावों के विधान में भी, यदि उनकी तह में करुणा-भाव व्यक्त रूप में स्थित हो, पूर्ण सौन्दर्य का साक्षात्कार होता है। स्वतंत्रता के उन्मत्त उपासक, घोर परिवर्तनवादी शैली के महाकाव्य 'The Revolt of Islam' के नायक-नायिका अत्याचारियों के पास जाकर उपदेश देने वाले, गिड़गिड़ाने वाले, अपनी साधुता, सहनशीलता और शान्त वृत्ति का चमत्कारपूर्ण प्रदर्शन करने वाले नहीं हैं। वे उत्साह की उमंग में प्रचंड वेग से युद्ध-क्षेत्र में बढ़ने वाले, पाखण्ड, लोक पीड़ा और अत्याचार देख पुनीत क्रोध के सात्त्विकतेज से तमतमाने वाले, भय या स्वार्थवश आततायियों की सेवा स्वीकार करने वालों के प्रति उपेक्षा प्रकट करने वाले हैं। शैली ने भी काव्यकला का मूलतत्त्व प्रेम भाव ही माना था पर अपने को सुख-सौन्दर्यमय माधुर्य भाव तक ही बद्ध न रखकर प्रबन्ध-क्षेत्र में भी अच्छी तरह घुसकर भावों की अनेकरूपता का विन्यास किया था। स्थिर (static) सौन्दर्य और गत्यात्मक (dynamic) सौन्दर्य, उपभोग-पक्ष और प्रयत्न-पक्ष दोनों उनमें पाये जाते हैं।

टाल्सटाय के मनुष्य-मनुष्य में भ्रातृ-प्रेम-संचार को ही एकमात्र काव्य तत्त्व कहने का बहुत कुछ कारण साम्प्रदायिक था। इसी प्रकार कलावादियों का केवल कोमल और मधुर की लीक पकड़ना मनोरंजन मात्र की हल्की रुचि और दृष्टि की परिमिति का कारण समझना चाहिए। टाल्सटाय के अनुयायी प्रयत्न पक्ष को लेते अवश्य हैं पर केवल पीड़ितों की सेवा-शुश्रुषा की दौड़-धूप, आततायियों पर प्रभाव डालने के लिए साधुता के लोकोत्तर प्रदर्शन, त्याग, कष्ट, सहिष्णुता इत्यादि में ही उसका सौन्दर्य स्वीकार करते हैं। साधुता की इस मृदुल गति को वे 'आध्यात्मिक शक्ति' कहते हैं। पर भारतीय दृष्टि से हम इसे भी प्राकृतिक शक्ति—मनुष्य की अन्त:प्रकृति की सात्त्विक विभूति—मानते हैं। विदेशी अर्थ में इस 'आध्यात्मिक' शब्द का प्रयोग हमारी देश-भाषाओं में भी प्रचार पा रहा है। 'अध्यात्म' शब्द की, मेरी समझ में, काव्य या कला के क्षेत्र में कहीं कोई जरूरत नहीं है।

पूर्ण प्रभविष्णुता के लिए काव्य में हम भी सत्त्वगुण की सत्ता आवश्यक मानते हैं, पर दोनों रूपों में—दूसरे भावों की तह में अर्थात् अंतस्संज्ञा में स्थित बीजरूप में भी और प्रकाश रूप में भी। हम पहले कह आये हैं कि लोक में मंगल विधान की ओर प्रवृत्त करने वाले दो भाव हैं—करुणा और प्रेम। यह भी दिखा आये हैं कि क्रोध, युद्धोत्साह आदि प्रचंड और उग्र वृत्तियों की तह में यदि इन दोनों में से कोई भाव बीजरूप में स्थित होगा, तभी सच्चा साधारणीकरण और पूर्ण सौन्दर्य का प्रकाश होगा। उच्च दशा का प्रेम और करुणा दोनों सत्त्वगुण-प्रधान हैं। त्रिगुणों में सत्त्वगुण सबके ऊपर है। यहाँ तक कि उसकी ऊपरी सीमा नित्य पारमार्थिक सत्ता के पास तक—व्यक्त और अव्यक्त की सन्धि तक—जा पहुँचती है। इसी से शायद वल्लभाचार्य जी ने सच्चिदानन्द के सत् स्वरूप को प्रकाश करने वाली शक्ति को 'संधिनि' कहा है। व्यवहार में भी 'सत्' शब्द के दो अर्थ लिये जाते हैं—'जो वास्तव में हो' तथा 'अच्छा या शुभ'।

जबकि अव्यक्तावस्था से छूटी हुई प्रकृति के व्यक्त स्वरूप जगत् में आदि से अन्त तक सत्त्व, रजस् और तमस् तीनों गुण रहेंगे तब समष्टि रूप में लोक के बीच मंगल का विधान करने वाली ब्रह्म की आनन्द-कला के प्रकाश की यही पद्धति हो सकती है कि तमोगुण और रजोगुण दोनों सत्त्वगुण के अधीन होकर उसके इशारे पर काम करें। इस दशा में किसी ओर अपनी प्रवृत्ति के अनुसार काम करने पर भी समष्टि रूप में और सब ओर वे सत्त्वगुण के लक्ष्य की ही पूर्ति करेंगे। सत्त्वगुण के इस शासन में कठोरता, उग्रता और प्रचंडता भी सात्त्विक तेज़ के रूप में भासित होगी। इसी से अवतार रूप में हमारे यहाँ भगवान् की मूर्ति एक ओर तो 'वज्रादपि' कठोर और दूसरी ओर 'कुसुमादपि' मृदु रखी गयी है—

'कुलिसहु चाहि कठोर अति, कोमल कुसुमहु चाहि।'

साधारणीकरण और व्यक्ति वैचित्र्यवाद

किसी काव्य का श्रोता या पाठक जिन विषयों को मन में लाकर रति, करुणा, क्रोध, उत्साह इत्यादि भावों तथा सौन्दर्य, रहस्य, गाम्भीर्य आदि भावनाओं का अनुभव करता है वे अकेले उसी के हृदय से सम्बन्ध रखने वाले नहीं होते; मनुष्य-मात्र की भावात्मक सत्ता पर प्रभाव डालने वाले होते हैं। इसी से उक्त काव्य को एक साथ पढ़ने या सुनने वाले सहस्रों मनुष्य उन्हीं भावों या भावनाओं का थोड़ा बहुत अनुभव कर सकते हैं। जब तक किसी भाव का कोई विषय इस रूप में नहीं लाया जाता कि वह सामान्यत: सबसे उसी भाव का अवलम्बन हो सके तब तक उसमें रसोद्बोधन की पूर्ण शक्ति नहीं आती। इसी रूप में लाया जाना हमारे यहाँ 'साधारणीकरण' कहलाता है। यह सिद्धान्त यह घोषित करता है कि सच्चा कवि वही है जिसे लोक-हृदय की पहचान हो, जो अनेक विशेषताओं और विचित्रताओं के बीच मनुष्य जाति के सामान्य हृदय को देख सके। इसी लोक-हृदय में हृदय के लीन होने की दशा का नाम रस-दशा है।

किसी काव्य में वर्णित किसी पात्र का किसी कुरूप और दु:शील स्त्री पर प्रेम हो सकता है; पर उसी स्त्री के वर्णन द्वारा श्रृंगार-रस का आलम्बन नहीं खड़ा हो सकता। अत: ऐसा काव्य केवल भाव-प्रदर्शक ही होगा, विभाव-विधायक कभी नहीं हो सकता। इसी प्रकार रौद्र रस के वर्णन में जब तक आलम्बन का चित्रण इस रूप में न होगा वह मनुष्य-मात्र में क्रोध का पात्र हो सके, तब तक यह वर्णन भाव-प्रदर्शक मात्र रहेगा, उसका विभाव-पक्ष या तो शून्य अथवा अशक्त होगा। पर भाव और विभाव दोनों पक्षों के सामंजस्य के बिना पूरी और सच्ची रसानुभूति नहीं हो सकती। केवल भाव-प्रदर्शक काव्यों में भी होता यह है कि पाठक या श्रोता अपनी ओर से अपनी भावना के अनुसार आलम्बन का आरोप किये रहता है।

काव्य का विषय सदा 'विशेष' होता है, 'सामान्य' नहीं; वह 'व्यक्ति' सामने लाता है, 'जाति' नहीं। यह बात आधुनिक कला-समीक्षा के क्षेत्र में पूर्णतया स्थिर हो चुकी है। अनेक व्यक्तियों के रूप-गुण आदि के विवेचन द्वारा कोई वर्ग या जाति ठहराना, बहुत-सी बातों को लेकर कोई सामान्य सिद्धान्त प्रतिपादित करना, यह सब तर्क और विज्ञान का काम है—निश्चयात्मिका बुद्धि का व्यवसाय है। काव्य का काम है कल्पना में 'बिम्ब' (Images) या मूर्त्त भावना उपस्थित करना; बुद्धि के सामने कोई विचार (concept) लाना नहीं 'बिम्ब' जब होगा तब विशेष या व्यक्ति का ही होगा, सामान्य या जाति का नहीं।[१]

---

१. अभिव्यंजनावाद (Expressionism) के प्रवर्तक क्रोचे (Benedetto Croce) ने कला के बोध-पक्ष और तर्क के बोध-पक्ष को इस प्रकार अलग-अलग दिखाया है—(क) Intutive knowledge—knowledge obtained through the imagination, knowledge of the individual or individual things. (ख) Logical knowledge—knowledge obtained through the intellect; knowledge of the universal—knowledge of the relations between individual things.

—***Aesthetics by Benedetto Croce***

इस सिद्धान्त का तात्पर्य यह है कि शुद्ध काव्य की उक्ति सामान्य तथ्य-कथन या सिद्धान्त के रूप में नहीं होती। कविता वस्तुओं और व्यापारों का बिम्ब ग्रहण कराने का प्रयत्न करती है, अर्थ-ग्रहण-मात्र से उसका काम नहीं चलता। बिम्ब-ग्रहण जब होगा तब विशेष या व्यक्ति का ही होगा, सामान्य या जाति का नहीं। जैसे, यदि कहा जाये कि क्रोध से मनुष्य बावला हो जाता है, तो यह काव्य की उक्ति न होगी। काव्य की उक्ति तो किसी क्रुद्ध मनुष्य के उग्र वचनों और उन्मत्त चेष्टाओं की कल्पना में उपस्थित भर कर देगी। कल्पना में जो कुछ उपस्थित होगा वह व्यक्ति या वस्तु-विशेष ही होगा। सामान्य या 'जाति' की तो मूर्त्त भावना हो ही नहीं सकती।[१]

अब यह देखना चाहिए कि हमारे यहाँ विभाजन व्यापार में जो 'साधारणीकरण' कहा गया है, उसके विरुद्ध तो यह सिद्धान्त नहीं जाता। विचार करने पर स्पष्ट हो जायेगा कि दोनों में कोई विरोध नहीं पड़ता। विभावादिक साधारणतया प्रतीत होती है, इस कथन का अभिप्राय यह नहीं है कि रसानुभूति के समय श्रोता या पाठक के मन में आलम्बन आदि विशेष व्यक्ति या विशेष वस्तु की मूर्त भावना के रूप में न आकर सामान्यत: व्यक्ति-मात्र का वस्तु मात्र (जाति) के अर्थ-संकेत के रूप में आते हैं। 'साधारणीकरण' का अभिप्राय यह है कि पाठक या श्रोता के मन में जो व्यक्ति-विशेष या वस्तु-विशेष आती है, वह जैसे काव्य में वर्णित 'आश्रय' के भाव का अवलम्बन होती है, वैसे ही सब सहृदय पाठकों या श्रोताओं के भाव का आलम्बन हो जाता है। जिस व्यक्ति-विशेष के प्रति किसी भाव की व्यंजना कवि या पात्र करता है, पाठक या श्रोता की कल्पना में यह व्यक्ति-विशेष उपस्थित रहता है। हाँ, कभी-कभी ऐसा भी होता है कि पाठक या श्रोता की मति या संस्कार के कारण वर्णित व्यक्ति-विशेष के स्थान पर कल्पना में उसी के समान धर्म वाली कोई मूर्ति-विशेष आ जाती है। जैसे, यदि किसी पाठक या श्रोता का किसी सुन्दरी से प्रेम है तो शृंगार-रस की फुटकल उक्तियाँ सुनने के समय रह-रहकर आलम्बन रूप में उसकी प्रेयसी की मूर्ति ही उसकी कल्पना में आयेगी। यदि किसी से प्रेम न हुआ तो सुन्दरी की कोई कल्पित मूर्ति उसके मन में आयेगी। कहने की आवश्यकता नहीं कि यह कल्पित मूर्ति भी विशेष ही होगी—व्यक्ति की ही होगी।

कल्पना में मूर्ति तो विशेष ही की होगी, पर वह मूर्ति ऐसी होगी जो प्रस्तुत भाव का आलम्बन हो सके, जो उसी भाव को पाठक या श्रोता के मन में भी जगाये जिसकी

---

१. साहित्य-शास्त्र में नैयायिकों की बातें ज्यों-की-त्यों ले लेने से काव्य के स्वरूप-निर्णय में जो बाधा पड़ी है, उसका एक उदाहरण 'शक्तिग्रह' का प्रसंग है। उसके अन्तर्गत कहा गया है कि संकेतग्रह 'व्यक्ति' का नहीं होता है, 'जाति' का होता है। तर्क में भाषा के संकेत पक्ष (Symbolic aspect) से ही काम चलता है जिसमें अर्थग्रहण मात्र पर्याप्त होता है। अत: न्याय में तो जाति का संकेतग्रह कहना ठीक है। पर काव्य में भाषा के प्रत्यक्षीकरण (Presentative aspect) से काम लिया जाता है जिसमें शब्द द्वारा सूचित वस्तु का बिम्ब ग्रहण होता है—अर्थात् उसकी पूर्ति कल्पना में खड़ी हो जाती है। काव्य मीमांसा के क्षेत्र में न्याय का यह हाथ बढ़ाना डॉक्टर सतीश चन्द्र विद्याभूषण को भी खटका है। उन्होंने कहा है कि—
It is however, to be regretted that during that last 500 years the Nyaya has been mixed up with Law, Rhetoric, etc. and thereby has hampered the growth of those branches of knowledge upon which it has grown up as a sort of parasite. *—Introduction (The Nyaya Sutras)*

व्यंजना आश्रय अथवा कवि करता है। इससे सिद्ध हुआ कि साधारणीकरण आलम्बनत्व धर्म का होता है। व्यक्ति तो विशेष ही रहता है; पर उसमें प्रतिष्ठा ऐसे सामान्य धर्म की रहती है जिसके साक्षात्कार से सब श्रोताओं या पाठकों के मन में एक ही भाव का उदय थोड़ा या बहुत होता है। तात्पर्य यह है कि आलम्बन रूप में प्रतिष्ठित व्यक्ति, समान प्रभाव वाले कुछ धर्मों की प्रतिष्ठा के कारण, सबके भावों का आलम्बन हो जाता है। 'विभावादि सामान्य रूप में प्रतीत होते हैं'—इसका तात्पर्य यही है कि रस-मग्न पाठकों के मन में यह भेदभाव नहीं रहता कि यह आलम्बन मेरा है या दूसरे का। थोड़ी देर के लिए पाठक या श्रोता का हृदय लोक का सामान्य हृदय हो जाता है। उसका अपना हृदय अलग नहीं रहता।

'साधारणीकरण' के प्रतिपादन में पुराने आचार्यों ने श्रोता (या पाठक) और आश्रय (भाव व्यंजना करने वाला पात्र) के तादात्म्य की अवस्था का ही विचार किया है जिसमें आश्रय किसी काव्य या नाटक के पात्र के रूप में आलम्बन रूप किसी दूसरे पात्र के प्रति किसी भाव की व्यंजना करता है और श्रोता (या पाठक) उसी भाव का रस रूप में अनुभव करता है। पर रस की एक नीची अवस्था और है जिसका हमारे यहाँ के साहित्य ग्रन्थों में विवेचन नहीं हुआ है। उसका भी विचार करना चाहिए। किसी भाव की व्यंजना करने वाला, कोई क्रिया या व्यापार करने वाला पात्र भी शील की दृष्टि से श्रोता (या दर्शक) के किसी भाव का—श्रद्धा, घृणा, रोष, आश्चर्य, कुतूहल या अनुराग का—आलम्बन होता है। इस दशा में श्रोता या दर्शक का हृदय उस पात्र के हृदय से अलग रहता है—अर्थात् श्रोता या दर्शक उसी भाव का अनुभव नहीं करता जिसकी व्यंजना पात्र अपने आलम्बन के प्रति करता है, बल्कि व्यंजना करने वाले उस पात्र के प्रति किसी और ही भाव का अनुभव करता है। यह दशा भी एक प्रकार की रस दशा ही है—यद्यपि इसमें आश्रय के साथ तादात्म्य और उसके आलम्बन का साधारणीकरण नहीं रहता। जैसे, कोई क्रोधी या क्रूर प्रकृति का पात्र यदि किसी निरपराध या दीन पर क्रोध की प्रबल व्यंजना कर रहा है तो श्रोता या दर्शक के मन में क्रोध का रसात्मक संचार न होगा, बल्कि क्रोध प्रदर्शित करने वाले उस पात्र के प्रति अश्रद्धा, घृणा आदि का भाव जागेगा। ऐसी दशा में आश्रय के साथ तादात्म्य या सहानुभूति न होगी, बल्कि श्रोता या पाठक उक्त पात्र के शील द्रष्टा या प्रकृति द्रष्टा के रूप में प्रभाव ग्रहण करेगा। और यह प्रभाव भी रसात्मक ही होगा, पर इस रसात्मकता को हम मध्यम कोटि का ही मानेंगे।

जहाँ पाठक या दर्शक किसी काव्य या नाटक में सन्निविष्ट पात्र या आश्रय के शील द्रष्टा के रूप में स्थित होता है वहाँ भी पाठक या दर्शक के मन में कोई न कोई भाव थोड़ा बहुत अवश्य जगा रहता है; अन्तर इतना ही पड़ता है कि उस पात्र का आलम्बन पाठक या दर्शक का आलम्बन रहता है। इस दशा में भी एक प्रकार का तादात्म्य और साधारणीकरण होता है। तादात्म्य कवि के उस अत्यक्त भाव के साथ होता है, जिसके अनुरूप वह पात्र का स्वरूप संघटित करता है। जो स्वरूप कवि अपनी कल्पना में लाता है उसके प्रति उसका कुछ-न-कुछ भाव अवश्य रहता है। वह उसके किसी भाव का आलम्बन अवश्य होता है। अतः पात्र का स्वरूप कवि के जिस भाव का आलम्बन रहता है, पाठक या दर्शक के भी उसी भाव का आलम्बन प्रायः हो जाता है। जहाँ कवि किसी वस्तु (जैसे हिमालय, विंध्याटवी) या व्यक्ति का केवल चित्रण करके छोड़ देता है वहाँ कवि ही आश्रय के रूप में रहता है। उस वस्तु या व्यक्ति का चित्रण वह उसके प्रति कोई भाव रखकर ही करता है। उसी के भाव के साथ

पाठक या दर्शक का तादात्म्य रहता है, उसी का आलम्बन पाठक या दर्शक का आलम्बन हो जाता है।

आश्रय की जिस भाव-व्यंजना को श्रोता या पाठक का हृदय कुछ भी अपना न सकेगा, उसका ग्रहण केवल शील-वैचित्र्य के रूप में होगा और उसके द्वारा घृणा, विरक्ति, अश्रद्धा, क्रोध, आश्चर्य, कुतूहल इत्यादि में से ही कोई भाव उत्पन्न होकर अपरितुष्ट दशा में रह जायेगा। उस भाव की तुष्टि तभी होगी जब कोई दूसरा पात्र आकर उसकी व्यंजना वाणी और चेष्टा द्वारा उस बेमेल या अनुपयुक्त भाव की व्यंजना करने वाले प्रथम पात्र के प्रति करेगा। इस दूसरे पात्र की भाव-व्यंजना के साथ श्रोता या दर्शक की पूर्ण सहानुभूति होगी। अपरितुष्ट भाव की आकुलता का अनुभव प्रबन्ध-काव्यों, नाटकों और उपन्यासों के प्रत्येक पाठक को थोड़ा-बहुत होगा। जब कोई असामान्य दुष्ट अपनी मनोवृत्ति की व्यंजना किसी स्थल पर करता है तब पाठक के मन में बार-बार यही आता है कि उस दुष्ट के प्रति उसके मन में जो घृणा या क्रोध है उसकी भरपूर व्यंजना वचन या क्रिया द्वारा कोई पात्र आकर करता। क्रोधी परशुराम तथा अत्याचारी रावण की कठोर बातों का जो उत्तर लक्ष्मण और अंगद देते हैं उससे कथा-श्रोताओं की अपूर्व तुष्टि होती है।

इस सम्बन्ध में सबसे अधिक ध्यान देने की बात यह है कि शील-विशेष के परिज्ञान से उत्पन्न भाव की अनुभूति और आश्रय के साथ तादात्म्य-दशा की अनुभूति (जिसे आचार्यों ने रस कहा है) दो भिन्न-भिन्न कोटि की रसानुभूतियाँ हैं। प्रथम में श्रोता या पाठक अपनी पृथक् सत्ता अलग सँभाले रहता है, द्वितीय में अपनी पृथक् सत्ता का कुछ क्षणों के लिए विसर्जन कर आश्रय की भावात्मक सत्ता में मिल जाता है। उदात्त वृत्ति वाले आश्रय की भाव-व्यंजना में भी यह होगा कि जिस समय तक पाठक या श्रोता तादात्म्य की दशा में पूर्ण रस-मग्न रहेगा उस समय तक भाव-व्यंजना करने वाले आश्रय को अपने से अलग रखकर उसके शील आदि की ओर दत्तचित्त न रहेगा। उस दशा के आगे-पीछे ही वह उसकी भावात्मक सत्ता से अपनी भावात्मक सत्ता को अलग कर उसके शील-सौन्दर्य की भावना कर सकेगा। भाव-व्यंजना करने वाले किसी पात्र या आशय के शील-सौन्दर्य की भावना जिस समय रहेगी, उस समय वही श्रोता या पाठक का आलम्बन रहेगा और उसके प्रति श्रद्धा, भक्ति या प्रीति टिकी रहेगी।

हमारे यहाँ के आचार्यों ने श्रव्य काव्य और दृश्य काव्य दोनों में रस की प्रधानता रखी है, इसी से दृश्य काव्य में भी उनका लक्ष्य तादात्म्य और साधारणीकरण की ओर रहता है। पर योरप के दृश्य काव्यों में शील वैचित्र्य या अन्तःप्रकृति वैचित्र्य की ओर ही प्रधान लक्ष्य रहता है जिसके साक्षात्कार से दर्शक को आश्चर्य और कुतूहल मात्र की अनुभूति होती है। अतः इस वैचित्र्य पर थोड़ा विचार कर लेना चाहिए। वैचित्र्य साक्षात्कार से केवल तीन बातें हो सकती हैं—(१) आश्चर्यपूर्ण प्रसादन, (२) आश्चर्यपूर्ण अवसादन और (३) कुतूहल मात्र।

आश्चर्यपूर्ण प्रसादन शील के चरम उत्कर्ष अर्थात् सात्त्विक आलोक के साक्षात्कार से होता है। भरत का राम की पादुका लेकर विरक्त रूप में बैठना, राजा हरिश्चन्द्र का अपनी रानी से आधा कफन माँगना, नागानन्द नाटक में जीमूतवाहन का भूखे गरुड़ से अपना मांस खाने के लिए अनुरोध करना इत्यादि शील-वैचित्र्य के ऐसे दृश्य हैं जिनसे श्रोता या दर्शक के हृदय में आश्चर्य-मिश्रित श्रद्धा या भक्ति का संचार होता है। इस प्रकार के उत्कृष्ट शील वाले पात्रों का

शील विचित्र होने पर भी भाव-व्यंजना के समय उनके साथ पाठक या श्रोता का तादात्म्य हो सकता है।

आश्चर्यपूर्ण अवसादन शील के अत्यन्त पतन अर्थात् तामसी घोरता के साक्षात्कार से होता है। यदि किसी काव्य या नाटक में हूण सम्राट् मिहिरकुल पहाड़ की चोटी पर से गिराये जाते हुए मनुष्य के तड़पने, चिल्लाने आदि की भिन्न-भिन्न चेष्टाओं पर भिन्न-भिन्न ढंग से आह्लाद की व्यंजना करे, तो उसके आह्लाद में किसी श्रोता या दर्शक का हृदय योग न देगा, बल्कि उसकी मनोवृत्ति की विलक्षणता और घोरता पर स्तम्भित, क्षुब्ध या कुपित होगा। इसी प्रकार दु:शीलता की और-और विचित्रताओं के प्रति श्रोता की आश्चर्य-मिश्रित विरक्ति, घृणा आदि जगेगी।

जिन सात्त्विकी और तामसी प्रकृतियों की चरम सीमा का उल्लेख ऊपर हुआ है, सामान्य प्रकृति से उनकी आश्चर्यजनक विभिन्नता केवल उनकी मात्रा में होती है। वे किसी वर्ग-विशेष की सामान्य प्रकृति के भीतर समझी जा सकती हैं। जैसे, भरत आदि की प्रकृति शीलवानों की प्रकृति के भीतर और मिहिरकुल की प्रकृति क्रूरों की प्रकृति के भीतर मानी जा सकती है। पर कुछ लोगों के अनुसार ऐसी अद्वितीय प्रकृति भी होती है जो किसी वर्ग-विशेष की भी प्रकृति के भीतर नहीं होती। ऐसी प्रकृति के साक्षात्कार से न स्पष्ट प्रसादन होगा, न स्पष्ट अवसादन—एक प्रकार का मनोरंजन या कुतूहल ही होगा। ऐसी अद्वितीय प्रकृति के चित्रण को डंटन (Theodore Watts-Danton) ने कवि की नाटकीय या निरपेक्ष दृष्टि (Dramatic or Absolute Vision) का सूचक और काव्य-कला का चरम उत्कर्ष कहा है। उनका कहना है कि साधारणत: कवि नाटककार भिन्न-भिन्न पाक्षों की उक्तियों की कल्पना अपने ही को उनकी परिस्थिति में अनुमान करके किया करते हैं। वे वास्तव में यह अनुमान करते हैं कि यदि हम उनकी दशा में होते तो कैसे वचन मुँह से निकालते। तात्पर्य यह है कि उनकी दृष्टि सापेक्ष होती है, वे अपनी ही प्रकृति के अनुसार चरित्र-चित्रण करते हैं। पर निरपेक्ष दृष्टि वाले नाटककार एक नवीन नर-प्रकृति की सृष्टि करते हैं। नूतन-निर्माण वाली कल्पना उन्हीं की होती है।

डंटन ने निरपेक्ष दृष्टि को उच्चतम शक्ति तो ठहराया पर उन्हें संसार भर में दो ही तीन कवि उक्त दृष्टि से सम्पन्न मिले जिनमें मुख्य शेक्सपियर हैं। पर शेक्सपियर के नाटकों में कुछ विचित्र अंत:प्रकृति के पात्रों के होते हुए भी अधिकांश ऐसे पात्र हैं जिनकी भाव-व्यंजना के साथ पाठक या दर्शक का पूरा तादात्म्य रहता है। 'जूलियस सीजर' नाटक में अंटोनियो के लम्बे भाषण से जो क्षोभ उमड़ पड़ता है उसमें किसका हृदय योग न देगा? डंटन के अनुसार शेक्सपियर की दृष्टिनिरपेक्षता के उदाहरणों में हैमलेट का चरित्र-चित्रण है। पर विचारपूर्वक देखा जाये तो हैमलेट की मनोवृत्ति भी ऐसे व्यक्ति की मनोवृत्ति है जो अपनी माता का घोर विश्वासघात और जघन्य शीलच्युति देख अर्द्धविक्षिप्त-सा हो गया हो। परिस्थिति के साथ उसके वचनों का सामंजस्य उसकी बुद्धि की अवस्था का द्योतक है। अत: उसका चरित्र भी एक वर्ग-विशेष के चरित्र के भीतर आ जाता है। उसके बहुत से भाषणों को प्रत्येक सहृदय व्यक्ति अपनाता है। उदाहरण के लिए आत्मग्लानि और क्षोभ से भरे हुए वे वचन जिनके द्वारा वह स्त्री-जाति की भर्त्सना करता है। अत: हमारे देखने में ऐसी मनोवृत्ति का प्रदर्शन, जो किसी दशा में किसी की हो नहीं सकती, केवल ऊपरी मनबहलाव के लिए खड़ा किया हुआ

कृत्रिम तमाशा ही होगा। पर डंटन साहब के अनुसार ऐसी मनोवृत्ति का चित्रण नूतन सृष्टिकारिणी कल्पना का सबसे उज्ज्वल उदाहरण होगा।

'नूतन सृष्टि निर्माण वाली कल्पना' की चर्चा जिस प्रकार योरप में चलती आ रही है, उसी प्रकार भारतवर्ष में भी। पर हमारे यहाँ यह कथन अर्थवाद के रूप में—कवि और कवि कर्म की स्तुति के रूप में-ही गृहीत हुआ, शास्त्रीय सिद्धान्त या विवेचन के रूप में नहीं। योरप में अलबत्ता यह एक सूत्र-सा बनकर काव्य-समीक्षा के क्षेत्र में भी जा घुसा है। इसके प्रचार का परिणाम वहाँ यह हुआ कि रचनाएँ इस ढंग की भी हो चलीं जिनमें कवि ऐसी अनुभूतियों की व्यंजना की नकल करता है जो न वास्तव में उनकी होती हैं और न किसी की हो सकती हैं। इस नूतन सृष्टि निर्माण के अभिनय के बीच 'दूसरे जगत् के पंछियों' की उड़ान शरू हुई। शेली के पीछे पागलपन की नकल करने वाले बहुत से खड़े हुए थे; वे अपनी बातों का ऐसा रूप-रंग बनाते थे जो किसी और दुनिया का लगे या कहीं का न जान पड़े।[१]

यह उस प्रवृत्ति का हद से बाहर पहुँचा रूप है, जिसका आरम्भ योरप में एक प्रकार से पुनरुत्थान-काल (Renaissance) के साथ ही हुआ था। ऐसा कहा जाता है कि उस काल के पहले काव्य की रचना काल को अखण्ड अनन्त और भेदातीत मानकर तथा लोक को एक सामान्य सत्ता समझकर की जातीं थी। रचना करने वाले यह ध्यान रखकर नहीं लिखते थे कि इस काल के आगे आने वाला काल कुछ और प्रकार का होगा अथवा इस वर्तमान काल का स्वरूप सर्वत्र एक ही नहीं है—किसी जन-समूह के बीच पूर्ण सभ्य काल है, किसी के बीच उससे कुछ कम, किसी जन-समुदाय के बीच कुछ असभ्य काल है, किसी के बीच उससे बहुत अधिक। इसी प्रकार उन्हें इस बात की ओर ध्यान देने की आवश्यकता नहीं होती थी कि लोक भिन्न-भिन्न व्यक्तियों से बना होता है जो भिन्न-भिन्न रुचि और प्रवृत्ति के होते हैं। 'पुनरुत्थान-काल' से धीरे-धीरे इस तथ्य की ओर ध्यान बढ़ता गया, प्राचीनों की भूल प्रकट होती गयी। अन्त में इशारे पर आँख मूँदकर दौड़ने वाले बड़े-बड़े पण्डितों ने पुनरुत्थान की कालधारा को मथकर 'व्यक्तिवाद' रूपी नया रत्न निकाला। फिर क्या था? शिक्षित समाज में व्यक्तिगत विशेषताएँ देखने-दिखाने की चाह बढ़ने लगी।

काव्य क्षेत्र में किसी 'वाद' का प्रचार धीरे-धीरे उसकी सारसत्ता को ही चर जाता है। कुछ दिनों में लोग कविता लिखकर 'वाद' लिखने लगते हैं। कला या काव्य के क्षेत्र में, 'लोक' और 'व्यक्ति' की उपर्युक्त धारणा कहाँ तक संगत है, इस पर थोड़ा विचार कर लेना चाहिए। लोक के बीच जहाँ बहुत-सी भिन्नताएँ देखने में आती हैं, वहाँ कुछ अभिन्नताएँ भी पायी जाती हैं। एक मनुष्य की आकृति से दूसरे मनुष्य की आकृति नहीं मिलती, पर सब

---

१. After Shelley's music began to captivate the world certain poets set to work upon the theory that between themselves and the other portion of the human race there is a wide gulf fixed. their theory was that they were to sing, as far as possible, like birds of another world...It might also be said that the poetic atmosphere became that of the supreme place of wonder.

—*Bedlam*

Bailey, Dobell and Smith were not Bedlamites, but men of common sense. They only affected madness. the country from which the followers of Shelley sing to out lower world was named 'Nowhere.'

—Portry and the Renaissance of Wanders by Theadore Watts Dunton

मनुष्यों की आकृतियों को एक साथ लें तो एक ऐसी सामान्य आकृति-भावना भी बँधती है जिसके कारण हम सबको मनुष्य कहते हैं। इसी प्रकार सबकी रुचि और प्रकृति में भिन्नता होने पर भी कुछ ऐसी अन्तर्भूमियाँ हैं जहाँ पहुँचने पर अभिन्नता मिलती है। वे अन्तर्भूमियाँ नर-समष्टि की रागात्मिका प्रकृति के भीतर हैं। लोक-हृदय की यह सामान्य अन्तर्भूमि परखकर हमारे यहाँ 'साधारणीकरण' सिद्धान्त की प्रतिष्ठा की गयी है। वह सामान्य अन्तर्भूमि कल्पित या कृत्रिम नहीं है। काव्य-रचना की रूढ़ि या परम्परा, सभ्यता के न्यूनाधिक विकास, जीवन व्यापार के बदलने वाले बाहरी रूप-रंग इत्यादि पर वह स्थिति नहीं है, इसकी नींव गहरी है। इसका सम्बन्ध हृदय के भीतरी मूल देश से है, उसका सामान्य वासनात्मक सत्ता से है।

जिस 'व्यक्तिवाद' का ऊपर वर्णन हुआ है, उसने स्वच्छन्दता के आन्दोलन (Romantic Movement) के उत्तर काल से बड़ा ही विकृत रूप धारण किया। यह 'व्यक्तिवाद' यदि पूर्ण रूप से स्वीकार किया जाये तो कविता लिखना व्यर्थ ही समझिए। कविता इसीलिए लिखी जाती है कि एक ही भावना सैकड़ों, हजारों क्या, लाखों दूसरे आदमी ग्रहण करें। जब एक के हृदय के साथ दूसरे के हृदय की कोई समानता ही नहीं, तब एक के भावों को दूसरा क्यों और कैसे ग्रहण करेगा? ऐसी अवस्था में तो यही सम्भव है कि हृदय द्वारा मार्मिक या भीतरी ग्रहण की बात ही छोड़ दी जाये; व्यक्तिगत विशेषता के वैचित्र्य द्वारा ऊपरी कुतूहल मात्र उत्पन्न कर देना ही बहुत समझा जाये। हुआ भी यही। और हृदयों से अपने हृदय की भिन्नता और विचित्रता दिखाने के लिए बहुत-से लोग एक-एक काल्पनिक हृदय निर्मित करके दिखाने लगे। काव्य क्षेत्र 'नकली हृदयों' का एक कारखाना हो गया।

ऊपर जो कुछ कहा गया उससे जान पड़ेगा कि भारतीय काव्य-दृष्टि भिन्न-भिन्न विशेषों के भीतर से 'सामान्य' उद्‌घाटन की ओर बराबर रही है। किसी-न-किसी 'सामान्य' के प्रतिनिधि होकर ही 'विशेष' हमारे यहाँ के काव्यों में आते रहे हैं। पर योरोपीय काव्य-दृष्टि इधर बहुत दिनों से विरल-विशेष के विधान की ओर रही है। हमारे यहाँ कवि उसे सच्चे तार की झंकार सुनाने में ही संतुष्ट रहे जो मनुष्य मात्र के हृदय के भीतर से होता हुआ गया है। पर उन्नीसवीं शताब्दी के बहुत-से विलायती कवि ऐसे हृदयों के प्रदर्शन में लगे जो न कहीं होते हैं और न हो सकते हैं। सारांश यह कि हमारी वाणी भाव क्षेत्र के बीच 'भेदों के अभेद' को ऊपर करती रही और उनकी वाणी झूठे-सच्चे विलक्षण भेद खड़े करके लोगों को चमत्कृत करने में लगी।

'कल्पना' और 'व्यक्तित्व' की, पाश्चात्य समीक्षा-क्षेत्र में; इतनी अधिक मुनादी हुई कि काव्य के और सब पक्षों से दृष्टि हटकर इन्हीं दो पर जा जमी। 'कल्पना' काव्य का बोध-पक्ष है। कल्पना में आयी रूप-व्यापार-योजना का कवि या श्रोता को अंत:साक्षात्कार का बोध होता है। पर इस बोध-पक्ष के अतिरिक्त काव्य का भावपक्ष भी है। कल्पना को रूप-योजना के लिए प्रेरित करने वाले और कल्पना में आयी हुई वस्तुओं में श्रोता या पाठक को रमाने वाले रति, करुणा, क्रोध, उत्साह, आश्चर्य इत्यादि भाव या मनोविकार होते हैं। इसी से भारतीय दृष्टि ने भावपक्ष को प्रधानता दी और रस के सिद्धान्त की प्रतिष्ठा की। पर पश्चिम में 'कल्पना'—'कल्पना' की पुकार के सामने धीरे-धीरे समीक्षकों का ध्यान भाव पक्ष से हट गया और बोध पक्ष पर ही भिड़ गया। काव्य की रमणीयता उस हल्के आनन्द के रूप में ही मानी जाने लगी जिस आनन्द के लिए हम नयी-नयी सुन्दर भड़कीली और विलक्षण वस्तुओं को

देखने जाते हैं। इस प्रकार कवि तमाशा दिखाने वाले के रूप में और श्रोता या पाठक तटस्थ तमाशबीन के रूप में समझे जाने लगे। केवल देखने का आनन्द कुछ विलक्षण को देखने का कुतूहल मात्र होता है।

'व्यक्तित्व' ही को ले उड़ने से जो परिणाम हुआ है, उसका कुछ आभास ऊपर दिया जा चुका है। 'कल्पना' और 'व्यक्तित्व' पर एकदेशीय दृष्टि रखकर पश्चिम में कई प्रसिद्ध 'वादों' की इमारतें खड़ी हुईं। इटली-निवासी क्रोचे (Benedetto Croce) ने अपने 'अभिव्यंजनावाद' के निरूपण में बड़े कठोर आग्रह के साथ कला की अनुभूति को ज्ञान या बोध-स्वरूप ही माना है। उन्होंने उसे स्वयं प्रकाश ज्ञान (Intuition)—प्रत्यक्ष ज्ञान तथा बुद्धि-व्यवसाय-सिद्ध या विचार-प्रसूत ज्ञान से भिन्न केवल कल्पना में आयी हुई वस्तु व्यापार-योजना का ज्ञान-मात्र माना है। वे इस ज्ञान को प्रत्यक्ष ज्ञान और विचार-प्रसूत ज्ञान दोनों से सर्वथा निरपेक्ष स्वतंत्र और स्वतः पूर्ण मानकर चले हैं। वे इस निरपेक्षता को बहुत दूर तक घसीट ले गये हैं। भावों या मनोविकारों तक को उन्होंने काव्य की उक्ति का विधायक अवयव नहीं माना है। पर न चाहने पर भी अभिव्यंजना या उक्ति के अनभिव्यक्ति पूर्व रूप में भावों की सत्ता उन्हें स्वीकार करनी पड़ी है। उससे अपना पीछा वे छुड़ा नहीं सके हैं।[१]

काव्य-समीक्षा के क्षेत्र में व्यक्ति की ऐसी दीवार खड़ी हुई, 'विशेष' के स्थान पर सामान्य या विचार-सिद्ध ज्ञान के आ घुसने का इतना डर समाया कि कहीं-कहीं आलोचना भी काव्य-रचना के ही रूप में होने लगी। कला की कृति की परीक्षा के लिए विवेचन-पद्धति का त्याग-सा होने लगा। हिन्दी की मासिक पत्रिकाओं में समालोचना के नाम पर आजकल तो अद्‌भुत और रमणीय शब्द योजना-मात्र क़भी-कभी देखने में आया करती है, वह इसी पाश्चात्य प्रवृत्ति का अनुकरण है। पर यह भी समझ रखना चाहिए कि योरप में साहित्य संबंध आन्दोलनों की आयु बहुत थोड़ी होती है। आन्दोलन दस-बारह वर्ष से ज्यादा नहीं चलता। ऐसे आन्दोलनों के कारण वहाँ इस बीसवीं शताब्दी में आकर कार्य क्षेत्र के बीच गहरी गड़बड़ी और अव्यवस्था फैली। काव्य की स्वाभाविक उमंग के स्थान पर नवीनता के लिए आकुलता-मात्र रह गयी। कविता चाहे हो, चाहे न हो, कोई नवीन रूप या रंग-ढंग अवश्य खड़ा हो। पर कोरी नवीनता केवल मरे हुए आन्दोलन का इतिहास छोड़ जाये तो छोड़ जाये, कविता नहीं खड़ी कर सकती। केवल नवीनता और मौलिकता की बढ़ी-चढ़ी सनक में सच्ची कविता की ओर ध्यान कहाँ तक रह सकता है? कुछ लोग तो नये-नये ढंग की उच्छृंखलता, वक्रता, असम्बद्धता, अनर्गलता इत्यादि का ही प्रदर्शन करने में लगे। थोड़े से ही सच्ची भावना वाले कवि प्रकृत-मार्ग पर चलते दिखाई पड़ने लगे। समालोचना भी अधिकतर हवाई ढंग की होने लगी।[२]

---

१. Matter is emotivity not aesthetically elaborated i.e. impression. Form is elaboration and expression...Sentiments or impressions pass by means of words from the obscure region of the soul into the clarity of the contemplative spirits. —*Aesthetic*

२. Wherever attempts at sheer newness in poetry were made, they merely ended in dead movements...Criticism became more dogmatic and unreal, poetry more eccentric and chastic.
—"A Survey of Modernist Poetry" by Laura Riding and Robert Graves (1927)

योरप में इधर पचास वर्ष के भीतर 'रहस्यवाद', 'व्यक्तिवाद' इत्यादि जो अनेक 'वाद' चले थे, वे अब वहाँ मरे हुए आन्दोलन समझे जाते हैं। इन नाना 'वादों' से ऊबकर लोग अब फिर साफ हवा में आना चाहते हैं। किसी कविता के सम्बन्ध में किसी 'वाद' का नाम लेना अब फेशन के खिलाफ माना जाने लगा है। अब कोई वादी समझे जाने में कवि अपना मान नहीं समझते।[१]

---

१. The modernist poet does not have to issue a programme declaring his intentions toward the reader or to issue an announcement of tactics. He does not have to call himself an individualist (as the Imagist poet did) or a mystic (as the poet of Anglo-Irish dead movement did) or a naturalist (as the poet of the Georgian dead movement did).
—*"A Survey of Modernist Poetry" by Laura Riding and Robert Graves (1927)*

रसात्मक-बोध के विविध रूप

संसार-सागर की रूप-तरंगों से ही मनुष्य की कल्पना का निर्माण और इसी रूप-गति से उनके भीतर विविध भावों या मनोविकारों का विधान हुआ है। सौन्दर्य, माधुर्य, विचित्रता, भीषणता, क्रूरता इत्यादि की भावनाएँ बाहरी रूपों और व्यापारों से ही निष्पन्न हुई हैं। हमारे प्रेम, भय, आश्चर्य, क्रोध, करुणा इत्यादि भावों की प्रतिष्ठा करने वाले मूल आलम्बन बाहर ही के हैं—इसी चारों ओर फैले हुए रूपात्मक जगत् के ही हैं। जब हमारी आँखें देखने में प्रवृत्त रहती हैं तब रूप हमारे बाहर प्रतीत होते हैं; जब हमारी वृत्ति अन्तर्मुख होती है तब रूप हमारे भीतर दिखाई पड़ते हैं। बाहर-भीतर दोनों ओर रहते हैं रूप ही। सुन्दर, मधुर, भीषण या क्रूर लगने वाले रूपों या व्यापारों से भिन्न सौन्दर्य, माधुर्य, भीषणता या क्रूरता कोई पदार्थ नहीं, सौन्दर्य की भावना जगना सुन्दर-सुन्दर वस्तुओं या व्यापारों का मन में आना ही है। इसी प्रकार मनोवृत्तियों या भावों की सुन्दरता, भीषणता आदि की भावना करते समय दया या क्रूरता के किसी विशेष व्यापार या दृश्य का मानसिक चित्र ही मन में रहता है, जिसके अनुसार भावना तीव्र या मन्द या दृश्य का मानसिक रूप-विधान का नाम ही सम्भावना या कल्पना है।

मन के भीतर यह रूप-विधान दो तरह का होता है। या तो यह कभी प्रत्यक्ष देखी हुई वस्तुओं का ज्यों-का-त्यों प्रतिबिम्ब होता है अथवा प्रत्यक्ष देखे हुए पदार्थों के रूप, रंग, गति आदि के आधार पर खड़ा किया हुआ नया वस्तु-व्यापार-विधान। प्रथम प्रकार की आभ्यन्तर रूप-प्रतीति स्मृति कहलाती है और द्वितीय प्रकार की रूप-सौन्दर्य या मूर्ति-विधान को कल्पना कहते हैं। कहने की आवश्यकता नहीं कि इन दोनों प्रकार के भीतरी रूप-विधानों के मूल हैं। प्रत्यक्ष अनुभव किये हुए बाहरी रूप-विधान। अतः रूप-विधान तीन प्रकार के हुए—

(१) प्रत्यक्ष रूप-विधान,

(२) स्मृत रूप-विधान और

(३) कल्पित रूप-विधान।

इन तीनों प्रकार के रूप-विधानों में भावों को इस रूप में जागरित करने की शक्ति होती है कि वे रस-कोटि में आ सकें, यही हम यहाँ दिखाना चाहते हैं। कल्पित रूप-विधान द्वारा जागरित मार्मिक अनुभूति तो सर्वत्र रसानुभूति मानी जाती है। प्रत्यक्ष या स्मरण द्वारा जागरित वास्तविक अनुभूति भी विशेष दिशाओं में रसानुभूति की कोटि में आ सकती है, इसी बात की ओर ध्यान दिलाना इस लेख का उद्देश्य है।

प्रत्यक्ष रूप-विधान

भावुकता की प्रतिष्ठा करने वाले मूल आधार या उपादान ये ही हैं। इन प्रत्यक्ष रूपों की मार्मिक अनुभूति जिनमें जितनी ही अधिक होती है, वे उतने ही रसानुभूति के उपयुक्त होते

हैं। जो किसी सुख के लावण्य, वनस्थली की सुषमा, नदी या शैलतटों की रमणीयता, कुसुम-विकास की प्रफुल्लता ग्राम-दृश्यों की सरल माधुरी देख मुग्ध नहीं होता, जो किसी प्राणी के कष्ट-व्यंजक रूप और चेष्टा पर करुणार्द्र नहीं होता, जो किसी पर निष्ठुर अत्याचार होते देख क्रोध से नहीं तिलमिलाता, उसमें काव्य का सच्चा प्रभाव ग्रहण करने की क्षमता कभी नहीं हो सकती। जिसके लिए ये सब कुछ नहीं हैं, उसके लिए सच्ची कविता की अच्छी से अच्छी उक्ति भी कुछ नहीं है। वह यदि किसी कविता पर वाह-वाह करे तो समझना चाहिए कि या तो वह भावुकता या सहृदयता की नकल कर रहा है अथवा उस रचना के किसी ऐसे अवयव की ओर दत्तचित्त है जो स्वत: काव्य नहीं है। भावुकता की नकल करने वाले श्रोता या पाठक ही नहीं, कवि भी हुआ करते हैं। वे सच्चे भावुक कवियों की वाणी का अनुकरण बड़ी सफाई से करते हैं और अच्छे कवि कहलाते हैं। पर सूक्ष्म और मार्मिक दृष्टि उनकी रचना में हृदय की निश्चेष्टा का पता लगा लेती है। किसी क़ाल में सैकड़ों कवि प्रसिद्ध होते हैं उसमें सच्चे कवि—ऐसे कवि जिनकी तीव्र अनुभूति ही वास्तव में कल्पना को अनुकूल रूप-विधान में तत्पर करती है—दस-पाँच ही होते हैं।

'प्रत्यक्ष' से हमारा अभिप्राय केवल चाक्षुषज्ञान से नहीं है। रूप शब्द के भीतर शब्द, गन्ध, रस और स्पर्श भी समझ लेना चाहिए। वस्तु-व्यापार-वर्णन के अन्तर्गत ये विषय भी रहा करते हैं। फूलों और पक्षियों के मनोहर आकार और रंग का ही वर्णन कवि नहीं करते; उनकी सुगन्ध, कोमलता और मधुर स्वर का भी वे बराबर वर्णन करते हैं। जिन लेखकों या कवियों की घ्राण शक्ति तीव्र होती है, वे ऐसे स्थलों की गंधात्मक विशेषता का वर्णन कर जाते हैं जहाँ की गन्ध-विशेष का थोड़ा-बहुत अनुभव तो बहुत से लोग करते हैं पर उसकी ओर ध्यान नहीं देते। खलियानों और रेलवे-स्टेशनों पर जाने से भिन्न-भिन्न प्रकार की गन्ध का अनुभव होता है। पुराने कवियों ने तुरन्त की जोती हुई भूमि से उठी हुई सोंधी महक का, हिरनों के द्वारा चरी हुई दूब की ताजी गमक का उल्लेख किया है। फ्रांसीसी उपन्यासकार जोला की गन्धानुभूति बड़ी सूक्ष्म थी। उसने योरोप के कई नगरों और स्थानों की गन्ध की पहचान बतायी है। इसी प्रकार बहुत से शब्दों का अनुभव भी बहुत सूक्ष्म होता है। रात्रि में, विशेषत: वर्षा की रात्रि में, झींगुरों और झिल्लियों के झंकार मिश्रित चीत्कार का बँधा तार सुनकर लड़कपन में मैं यही समझता था कि रात बोल रही है। कवियों ने कलियों के चटकने तक के शब्द का उल्लेख किया है।

ऊपर गिनाये हुए तीन प्रकार के रूप-विधानों में से अन्तिम (कल्पित) ही काव्य समीक्षकों और साहित्य-मीमांसकों के विचार-क्षेत्र के भीतर लिये गये हैं और लिये जाते हैं। बात यह है कि काव्य शब्द-व्यापार है। वह शब्द-संकेतों के द्वारा ही अन्तस् में वस्तुओं और व्यापारों का मूर्ति-विधान करने का प्रयत्न करता है। अत: जहाँ तक काव्य की प्रक्रिया का सम्बन्ध है, वहाँ तक रूप और व्यापार कल्पित ही होते हैं। कवि जिन वस्तुओं और व्यापारों का वर्णन करने बैठता है, वे उस समय उसके सामने नहीं होते, कल्पना में ही होते हैं। पाठक या श्रोता भी अपनी कल्पना द्वारा ही उनका मानस साक्षात्कार करके उनके आलम्बन से अनेक प्रकार के रसानुभव करता है। ऐसी दशा में यह स्वाभाविक था कि कवि कर्म का निरूपण करने वालों का ध्यान रूप-विधान के कल्पना पक्ष पर ही रहे; रूपों और व्यापारों के प्रत्यक्ष बोध और उससे सम्बद्ध वास्तविक भावानुभूति की बात अलग ही रखी जाये।

उदाहरण के रूप में ऊपर लिखी बात यों कही जा सकती है। एक स्थान पर हमने किसी अत्यन्त रूपवती स्त्री का स्मित आनन और चंचल भ्रूविलास देखा और मुग्ध हुए अथवा किसी पर्वत के अंचल की सरस सुषमा देख उसमें लीन हुए। इसके उपरान्त किसी प्रतिमालय और चित्रशाला में पहुँचे और रमणी की वैसी ही मधुर मूर्ति अथवा उसी प्रकार से पर्वतांचल का चित्र देख फिर एक तीसरे स्थान पर जाकर कविता की कोई पुस्तक उठायी और उसमें वैसी ही नायिका अथवा वैसे ही दृश्य का सरस वर्णन पढ़ रस-मग्न हुए। पिछले दो स्थलों की अनुभूतियों को ही कलागत या काव्यगत मान प्रथम प्रकार की (प्रत्यक्ष या वास्तविक) अनुभूति का विचार एकदम किनारे रखा गया। यहाँ तक कि प्रथम से शेष दो का कुछ सम्बन्ध ही न समझा जाने लगा। कोरे शब्द व्यवसायी केशवदास जी को कमल और चन्द्र को प्रत्यक्ष देखने में कुछ भी आनन्द नहीं आता था; केवल काव्यों में उपमा-उत्प्रेक्षा आदि के अन्तर्गत उनका वर्णन या उल्लेख ही भाता था—

''देखे मुख भावै, अनदेखेई कमल चन्द;
ताते मुख मुखै, सखी! कमलौ न चन्द री''

इतने पर भी उनके कवि होने में कोई सन्देह नहीं किया गया।

यही बात योरप में भी बढ़ती-बढ़ती बुरी हद को पहुँची। कलागत अनुभूति को वास्तविक या प्रत्यक्ष अनुभूति से एकदम पृथक् और स्वतंत्र निरूपित करके वह कवि का एक अलग 'काल्पनिक जगत्' कहा जाने लगा। कला-समीक्षकों की ओर से यह धारणा उत्पन्न की जाने लगी कि जिस प्रकार कवि के 'काल्पनिक जगत्' के रूप-व्यापारों की संगति प्रत्यक्ष या वास्तविक जगत् के रूप-व्यापारों से मिलाने की आवश्यकता नहीं, उसी प्रकार उसके भीतर व्यंजित अनुभूतियों का सामंजस्य जीवन की वास्तविक अनुभूतियों में ढूँढ़ना आवश्यक है। इस दृष्टि से काव्य का हृदय पर उतना ही और वैसा ही प्रभाव स्वीकार किया गया जितना और जैसा किसी परदे के बेलबूटे, मकान की नक्काशी, सरकस के तमाशे तथा भाँड़ों की लफ्फाजी, उछल-कूद या रोने-धोने का पड़ता है। इस धारणा के प्रचार से जान में या अंजान में, कविता का लक्ष्य बहुत नीचा कर दिया गया। कहीं-कहीं तो वह अमीरों के शौक की चीज समझी जाने लगी। रसिक और गुण-ग्राहक बनने के लिए जिस प्रकार वह तरह-तरह की नयी-पुरानी, भली-बुरी तस्वीरें इकट्ठी करते, कलाकारों का गाना-बजाना सुनते, उसी प्रकार कविता की पुस्तकें भी अपने यहाँ सजाकर रखते और कवियों की चर्चा भी दस आदमियों के बीच बैठकर करते। सारांश यह कि 'कला' शब्द के प्रभाव से कविता का स्वरूप तो हुआ सजावट या तमाशा और उद्देश्य हुआ मनोरंजन या मन-बहलाव। यह 'कला' शब्द आज-कल हमारे यहाँ भी साहित्य-चर्चा में बहुत जरूरी-सा हो रहा है। इससे न जाने कब पीछा छूटेगा? हमारे यहाँ के पुराने लोगों ने काव्य को ६४ कलाओं में गिनना ठीक नहीं समझा था।

अब यहाँ पर रसात्मक अनुभूति की उस विशेषता का प्रचार करना चाहिए जो प्रत्यक्ष विषयों की वास्तविक अनुभूति से पृथक् करती प्रतीत हुई है। इस विशेषता का निरूपण हमारे यहाँ साधारणीकरण के अन्तर्गत किया गया है। 'साधारणीकरण' का अभिप्राय यह है कि किसी काव्य में वर्णित आलम्बन केवल भाव की व्यंजना करने वाले पात्र (आश्रय) का ही आलम्बन नहीं रहता बल्कि पाठक या श्रोता का भी—एक ही नहीं, अनेक पाठकों और श्रोताओं का भी—आलम्बन हो जाता है। अत: उस आलम्बन के प्रति व्यंजित भाव में पाठकों

या श्रोताओं का भी हृदय योग देता हुआ उसी भाव का रसात्मक अनुभव करता है। तात्पर्य यह है कि रस-दशा में अपनी पृथक् सत्ता की भावना का परिहार हो जाता है। अर्थात् काव्य में प्रस्तुत विषय को हम अपने व्यक्तित्व से सम्बद्ध रूप में नहीं देखते, अपनी योग-क्षेम-वासना की उपाधि से ग्रस्त हृदय द्वारा ग्रहण नहीं करते, बल्कि निर्विशेष, शुद्ध और मुक्त हृदय द्वारा ग्रहण करते हैं। इसी को पाश्चात्य समीक्षा-पद्धति में अहं का विसर्जन और नि:संगता (Impersonality and Detachment) कहते हैं। इसी को चाहे रस का लोकोत्तरत्व या ब्रह्मानन्द-सहोदरत्व कहिए, चाहे विभावन-व्यापार का अलौकिकत्व। अलौकिकत्व का अभिप्राय इस लोक से सम्बन्ध न रखने वाली कोई स्वर्गीय विभूति नहीं। इस प्रकार के केवल भाव-व्यंजक (तथ्य-बोधक नहीं) और स्तुति-परक शब्दों की समीक्षा के क्षेत्र में घसीटकर पश्चिम में इधर अनेक प्रकार के अर्थशून्य वागाडम्बर खड़े किये गये थे। 'कला कला के लिए' नायक सिद्धान्त के प्रसिद्ध व्याख्याकार डॉक्टर ब्रैडले बोले, "काव्य आत्मा है।" डॉ० मैकेल साहब ने फरमाया, "काव्य एक अखंड तत्व या शक्ति है जिसकी गति अमर है।"[१] बंगभाषा के प्रसाद से हिन्दी में भी इस प्रकार के अनेक मधुर प्रलाप सुनायी पड़ा करते हैं।

अब प्रस्तुत विषय पर आते हैं। हमारा कहना यह है कि जिस प्रकार काव्य में वर्णित आलम्बनों के कल्पना में उपस्थित होने पर साधारणीकरण होता है, उसी प्रकार हमारे भावों के कुछ आलम्बनों के प्रत्यक्ष सामने आने पर भी उन आलम्बनों के सम्बन्ध में लोक के साथ—या कम-से-कम सहृदयों के साथ—हमारा तादात्म्य रहता है। ऐसे विषयों या आलम्बनों के प्रति हमारा जो भाव रहता है वही भाव और भी बहुत से उपस्थित मनुष्यों का रहता है, वे हमारे और लोक के सामान्य आलम्बन रहते हैं। साधारणीकरण के प्रभाव से काव्य श्रवण के समय व्यक्तित्व का जैसा परिहार हो जाता है, वैसा ही प्रत्यक्ष या वास्तविक अनुभूति के समय भी कुछ दशाओं में होता है। अत: इस प्रकार की प्रत्यक्ष या वास्तविक अनुभूतियों को रसानुभूति के अन्तर्गत मानने में कोई बाधा नहीं। मनुष्य जाति के सामान्य आलम्बनों के आँखों के सामने उपस्थित होने पर यदि हम उनके प्रति अपना भाव व्यक्त करेंगे तो दूसरों के हृदय भी उस भाव की अनुभूति में योग देंगे और यदि दूसरे लोग भाव व्यक्त करेंगे तो हमारा हृदय योग देगा। इसके लिए आवश्यकता इतनी ही है कि हमारी आँखों के सामने जो विषय उपस्थित हों, वे मनुष्य मात्र या सहृदय मात्र के भावात्मक सत्त्व पर प्रभाव डालने वाले हों। रस में पूर्णतया मग्न करने के लिए काव्य में भी यह आवश्यक होता है। जब तक किसी भाव का कोई विषय इस रूप में नहीं लाया जाता कि वह सामान्यत: सबके उसी भाव का आलम्बन हो सके तब तक रस में पूर्णतया लीन करने की शक्ति उसमें नहीं होती। किसी काव्य में वर्णित किसी पात्र का किसी अत्यन्त कुरूप और दु:शील स्त्री पर प्रेम हो सकता है, पर उस स्त्री के वर्णन द्वारा शृंगार-रस का आलम्बन नहीं खड़ा हो सकता। अत: वह काव्य भाव-व्यंजक मात्र होगा, विभाग का प्रतिष्ठापक कभी नहीं होगा। उसमें विभावन व्यापार हो ही न सकेगा। इसी प्रकार रौद्र रस के वर्णन में जब तक आलम्बन का चित्रण इस रूप में न होगा कि वह मनुष्य मात्र के क्रोध का पात्र हो सके तब तक वह वर्णन भाव-व्यंजक मात्र रहेगा, उसका विभाव-पक्ष या तो शून्य होगा अथवा अशक्त। पर भाव और विभाव दोनों पक्षों के सामंजस्य के बिना

---

१. Poetry is Spirit —***Bradley***
Poetry is continuous substance or energy whose progress is immortal. —***Maekail***

रस में पूर्ण मग्नता हो नहीं सकती। अतः केवल भाव-व्यंजक काव्यों में होता यह है कि पाठक या श्रोता अपनी ओर से अपनी कल्पना और रुचि के अनुसार आलम्बन का आरोप या आक्षेप किये रहता है।

जैसा कि ऊपर कह आये हैं, रसात्मक अनुभूति के दो लक्षण ठहराये गये हैं—

(१) अनुभूति काल में अपने व्यक्तित्व के सम्बन्ध की भावना का परिहार और

(२) किसी भाव के आलम्बन का सहृदय मात्र के साथ साधारणीकरण अर्थात् उस आलम्बन के प्रति सारे सहृदयों के हृदय में उसी भाव का उदय।

यदि हम इन दोनों को प्रत्यक्ष उपस्थित आलम्बनों के प्रति जगने वाले भावों की अनुभूतियों पर घटाकर देखते हैं तो पता चलता है कि कुछ भावों में तो ये बातें कुछ ही दशाओं में या कुछ अंशों तक घटित होती हैं और कुछ में बहुत दूर तक या बराबर।

'रति भाव' को लीजिए। गहरी प्रेमानुभूति की दशा में मनुष्य रसलोक में ही पहुँचा रहता है। उसे अपने तन बदन की सुध नहीं रहती, वह सब कुछ भूल कभी फूला-फूला फिरता है, कभी खिन्न पड़ा रहता है। हर्ष, विषाद, स्मृति इत्यादि अनेक संचारियों का अनुभव वह बीच-बीच में अपना व्यक्तित्व भूला हुआ करता है। पर अभिलाष, औत्सुक्य आदि कुछ दशाओं में अपने व्यक्तित्व का सम्बन्ध जितना ही अधिक और घनिष्ठ होकर अन्तःकरण में स्फुट रहेगा, प्रेमानुभूति उतनी ही रस कोटि के बाहर रहेगी। 'अभिलाष' में जहाँ अपने व्यक्तित्व का सम्बन्ध अत्यन्त अल्प या सूक्ष्म रहता है—जैसे रूप-अवलोकन मात्र का अभिलाष; प्रिय जहाँ रहे सुख से रहे इस बात का अभिलाष—वहाँ वास्तविक अनुभूति रस के किनारे तक पहुँची हुई होती है। आलम्बन के साधारणीकरण के सम्बन्ध में यह समझ रखना चाहिए कि रति भाव की पूर्ण पुष्टि के लिए कुछ काल अपेक्षित होता है। पर अत्यन्त मोहक आलम्बन को सामने पाकर कुछ क्षणों के लिए तो प्रेम का प्रथम अवयव[१] का उदय एक साथ बहुतों के हृदय में होगा। वह अवयव है, अच्छा या रमणीय लगना।

'हास' में भी यही बात होती है कि जहाँ उसका पात्र सामने आया कि मनुष्य अपना सारा दुःख-सुख भूल एक विलक्षण आह्लाद का अनुभव करता है, जिसमें बहुत से लोग एक साथ योग देते हैं।

अपने निज के लाभ वाले विकट कर्म की ओर जो उत्साह होगा वह तो रसात्मक न होगा, पर जिस विकट कर्म को हम लोक कल्याणकारी समझेंगे, उसके प्रति हमारे उत्साह की गति हमारी व्यक्तिगत परिस्थिति के संकुचित मण्डल से बद्ध रहकर बहुत व्यापक होगी। स्वदेश-प्रेम के गीत गाते हुए नवयुवकों के दल जिस साहस-भरी उमंग के साथ कोई कठिन या दुष्कर कार्य करने के लिए निकलते हैं, वह वीरत्व की रसात्मक अनुभूति है।[२]

---

१. देखिए ''लोभ और प्रीति'' नामक प्रबन्ध।

२. आजकल के बहुत गम्भीर अँगरेज समालोचक रिचर्ड्स (I.A. Richards) को भी कुछ दशाओं में वास्तविक अनुभूति के रसात्मक होने का आभास-सा हुआ है, जैसा कि इन पंक्तियों से प्रकट होता है—

There is no such gulf between poetry and life as overliterary persons sometimes suppose. There is no gap between our every day emotional life, and the material of poetry. The verbal expression of this life, at its finest,

क्रोध, भय, जुगुप्सा और करुणा के सम्बन्ध में साहित्य-प्रेमियों को शायद कुछ अड़चन दिखाई पड़े, क्योंकि इनकी वास्तविक अनुभूति दुःखात्मक होती है। रसास्वाद आनन्द-स्वरूप कहा गया है, अतः दुःख रूप अनुभूति रस के अन्तर्गत कैसे ली जा सकती है, यह प्रश्न कुछ गड़बड़ डालता दिखाई पड़ेगा। पर 'आनन्द' शब्द को व्यक्तिगत सुखभोग से स्थूल अर्थ में ग्रहण करना मुझे ठीक नहीं जँचता। उसका अर्थ मैं हृदय का व्यक्तिबद्ध दशा से मुक्त और हल्का होकर अपनी क्रिया में तत्पर होना ही उपयुक्त समझता हूँ। इस दशा की प्राप्ति के लिए समय-समय पर प्रवृत्त होना कोई आश्चर्य की बात नहीं। करुण-रस-प्रधान नाटक के दर्शकों के आँसुओं के सम्बन्ध में यह कहना कि "आनन्द में भी तो आँसू आते हैं" केवल बात टालना है। दर्शक वास्तव में दुःख का ही अनुभव करते हैं। हृदय की मुक्त दशा में होने के कारण वह दुःख भी रसात्मक होता है।

अब क्रोध आदि को अलग-अलग देखिये। यदि हमारे मन में किसी ऐसे के प्रति क्रोध है जिसने हमें या हमारे किसी सम्बन्धी को पीड़ा पहुँचाई है तो उस क्रोध में रसात्मकता न होगी।

पर किसी लोक-पीड़क या क्रूरकर्मा अत्याचारी को देख-सुनकर जिस क्रोध का संचार हममें होगा वह वह रसकोटि का होगा जिसमें प्रायः सब लोग योग देंगे। इसी प्रकार यदि किसी झाड़ी से शेर निकलता देख हम भय से काँपने लगें तो यह भय हमारे व्यक्तित्व से इतना अधिक सम्बद्ध रहेगा कि आलम्बन के पूर्ण स्वरूप-ग्रहण का अवकाश न होगा और हमारा ध्यान अपनी मृत्यु, पीड़ा आदि परिणामों की ओर रहेगा। पर जब हम किसी वस्तु की भयंकरता को, अपना ध्यान छोड़ लोक से सम्बद्ध देखेंगे तब हम रस-भूमि की सीमा के भीतर पहुँचे रहेंगे। इसी प्रकार किसी सड़ी-गली दुर्गन्धयुक्त वस्तु के प्रत्यक्ष सामने आने पर हमारी संवेदना का जो क्षोभपूर्ण संकोच होगा वह तो स्थूल होगा, पर किसी ऐसे घृणित आचरण वाले के प्रति जिसे देखते ही लोक रुचि के विधान या आकुलता की भावना हमारे मन में होगी, हमारी जुगुप्सा रसमयी होगी।

"'शोक' को लेकर विचार करने पर हमारा पक्ष बहुत स्पष्ट हो जाता है। अपनी इष्ट-हानि या अनिष्ट-प्राप्ति से जो 'शोक' नामक वास्तविक दुःख होता है वह तो रस कोटि में नहीं आता, पर दूसरों की पीड़ा, वेदना देख जो 'करुणा' जगती है उसकी अनुभूति सच्ची रसानुभूति कही जा सकती है। 'दूसरों' से तात्पर्य ऐसे प्राणियों से है जिनसे हमारा कोई विशेष सम्बन्ध नहीं। 'शोक' अपनी निज की इष्ट-हानि पर होता है और 'करुणा' दूसरों की दुर्गति या पीड़ा पर होती है। यही दोनों में अन्तर है। इसी अन्तर को लक्ष्य करके काव्यगत पात्र (आश्रय) की शोकपूर्ण व्यंजना द्वारा उत्पन्न अनुभूति को आचार्यों ने शोक-रस न कहकर 'करुण रस' कहा है। करुण ही एक ऐसा व्यापक भाव है जिसकी प्रत्यक्ष या वास्तविक अनुभूति सब रूपों में और सब दशाओं में रसात्मक होती है। इसी से भवभूति ने करुण-रस को ही रसानुभूति का मूल माना और अंग्रेज कवि शेली ने कहा, "सबसे मधुर या रसमयी वाग्धारा वही है जो करुण प्रसंग लेकर चले।"

---

is forced to use the technique of poetry x x.If we do not live in consonance with good poetry, we must live in consonance with bad poetry. I do not see how we can avoid the conclusion that a general insensitivity to poetry does witness a low level of general imaginative life.

—*Practical Criticism (Summary)*

अब प्रकृति के नाना रूपों पर आइये। अनेक प्रकार के प्राकृतिक दृश्यों को सामने प्रत्यक्ष देख हम जिस मधुर भावना का अनुभव करते हैं, क्या उसे रसात्मक न मानना चाहिए? जिस समय दूर तक फैले हरे-भरे टीलों के बीच से घूम-घूमकर बहते हुए स्वच्छन्द नालों, इधर-उधर उभरी हुई बेडौल चट्टानों और रंग-बिरंगे फूलों से गुछी हुई झाड़ियों की रमणीयता में हमारा मन रमा रहता है, उस समय स्वार्थमय जीवन की शुष्कता और विरसता से हमारा मन कितनी दूर रहता है। यह रसदशा नहीं तो और क्या है? उस समय हम विश्व-काव्य के एक पृष्ठ के पाठक के रूप में रहते हैं। इस अनन्त दृश्य-काव्य के हम सदा कठपुतली की तरह काम करने वाले अभिनेता ही नहीं बने रहते; कभी-कभी सहृदय दर्शक की हैसियत को भी पहुँच जाते हैं। जो इस दशा को नहीं पहुँचते उनका हृदय बहुत संकुचित या निम्नकोटि का होता है। कविता उनसे बहुत दूर की वस्तु होती है; कवि वे भले ही समझे जाते हों। शब्द-काव्य की सिद्धि के लिए वस्तु-काव्य का अनुशीलन परम आवश्यक है।

उपर्युक्त विवेचन से यह सिद्ध है कि रसानुभूति प्रत्यक्ष या वास्तविक अनुभूति से सर्वथा पृथक् कोई अन्तर्वृत्ति नहीं है बल्कि उसी का एक उदात्त और अवदात स्वरूप है। हमारे यहाँ के आचार्यों ने स्पष्ट सूचित कर दिया है कि वासना रूप में स्थित भाव ही रस-रूप में जगा करते हैं। यह वासना या संस्कार वंशानुक्रम से चली आती हुई दीर्घ भाव-परम्परा का मनुष्य-जाति की अन्त:प्रकृति में निहित संचय है।

स्मृति रूप-विधान

जिस प्रकार हमारी आँखों के सामने आये हुए कुछ रूप-व्यापार हमें रसात्मक भावों में मग्न करते हैं उसी प्रकार भूतकाल की प्रत्यक्ष की हुई कुछ परोक्ष वस्तुओं का वास्तविक स्मरण भी कभी-कभी रसात्मक होता है। जब हम जन्मभूमि या स्वदेश का, बालसखाओं का, कुमार-अवस्था के अतीत दृश्यों और परिचित स्थानों आदि का स्मरण करते हैं, तब हमारी मनोवृत्ति स्वार्थ या शरीर-यात्रा के रूखे विधानों से हटकर शुद्ध भाव-क्षेत्र में स्थित हो जाती है। नीति-कुशल लोग लाख कहा करें कि "बीती ताहि बिसारि दे," "गड़े मुर्दे उखाड़ने से क्या लाभ?" पर मन नहीं मानता, अतीत के मधुस्रोत में कभी-कभी अवगाहन किया ही करता है। ऐसा स्मरण वास्तविक होने पर भी रसात्मक होता है। हम सचमुच स्मरण करते हैं और रस-मग्न होते हैं।

स्मृति दो प्रकार की होती है—(क) विशुद्ध स्मृति और (ख) प्रत्यक्षाश्रित स्मृति या प्रत्यभिज्ञान।

(क) विशुद्ध स्मृति

यों तो नित्य न जाने कितनी बातों को हम स्मरण किया करते हैं, पर इनमें से कुछ बातों का स्मरण ऐसा होता है जो हमारी मनोवृत्ति को शरीर-यात्रा के विधानों की उलझन से अलग करके शुद्ध मुक्त भाव-भूमि में ले जाता है। प्रिय का स्मरण, बाल्यकाल या यौवनकाल के अतीत जीवन का स्मरण, प्रवास में स्वदेश के स्थलों का स्मरण ऐसा ही होता है। 'स्मरण' संचारी भावों में माना गया है जिसका तात्पर्य यह है कि स्मरण रस कोटि में तभी आ सकता है जबकि उसका लगाव किसी स्थायी भाव से हो। किसी को कोई बात भूल गयी हो और फिर याद हो जाये, या कोई वस्तु कहाँ रखी है, यह ध्यान में आ जाये तो ऐसा स्मरण रस क्षेत्र के भीतर न होगा। अब रहा यह कि वास्तविक स्मरण—किसी काव्य में वर्णित स्मरण

नहीं—कैसे स्थायी भावों के साथ सम्बन्ध होने पर रसात्मक होता है। रति, हास और करुणा से सम्बद्ध स्मरण ही अधिकतर रसात्मक कोटि में आता है।

'लोभ और प्रीति' नामक निबन्ध में हम रूप, गुण आदि से स्वतंत्र साहचर्य को भी प्रेम का एक सबल कारण बता चुके हैं। इस साहचर्य का प्रभाव सबसे प्रबल रूप में स्मरण-काल के भीतर देखा जाता है। जिन व्यक्तियों की ओर हम कभी विशेष रूप से आकर्षित नहीं हुए थे, यहाँ तक कि जिनसे हम चिढ़ते या लड़ते-झगड़ते थे, देश या काल का लम्बा व्यवधान पड़ जाने पर हम उनका स्मरण प्रेम के साथ करते हैं। इसी प्रकार जिन वस्तुओं पर आते-जाते केवल हमारी नजर पड़ा करती थी, जिनको सामने पाकर हम किसी विशेष भाव का अनुभव नहीं करते थे, वे भी हमारी स्मृति में मधु में लिपटी हुई आती हैं। इस माधुर्य का रहस्य क्या है? जो हो, हमें तो ऐसा दिखाई पड़ता है कि हमारी यह काल-यात्रा, जिसे जीवन कहते हैं, जिन-जिन रूपों के बीच से होती चली आती है, हमारा हृदय उन सबको पास समेटकर अपनी रागात्मक सत्ता के अन्तर्भूत करने का प्रयत्न करता है। यहाँ से वहाँ तक वह एक भावसत्ता की प्रतिष्ठा चाहता है। ज्ञान-प्रसार के साथ-साथ रागात्मिका वृत्ति का यह प्रसार एकीकरण या समन्विति की एक प्रक्रिया है। ज्ञान हमारी आत्मा के तटस्थ (Transcendent) स्वरूप का संकेत है, रागात्मक हृदय उसके व्यापक (Immanent) स्वरूप का ज्ञान ब्रह्म है तो हृदय ईश्वर है। किसी व्यक्ति या वस्तु को जानना ही वह शक्ति नहीं, जो उस व्यक्ति या वस्तु को हमारी अन्तस्सत्ता में सम्मिलित कर दे। वह शक्ति है—राग या प्रेम।

जैसा कह आये हैं, रति, हास और करुणा से सम्बद्ध स्मरण अधिकतर रस क्षेत्र में प्रवेश करता है। प्रिय का स्मरण, बाल-सखाओं का स्मरण, अतीत जीवन के दृश्यों का स्मरण प्रायः रतिभाव से सम्बद्ध स्मरण होता है। किसी दीन-दुखी का पीड़ित व्यक्ति के उसकी विवर्ण आकृति चेष्टा आदि के स्मरण का लगाव करुणा से होता है। दूसरे भावों के आलम्बनों का स्मरण भी कभी रस-सिक्त होता है—पर वहीं जहाँ हम सहृदय द्रष्टा के रूप में रहते हैं अर्थात् जहाँ आलम्बन केवल हमारी ही व्यक्तिगत भावसत्ता से सम्बद्ध नहीं, सम्पूर्ण नर-जीवन की भावसत्ता से सम्बद्ध होते हैं।

(ख) प्रत्यभिज्ञान

अब हम उस प्रत्यक्ष-मिश्रित स्मरण को लेते हैं जिसे प्रत्यभिज्ञान कहते हैं। प्रत्यभिज्ञान में थोड़ा-सा अंश प्रत्यक्ष होता है और बहुत-सा अंश उसी के सम्बन्ध से स्मरण द्वारा उपस्थित होता है। किसी व्यक्ति को हमने कहीं देखा और देखने के साथ ही स्मरण किया कि यह वही है जो अमुक स्थान पर उस दिन बहुत से लोगों के साथ झगड़ा कर रहा था। वह व्यक्ति हमारे सामने प्रत्यक्ष है। उसके सहारे से हमारे मन में झगड़े का वह सारा दृश्य उपस्थित हो गया जिसका वह एक अंग था। "यह वही है" इन्हीं शब्दों में प्रत्यभिज्ञान की व्यंजना होती है।

स्मृति के समान प्रत्यभिज्ञान में भी रस-संचार की बड़ी गहरी शक्ति होती है। बाल्य या कौमार जीवन के किसी साथी के बहुत दिनों पीछे सामने आने पर कितने पुराने दृश्य हमारे मन के भीतर उमड़ पड़ते हैं और हमारी वृत्ति उनके माधुर्य में किस प्रकार मग्न हो जाती है। किसी पुराने पेड़ को देखकर हम कहने लगते हैं कि यह वही पेड़ है जिसके नीचे हम अपने अमुक-अमुक साथियों के साथ बैठा करते थे। किसी घर या चबूतरे को देखकर भी अतीत

दृश्य इसी प्रकार हमारे मन में आ जाते हैं और हमारा मन कुछ और हो जाता है। कृष्ण के गोकुल से चले जाने पर वियोगिनी गोपियाँ जब-जब यमुना-तट पर आ जाती हैं, तब-तब उनके भीतर यही भावना उठती है कि "यह वही यमुना-तट है" और उनका मन काल का परदा फाड़ अतीत के उस दृश्य क्षेत्र में जा पहुँचता है जहाँ श्रीकृष्ण गोपियों के साथ उस तट पर विचरते थे—

मन ह्वै जात अजौं वहै वा जमुना के तीर।

प्राचीन कवियों ने भी प्रत्यभिज्ञान के रसात्मक स्वरूप का बराबर विधान किया है। हृदय की गूढ़ वृत्तियों के सच्चे पारखी भावमूर्ति भवभूति ने शम्बूक का वध करके दण्डकारण्य के बीच फिरते हुए राम के मुख से प्रत्यभिज्ञान की बड़ी मार्मिक व्यंजना कराई है—

ऐते त एव गिरयो विरुवन्मयूरा-
स्तान्येव मत्त-हरिणानि वनस्थलानि।
आमंजु वंजुलललतानि च तान्यमूनि
नीरन्ध्र-नील-निचुलानि सरित्तटानि॥

एक-दूसरे प्रकार के प्रत्यभिज्ञान का रसात्मक प्रभाव प्रदर्शित करने के लिए ही उक्त कवि ने उत्तर-रामचरित में चित्रशाला का समावेश किया है।

कहने की आवश्यकता नहीं कि प्रत्यभिज्ञान की रसात्मक दशा में मनुष्य मन में आयी हुई वस्तुओं में ही रमा रहता है, अपने व्यक्तित्व को पीछे डाले रहता है।

दशा की विपरीतता की भावना लिये हुए जिस प्रत्यभिज्ञान का उदय होता है उसमें करुण वृत्ति के संचालन की बड़ी गहरी शक्ति होती है। कवि और वक्ता बराबर उसका उपयोग करते हैं जब हम किसी ऐसी बस्ती, ग्राम या घर के खंडहर को देखते हैं जिनमें किसी समय हमने बहुत चहल-पहल या सुख-समृद्धि देखी थी तब "यह वही है" की भावना हमारे हृदय को एक अनिर्वचनीय करुणस्रोत में मग्न करती है। अंग्रेजी के परम भावुक कवि गोल्डस्मिथ ने एक अत्यन्त मार्मिक स्वरूप दिखाने के लिए ही 'ऊजड़ ग्राम' की रचना की थी।

स्मृत्याभास कल्पना

अब तक हमने रसात्मक स्मरण और रसात्मक प्रत्यभिज्ञान को विशुद्ध रूप में देखा है अर्थात् ऐसी बातों के स्मरण का विचार किया है जो पहले कभी हमारे सामने हो चुकी हैं। अब हम उस कल्पना को लेते हैं जो स्मृति या प्रत्यभिज्ञान में पहले देखी हुई वस्तुओं या बातों के स्थान पर या पहले सुनी या पढ़ी हुई बातें हुआ करती हैं अथवा अनुमान द्वारा पूर्णतया निश्चित। बुद्धि और वाणी के प्रसार द्वारा मनुष्य का ज्ञान प्रत्यक्ष बोध तक ही परिमित नहीं रहता, वर्तमान के आगे-पीछे भी जाता है। आगे आने वाली बातों से यहाँ प्रयोजन नहीं, प्रयोजन है अतीत से। अतीत की कल्पना भावुकों में स्मृति की-सी सजीवता प्राप्त करती है और कभी-कभी अतीत का कोई बचा हुआ चिह्न पाकर प्रत्यभिज्ञान का-सा रूप ग्रहण करती है। ऐसी कल्पना के विशेष मार्मिक प्रभाव का कारण यह है कि यह सत्य का आधार लेकर खड़ी होती है। इसका आधार या तो आप्त शब्द (इतिहास) होता है अथवा शुद्ध अनुमान।

पहले हम स्मृत्याभास कल्पना के उस स्वरूप को लेते हैं, जिसका आधार आप्त शब्द या इतिहास होता है। जैसे अपने व्यक्तिगत अतीत जीवन की मधुर स्मृति मनुष्य में होती है वैसे ही समष्टि रूप में अतीत नर-जीवन की भी एक प्रकार की स्मृत्याभास कल्पना होती है जो इतिहास के संकेत पर जगती है। इसकी मार्मिकता भी निज के अतीत जीवन की स्मृति की मार्मिकता के ही समान होती है। मानव-जीवन की चिरकाल से चली आती हुई अखण्ड परम्परा के साथ तादात्म्य की भावना आत्मा के शुद्ध स्वरूप की यह नित्यता, अखंडता और व्यापकता का आभास देती है। यह स्मृति-स्वरूपा कल्पना कभी-कभी प्रत्यभिज्ञान का भी रूप धारण करती है। प्रसंग उठने पर जैसे इतिहास द्वारा ज्ञात किसी घटना या दृश्य के ब्योरों को कहीं बैठे-बैठे हम मन में लाया करते हैं और कभी-कभी उनमें लीन हो जाते हैं, वैसे ही किसी इतिहास-प्रसिद्ध स्थल पर पहुँचने पर हमारी कल्पना चट उस स्थल पर घटित किसी मार्मिक पुरानी घटना अथवा उससे सम्बन्ध रखने वाले कुछ ऐतिहासिक व्यक्तियों के बीच हमें पहुँचा देती है, जहाँ से हम फिर वर्तमान की ओर लौटकर कहने लगते हैं कि ''यह वही स्थल है जो कभी सजावट से जगमगाता था, जहाँ अमुक सम्राट सभासदों के बीच सिंहासन पर विराजते थे, यह वही फाटक है जिस पर ये वीर अद्भुत पराक्रम के साथ लड़े थे इत्यादि।'' इस प्रकार हम उस काल से लेकर इस काल तक अपनी सत्ता के प्रसार का आरोप क्या अनुभव करते हैं।

सूक्ष्म ऐतिहासिक अध्ययन के साथ-साथ जिसमें जितनी ही गहरी भावुकता होगी, जितनी ही तत्पर कल्पना-शक्ति होगी उसके मन में उतने ही अधिक ब्योरे आयेंगे और पूर्ण चित्र खड़ा होगा। इतिहास का कोई भावुक और कल्पना-सम्पन्न पाठक यदि पुरानी दिल्ली, कन्नौज, थानेसर, चित्तौड़, उज्जयिनी, विदिशा इत्यादि के खंडहरों पर पहले पहल भी जा खड़ा होता है तो उसके मन में वे सब बातें आ जाती हैं जिन्हें उसने इतिहासों में पढ़ा था या लोगों से सुना था। यदि उसकी कल्पना तीव्र और प्रचुर हुई तो बड़े-बड़े तोरणों से युक्त उन्नत प्रासादों की, उत्तरीय और उष्णीषधारी नागरिकों की, अलक्तरंजित चरणों में पड़े हुए नूपुरों की झंकार की, कटि के नीचे लटकती हुई कांची के लड़ियों की, धूप-वासित केश-कलाप और पत्रभंग मंडित गंडस्थल की भावना उसके मन में चित्र-सी खड़ी होगी। उक्त नगरों का यह रूप उसने कभी देखा नहीं है, पर पुस्तकों के पठन-पाठन से इस रूप की कल्पना उसके भीतर संस्कार के रूप में जम गयी है जो उन नगरों के ध्वंसावशेष के प्रत्यक्ष दर्शन से जग जाती है।

एक बात कह देना आवश्यक है कि आप्त वचन या इतिहास के संकेत पर चलने वाली कल्पना या मूर्त्त भावना अनुमान का भी सहारा लेती है। किसी घटना का वर्णन करने में इतिहास उस घटना के समय की रीति, वेश-भूषा, संस्कृति आदि का ब्योरा नहीं देता चलता। अतः किसी ऐतिहासिक काल का कोई चित्र मन में लाते समय ऐसे ब्योरों के लिए अपनी जानकारी के अनुसार हमें अनुमान का सहारा लेना पड़ता है।

यह तो हुई आप्त शब्द या इतिहास पर आश्रित स्मृति-रूपी या प्रत्यभिज्ञान-रूपी कल्पना। एक प्रकार की प्रत्यभिज्ञान-रूपी कल्पना और होती है जो बिल्कुल अनुमान के सहारे पर खड़ी होती और चलती है। यदि हम एकाएक किसी अपरिचित स्थान के खंडहरों में पहुँच जाते हैं—जिसके संबंध में हमने कहीं कुछ सुना या पढ़ा नहीं है—तो भी गिरे-पड़े मकानों, दीवारों, देवालयों आदि को सामने पाकर हम कभी-कभी कह बैठते हैं कि ''यह वही स्थान

है जहाँ कभी मित्रों की मण्डली जमती थी, रमणियों का हास-विलास होता था, बालकों का का क्रीड़ा-रव सुनायी पड़ता था इत्यादि।'' कुछ चिह्न पाकर केवल अनुमान के संकेत पर ही कल्पना इन रूपों और व्यापारों की योजना में तत्पर हो गयी। ये रूप और व्यापार हमारे जिस मार्मिक रागात्मक भाव के आलम्बन होते हैं उनका हमारे व्यक्तिगत योग-क्षेम से कोई सम्बन्ध नहीं, अत: उसकी रसात्मकता स्पष्ट है।

अतीत की स्मृति में मनुष्य के लिए स्वाभाविक आकर्षण है। अर्थ-परायण लाख कहा करें कि 'गड़े मुर्दे उखाड़ने से क्या फायदा', पर हृदय नहीं मानता; बार-बार अतीत की ओर जाया करता है, अपनी यह बुरी आदत नहीं छोड़ता। इसमें कुछ रहस्य अवश्य है। हृदय के लिए अतीत एक मुक्ति-लोक है जहाँ वह अनेक प्रकार के बन्धनों से छूटा रहता है और अपने शुद्धरूप में विचरता है। वर्तमान हमें अन्धा बनाये रहता है; अतीत बीच-बीच में हमारी आँखें खोलता रहता है। मैं तो समझता हूँ कि जीवन का नित्य स्वरूप दिखाने वाला दर्पण मनुष्य के पीछे रहता है; आगे तो बराबर खिसकता हुआ दुर्भेद्य परदा रहता है। बीती बिसारने वाले 'आगे की सुध' रखने का दावा किया करें, परिणाम अशान्ति के अतिरिक्त और कुछ नहीं। वर्तमान को सँभालने और आगे की सुध रखने का डंका पीटने वाले संसार में जितने ही अधिक होते जाते हैं संघ-शक्ति के प्रभाव से जीवन की उलझनें उतनी ही बढ़ती जाती हैं। बीती बिसारने का अभिप्राय है जीवन की अखंडता और व्यापकता की अनुभूति का विसर्जन; सहृदयता और भावुकता का भंग—केवल धर्म की निष्ठुर क्रीड़ा।

कुशल यही है कि जिनका दिल सही-सलामत है, जिनका हृदय मारा नहीं गया है, उनकी दृष्टि अतीत की ओर जाती है। क्यों जाती है, क्या करने जाती है, यह बताते नहीं बनता। अतीत कल्पना का लोक है, एक प्रकार का स्वप्नलोक है, इसमें तो सन्देह नहीं। अत: यदि कल्पना-लोक के सब खण्डों को सुखपूर्ण मान लें तो तब तो प्रश्न टेढ़ा नहीं रह जाता। झट से यह कहा जा सकता है कि वह सुख प्राप्त करने जाती है। पर क्या ऐसा माना जा सकता है? हमारी समझ में अतीत की ओर मुड़-मुड़कर देखने की प्रवृत्ति सुख-दु:ख की भावना से परे है। स्मृतियाँ हमें केवल सुखपूर्ण दिनों की झाँकियाँ नहीं समझ पड़तीं। वे हमें लीन करती हैं, हमारा मर्म स्पर्श करती हैं, बस इतना ही हम कह सकते हैं। यही बात स्मृत्याभास कल्पना के सम्बन्ध में भी समझनी चाहिए। इतिहास द्वारा ज्ञात बातों की मूर्त्त भावना कितनी मार्मिक, कितनी लीन करने वाली होती है, न सहृदयों से छिपा है, न छिपाते बनता है। मनुष्य की अन्त:प्रकृति पर इसका प्रभाव स्पष्ट है। जैसा कि कहा जा चुका है कि इसमें स्मृति की सजीवता होती है। इस मार्मिक प्रभाव और सजीवता का मूल है सत्य। सत्य से अनुप्राणित होने के कारण ही कल्पना स्मृति और प्रत्यभिज्ञान का-सा रूप धारण करती है। कल्पना के इस स्वरूप की सत्यमूलक सजीवता और मार्मिकता का अनुभव करके ही संस्कृत के पुराने कवि अपने महाकाव्य और नाटक इतिहास-पुराण के किसी वृत्त का आधार लेकर रचा करते थे।

'सत्य' से यहाँ अभिप्राय केवल वस्तुत: घटित वृत्त ही नहीं, निश्चयात्मकता से प्रतीत वृत्त भी है। जो बात इतिहासों में प्रसिद्ध चली आ रही है, वह यदि पक्के प्रमाणों से पुष्ट भी न हो, तो भी लोगों के विश्वास के बल पर उक्त प्रकार की स्मृति-स्वरूपा कल्पना का आधार हो जाती है। आवश्यक होता है केवल इस बात का बहुत दिनों से जमा हुआ विश्वास कि इस प्रकार की घटना इस स्थल पर हुई थी। यदि ऐसा विश्वास सर्वथा विरुद्ध प्रमाण उपस्थित होने

पर विचलित हो जायेगा तो वैसी सजीव कल्पना न जगेगी। संयोगिता के स्वयंवर की कथा को लेकर कुछ काव्य और नाटक रचे गये। ऐतिहासिक अनुसंधान द्वारा वह सारी कथा अब कल्पित सिद्ध हो गयी है। अतः इतिहास के ज्ञाताओं के लिए उन काव्यों या नाटकों में वर्णित घटना का ग्रहण शुद्ध कल्पना की वस्तु के रूप में होगा, स्मृत्याभास कल्पना की वस्तु के रूप में नहीं।

पहले कहा जा चुका है कि मानव-जीवन का नित्य और प्रकृत स्वरूप देखने के लिए दृष्टि जैसी शुद्ध होनी चाहिए वैसी अतीत के क्षेत्र के बीच ही वह होती है। वर्तमान में तो हमारे व्यक्तिगत राग-द्वेष में वह ऐसी बँधी रहती है कि हम बहुत-सी बातों को देखकर भी नहीं देखते। प्रसिद्ध प्राचीन नगरों और गढ़ों के खंडहर, राजप्रासाद आदि जिस प्रकार सम्राटों के ऐश्वर्य, विभूति, प्रताप, आमोद-प्रमोद और भोग-विलास के स्मारक हैं, उसी प्रकार उनके अवसाद, विशाद, नैराश्य और घोर पतन के। मनुष्य की ऐश्वर्य, विभूति, सुख-सौंदर्य की वासना अभिव्यक्त होकर जगत् के किसी छोटे या बड़े को अपने रंग में रँगकर मानुषी सजीवता प्रदान करती है। देखते-देखते काल उस वासना के आश्रय मनुष्यों को हटाकर किनारे कर देता है। धीरे-धीरे उनका चढ़ाया हुआ ऐश्वर्य विभूति का वह रंग भी मिटता जाता है। जो कुछ शेष रह जाता है वह बहुत दिनों तक ईंट-पत्थर की भाषा में एक पुरानी कहानी कहता रहता है। संसार का पथिक मनुष्य उसे अपनी कहानी समझकर सुनता है; क्योंकि उसके भीतर झलकता है जीवन का नित्य और प्रकृत स्वरूप।

कुछ व्यक्तियों के स्मारक चिह्न तो उनके पूरे प्रतिनिधि या प्रतीक बन जाते हैं और उसी प्रकार हमारी घृणा या प्रेम के आलम्बन हो जाते हैं जिस प्रकार लोक के बीच अपने जीवनकाल में वे व्यक्ति थे। ऐसे व्यक्ति घृणा या प्रेम को अपने पीछे भी बहुत दिनों तक जगत् में जगाते रहते हैं। ये स्मारक न जाने कितनी बातें अपने पेट में लिये कहीं खड़े, बैठे, कहीं पड़े हैं।

किसी अतीत जीवन के ये स्मारक या तो यों ही—शायद काल की कृपा से—बने रह जाते हैं अथवा जान-बूझकर छोड़े जाते हैं। जान-बूझकर कुछ स्मारक छोड़े जाने की कामना भी मनुष्य की प्रकृति के अन्तर्गत है। अपनी सत्ता के सर्वथा लोप की भावना मनुष्य को असह्य है। अपनी भौतिक सत्ता तो वह बनाये नहीं रख सकता अतः वह चाहता है कि उस सत्ता की स्मृति ही किसी जन-समुदाय के बीच बनी रहे। ब्राह्य जगत् में नहीं तो अन्तर्जगत् के किसी खंड में ही वह बना रहना चाहता है। इसे हम अमरत्व की आकांक्षा या आत्मा के नित्यत्व का इच्छात्मव आभास कह सकते हैं। अपनी स्मृति बनाये रखने के लिए कुछ मनस्वी कला का सहारा लेते हैं और उसके आकर्षक सौन्दर्य की प्रतिष्ठा करके विस्मृति के खड्डु में झोंकने वाले काल के हाथों को बहुत दिनों तक—सहस्रों वर्ष तक—थामे रहते हैं। इस प्रकार के स्मारक काल के हाथों को कुछ थामकर मनुष्य को कई पीढ़ियों की आँखों से आँसू बहवाते चले चलते हैं। मनुष्य अपने पीछे होने वाले मनुष्यों को अपने लिए रुलाना चाहता है।

सम्राटों की अतीत जीवन-लीला के ध्वस्त रंगमंच वैषम्य की एक विशेष भावना जगाते हैं। उनमें जिस प्रकार भाग्य के ऊँचे-से-ऊँचे उत्थान का दृश्य निहित रहता है वैसे ही गहरे-से-गहरे पतन का भी। जो जितने ही ऊँचे पर चढ़ा दिखाई देता है, गिरने पर वह उतना ही नीचे जाता दिखाई देता है। दर्शकों को उसके उत्थान की ऊँचाई जितनी कुतूहलपूर्ण और

विस्मयकारिणी होती है, उतनी ही उसके पतन की गहराई मार्मिक और आकर्षक होती है। असामान्य की ओर लोगों की दृष्टि भी अधिक दौड़ती है और टकटकी भी अधिक लगती है। अत्यन्त ऊँचाई से गिरने का दृश्य कोई कुतूहल के साथ देखता है, कोई गम्भीर वेदना के साथ।

जीवन तो जीवन, चाहे राजा का हो चाहे रंक का। उसके सुख और दुःख दो पक्ष होंगे ही। इनमें से कोई पक्ष स्थिर नहीं रह सकता। संसार और स्थिरता? अतीत के लम्बे-चौड़े मैदान के बीच इन उभय पक्षों की घोर विषमता सामने रखकर कोई भावुक जिस भाव-धारा में डूबता है उसी में औरों को डुबाने के लिए शब्द-स्रोत भी बहाता है। इस पुनीत भावधारा में अवगाहन करने से वर्तमान की—अपने पराये की—लगी-लिपटी मैल छँटती है और हृदय स्वच्छ होता है। ऐतिहासिक व्यक्तियों या राजकुलों के जीवन की जिन विषमताओं की ओर सबसे अधिक ध्यान जाता है वे प्राय: दो ढंग की होती हैं—सुख-दुःख-सम्बन्धिनी तथा उत्थान-पतन-सम्बन्धिनी। सुख-दुःख की विषमता की ओर जिसकी भावना प्रवृत्त होगी वह एक ओर तो जीवन का भोग-पक्ष—यौवन-मद, विलास की प्रभूत सामग्री कला-सौन्दर्य की जगमगाहट, राग-रंग और आमोद-प्रमोद की चहल-पहल—और दूसरी ओर अवसाद, नैराश्य, कष्ट, वेदना इत्यादि के दृश्य मन में लायेगा। बड़े-बड़े प्रतापी सम्राटों के जीवन को लेकर भी वह ऐसा ही करेगा। उनके तेज, प्रताप, प्रराक्राम इत्यादि की भावना वह इतिहास-विज्ञ पाठक की सहृदयता पर छोड़ देगा। कहने की आवश्यकता नहीं कि सुख और दुःख के बीच का वैषम्य जैसा मार्मिक होता है वैसा ही उन्नति और अवनति प्रताप और ह्रास के बीच का भी। इस वैषम्य-प्रदर्शन के लिए एक ओर तौ किसी के पतन-काल के असामर्थ्य, दीनता, विवशता, उदासीनता इत्यादि के दृश्य सामने रखे जाते हैं, दूसरी ओर उसके ऐश्वर्य-काल के प्रताप, तेज, पराक्रम इत्यादि के वृत्त स्मरण किये जाते हैं।

इस दुःखमय संसार में सुख की इच्छा और प्रयत्न प्राणियों का लक्षण है। यह लक्षण मनुष्य में सबसे अधिक रूपों में विकसित हुआ है। मनुष्य की सुखेच्छा कितनी प्रबल, कितनी शक्तिशालिनी निकली। न जाने कब से वह प्रकृति को काटती-छाँटती संसार का कायापलट करती चली आ रही है। वह शायद अनन्त है, 'आनन्द' का अनन्त प्रतीक है। वह इस संसार में न समा सकी तब कल्पना को साथ लेकर उसने कहीं बहुत दूर स्वर्ग की रचना की। चतुर्वर्ग में इसी सुख का नाम 'कम' है। यद्यपि देखने में 'अर्थ' और 'काम' अलग-अलग दिखाई पड़ते हैं, पर सच पूछिए तो 'अर्थ' 'काम' का ही एक साधन ठहरता है, साध्य रहता है काम या सुख ही। अर्थ है संचय, आयोजन और तैयारी की भूमि, काम भोग-भूमि है। मनुष्य कभी अर्थभूमि पर रहता है कभी काम-भूमि पर। अर्थ और काम के बीच जीवन बाँटता हुआ वह चला चलता है। दोनों का ठीक सामंजस्य सफल जीवन का लक्षण है। जो अनन्य भाव से अर्थ-साधना में ही लीन रहेगा वह हृदय खो देगा, जो आँख मूँदकर कामचर्या में ही लिप्त रहेगा, वह किसी अर्थ का न रहेगा। अकबर के जीवन में अर्थ और काम का सामंजस्य रहा। औरंगजेब बराबर अर्थभूमि पर ही रहा। मुहम्मदशाह सदा काम-भूमि पर ही रहकर रंग बरसाते रहे।

कल्पना

काव्य-वस्तु का सारा रूप-विधान इसी क्रिया से होता है। आजकल तो 'भाव' की बात दब-सी गयी है, केवल इसी का नाम लिया जाता है, क्योंकि 'कवि की नूतन सृष्टि' केवल

इसी की कृति समझी जाती है। पर जैसा कि हम अनेक स्थलों पर कह चुके हैं, काव्य के प्रयोजन की कल्पना वही होती है जो हृदय की प्रेरणा से प्रवृत्त होती है और हृदय पर प्रभाव डालती है। हृदय के मर्मस्थल का स्पर्श तभी होता है जब जगत् या जीवन का कोई सुन्दर रूप, मार्मिक दशा या तथ्य मन में उपस्थित होता है। ऐसी दशा या तथ्य की चेतना से मन में कोई भाव जगता है जो उस दशा या तथ्य की मार्मिकता का पूर्ण अनुभव करने और कराने के लिए उसके कुछ चुने हुए ब्योरों की मूर्त्त भावनाएँ खड़ी करता है। कल्पना का यह प्रयोग प्रस्तुत के सम्बन्ध में समझना चाहिए जो विभाव के पक्ष के अन्तर्गत है। शृंगार, रौद्र, वीर, करुण आदि रसों के आलम्बनों और उद्दीपनों के वर्णन, प्राकृतिक दृश्यों के वर्णन सब इसी विभाव-पक्ष के अन्तर्गत हैं।

सारा रूप विधान कल्पना ही करती है अतः अनुभाव कहे जाने वाले व्यापारों और चेष्टाओं द्वारा आश्रय को जो रूप दिया जाता है वह भी कल्पना ही द्वारा। पर भावों के द्योतक शारीरिक व्यापार या चेष्टाएँ परिमित होती हैं, वे रूढ़ या बँधी हुई होती हैं। उनमें नयेपन की गुंजाइश नहीं, पर आश्रय के वचनों की अनेकरूपता की कोई सीमा नहीं। इन वचनों की भी कवि द्वारा कल्पना ही की जाती है।

वचनों द्वारा भाव-व्यंजना के क्षेत्र में कल्पना को पूरी स्वच्छन्दता रहती है। भाव की ऊँचाई, गहराई की कोई सीमा नहीं। उसका प्रसार लोक का अतिक्रमण कर सकता है। उसकी सम्यक् व्यंजना के लिए प्रकृति के वास्तविक विधान कभी-कभी पर्याप्त नहीं जान पड़ते। मन की गति का वेग अबाध होता है। प्रेम के वेग में प्रेमी प्रिय को अपनी आँखों में बसा हुआ कहता है, उसके पाँव रखने के लिए पलकों के पाँवड़े बिछाता है। उसके अभाव में दिन के प्रकाश में भी चारों ओर शून्य या अन्धकार देखता है, अपने शरीर की भस्म उड़ाकर उसके पास तक पहुँचाना चाहता है। इसी प्रकार क्रोध के वेग में मनुष्य शत्रु को पीसकर चटनी बना डालने के लिए खड़ा होता है, उसके घर को खोदकर तालाब बना डालने की प्रतिज्ञा करता है। उत्साह या वीरता की उमंग में वह समुद्र पाट देने, पहाड़ों को उखाड़ फेंकने का हौसला प्रकट करता है।

ऐसे लोकोत्तर विधान करने वाली कल्पना में भी यह देखा जाता है कि जहाँ कार्य कारण विवेचनापूर्वक वस्तु व्यंजना का टेढ़ा रास्ता पकड़ा जाता है, वहाँ वैचित्र्य ही वैचित्र्य रह जाता है, मार्मिकता दब जाती है। जैसे, यदि कोई कहे कि "कृष्ण के वियोग में राधा का दिन-रात रोना सुनकर लोग घर-घर में नावें बनवा रहे हैं" तो यह कथन मार्मिकता की हद के बाहर जान पड़ेगा।

विभाव-पक्ष के ही अन्तर्गत हम उन सब प्रस्तुत वस्तुओं और व्यापारों को भी लेते हैं जो हमारे मन में सौन्दर्य, माधुर्य, दीप्ति, कांति, प्रताप, ऐश्वर्य, विभूति इत्यादि की भावनाएँ उत्पन्न करते हैं। ऐसी वस्तुओं और व्यापारों की योजना करने वाली प्रतिभा भी विभाव-विधायिनी ही समझनी चाहिए। कवि कभी-कभी सौन्दर्य, माधुर्य, दीप्ति इत्यादि की अनूठी सृष्टि खड़ी करने के लिए चारों ओर से सामग्री एकत्र करके पराकाष्ठा को पहुँची हुई लोकोत्तर योजना करते हैं। यह भी कवि-कर्म के अन्तर्गत है, पर सर्वत्र अपेक्षित उसकी कोई नित्य प्रक्रिया नहीं। मन के भीतर लोकोत्तर उत्कर्ष की झाँकियाँ तैयार करना भी कल्पना का एक काम है। इस काम में कविता उसे प्रायः लगाया करती है। कुछ लोग तो कल्पना और कविता का यही काम ही बताते हैं—खासकर वे लोग जो काव्य को स्वप्न का सगा भाई मानते हैं जैसे

स्वप्न को वे अन्तस्संज्ञा में निहित अतृप्त वासनाओं की अन्तर्व्यंजना कहते हैं, वैसे ही काव्य को भी। संसार में जितना अद्‌भुत, सुन्दर, मधुर, दीप्त हमारे सामने आता है; जितना सुख, समृद्धि, सद्‌वृत्ति, सद्‌भाव, प्रेम, आनन्द हमें दिखाई पड़ता है उतने से तृप्त न होने के कारण प्रचंडता, उथल-पुथल, ध्वंस इत्यादि को हम जितने बढ़े-चढ़े रूप में देखना चाहते हैं उतने बढ़े-चढ़े रूपों में कहीं न देख हमारी इच्छा चेतना या संज्ञा के नीचे अज्ञात दशा में दबी पड़ी रहती है। वे ही इच्छाएँ तृप्ति के लिए कविता के रूप में व्यक्त होती हैं और श्रोताओं को भी तृप्त करती हैं।

इस सम्बन्ध में हम यहाँ इतना ही कहना चाहते हैं कि काव्य सर्वथा स्वप्न के रूप की वस्तु नहीं है। स्वप्न के साथ यदि उसका कुछ मेल है तो केवल इतना ही कि स्वप्न भी हमारी बाह्य इन्द्रियों के सामने नहीं रहता और काव्य वस्तु भी। दोनों के आविर्भाव का स्थान भर एक है। स्वप्न में भेद है। कल्पना में आयी हुई वस्तुओं की प्रतीति से स्वप्न में दिखाई पड़ने वाली वस्तुओं की प्रतीति भिन्न प्रकार की होती है। स्वप्न-काल की प्रतीति प्रायः प्रत्यक्ष ही के समान होती है। दूसरी बात यह है कि काव्य में शोक के प्रसंग भी रहते हैं। शोक की वासना की तृप्ति शायद ही कोई प्राणी चाहता हो।

उपर्युक्त सिद्धान्त का ही एक अंग काम-वासना का सिद्धान्त है जिसके अनुसार काव्य का सम्बन्ध और कलाओं के समान, काम-वासना की तृप्ति से है। यहाँ पर इतना ही समझ रखना आवश्यक है कि यह मत काव्य को ''ललित कलाओं में गिनने का परिणाम है।'' कलाओं के सम्बन्ध में, जिनका लक्ष्य केवल सौन्दर्य की अनुभूति उत्पन्न करना है, यह मत कुछ ठीक कहा जा सकता है। इसी से ६४ कलाओं का उल्लेख हमारे यहाँ काम-शास्त्र के भीतर हुआ है। पर काव्य की गिनती कलाओं में नहीं की गयी है।

अब तक जो कुछ कहा गया है वह प्रस्तुत के सम्बन्ध में है। पर काव्य में प्रस्तुत के अतिरिक्त अप्रस्तुत भी बहुत अधिक अपेक्षित होता है, क्योंकि साम्य भावना काव्य का बड़ा शक्तिशाली अस्त्र है। कहने की आवश्यकता नहीं कि अप्रस्तुत की योजना भी कल्पना ही द्वारा होती है। आधुनिक पाश्चात्य समीक्षा-क्षेत्र में तो 'कल्पना' शब्द से अधिकतर अप्रस्तुत-विधायिनी कल्पना ही समझी जाती है। अप्रस्तुत की योजना के सम्बन्ध में भी यही बात समझनी चाहिए जो प्रस्तुत के सम्बन्ध में हम कह आये हैं अर्थात् उसकी योजना भी यदि किसी भावना के संकेत पर होगी—सौन्दर्य, माधुर्य, भीषणता, क्रान्ति, दीप्ति इत्यादि की भावना में वृद्धि करने वाली होगी—तब तो वह काव्य के प्रयोजन की होगी। यदि केवल रंग, आकृति, छोटाई-बड़ाई आदि का ही हिसाब-किताब बैठाकर की जायेगी तो निष्फल ही नहीं बाधक भी होगी। भाव की प्रेरणा से जो अप्रस्तुत लाये जाते हैं उनकी प्रभविष्णुता पर कवि की दृष्टि रहती है; इस बात पर रहती है कि इनके द्वारा भी वैसी ही भावना जगे जैसे प्रस्तुत के सम्बन्ध में है।

केवल शास्त्र-स्थिति-सम्पादन से कवि-कर्म की सिद्धि समझ कुछ लोगों ने स्त्री की कटि की सूक्ष्मता व्यक्त करने के लिए भिड़ या सिंहनी की कटि सामने रख दी है, चन्द्रमंडल और सूर्यमंडल के उपमान के लिए दो घंटे सामने कर दिये हैं। ऐसे अप्रस्तुत विधान केवल छोटाई-बड़ाई या आकृति को ही पकड़ केवल उसी का हिसाब-किताब बैठाकर हुए हैं, उस सौन्दर्य की भावना की प्रेरणा से नहीं जो उस नायिका या चन्द्रमंडल के सम्बन्ध में रही होगी।

यह देखकर संतोष होता है कि हिन्दी की वर्तमान कविताओं में प्रभावसाम्य पर ही विशेष दृष्टि रहती है।

भाषा-शैली को अधिक व्यंजक, मार्मिक और चमत्कारपूर्ण बनाने में कल्पना ही काम करती है। कल्पना की सहायता यहाँ पर भाषा की लक्षणा और व्यंजना नाम की शक्तियाँ करती हैं। लक्षणा के सहारे ही कवि ऐसी भाषा का प्रयोग बेधड़क कर जाते हैं जैसी सामान्य व्यवहार में नहीं सुनायी पड़ती। ब्रजभाषा के कवियों में घनानन्द इस प्रसंग में सबसे अधिक उल्लेख योग्य हैं। भाषा को वे इतनी वशवर्तिनी समझते थे कि अपनी भावना के प्रवाह के साथ उसे जिधर चाहते थे उधर बेधड़क मोड़ते थे। कुछ उदाहरण लीजिए—

(१) **अरसानि गही** वह बानि कछू **सरसानि सों** आनि निहोरत है,

(२) ह्वै है सोऊ **घरी भाग-उधरी अनन्दघन,** सुरस बरसि, लाल, देखिहौ हमैं हरी।

(३) **उघरो जग,** छाय रहे घनआनन्द चातक ज्यों तकिए अब तौ।

(४) मिलन न कैहूँ भरे **रावरी अमिलताई** हिये में किये बिसाल जे बिछोह छत हैं।

(५) **भूलनि चिन्हारि दोऊ है न** हो हमारे ताते बिसरनि **रावरी हमैं लै विसरति है।**

(६) उजरनि बसी है हमारी अँखियानि देखो, सुबस सुदेश जहाँ भावत बसन्त हौ।

ऊपर के उद्धरणों के मोटे अक्षरों में छपे स्थलों में भाषा की मार्मिक वक्रता एक-एक करके देखिए। (१) बानि धीमी या शिथिल पड़ गयी—कहने में उतनी व्यंजकता न दिखाई पड़ी, अतः कवि ने कृष्ण का आलस्य न कहकर उनकी बानि (आदत) का आलस्य करना कहा। (२) अपने को खुले भाग्यशाली न कहकर नायिका ने उस घड़ी को खुले भाग्य वाली कहा, इससे सौभाग्य-दशा एक व्यक्ति ही तक न रहकर उस घड़ी के भीतर सम्पूर्ण जगत् में व्याप्त प्रतीत हुई। विशेषण के इस विपर्यय से कितनी व्यंजकता आ गयी। (३) मेघ का छाना और उघड़ना तो बराबर बोला जाता है; पर कवि ने मेघ के छाये रहने और श्रीकृष्ण की आँखों में छाये रहने के साथ ही साथ जग का उघड़ना (खुलना); (तितर-बितर होना या तिरोहित होना) कह दिया जिसका लक्ष्यार्थ हुआ जगत् के फैले हुए प्रपंच का आँखों के सामने से हट जाना, चारों ओर शून्य दिखायी पड़ना। (४) कृष्ण की अमिलताई (न मिलना) हृदय के घाव में भी भर गयी है जिससे उसका मुँह नहीं मिलता और वह नहीं पूजता। भरा भी रहना और न भरना या पूजना में विरोध का चमत्कार भी है। (५) हमें कभी-कभी आत्मविस्मृत हो जाती है, इससे जान पड़ता है कि आप हमें लिये-दिये भूलते हैं अर्थात् उधर आप हमें भूलते हैं, इधर हमारी सत्ता ही तिरोहित हो जाती है। (६) हमारी आँखों में उजाड़ बसा है अर्थात् आँखों के सामने शून्य दिखाई पड़ता है। इसमें भी विरोध का चमत्कार अत्यन्त आकर्षक है।

आजकल हमारी वर्तमान काव्यधारा की प्रवृत्ति इसी प्रकार की लाक्षणिक वक्रता की ओर विशेष है। यह अच्छा लक्षण है। इसके द्वारा हमारी भाषा की अभिव्यंजना शक्ति के प्रसार की बहुत कुछ आशा है। श्री सुमित्रानन्दन पंत की रचना से कुछ उदाहरण लेकर देखिए—

(१) **धूलि की ढेरी** में अनजान। छिपे हैं मेरे **मधुमय गान।**

(२) रुदन, क्रीड़ा, **आलिंगन।**

शशि की सी ये कलित **कलाएँ किलक रही हैं** पुर पुर में।

(३) मर्म **पीड़ा के हास।**

(४) अहह! यह मेरा **गीला गान।**

(५) तड़ित सा, सुमुखि! तुम्हारा ध्यान।

प्रभा के पलक मार, उर चीर

गूढ़ गर्जन कर जब गम्भीर।

(६) **लाज** में लिपटी उषा समान।

घनानन्द की वाग्विशेषताओं को ध्यान में रखते हुए अब ऊपर के उद्धरणों के मोटे अक्षरों में छपे प्रयोगों की लाक्षणिक प्रक्रिया देखिए—

(१) धूलि की ढेरी = तुच्छ या असार कहा जाने वाला संसार। मधुमय गान = मधुमय गान के विषय = मधुर और सुन्दर वस्तुएँ। (२) कलाएँ किलक रही हैं = जोर से हँस रही हैं = आनन्द का प्रकाश कर रही हैं। (३) पीड़ा के हास = पीड़ा का विकास या प्रसार (विरोध का चमत्कार)। (४) गीला गान = आर्द्र हृदय या अश्रुपूर्ण व्यक्ति की वाणी (सामान्य कथन में जो गुण व्यक्ति का कहा जाता है वह गान का कहा गया; विशेषण-विपर्यय)। (५) प्रभा के पलक मार = पल-पल पर चमत्कार। गूढ़ गर्जन = छिपी हुई हृदय की धड़कन। (६) लाज = लज्जा से उत्पन्न ललाई।

इन प्रयोगों का आधार या तो किसी न किसी प्रकार की साम्य-भावना है अथवा किसी वस्तु का उपलक्षण या प्रतीक के रूप में ग्रहण। दोनों बातें कल्पना ही के द्वारा होती हैं। उपलक्षणों या प्रतीकों का एक प्रकार का चुनाव है जो मूर्तिमत्ता, मार्मिकता या आतिशय्य आदि की दृष्टि से होता है—जैसे, शोक, या विषाद के स्थान पर अश्रु, हर्ष और आनन्द के स्थान पर हास, प्रिय-प्रेमी के लिए मुकुल-मधुप, यौवन-काल या संयोग-काल के लिए मधुमास, शुभ्र के स्थान पर रजत या हंस, दीप्त के स्थान पर स्वर्ण इत्यादि। यह सारा व्यवसाय कल्पना ही का है।

काव्य की पूर्ण अनुभूति के लिए कल्पना का व्यापार कवि और श्रोता दोनों के लिए अनिवार्य है। काव्य की कोई उक्ति कान में पड़ते समय जब काव्य वस्तु के साथ-साथ वक्ता या बोद्धव्य पात्र की कोई मूर्त्त भावना भी खड़ी रहती है तभी पूरी तन्मयता प्राप्त होती है।

मंजूषा

चिन्तामणि-विमर्श

डॉ० रामकृपाल पाण्डेय

चिन्तामणि-विमर्श

डॉ० रामकृपाल पाण्डेय

सम्पूरिका

'चिन्तामणि-विमर्श' के लिए भूमिका की आवश्यकता नहीं है। अत: उसके स्थान पर यहाँ 'सम्पूरिका' दी जा रही है। लक्ष्य है अनेक दृष्टियों से अतिरिक्त लाभ पहुँचाना। 'विमर्श' 'चिन्तामणि' (पहला भाग) के साथ प्रकाशित करने मात्र के उद्देश्य से लिखा गया था। उसे स्वतन्त्र रूप से प्रकाशित करने-कराने का लक्ष्य नहीं था, किन्तु संयोग से उसे प्रकाशन से पूर्व ही इलाहाबाद विश्वविद्यालय के कुछ विद्वानों ने पढ़ा और प्रकाशक को उसे स्वतन्त्र रूप से भी प्रकाशित करने की सलाह दी। 'लोकभारती' ने उदारतापूर्वक वह सम्मति मान ली और मुझे यह सुअवसर प्रदान किया कि मैं कुछ और उपयोगी बातें 'भूमिका' के रूप में जोड़ दूँ। उनकी बात सहर्ष स्वीकार कर मैं यह 'सम्पूरिका' लिखने की चेष्टा कर रहा हूँ।

'विमर्श' में आचार्य शुक्ल के निबन्ध-सम्बन्धी विचारों और उनकी निबन्ध-शैली पर ही मुख्यत: विचार किया गया है। अन्य अनेक आवश्यक विचारणीय विषय उसकी परिधि से जान-बूझकर बाहर रखे गये थे; अब उन पर थोड़ा-बहुत विचार किया जा सकता है।

सबसे पहले निबन्ध का जन्म और स्वरूप। हिन्दी का निबन्ध शब्द अंग्रेजी के 'एसे' (Essay) शब्द का पर्याय है। उसका व्युत्पत्ति-मूलक अर्थ चाहे जो हो, पर वह इसी अर्थ में हिन्दी में अब प्रयुक्त होता है। अत: हम कह सकते हैं कि निबन्ध साहित्य की एक विधा है।

साहित्य की निबन्ध-विधा का जन्म पश्चिम में हुआ था। संक्षेप में उसका इतिहास समझ लेना चाहिए। फ्रान्स के मौन्तेन [Montaigne, (१५५३-१५९२)] वह पहले व्यक्ति थे जिन्होंने 'एसे' ['Essai' (फ्रांसीसी) Essay (अंग्रेजी)] शब्द का प्रयोग साहित्यिक विधा के लिए किया और उसे 'प्रयोग' या 'प्रयत्न' (trial or attempt) के रूप में परिभाषित किया। फ्रांसीसी और अंग्रेजी दोनों ही भाषाओं में आज भी संज्ञा और क्रिया दोनों रूपों में इस अर्थ में यह शब्द प्रयुक्त होता है। मूलत: 'एसे' शब्द लैटिन शब्द 'इक्सेजियस' (Exagium) से सम्बद्ध है जिसका अर्थ होता है 'तौलना' या 'सन्तुलित करना'। इन दोनों ही अर्थों से 'एसे' का सम्बन्ध किसी न किसी रूप में अब भी बना हुआ है।

मौन्तेन के निबन्धों से पूर्व भी अनेक ऐसी कृतियाँ पश्चिमी साहित्य में मिलती हैं जिन्हें बेहिचक 'एसे' या 'निबन्ध' कहा जा सकती है। अरस्तू में अपनी कृति नीतिशास्त्र (Ethics) में एक ऐसे आदर्श मनुष्य का चित्रण किया है जो दो अतिवादों के मध्य स्वर्णिम माध्य (औसत) की संरचना करता है। विद्वानों का कहना है कि यद्यपि किसी ने उसे 'एसे' (निबन्ध) कहने का प्रयत्न नहीं किया है फिर भी वह छोटा-सा रेखाचित्र (Sketch) या चित्र (Portrait) एक 'एसे' (निबन्ध) है। अरस्तू के पश्चात् थियोफ्रास्टस (Theophrastus)

ने, जिसकी मृत्यु २८७ ई० में हुई थी, अपनी कृति कैरेक्टर्स (Characters) में अरस्तू की उस पद्धति का अनुसरण किया। थियोफ्रास्टस के कुछ समय बाद रोम के प्रसिद्ध दार्शनिक सेनेका (Seneca) ने सदाचार सम्बन्धी पत्र (Epistles to Lucilus) लिखे जिनके विषय में अंग्रेजी निबन्ध के जनक बेकन का मत है कि वे निबन्ध हैं। ध्यातव्य है कि बेकन ने अपना यह विचार अपने निबन्धों के १६१२ के संस्करण के समर्पण में प्रकट किया था। 'एसे' के बारे में बेकन ने स्पष्ट कहा था—"The word is late but the thing is ancient, For Seneca's Epistles to Lucilius, if one mark them well, are but essays; that is dispersed meditations, though conveyed in the form of Epistles." अर्थात् (एसे) शब्द नया है, पर चीज़ पुरानी है। कारण यह कि यदि कोई लूसीलियस को लिखे सेनेका के पत्रों को ध्यान से देखे, तो वह पायेगा कि वे 'एसे' (निबन्ध) के सिवा और कुछ नहीं है, अर्थात् वे संक्षिप्त चिन्तन हैं यद्यपि उन्हें पत्रों के रूप में व्यक्त किया गया है।

स्पष्ट है कि बेकन मौन्तेन से पहले 'एसे' की वस्तुसत्ता स्वीकार करते हैं, पर मौन्तेन से पहले उसका कोई स्वतन्त्र, विशिष्ट नाम नहीं था। मौन्तेन ने उसे स्वतन्त्र नाम देकर स्वतंत्र साहित्यिक विधा के रूप में प्रतिष्ठित किया। अतः मौन्तेन 'एसे' नामक साहित्यिक विधा के जन्मदाता, नामकर्त्ता और प्रतिष्ठाता हैं, क्तिु 'एसे' में प्रयुक्त होने वाली चित्रण-पद्धति के जनक वे नहीं कहे जा सकते। वह पद्धति उनकी पूर्ववर्ती है जिसके जन्मदाता थे अरस्तू। थियोफ्रास्टस और सेनेका भी मौन्तेन के पूर्वज थे। थियोफ्रास्टस के भी चरित्रांकनों और रेखाचित्रों को साहित्य-चिन्तकों ने एक प्रकार का निबन्ध स्वीकार किया है। उदाहरणार्थ प्रो० एन०एस० टाकाखव (N.S. Takakhav) ने लिखा है कि—"Theophrastus' little sketches or portraits of character are of course short essays of a sort. They are studies of different types of men."

अरस्तू, थियोफ्रास्टस, सेनेका आदि ने भले ही ऐसी चीज़ें लिखी हों जिन्हें 'एसे' कहा जा सकता है, पर उनमें से किसी को भी सही अर्थों में निबन्धकार (Essayist) नहीं कहा जा सकता। अतः उचित ही मौन्तेन को विश्व का पहला निबन्धकार माना जाता है।

'एसे' नामक व्यवस्थित साहित्यिक विधा के लिए सारा विश्व मौन्तेन का ही ऋणी है। प्रश्न यह है कि मौन्तेन ने अपनी रचनाओं के लिए 'एसे' नाम ही क्यों चुना? बात यह है कि उनका ध्यान सचमुच 'एसे' शब्द के अर्थ 'प्रयत्न' पर केन्द्रित था जो उनकी रचनाओं पर भली-भाँति लागू होता था। वे सोचते थे कि जिन विषयों पर वे लिखते हैं उनका वे सर्वांगीण विवेचन नहीं करते, अपितु विवेचन का प्रयत्न मात्र करते हैं और वह भी बिल्कुल अपने निजी दृष्टिकोण से। उनकी शैली मैत्रीपूर्ण बातचीत की होती थी। मौन्तेन के फ्रांसीसी भाषा में लिखे गये निबन्धों को सबसे पहले जॉन फ़्लोरिओ ने १५६३ ई० में अंग्रेजी में रूपान्तरित किया। शीघ्र ही 'एसे' नामक फ्रांसीसी उत्पाद अंग्रेजी उत्पाद बन गया। बेकन अंग्रेजी के पहले निबन्धकार थे। उन्होंने कुछ बातों में मौन्तेन का अनुकरण किया, किन्तु कुछ बातों में अपना निजी रास्ता बनाया। 'एसे' के प्रसार में बेकन का बड़ा ज़बरदस्त योगदान है। यह विचित्र किन्तु सत्य है कि जिस विधा का जन्म वस्तुतः फ्रान्स में हुआ, वह इंग्लैण्ड से सारी दुनिया में फैली। जर्मन आदि यूरोप के जिन अन्य लोगों ने, यहाँ तक कि स्वयं फ्रांसीसियों ने भी, 'एसे' और 'एसेइस्ट' शब्दों को स्वीकार किया उन सबने 'एसे' को इंग्लैण्ड की उपज

मानने की प्रवृत्ति दिखलायी। अंग्रेजी से ही १९वीं शताब्दी में भारतीय भाषाओं में 'एसे' का आगमन हुआ। हिन्दी में १९वीं शताब्दी के उत्तरार्द्ध में निबन्ध लेखन की शुरुआत भारतेन्दु और बालकृष्ण भट्ट ने की—यह सर्वविदित है।

'एसे' अथवा निबन्ध की उपर्युक्त संक्षिप्त जन्म-कथा के बाद अब हम उसके स्वरूप और परिभाषाओं पर विचार करते हैं। सबसे पहली बात यह कि निबन्ध चिन्तन का एक रूप है और श्रेष्ठ रूप है। मनुष्य का सारा लिखित-अलिखित ज्ञान चिन्तन ही होता है। साहित्य के सारे रूप चिन्तन ही होते हैं चाहे वह उपन्यास हो या कविता, नाटक हो या निबन्ध अथवा और कोई विधा। चिन्तन से मेरा अभिप्राय 'थिंकिंग' (Thinking) से है।

मनुष्य का चिन्तन पशुओं के चिन्तन से भिन्न कोटि का होता है। पशुओं का चिन्तन अतिसाधारण और अविकसित होता है, वह सदा ही बिम्ब-सापेक्ष एवं प्रभाव-सापेक्ष होता है अर्थात् ऐन्द्रिय बोध और प्रभाव-प्रतिक्रिया तक ही सीमित रहता है। वह बिम्ब की सीमा को पार कर अमूर्तन और मनन के स्तर तक नहीं पहुँच पाता। उसका सम्बन्ध प्रत्यक्ष वस्तुओं अर्थात् आँखों के सामने उपस्थित अथवा अन्य इन्द्रियों के सन्निकट सम्पर्क में विद्यमान वस्तुओं से ही होता है। वह पशु के क्रिया-व्यापारों में ही व्यक्त होता है। पशु उसे भाषा में प्रकट नहीं कर सकता। पशु के विपरीत मानव-चिन्तन ऐन्द्रिय बोध और बिम्ब सापेक्षता तक सीमित नहीं होता। वह ऐन्द्रिय बोध और बिम्ब सापेक्ष होते हुए भी अमूर्तन और मनन तक पहुँचता है। अतः मानव-ज्ञान का कोई भी विभाग, चाहे वह प्रकृति-विज्ञान हो या समाज-विज्ञान या साहित्य अथवा उनका कोई उपविभाग हो, ऐन्द्रिय बोध या ऐन्द्रिय ज्ञान तक सीमित नहीं होता। अतः हम यह कह सकते हैं कि निबन्ध भी ऐसा चिन्तन है जो ऐन्द्रिय बोध और बिम्बात्मकता तक सीमित नहीं होता, अपितु वह अमूर्तन और मननयुक्त चिन्तन होता है। मानव-चिन्तन का एक सर्वविदित वैशिष्ट्य यह भी है कि वह कोई भी रूप क्यों न ले, पर सदा भाषा में ही सम्भव होता है। अतः निबन्ध समेत सम्पूर्ण साहित्य भाषिक चिन्तन है। कहने की आवश्यकता नहीं कि निबन्ध की भाषा गद्य होती है, अतः वह गद्य-चिन्तन है।

गद्यात्मक चिन्तन मूलतः दो प्रकार का हो सकता है—साहित्यिक और असाहित्यिक या वैज्ञानिक। असाहित्यिक या वैज्ञानिक चिन्तन में लेखक और विवेच्य-विषय का भावात्मक पक्ष या तो होता ही नहीं या अत्यल्प और गौण होता है। इसके विपरीत साहित्यिक चिन्तन में उनका भावात्मक पक्ष प्रायः प्रधान होता है और यत्र-तत्र यदि प्रधान न भी हुआ तो भी वह प्रचुर मात्रा में विद्यमान होता है। कथातत्त्व की विद्यमानता और अविद्यमानता के आधार पर साहित्यिक गद्यात्मक चिन्तन को भी मूलतः दो वर्गों में बाँटा जा सकता है—कथात्मक और गैर-कथात्मक। निबन्ध (एसे) प्रकृत्या गैर-कथात्मक गद्य-चिन्तन है। कथात्मकता (Narrativeness) निबन्ध के स्वभाव के प्रतिकूल होती है। अतः कोई भी ऐसी गद्य-रचना जिसमें कथात्मकता की प्रधानता हो या जिसका उद्देश्य कथा कहना या सुनाना हो, मेरे विचार से, निबन्ध नहीं कहला सकती। निबन्ध-लेखक का उद्देश्य होता है किसी विषय में अपने विचारों को कलात्मक ढंग से प्रकट करना, न कि कोई कथा या वृत्तान्त सुनाना। निबन्धकार अपनी बातों, अपने विचारों या अभिमतों को, दूसरे शब्दों में अपने चिन्तन को दूसरों के लिए ग्राह्य बनाने के लिए अथवा कलात्मकता के उद्देश्य से चुटकुले आदि का उपयोग करता है, किसी छोटी-मोटी कहानी का उपयोग भी कर लेता है, यहाँ तक कि

आवश्यकता पड़ने पर किसी उपन्यास की भाँति किसी चरित्र का अंकन भी करता है, किन्तु यह सदैव स्मरण रखना चाहए कि उसका मुख्य उद्देश्य अपने चिन्तन से पाठक को प्रभावित करना होता है। स्पष्ट है कि निबन्ध की प्रकृति कथात्मक नहीं होती। अतः निष्कर्ष रूप में यह कहा जा सकता है कि निबन्ध गैरकथात्मक साहित्यिक गद्य-चिन्तन है।

किसी घटना विशेष का मात्र क्रमबद्ध विवरण भी निबन्ध की श्रेणी में नहीं आ सकता, पर घटना-प्रधान निबन्ध लिखा जा सकता है। विवरण के अतिरिक्त चित्रात्मक अंकन, उसके कारण, प्रभाव और उससे मिलने वाली शिक्षाओं आदि के विश्लेषण और मनन आदि के ज़रिए लेखक के व्यक्तित्व के आन्तरित तत्वों से सम्पृक्त होकर वह गद्य-रचना एक निबन्ध के रूप में सामने आयेगी। इसी प्रकार तथ्यात्मक यात्रा-विवरण मात्र निबन्ध कहलाने योग्य न होगा, परन्तु यदि उसके साथ लेखक अपने अनुभवों, अनुभूतियों, विचारों को कलात्मक ढंग से प्रकट करते हुए विश्लेषित, संश्लेषित और सूत्रबद्ध करते हुए अपने व्यक्तित्व की झलकियाँ भी देता चलता है तो वह एक सुन्दर निबन्ध को जन्म दे सकेगा।

इस संक्षिप्त विवेचन का निष्कर्ष यह कि निबन्ध में लेखक का व्यक्तित्व तटस्थ नहीं रह सकता और न वह पर्दे के पीछे नेपथ्य में रह सकता है। निबन्ध में नाटकादि के विपरीत उसे सतत प्रत्यक्ष उपस्थित रहना पड़ता है और पाठकों से सीधे अपनी बातें कहनी पड़ती हैं। अतः हम असन्दिग्ध रूप से यह कह सकते हैं कि निबन्ध एक गैर-कथात्मक गद्यात्मक साहित्यिक चिन्तन है जिसमें लेखक और पाठक के बीच की दूरी सबसे कम होती है या होती ही नहीं है और उनके बीच किसी प्रकार का व्यवधान नहीं होता। यही कारण है कि निबन्ध पढ़ते हुए पाठक सीधे-सीधे निबन्धकार के व्यक्तित्व को भी पढ़ता चलता है।

निबन्ध का स्वरूप और अन्तर्य इतना अनिश्चित और वैविध्यपूर्ण होता है कि अनेक साहित्य-चिन्तकों ने यह प्रश्न उठाया है कि निबन्ध एक स्वतन्त्र और सुनिश्चित साहित्यिक विधा (Literary form) है भी या नहीं। दरअसल निबन्ध अत्यन्त लचीली साहित्य-विधा है। उस जैसी लचीली कोई दूसरी विधा नहीं है। मूलतः गैरकथात्मक विधा होने पर भी निबन्ध थोड़ा-बहुत कथात्मक हो सकता है; वह रेखाचित्रात्मक भी हो सकता है, संस्मरणात्मक भी हो सकता है, विवरणात्मक भी हो सकता है और पत्रात्मक भी हो सकता है, आत्मपरक भी हो सकता है और वस्तुपरक भी हो सकता है, भावात्मक भी हो सकता है और विचारात्मक भी हो सकता है, व्यंग्यात्मक भी हो सकता है और गैर-व्यंग्यात्मक (Non-Satirical) भी हो सकता है, संवादात्मक भी हो सकता है और वर्णनात्मक भी हो सकता है, आकार की दृष्टि से वह अत्यन्त छोटा और बड़ा भी हो सकता है और उसके विषयों की तो कोई सीमा ही नहीं होती।

मौन्तेन के निबन्ध निजी विचारों, उद्धरणों और चुटकुलों के मिश्रण हैं; बेकन के निबन्ध नीति वाक्यों की लड़ी हैं और कुछेक पृष्ठों में सिमटे हुए हैं, जबकि मैकाले और हर्बर्ट स्पेन्सर के निबन्ध वास्तव में छोटी पुस्तक हैं। सारांश यह कि निबन्धों की आज तक की विविधता को ध्यान में रखते हुए निबन्ध को परिभाषित करना लगभग असम्भव कार्य है, फिर भी समय-समय पर अनेक विद्वानों ने निबन्ध को परिभाषित करने का प्रयत्न किया है। उनमें से कुछ परिभाषाओं की चाँच-परख हम कर सकते हैं। इससे बहुत अधिक लाभ तो न होगा, पर यह अवश्य पता चलेगा कि भिन्न-भिन्न विद्वान् निबन्ध के विषय में किस प्रकार

सोचते रहे हैं। अपनी धारणा बनाने में उनसे आपको महत्त्वपूर्ण सहायता मिल सकती है। इसके अतिरिक्त निबन्ध के स्वरूप पर गहरा प्रकाश भी पड़ सकता है। अत: आइये, हम कुछ परिभाषाओं पर विचार करें।

मौन्तेन के अनुसार ''निबन्ध वह है जिसमें वैयक्तिक विचारों या अनुभूतियों को कलात्मक सूत्र में पिरो देने का प्रयत्न किया जाय।'' मौन्तेन की यह परिभाषा मेरे विचार से पर्याप्त सटीक परिभाषा है बशर्ते उसे सही ढंग से समझा जाय। उनकी परिभाषा का सारतत्त्व यह है कि निबन्ध व्यक्तिगत चिन्तन की कलात्मक अभिव्यक्ति का प्रयत्न है। व्यक्तिगत चिन्तन का यह मतलब नहीं कि निबन्ध-लेखक दूसरों के विचारों की कोई परवाह ही नहीं करता और उनकी पूर्ण उपेक्षा करता है। नहीं, ऐसा नहीं है। निबन्ध-लेखक दूसरों को उद्धृत कर सकता है, पर उसका उद्देश्य किसी विषय पर दूसरों के विचारों और अनुभवों का संग्रह या सूत्रीकरण नहीं होता, अपितु अपने विचारों, अनुभवों, अनुभूतियों, कल्पनाओं, स्मृतियों आदि को कलात्मक एवं चित्रात्मक ढंग से स्पष्टत: और सीधे व्यक्त करना होता है। मौन्तेन की परिभाषा इतनी लचीली है कि वह अचूक रूप से उनके जमाने से लेकर आज तक के किसी भी निबन्धकार के निबन्धों को अपने भीतर समाविष्ट कर लेती है। अत: उस पर अल्पधर्मविधायिनी होने का दोष नहीं लगाया जा सकता। साथ ही चिन्तन या विचारों की प्रधानता के कारण वह अधिक धर्मविधायिनी भी नहीं कही जा सकती। अनेक विद्वानों ने व्यर्थ ही मौन्तेन की परिभाषा को अपर्याप्त बताने का प्रयत्न किया है। सूक्ष्मता से विचार करने पर पता चलता है कि उसके मतानुसार निबन्ध की मुख्यत: तीन विशेषताएँ होती हैं। वे हैं—वैयक्तिकता, चिन्तनात्मकता, और कलात्मक अभिव्यक्ति के लिए प्रयत्नशीलता।

प्रयत्नशीलता के तत्त्व पर ध्यान केन्द्रित करते हुए कुछ विचारकों ने निबन्ध के विषय में यह ग़लत धारणा बना ली कि वह अनिवार्यत: अधूरा और ऊलजलूल या अव्यवस्थित होता है। तर्क की दृष्टि से यदि प्रयत्नशीलता अधूरेपन और ऊलजलूलपन (Incompleteness and inorderliness) का लक्षण है तो मानना पड़ेगा कि प्रयत्नहीनता पूर्णता और क्रमबद्धता या व्यवस्था का लक्षण है। लेकिन ऐसा मानना पागलपन होगा। वस्तुत: प्रयत्न से ही सापेक्ष पूर्णता और क्रमबद्धता उत्पन्न हो सकती है।

अंग्रेजी निबन्ध के जन्मदाता बेकन ने अपने निबन्धों को 'डिस्पर्स्ड_मेडिटेशन्स' (Dispersed Meditations) कहा था। 'डिस्पर्स्ड मेडिटेशन्स' का भी कुछ ग़लत अर्थ लोगों ने लगाया। मेरा अनुमान है कि 'डिस्पर्स्ड मेडिटेशन्स' से बेकन का आशय संक्षिप्त (या सूक्ष्म या सूत्रात्मक) चिन्तन से था, जैसा कि उनके निबन्धों से भी स्वत: स्पष्ट है, न कि अव्यवस्थित या ऊलजलूल या उच्छिन्न चिन्तन से। चिकित्साविज्ञान में सूज़न या शोथ हटाने को डिस्पर्शन कहा जाता है। सम्भवत: इसी अर्थ में बेकन ने 'डिस्पर्स्ड' शब्द का प्रयोग किया था। डिस्पर्स्ड मेडिटेशन्स अर्थात् ऐसा चिन्तन जिससे प्रक्रिया या पद्धति गति सारी स्थूलता दूर रखी गयी है।

मौन्तेन और बेकन के तात्पर्य को ठीक-ठीक न समझ पाने के कारण ही डॉ० जॉन्सन ने निबन्ध को—".....a loose sally of the mind, an irregular, undigested piece, not a regular and orderly composition" अर्थात् ''.....मन का उन्मुक्त विचरण, एक अनियमित और अपरिपक्व रचना, न कि नियमित और व्यवस्थित''—कहा। विद्वानों ने,

उदाहरणार्थ विलियम हेनरी हडसन (William Henry Hudson) ने स्पष्ट शब्दों में यह स्वीकार किया है कि डॉ० जान्सन के उपर्युक्त विचार अपेक्षाकृत परवर्ती निबन्धों से निश्चित ही मेल नहीं खाते हैं।[१] मेरा विचार है कि वे बेकन तक के निबन्धों से भी नहीं मेल खाते। बेकन के निबन्धों के विषय में डबल्यू० ई० विलियम्स ने 'ए बुक ऑफ इंग्लिश एसेज़[२]' में बिल्कुल सही लिखा है कि बेकन के निबन्धों की सामासिक-सूत्रात्मक शैली 'एसे' (Essay) और खनिज-विज्ञानियों द्वारा प्रयुक्त शब्द 'एसे' (Assay) (अर्थात् प्रयत्न) की सगोत्रता प्रकट करती है। कारण यह कि बेकन के निबन्धों में अत्यन्त सावधानी से छान-छान कर प्रयोग में लाये गये मुट्ठी भर शब्द पाठक के मन में यह चित्र उभारते हैं कि मानो कि कोई स्वर्णशोधक बालू को धो-धोकर तब तक बहाये जाता हो जब तक कि उसके 'पैन' (Pan) के तले में सिर्फ़ चन्द स्वर्ण-कणिकाएँ ही नहीं बच रहती हों। बेकन अपने सामाजिक रीति या व्यवहार सम्बन्धी किसी विषय पर तब तक अन्तर्मनन करते रहते थे, जब तक कि उसके विषय में अपने निष्कर्षों को सूत्र की सी संक्षिप्तता नहीं प्रदान कर लेते थे। यही कारण है कि उनका निबन्ध पढ़ने से प्राय: ऐसा लगता है जैसे कि किसी ने कहावतों या नीति वाक्यों की माला गूँथ दी हो। इसके अतिरिक्त बेकन में किसी भी नग्न सत्य को एक तेजस्वी बिम्ब के ज़रिए आभामय कर देने की विलक्षण शक्ति भी पाई जाती है। उदाहरणार्थ, उन्होंने दुष्ट स्वभाव के व्यक्ति की उपमा काँटे या कँटीली झाड़ी से दी है जो चुभन या खरोंच के सिवा और कुछ नहीं दे सकते।

श्री विलियम्स के इन विचारों से असहमत होने का कोई कारण नहीं है। जिस किसी ने भी बेकन के निबन्ध पढ़े होंगे, वह अवश्य ही श्री विलियम्स से सहमत होगा। इस विवेचन से स्पष्ट है कि डॉ० जॉन्सन की परिभाषा बेकन के निबन्धों पर भी लागू नहीं होती है। वास्तव में डॉ० जॉन्सन ने निबन्ध अर्थात् 'एसे' शब्द के व्युत्पत्ति-मूलक अर्थ 'प्रयोग या प्रयत्न' (Trial or attempt) के आधार पर निबन्ध की परिभाषा रची है, न कि मौन्तेन और बेकन आदि के निबन्धों के स्वरूपादि के अध्ययन के आधार पर। कहना आवश्यक है कि डॉ० जॉन्सन की परिभाषा का पूर्वार्द्ध बिल्कुल सही है कि निबन्ध मन की मुक्त सैर है, पर वह अनियमित और अपरिपक्व नहीं होता। इसके विपरीत निबन्ध में कलात्मक अभिव्यक्ति का प्रयत्न होता है।

श्री मरे (Murray) ने जॉन्सन के विपरीत वास्तविक निबन्धों पर अपना ध्यान केन्द्रित किया और निबन्ध की पर्याप्त व्यापक परिभाषा दी। उनके मतानुसार निबन्ध "किसी खास विषय या उसकी शाखा पर मध्यम आकार की रचना" (a composition of moderate length on any particular subject or branch of a subject) हैं। साथ ही श्री मरे यह बताना भी नहीं भूले कि निबन्ध (एसे) शब्द "मूलत: कलात्मकता की कमी (या अपूर्णता) का अर्थ देता था, किन्तु अब इस शब्द से ऐसी रचना का अभिप्राय होता है जो शैली की दृष्टि से न्यूनाधिक विशद होकर भी प्रसार में सीमित होती है। ["Originally implying want of finish, but now said of a composition more or less elaborate in style, though limited in range."]

---

१. द्रष्टव्य, 'ऐन इन्ट्रोडक्शन टु दि स्टडी ऑफ़ लिटरेचर', १९५७ संस्करण, पृ० ३३१

२. द्रष्टव्य, 'ए बुक ऑफ़ इंग्लिश एसेज़', पेनूग्विन् बुक्स, १९७० संस्करण, पृ० ११

श्री मरे की परिभाषा का विश्लेषण करने पर यह ज्ञात होता है कि उन्होंने निबन्ध के सापेक्ष सीमित आकार पर बल दिया है जो सर्वथा उचित है। यदि कोई रचना आकार में बढ़ती जाती है तो वह निबन्ध नहीं रह जाती, अपितु लघु प्रबन्ध (Dissertation) या प्रबन्ध (Treatise) बन जाती है। अत: यह सदैव ध्यान में रखने की बात है कि निबन्ध का उद्देश्य किसी विषय का सर्वांगपूर्ण (exhaustive) विवेचन नहीं होता। इस बारे में मतभेद भी सम्भव नहीं। यदि जॉन्सन ने निबन्ध को अनियमित और अपरिपक्व (irregular and undigested) न कहकर असर्वांगपूर्ण (inexhaustive) कहा होता तो हमें कोई आपत्ति न होती। निबन्ध किसी विषय का असर्वांगपूर्ण विवेचन होते हुए भी अपने आप में सापेक्ष रूप से पूर्ण रहता है। उसे अपूर्ण (Incomplete) आदि कहने से ग़लत ध्वनि निकलती है। अत: अपूर्णता निबन्ध का कोई अभिलक्षण नहीं है जैसा कि अनेक कुंजी-लेखकों ने कहा है। इसके विपरीत असर्वांगपूर्णता उसकी सहज नियति है। सचाई तो यह है कि हमारा हर प्रकार का ज्ञान और उसे व्यक्त करने वाला ज्ञान-विभाग या साहित्य-विभाग और हर प्रकार की साहित्यिक या वैज्ञानिक विधा असर्वांगपूर्ण ही होती है। अत: असर्वांगपूर्णता का अर्थ कलात्मकता की कमी लेना सही नहीं है।

'प्रयोग' या 'प्रयत्न' में असर्वांगपूर्णता तो सर्वथा स्वाभाविक होती ही है। मौन्तेन ने इसी दृष्टि से अपनी रचनाओं को 'प्रयोग' या 'प्रयत्न' अर्थात् 'एसे' कहा था। उसमें कलात्मक न्यूनताएँ भी हो सकती हैं, जैसा कि सर्वत्र होती हैं, अन्य विधाओं में भी, पर वह निबन्धकार का लक्ष्य नहीं होता। इसीलिए श्री मरे ने अपनी परिभाषा में यह जोड़ दिया कि 'मूलत:' (originally) अर्थात् उत्पत्ति की दृष्टि से 'निबन्ध' (एसे) शब्द 'want of finish' अर्थात् 'परिष्कार या कला की कमी' का अर्थ देता था। इसका तात्पर्य यही निकलता है कि 'एसे' शब्द 'मूलत:' वह अर्थ देता था, पर स्वरूपत: अर्थात् एक विधा के रूप में वह अर्थ नहीं देता। 'एसे' शब्द के व्युत्पत्तिमूलक अर्थ को ही ध्यान में रखकर लॉक (Locke) ने अपने विशाल प्रबन्ध को ''ऐन एसे ऑन ह्यमन अन्डरस्टैन्डिंग'' नाम दिया था। वे यह भली-भाँति जानते थे कि उनकी कृति सर्वांगपूर्ण नहीं है, बल्कि उन्होंने केवल नयी जमीन तोड़ी है।

अब तक के विवेचन के आधार पर मोटे तौर पर यह कहा जा सकता है कि निबन्ध किसी विषय पर गद्यात्मक चिन्तन की सीधी कलात्मक अभिव्यक्ति है जिसके मुख्य निषेधात्मक लक्षण हैं सापेक्ष संक्षिप्तता (brevity) और सर्वांगीणता का सापेक्ष अभाव।

निबन्ध की विधेयात्मक विशेषता है वैयक्तिकता। मौन्तेन ने हमें यह बताया था कि उन्होंने अपने विषय के रूप में स्वयं को चुना था, क्योंकि वे सिर्फ अपने आपको ही गहराई से जानते थे। इसी तत्त्व को ध्यान में रखकर बेन्सन ने अपने 'एसे ऑन दि एसे' शीर्षक निबन्ध में निबन्ध को एक 'दिवास्वप्न' (a Reverie) कहा था और बताया था कि उसमें ऐसी मानसिक संरचना व्यक्त होती है जो एक पुराने गीत के शब्दों में इस प्रकार है—मैं स्वयं से कहता हूँ, मैं कहता हूँ'' ("Says I to myself, says I"। इसी तत्त्व पर अधिकांश साहित्य-चिन्तकों ने बल दिया है। जे०बी० प्रीस्टली ने इसी तत्त्व पर ध्यान देते हुए निबन्ध को ''एक मौलिक व्यक्तित्व की सम्यक् अभिव्यंजना'' (A genuine expression of an original personality) कहा। प्रीस्टली निबन्ध को कलात्मक विधा मानते हैं अत: उन्होंने निबन्ध को 'स्थायी कोटि की कलापूर्ण वार्ता' ("An artful and enduring kind of talk.") भी कहा। वैयक्तिकता पर बल देते हुए एलेक्ज़ैण्डर स्मिथ (Alexander Smith) ने निबन्ध की तुलना

लिरिक (Lyric) या प्रगीत से करते हुए बताया कि साहित्यिक विधा के रूप में निबन्ध प्रगीत के सदृश होता है, क्योंकि वह एक केन्द्रीय मनोदशा (Mood) द्वारा, चाहे वह सनकपूर्ण या गंभीर या व्यंग्यात्मक हो, रूपायित होता है। मूड के बनते ही उसी के चतुर्दिक निबन्ध, पहले वाक्य से लेकर अन्तिम वाक्य तक, संवर्द्धित होता जाता है जैसे रेशम के कीड़े के चतुर्दिक कोकून।

निश्चय ही वैयक्तिकता निबन्ध की केन्द्रीय आन्तरिक विशेषता है। विलियम हेनरी हडसन के अनुसार भी 'वास्तविक निबन्ध तत्वत: वैयक्तिक होता है' ["The true essay is essentially personal]। वैयक्तिकता का अर्थ यह नहीं कि लेखक अपने विषय में ही लिखता है, अपितु यह कि वह किसी विषय पर अपने विचारों, अपनी अनुभूतियों को ही प्रकट करता है। अत: वैयक्तिकता को हर हालत में वस्तुनिष्ठता का विरोधी नहीं समझना चाहिए। ऐसा मान लेने पर बेकन के निबन्ध भी निबन्ध न कहला सकेंगे, क्योंकि उनकी वस्तुनिष्ठता में किसी को सन्देह नहीं। बेकन के ही नहीं, विश्व के अगणित निबन्धकारों के असंख्य निबन्ध निबन्धत्व से वंचित हो जाएँगे।

श्री जे०एच० लोबन (J.H. Lobban) ने 'इंग्लिश एसेज़'—(Warwick Series) में निबन्ध की व्यापक परिभाषा दी है। उनके मतानुसार निबन्ध किसी साहित्यिक, दार्शनिक अथवा सामाजिक विषय पर वैयक्तिक अथवा ऐतिहासिक दृष्टिकोण से लिखित लघु असम्बद्ध लेख (short discursive article) है। व्यापकता की दृष्टि से इस परिभाषा की प्रशंसा की गयी है, किन्तु मेरे विचार से यह परिभाषा उतनी व्यापक है नहीं, जितनी पहली दृष्टि में लगती है। निबन्ध को 'डिस्कर्सिव' (असम्बद्ध) कह कर सुसम्बद्ध निबन्धों को पहले ही लोबन महाशय ने निबन्ध के प्रांगण से बहिष्कृत कर दिया है।

हिन्दी के अनेक विद्वानों ने भी निबन्ध को परिभाषित करने का प्रयत्न किया है। बाबू श्यामसुन्दर दास के अनुसार—"निबन्ध उस लेख को कहना चाहिए जिसमें किसी गहन विषय पर विस्तारपूर्वक और पाण्डित्यपूर्वक विचार किया गया हो।" यह परिभाषा अत्यन्त दूषित है। निबन्ध के विषय का गहन होना आवश्यक नहीं है। हजारों सुन्दर निबन्ध सरल विषय पर लिखे गये हैं। इस परिभाषा के अनुसार वे सब निबन्ध न कहला सकेंगे। इसी प्रकार निबन्ध में प्राय: किसी विषय पर विस्तारपूर्वक विचार करना सम्भव नहीं होता। विस्तारपूर्वक विचार तो प्रबन्ध में ही सम्भव होता है। निबन्ध में पांडित्य-प्रदर्शन भी आवश्यक नहीं होता। अत: कहना चाहिए कि बाबू श्यामसुन्दर दास की परिभाषा कोई महत्त्व नहीं रखती। उनके विपरीत बाबू गुलाबराय ने, जो स्वयं हिन्दी के एक प्रतिष्ठित निबन्धकार हैं, निबन्ध की अपेक्षाकृत समर्थ एवं समुचित परिभाषा दी है। उनके मतानुसार—"निबन्ध उस गद्य-रचना को कहते हैं जिसमें एक सीमित आकार के भीतर किसी विषय का वर्णन या प्रतिपादन एक विशेष निजीपन, स्वच्छन्दता, सौष्ठव और सजीवता तथा आवश्यक संगति और सम्बद्धता के साथ किया गया हो।" इस परिभाषा में लगभग सभी प्रकार के निबन्धों की लगभग समस्त आवश्यक विशेषताएँ समाविष्ट हैं। यह कहने का लोभ मैं संवरण नहीं कर पा रहा हूँ कि बाबू गुलाब राय की समन्वयात्मक-सारग्राहिणी प्रतिभा ने नितान्त वैविध्यपूर्ण निबन्धों को परिभाषित करने के लगभग असम्भव कार्य को सम्भव कर दिखलाया है। मेरी दृष्टि में यही परिभाषा उपर्युक्त समस्त परिभाषाओं में श्रेष्ठ है। अपनी परिभाषा में गुलाब राय जी ने निजीपन और स्वच्छन्दता के साथ-साथ आवश्यक संगति और

सम्बद्धता को भी समाविष्ट कर लिया है। विरोधों के इस सामंजस्य के कारण उनकी परिभाषा उतनी ही लोचदार हो गयी है जितनी लोचदार स्वयं निबन्ध की विधा होती है।

यद्यपि कुछ विचारकों ने निबन्ध को गप्प (gossip), बातचीत (Talk) आदि कहा है, पर कुल मिलाकर निबन्ध प्रधानतः एक गम्भीर विधा है। अंग्रेजी निबन्धों के बारे में विचार करते हुए डबल्यू० ई० विलियम्स ने कहा है कि 'अंग्रेजी निबन्ध एक गम्भीर (Serious) साहित्यिक विधा है। निबन्धकार चाहे सामाजिक व्यवहार पर लिख रहा हो, या किसी पुस्तक पर; विज्ञान पर लिख रहा हो या राजनीति पर, हर हालत में उसका उद्देश्य पाठक का मनोरंजन करना मात्र नहीं होता, अपितु उसे संस्कारित करना होता है। विलियम्स के मतानुसार यह बात पूर्णतः संगत और सन्देह के परे है। निबन्ध के उद्देश्य के बारे में विलियम्स की यह बात बहुत बड़ी और महत्त्वपूर्ण है। मेरा ख्याल है कि यही बात हिन्दी निबन्धों के बारे में भी पूरी तरह सही है। भारतेन्दु और बालकृष्ण भट्ट से लेकर आचार्य रामचन्द्र शुक्ल, आचार्य हजारी प्रसाद द्विवेदी और डॉ० राम विलास शर्मा, हरिशंकर परसाई आदि हिन्दी के समस्त प्रमुख निबन्धकारों के निबन्धों से यही प्रमाणित होता है कि हिन्दी निबन्ध का उद्देश्य समाज-संस्कार है, न कि मनोरंजन। मनोरंजन को ही साहित्य एवं कला का अन्तिम लक्ष्य मान लेने वाले भोगवादी पिल्ले 'एनीमल इन्सटिंक्ट' से ऊपर नहीं उठ पाते।

अनेक दृष्टियों से निबन्ध को अनेक कोटियों में बाँटा जा सकता है। विषय के क्षेत्र की दृष्टि से निबन्ध वैज्ञानिक, मनोवैज्ञानिक, दार्शनिक, राजनैतिक, नैतिक, ऐतिहासिक, सामाजिक, आलोचनात्मक आदि अनगिनत कोटियों में रखा जा सकता है।

लेखक के व्यक्तित्व की प्रधानता-अप्रधानता की दृष्टि से निबन्ध वैयक्तिक (Personal) और निर्वैयक्तिक (Impersonal) कोटियों में बाँटा जा सकता है।

अभिव्यक्ति पद्धति की दृष्टि से, जिसे हिन्दी में 'शैली' का पूर्ण पर्याय मान लिया गया है; निबन्ध को सामासिक, विशद, धारात्मक, तरंगात्मक, विक्षेपात्मक या प्रलापात्मक और व्यंग्यात्मक आदि कोटियों में बाँटा जा सकता है।

व्यक्ति-विशेष के चरित्र का अंकन करने वाले निबन्धों को चरित्रात्मक निबन्ध कहा जाता है। इनकी अपनी अलग कोटि बन गयी है। इन्हें अंग्रेजी में 'कैरेक्टर एसे' (the Character-essay) कहा जाता है।

साहित्यिक आलोचना सम्बन्धी निबन्धों की एक अलग कोटि बन गयी है। हिन्दी में इसके सर्वश्रेष्ठ प्रतिनिधि आचार्य रामचन्द्र शुक्ल और डॉ० राम विलास शर्मा के आलोचनात्मक निबन्ध हैं।

बुद्धि या हृदय की प्रधानता के आधार पर निबन्धों को बुद्धि प्रधान और हृदय-प्रधान कोटियों में बाँटा जाता है। कुछ लोग इन्हें क्रमशः बौद्धिक निबन्ध और भावात्मक निबन्ध कहते हैं।

इसी प्रकार अन्य अनेक दृष्टियों से निबन्धों का वर्गीकरण किया जा सकता है। विस्तार यहाँ अनपेक्षित है।

निबन्ध के जन्म, स्वरूप और वर्गीकरण के विवेचन के पश्चात् शैली (Style) और उसकी अध्ययन पद्धति पर विचार करना चाहिए।

किसी लेखक की शैली उसके व्यक्तित्व और चरित्र से घनिष्ठ और अविभाज्य रूप से बँधी होती है। जैसे हम किसी परिचित व्यक्ति को उसकी बोली या चाल मात्र से पहचान लेते हैं, वैसे ही हम किसी व्यक्तित्ववान् लेखक को उसके लेख के अंश मात्र से पहचान लेते हैं या सकते हैं। सारांश यह कि शैली किसी व्यक्ति या लेखक की व्यक्तिगत विशेषता होती है। जैसे संसार में कोई दो व्यक्ति पूर्णतः एक नहीं होते, वैसे ही किन्हीं दो व्यक्तियों या साहित्यकारों की शैलियाँ भी पूर्णतः न एक होती हैं, न हो सकती हैं। कुछ लोग भ्रमवश शैली को व्यक्ति के व्यक्तित्व से पृथक् परिधान जैसी वस्तु समझते हैं। एलेक्जैण्डर पोप ने शैली की व्याख्या इसी रूप में की थी। उन्होंने शैली को 'विचार का परिधान' (the dress of thought) कहा था। उनकी आलोचना करते हुए विलियम हेनरी हडसन ने उचित लिखा कि—"When Pope called it 'the dress of thought', he failed entirely to recognise its essentially organic character, for he evidently conceived it as something apart from the man, which he could put on or take off at will."

पुनर्जागरणकालीन यह उक्ति प्रायः उद्धृत की जाती है कि 'Style is mentis character.' अर्थात् शैली व्यक्ति के चरित्र का बिम्ब है। उसमें व्यक्ति का सम्पूर्ण व्यक्तित्व, मन, हृदय और आत्मा सहित बिम्बित होता है। किसी व्यक्ति की शैली में उसके व्यक्तित्व के समस्त सूक्ष्मतम पहलू भी प्रतिबिम्बित होते हैं। अतः किसी भी लेखक की शैली का अध्ययन करते समय रचना के पीछे विद्यमान लेखक के व्यक्तित्व की खोज करना बहुत लाभदायक तथा उपयोगी सिद्ध होता है। किसी लेखक की शैली में उसके आन्तरिक व्यक्तित्व की सम्पूर्ण बनावट, उसकी लोक निरीक्षण-शक्ति, उसकी रुचियों-अरुचियों, उसकी प्रतिमा का क्रमिक विकास और उसके जीवन की पृष्ठभूमि, वातावरण और अनुभव-जगत् तक को पहचाना जा सकता है। निस्सन्देह, यह अत्यंत कठिन कार्य है और अध्येता से बड़े अध्यवसाय की अपेक्षा रखता है, पर असम्भव नहीं है। आचार्य शुक्ल के निबन्धों का अध्ययन करते समय उनके व्यक्तित्व को पहचानने का सजग प्रयत्न करें। उनकी शैली में उनके जीवन का प्रभाव आकलित करना चाहें तो आपको उनका प्रामाणिक जीवन वृत्त भी पढ़ना जरूरी होगा। स्वर्गीय चन्द्रशेखर शुक्ल ने "रामचन्द्र शुक्ल : जीवन और कर्तृत्व" नाम से उनका प्रामाणिक जीवन वृत्त बड़े परिश्रम से लिखा है। उसे पढ़कर उनके जीवन के विविध पहलुओं की छाप आप उनके निबन्धों में ढूँढ़ सकते हैं। अधिक नहीं तो कम-से-कम उसका एक अध्याय अवश्यमेव पढ़ना चाहिए जिसका शीर्षक है—"रुचि, शील-स्वभाव, विचार-भावनाएँ तथा विनोद"।

श्री चन्द्रशेखर शुक्ल ने लिखा है कि—"शुक्ल जी को पक्के गाने पसन्द न थे। उनकी स्वर साधना और आलाप से वे बहुत घबराते थे। उसमें समाज में बैठकर गला साफ करना उन्हें अच्छा नहीं लगता था। उनकी जगह वे चलता गाना पसन्द करते थे। स्वर साधना को वे विशेषज्ञों की चीज़ समझते थे।" शुक्ल जी की इस रुचि की झलक बिल्कुल स्पष्ट रूप से उनके निबन्ध 'श्रद्धा-भक्ति' में मिलती है। साधन-सम्पत्ति-सम्बन्धिनी श्रद्धा के विवेचन में उन्होंने लिखा—"संगीत के पेच-पाँच देखकर भी हठयोग याद आता है। जिस समय कोई कलावन्त पक्का गाना गाने के लिए आठ अंगुल मुँह फैलाता है और 'आ आ' करके विकल होता है, उस समय बड़े-बड़े धीरों का धैर्य छूट जाता है, दिन-दिन भर चुपचाप बैठे रहने वाले बड़े-बड़े आलसियों का आसन डिग जाता है!"

प्रसिद्ध है कि शुक्ल जी चित्र कला में बड़े निपुण थे। उनके निबन्धों से भी इस बात की पुष्टि होती है। अतः पता लगाना चाहिए कि उनकी इस विशेषता का उनकी भाषा-शैली पर क्या प्रभाव पड़ा है। चित्रकला की कुछ विशेषता उसमें अवश्य होनी चाहिए। सामन्ती काव्य और संगीत जैसी सूक्ष्म कलाओं को चित्र-रूप में प्रस्तुत करने में उन्हें ज़रा भी कठिनाई नहीं हुई। उन्हें लक्ष्य कर उन्होंने लिखा—"यदि ये कलाएँ मूर्तिमान् रूप धारण करके सामने आतीं तो दिखाई पड़ता कि किसी को जलोदर हुआ है किसी को फील पाँव! इनकी दशा सोने और रत्नों से जड़ी गुठली धारदार तलवार की सी हो गई।" चित्रकार की कल्पना शक्ति भी बड़ी तीव्र होती है। जो चित्र वह फलक पर बनाता है उसका बड़ा स्पष्ट चित्र पहले वह अपनी कल्पना या भावना में बनाता है।

आचार्य शुक्ल ने करुणा का सिर्फ़ मनोवैज्ञानिक और सामाजिक विवेचन ही नहीं किया है—अपितु उनका स्वभाव भी द्रवणशील था। यह बात उनके निबन्ध पढ़कर आसानी से सोची और समझी जा सकती है। इसकी पुष्टि उनके जीवन-वृत्तान्त से भी होती है। चन्द्रशेखर शुक्ल ने लिखा है—"१९२९ में पं० केशव प्रसाद मिश्र ने अपने पड़ोस में घूमने वाले एक अर्द्ध विक्षिप्त चित्रकार से शुक्ल जी का परिचय कराया। × × सदा अर्थ कष्ट में पड़ा रहता था और घूम-घूमकर रईसों के यहाँ चित्र बनाकर पेट पालता था। लोग उसे 'पगला' कहते थे। स्वभाव से वह बड़ा आत्माभिमानी था। इसलिए तनिक भी अपमानित होते ही वह लड़ पड़ता था। शुक्ल जी उसके गुण को देखकर द्रवित हो गये थे। उन्होंने उससे कह दिया था कि आप जन्म भर मेरे साथ रह सकते हैं। इस तरह ३७ महीने वह उन्हीं के साथ रहा। शुक्ल जी दोनों वक्त जो खाते थे वही उसे खिलाते रहे।"

शुक्ल जी बड़े विनोदशील व्यक्ति थे। अक्सर वे अपनी इस विशेषता को अपनी गम्भीरता के आवरण में छिपाये रहते थे। समय-समय पर वह उसे प्रकट भी करते थे। ऐसा उनका जीवन-वृत्तान्त पढ़ने से पता चलता है। ठीक ऐसे ही व्यक्तित्व की झलक उनके निबन्धों में भी हमें मिलती है।

स्थूलतः शैली के तीन प्रमुख तत्त्व माने जा सकते हैं। वे हैं—बौद्धिक, भावात्मक और सौन्दर्यात्मक या कलात्मक। इन तीनों तत्त्वों की 'अभिव्यंजना' (Expression) और 'अभिव्यंग्य' (The things expressed) दोनों में खोजा जाना चाहिए। अभिव्यंग्य में उक्त तत्त्व अपेक्षाकृत सतह पर होते हैं और स्पष्ट होते हैं, किन्तु अभिव्यंजना में निगूढ़ होते हैं। अभिव्यंजनागत शैली-तत्त्वों की खोज-प्रक्रिया में अभिव्यंग्यगत शैली तत्त्व स्वतः ही स्पष्ट होते चलते हैं।

शैली का बौद्धिक तत्त्व भाषिक रचना (composition) में भली-भाँति स्पष्ट होता है। शब्दों के चयन में सटीकता, उनके प्रयोग में अधिकतम उपयुक्तता, वाक्य रचना में स्पष्टता और शुद्धता, वाक्यों की परस्पर तार्किक सम्बद्धता, अर्थ की स्पष्टता और शब्दों की मितव्ययिता आदि किसी लेखक की शैली का बौद्धिक तत्त्व पूर्णतः प्रकट कर देते हैं। प्रायः इसी 'रचना' या भारतीय काव्य-शास्त्रीय शब्दों में 'रीति' पक्ष को ही अधिकांश लोग शैली समझ बैठते हैं, जो सर्वथा ग़लत है। 'रीति' या 'रचना' शैली का एक विशिष्ट पक्ष मात्र है।

शैली का भावात्मक पक्ष ही वस्तुतः किसी रचना को कलात्मक बनाता है। 'रचना' या 'रीति' पक्ष तो विज्ञान में भी अत्यन्त पुष्ट होता या हो सकता है। पर विज्ञान में यह

भावात्मक पक्ष शून्य या बहुत कम होता है। भावात्मक तत्त्व रचना में वह शक्ति पैदा करता है जिससे पाठक में भावात्मक अनुभूति जगती है और अनुकूलता की स्थिति में वह लेखक से तादात्म्य का अनुभव करता है। यह भावात्मक तत्त्व अभिव्यक्त विचारों, अनुभूतियों और वस्तुओं के प्रति लेखक के दृष्टिकोण और भावात्मक लगाव पर निर्भर करता है। इस बात को एक उदाहरण से समझें। ''सामाजिक जीवन की स्थिति और पुष्टि के लिए करुणा का प्रसार आवश्यक है''—यह वाक्य भावात्मक तत्त्व से लगभग रहित और बौद्धिक तत्त्व से सम्पन्न सूत्र जैसा है; किन्तु शुक्ल जी के अगले वाक्य में ज़बरदस्त भावात्मकता प्रकट हुई है—''समाजशास्त्र के पश्चिमी ग्रंथकार कहा करें कि समाज में एक दूसरे की सहायता अपनी-अपनी रक्षा के विचार से की जाती है। यदि ध्यान से देखा जाय तो कर्म-क्षेत्र में परस्पर सहायता की उत्तेजना देने वाली किसी न किसी रूप में करुणा ही दिखाई देगी।'' कहना न होगा कि इस वाक्य में भावात्मक आवेश और उत्तेजना का प्रबल प्रवाह मौजदू है।

शैली का कलात्मक पक्ष अपने नाम से ही सुस्पष्ट है। अनुप्रास आदि सारे अलंकार, उक्ति-वैचित्र्य आदि शैली के कलात्मक पक्ष में आते हैं। 'क्रोध का अचार या मुरब्बा है'—वाक्य का रूपक बड़ा मौलिक और ज़ोरदार है। सैकड़ों अलंकृत वाक्य शुक्ल जी के निबन्धों में भरे पड़े हैं। सूक्तिपरक अलंकृत वाक्य रचना में सिर्फ़ बेकन से ही आचार्य शुक्ल की तुलना की जा सकती है। 'विद्या' (learning) के विषय में बेकन की यह शानदार अलंकृत उक्ति देखिए—"Learning is both the lark that soars and sings, and the hawk that soars and swoops." अर्थात् विद्या दोनों है, लार्क भी जो दूर-दूर तक उड़ता और गाता है और बाज भी जो दूर-दूर तक उड़ता और झपट्टा मारता है।

किसी लेखक की शैली अपने युग, अपने परिवेश, अपने सम्प्रदाय आदि से भी प्रभावित होती हैं। शैली के अध्ययन में इन प्रभावों को भी खोज की जाती है।

अन्त में हम इस प्रश्न पर विचार कर लेते हैं कि शुक्ल जी के निबन्ध बुद्धि-प्रधान हैं या हृदय-प्रधान। हृदय-प्रधान से आशय है भाव-प्रधानता का। प्रकारान्तर से यह प्रश्न वही है कि शुक्ल जी के निबन्ध विषय-प्रधान है या विषयिप्रधान या वस्तुनिष्ठ है या आत्मनिष्ठ। इस सम्बन्ध में 'विमर्श' में मैंने अपना मत बिल्कुल स्पष्ट कर दिया है, किन्तु चूँकि शुक्ल जी के निबन्धों के बारे में इस प्रश्न ने बड़ा भ्रम पैदा किया है, अतः कुछ और कहना अनुपयुक्त न होगा।

शुक्ल जी की 'चिन्तामणि' (पहला भाग) के अधिकांश निबन्ध भावों या मनोविकार पर लिखे गये हैं। अतः विषयवस्तु की दृष्टि से उनके इन निबन्धों को यदि कोई भाव-प्रधान कहना चाहे तो बेखटके कह सकता है; परन्तु विवेचन-शैली की दृष्टि से उन्हें भाव-प्रधान मानना, मेरी दृष्टि में, एकदम ग़लत होगा। यह सत्य है कि भावों का उनका विवेचन एकदम भाव शून्य नहीं है और यदि ऐसा होता तो उनका मनोविकार-सम्बन्धी कोई भी निबन्ध साहित्यिक निबन्ध की कोटि में रखने योग्य न होता। भावात्मकता या शुक्ल जी के हृदय-पक्ष का आभास थोड़े-थोड़े अन्तराल पर मिलता रहता है, इसमें सन्देह नहीं, फिर भी विषय वस्तु का उनका सारा ट्रीटमेण्ट बुद्धि प्रधान है, इसमें भी सन्देह के लिए अवकाश नहीं है।

अतः मेरे विचार से आचार्य शुक्ल के निबन्धों में बुद्धि पक्ष और हृदय पक्ष के सुन्दर समन्वय के बावजूद बुद्धि-पक्ष प्रधान है। यद्यपि उनके निबन्धों में तुलनात्मक दृष्टि से न्यूनताएँ देखी जा सकती हैं—जैसे भारतेन्दु युगीन लेखकों की-सी ज़िन्दादिली और पाठकों से बातचीत की-सी सन्निकटता उनमें नहीं मिलती है, फिर भी उनके निबन्ध सुन्दर गद्य के बौद्धिक निकष पर खरे उतरते हैं। उनके निबन्धों की-सी तर्क पुष्टि भाषिक संरचना अन्यत्र दुर्लभ है। उनके निबन्धों में मुझे विन्ध्य पर्वत का-सा (पार्वत्य) सौन्दर्य दिखायी देता है। तर्कपुष्ट रचना (Logical composition) शिला समुच्चय की भाँति, भावात्मकता निर्झरों की भाँति एवं लोक निरीक्षण और ज्ञानानुशीलन से प्राप्त प्रचुर विचार सम्पदा हरित वनराजि की भाँति प्रतीत होती है।

'सम्पूरिका' पढ़कर आशा है कि पाठक का श्रम व्यर्थ न होगा।

धन्यवाद!

२-१-९२ —**रामकृपाल पाण्डेय**

'चिन्तामणि'-विमर्श

आचार्य शुक्ल का निबन्ध-संग्रह 'चिन्तामणि' (पहला भाग) हिन्दी साहित्य की अमूल्य निधि है। यदि सम्पूर्ण हिन्दी-निबन्ध-साहित्य नष्ट हो रहा हो और मुझसे कहा जाय कि अपनी मनचाही कोई एक कृति बचा सकते हो तो मैं 'चिन्तामणि' को ही चुनूँगा। यह हिन्दी जाति के एक अत्यन्त प्रखर मस्तिष्क और अत्यन्त शीलवान् हृदय की प्रतिनिधि निबन्ध-कृति है।

'गद्यं कवीनां निकषं वदन्ति' की उक्ति प्रसिद्ध है। इस उक्ति के अनुसार गद्य कवियों या लेखकों की कसौटी है। आचार्य शुक्ल ने लिखा है कि यदि गद्य लेखकों की कसौटी है तो निबन्ध गद्य की कसौटी है। मेरा विचार है कि यदि निबन्ध गद्य की कसौटी है तो 'चिन्तामणि' (पहला भाग) हिन्दी निबन्धों की कसौटी है। इतना ही नहीं, वह हिन्दी पाठकों की मेधा की भी कसौटी है और उसके लिए हिन्दी की सबसे बड़ी चुनौती भी।

'चिन्तामणि' शब्द 'चिन्ता' और 'मणि' शब्दों के योग से बना है। 'चिन्त्' धातु मुख्यत: चिन्तन के अर्थ में प्रयुक्त होती है, अत: चिन्ता का मुख्य अर्थ होता है चिन्तन या विचार। उसका गौण अर्थ है, 'फ़िक्र', 'परवाह' या 'दु:खद विचार'। बोलचाल या लोक-व्यवहार में अब फक्र वाला अर्थ ही प्रधान हो गया है और चिन्तन वाला अर्थ गौण।

'चिन्तामणि' कोई सचमुच की मणि नहीं होती। वह कल्पना मात्र है। जैसे कल्पवृक्ष की कल्पना की गयी, वैसे ही चिन्तामणि की भी। मान्यता यह है कि चिन्तामणि अपने स्वामी की समस्त इच्छाओं की पूर्ति करती है। यहाँ चिन्ता का अर्थ इच्छा है। चिन्तामणि अर्थात् इच्छामणि; इच्छाओं की पूर्ति करने वाली मणि। चिन्तामणि पास हो तो फिर चिन्ता (फ़िक्र) की आवश्यकता ही क्या!

वास्तविक संसार में जीवन अत्यन्त कठोर और संघर्षपूर्ण है। छोटी-मोटी इच्छाओं की पूर्ति भी यहाँ बेहद कठिनाई से होती है। अत: कल्पना-निपुण स्वप्नदर्शी मानव ने कल्पवृक्ष और चिन्तामणि जैसी अवास्तविक वस्तुओं की कल्पना की और संसार की कठिनाइयों को भुलाकर अपना मन बहलाया।

गोस्वामी तुलसीदास ने 'विनय पत्रिका' के 'अब लौं नसानी अब न नसैहौं' वाले प्रसिद्ध पद में 'चिन्तामणि' शब्द का प्रयोग उपमान के रूप में किया है। उन्होंने लिखा है—'पायो राम नाम-चिन्तामणि उर-कर ते न खसैहौं।' अर्थात् राम नाम रूपी समस्त इच्छाओं की पूर्ति करने वाली चिन्तामणि मैं पा गया हूँ, उसे अब अपने हृदय रूपी हाथ से ख़िसकने नहीं दूँगा। आचार्य शुक्ल के निबन्ध-संग्रह का 'चिन्तामणि' नाम किसी न किसी रूप में इसी स्रोत से सम्बद्ध है।

आचार्य शुक्ल की 'चिन्तामणि' में समस्त इच्छाओं की पूर्ति करने की रहस्यमयी शक्ति तो नहीं है, किन्तु उसमें चिन्तन के ऐसे मूल्यवान सूत्र अवश्य हैं जो समस्त मानव जाति को

विश्वमंगल का सच्चा मार्ग दिखा सकते हैं। 'चिन्तामणि' में अभिव्यंजित शुक्ल जी की विश्वदृष्टि तथा सामाजिक दृष्टि को दूसरे शब्दों में उनके दार्शनिक-चिन्तक व्यक्तित्व को आज तक भी भली-भाँति पहचाना नहीं जा सका है।

आचार्य शुक्ल के निबन्ध-संग्रह को 'चिन्तामणि' (पहला भाग) नाम बाद में दिया गया। पहले वह सन् १९३० ई० में 'विचार-वीथी' नाम से प्रकाशित किया गया था। प्रकाशन अग्रवाल प्रेस, बनारस कैंट से हुआ था। उसमें ठीक आज के क्रम से प्रारम्भ के १३ निबन्ध थे—१० मनोविकार सम्बन्धी और ३ अन्य ठीक उनके बाद के। इसमें संकलित मनोविकार सम्बन्धी निबन्ध सन् १९१२ से १९१८ के बीच नागरी प्रचारिणी पत्रिका में प्रकाशित हुए थे। 'विचार वीथी' के पुनर्मुद्रण का अवसर आने पर उसमें चार और नये निबन्ध जोड़े गये तथा नाम बदलकर चिन्तामणि कर दिया गया।

'विचार-वीथी' नाम आचार्य शुक्ल का ही दिया हुआ था और निबन्धों के स्वरूप को देखते हुए उपयुक्त था। उसमें शुक्ल जी की निबन्ध-विषयक धारणाएँ स्पष्ट झलकती थीं, किन्तु वह नाम कुछ बड़ा लगने के कारण उन्हें पूरी तरह सन्तुष्ट न करता था। अतः दूसरे नाम की आवश्यकता पड़ी। आचार्य शुक्ल द्वारा इस समस्या पर चर्चा छेड़ने पर उनके सहयोगी आचार्य केशव प्रसाद मिश्र ने 'चिन्तामणि' नाम सुझाया। दूसरे लोगों ने भी इस नाम का समर्थन किया। किसी ने महात्मा तुलसीदास की वह पंक्ति भी उद्धृत की—''पायो राम नाम-चिन्तामणि उरकर ते न खसैहौं। शुक्ल जी ने तत्काल उसे स्वीकार कर लिया।

इस प्रकार सन् १९३० की 'विचार-वीथी' का परिवर्धित नवसंस्करण हुआ सन् १९३९ में 'चिन्तामणि' (पहला भाग) के रूप में। 'पहला-भाग' जोड़ना इसलिए आवश्यक हुआ, क्योंकि शुक्ल जी ने अपने सभी निबन्धों को उसी नाम से कई खण्डों में प्रकाशित करने का संकल्प उसी समय कर लिया था।

'चिन्तामणि' (पहला भाग) तो आचार्य शुक्ल के जीवन-काल में ही प्रकाशित हो गया था, किन्तु दूसरा भाग उनके दिवंगत होने के पश्चात् सन् १९४५ में प्रकाशित हुआ। इसका सम्पादन आचार्य शुक्ल के शिष्य आचार्य विश्वनाथ प्रसाद मिश्र ने किया। चूँकि इस दूसरे भाग का संग्रह शुक्ल जी स्वयं कर गये थे अतः सम्पादन का कार्य नाममात्र का ही रह गया था। सन् १९३५ में चौबीसवें हिन्दी-साहित्य-सम्मेलन की साहित्य-परिषद् के सभापति पद से दिये गये आचार्य शुक्ल के भाषण का शीर्षक 'काव्य में अभिव्यंजनावाद' आचार्य मिश्र के सम्पादकत्व का ही फल है।

'चिन्तामणि' के दूसरे भाग में आचार्य शुक्ल के तीन विस्तृत निबन्ध संकलित हैं—पहला 'काव्य में प्राकृतिक दृश्य', दूसरा 'काव्य में रहस्यवाद' और तीसरा 'काव्य में अभिव्यंजनावाद'। प्रकाशन 'नागरी प्रचारिणी सभा, वाराणसी' ने किया।

'चिन्तामणि' का तीसरा भाग सन् १९८३ में प्रकाशित हुआ। प्रकाशित किया राजकमल प्रकाशन, दिल्ली ने। सम्पादन किया है डॉ० नामवर सिंह ने। इसमें आचार्य शुक्ल के २१ निबन्ध संकलित हैं जिनमें कुछ ऐसे भी निबन्ध शामिल हैं जिन्हें डॉ० सिंह अनुवाद मात्र मानते हैं। या तो वे निबन्ध अनुवाद मात्र नहीं हैं या फिर उन्हें आचार्य शुक्ल के मौलिक निबन्धों के संग्रह में स्थान देना अनुचित है।

डॉ० नामवर सिंह ने अपने सम्पादन कार्य के सम्बन्ध में 'विज्ञप्ति' में ठीक लिखा है कि—'यह कार्य पूर्वोक्त संकलनों की अपेक्षा अधिक श्रमसाध्य था। अगले वाक्य में उन्होंने

लिखा—'एक प्रकार से यह कृत का भी स्मरण है और क्रत का भी।' कृत का अर्थ है किया गया कार्य अर्थात् कर्म लेकिन क्रत का क्या अर्थ है? प्रतीत होता है कि नामवर जी ने उसे कर्ता (Doer) के अर्थ में प्रयुक्त किया है। सम्भवत: 'ईशावास्योपनिषद्' के सत्रहवें मन्त्र के 'ॐ क्रतो स्मर कृतं स्मर, क्रतो स्मर कृतं स्मर' से उन्हें प्रेरणा मिली है। 'कृत' और 'क्रत' शब्द उन्होंने यहीं से संभवत: उठाये हैं, परन्तु यहाँ पर 'क्रतो' सम्बोधन है 'क्रतु' शब्द का। 'क्रत' से उसका कोई सम्बन्ध ही नहीं है। शायद 'क्रत' संस्कृत में कोई शब्द ही नहीं है। सूक्ष्म शब्द-क्रीड़ा और पाण्डित्य के फेर में पड़कर नामवर जी ने भद्दी भूल तो की ही, ऐसा करके उन्होंने आचार्य शुक्ल की जन्मशती की पूर्ववेला में उनकी आत्मा को भी अवश्यमेव पीड़ा पहुँचायी है। डॉ० नामवर को भली-भाँति मालूम है और उन्होंने 'भूमिका' में बताया भी है कि 'वे (शुक्ल जी) हिन्दी साहित्य को सदियों की रीतिवादी शब्द-क्रीड़ा से मुक्त करके इसी (मनुष्यों की एकता के) महान् लक्ष्य की ओर उन्मुख करने के लिए तत्पर थे।' ('चिन्तामणि', तीसरी भाग, भूमिका, पृ० ९)

'कर्म' और 'कर्ता' शब्दों से डॉ० नामवर का काम अच्छी तरह सध सकता था, पर तब रीतिवादी शब्द-क्रीड़ा का मज़ा जाता रहता। 'स्मरण' के प्रसंग में डॉ० नामवर सिंह को 'कर्ता' और 'कर्म' शब्दों का आचार्य शुक्ल कृत प्रयोग याद नहीं आया—'कर्ता से बढ़कर कर्म का स्मारक दूसरा नहीं।' (चिन्तामणि, (पहला भाग) पाठ—'श्रद्धा-भक्ति', पृ० १२) माना कि यहाँ 'कर्ता' का प्रयोग पहले है 'कर्म' का बाद में। आप उलट कर 'कर्म' का प्रयोग पहले कर देते, 'कर्ता' का बाद में। आपका अभिप्राय पूरी तरह व्यक्त हो जाता।

डॉ० नामवर सिंह विख्यात मार्क्सवादी आलोचक हैं। द्वन्द्ववाद (Dialectics) से उनका प्रेम स्वाभाविक है, परन्तु उनका द्वन्द्ववाद-प्रेम इतना बढ़ा हुआ नज़र आता है कि जिन तथ्यों या वस्तुओं के मध्य द्वन्द्वात्मक सम्बन्ध नहीं भी होता उनके भी बीच उसे वे ज़बरदस्ती पैदा कर देते हैं। 'चिन्तामणि' के तीसरे भाग की उनकी लिखी 'भूमिका' का पहला वाक्य है: 'सन् १८८४ में भारतेन्दु हरिश्चन्द्र का अवसान हुआ और रामचन्द्र शुक्ल का उदय।' इस वाक्य में दुहरा द्वन्द्व है—एक भारतेन्दु हरिश्चन्द्र और रामचन्द्र के तुक का और दूसरा क्रमश: उनके अवसान और उदय का। साथ में चमत्कार यह कि यह अवसान और उदय एक ही वर्ष सन् १८८४ में घटित हुआ। अवसान पहले और उदय बाद में। इसी क्रम से उनका उल्लेख हुआ है। अपने द्वन्द्ववाद-प्रेम के लिए यहाँ पर डॉ० नामवर सिंह ने भारतेन्दु हरिश्चन्द्र को उनकी वास्तविक मृत्यु से एक साल पहले ज़बरदस्ती मार दिया है। भारतेन्दु की मृत्यु हुई थी सन् १८८५ में (६ जनवरी को), न कि १८८४ में; और आचार्य शुक्ल का जन्म उससे पहले अक्टूबर १८८४ में हो चुका था। कोई बात नहीं, भले भारतेन्दु को एक साल पहले मरना पड़ा, पर दरिद्र हिन्दी साहित्य को नामवर जी का एक चमत्कारपूर्ण द्वन्द्वात्मक वाक्य-रत्न तो मिल ही गया!

ध्यातव्य है कि यह मानने पर भी कि उक्त वाक्य में भूल से 'सन् १८८५' के स्थान पर 'सन् १८८४' छप गया है—डॉ० नामवर सिंह को असावधानी के दोष से बरी नहीं किया जा सकता। वैसा मान लेने पर भी भूल अपनी जगह बनी रहती है, क्योंकि भारतेन्दु के अवसान और आचार्य शुक्ल के उदय के वर्ष अलग-अलग हैं।

कुछ भी हो, डॉ० नामवर सिंह ने आचार्य शुक्ल के कुछ प्रायः दुर्लभ और कुछ सुलभ २१ निबन्धों को संकलित और सम्पादित कर हिन्दी का बड़ा उपकार किया है। उनकी

लिखी 'विज्ञप्ति' और 'भूमिका' कैसी भी हों, निबन्धों की मणियाँ तो आचार्य शुक्ल की चिन्तामणियाँ ही हैं।

आचार्य शुक्ल के निबन्धों और उनकी शैली के विषय में कुछ कहने से पहले हमें उनकी निबन्ध सम्बन्धी धारणाओं की जानकारी कर लेनी चाहिए।

निबन्ध साहित्य का एक प्रधान अंग है। गद्य के अन्तर्गत इसकी बड़ी महत्ता है। शुक्ल जी भी निबन्ध को साहित्य का महत्त्वपूर्ण अंग मानते हैं। इस विषय में उन्होंने साफ-साफ घोषित किया है कि—"यदि गद्य कवियों या लेखकों की कसौटी है तो निबन्ध गद्य की कसौटी है। भाषा की पूर्ण शक्ति का विकास निबन्धों में ही सबसे अधिक सम्भव होता है।' (हिन्दी साहित्य का इतिहास, पृ० ४६३) अंग्रेज समीक्षक श्री जे०डबल्यु० मैरिआट् ने भी निबन्ध को लेखक की कठोर परीक्षा माना है। निबन्धों में भाषा की विशेष रंगत को बाबू गुलाबराय ने भी स्वीकार किया है। उनके मतानुसार साहित्य की अन्य विधाओं में तो गद्य की भाषा एक माध्यम मात्र है, किन्तु निबन्ध में वह अपनी पूर्ण शक्ति और सजधज के साथ प्रकट होती है। अत: हम कह सकते हैं कि आचार्य शुक्ल का यह कथन भी कि 'भाषा की पूर्ण शक्ति का विकास निबन्धों में ही सबसे अधिक संभव होता है'—सही है। वस्तुत: अर्थ-वैचित्र्य और भाषा-शैली दोनों ही के नूतन विकास के लिए निबन्ध बहुत उपयुक्त स्थान है। 'चिन्तामणि' (पहला भाग) के निबन्धों में आचार्य शुक्ल ने भाषा की पूर्ण शक्ति का विकास करके प्रत्यक्ष दिखा दिया है—यह हम आगे यथास्थान देखेंगे।

न केवल निबन्धों की भाषा के बारे में अपितु हर प्रकार के लेखन के सम्बन्ध में लेखक की भाषा-शक्ति के बारे में आचार्य शुक्ल बहुत सख्त दृष्टिकोण अपनाते हैं। शैली तो बाद की बात होती है, पहले भाषा की शुद्धता और समीचीनता जरूरी है उनकी दृष्टि में। उनका कहना है कि 'वाक्य रचना की व्यवस्था, भाषा की शुद्धता और प्रयोगों की समीचीनता सर्वत्र आवश्यक है। जब तक ये बातें न सध जायँ तब तक लिखने का अधिकार ही न समझना चाहिए।' (चिन्तामणि, तीसरा भाग, पृ० २३५)

अपने शाब्दिक अर्थ में निबन्ध से अभिप्राय होता है ऐसी रचना से, जिसमें सम्यक् संगठन हो और जिसके विभिन्न अंग भली-भाँति व्यवस्थित हों। संस्कृत शब्द 'निबन्ध' का अर्थ ही है—जिसमें नि:शेष रूप से बन्ध या संगठन हो। हिन्दी में निबन्ध शब्द अंग्रेजी के 'एसे' के पर्याय के रूप में प्रयुक्त होता है। यद्यपि हिन्दी और अंग्रेजी दोनों में निबन्ध की अनेक परिभाषाएँ दी गयी हैं, किन्तु कोई ऐसी परिभाषा नहीं बन सकी है जिसके अन्तर्गत निबन्ध के सभी रूपों और उनकी विशेषताओं का समावेश हो।

आचार्य शुक्ल ने निबन्ध की परिभाषा नहीं दी है, फिर भी उन्होंने अन्य साहित्य-रूपों से उसे पृथक् करने वाले उसके लक्षणों को स्पष्ट किया है। उनके मतानुसार कविता आदि निबन्धेतर साहित्य-रूपों में कल्पना-प्रसूत वस्तु की प्रधानता होती है और विचार-प्रसूत वस्तु गौण होती है, किन्तु इसके विपरीत निबन्ध में विचार-प्रसूत वस्तु प्रधान होती है और कल्पना-प्रसूत वस्तु गौण। इसके अतिरिक्त दूसरी बात यह है कि निबन्ध अर्थ-प्रधान होता है, व्यक्तिगत वाग्वैचित्र्य अर्थ के साथ मिला-जुला होता है और हृदय के भाव या प्रवृत्तियाँ बीच-बीच में अर्थ के साथ झलक मारती हैं।

पाश्चात्य विचारकों की दृष्टि में निबन्ध का प्रमुख लक्षण 'व्यक्तिगत विशेषता' है। आचार्य शुक्ल ने इस सम्बन्ध में अपना दृष्टिकोण स्पष्ट किया है। उन्होंने लिखा

है—'आधुनिक पाश्चात्य लक्षणों के अनुसार निबन्ध उसी को कहना चाहिए, जिसमें व्यक्तित्व अर्थात् व्यक्तिगत विशेषता हो। बात तो ठीक है, यदि ठीक तरह से समझी जाय। व्यक्तिगत विशेषता का यह मतलब नहीं कि उसके प्रदर्शनों के लिए विचारों की शृंखला रखी ही न जाय या जान-बूझकर जगह-जगह से तोड़ दी जाय, भावों की विचित्रता दिखाने के लिए ऐसी अर्थ-योजना की जाय जो उनकी अनुभूति के प्रकृत या लोक सामान्य स्वरूप से कोई सम्बन्ध ही न रखे अथवा भाषा से सरकस वालों की-सी कसरतें या हठयोगियों के-से आसन कराए जायँ, जिनका लक्ष्य तमाशा दिखाने के सिवा और कुछ न हो।' (हिन्दी साहित्य का इतिहास, पृ० ४६४) इससे स्पष्ट है कि शुक्ल जी की दृष्टि में व्यक्तित्व अथवा व्यक्तिगत विशेषता का अर्थ विचार-शृंखला का अभाव, अलौकिक अर्थ-योजना और भाषा-वैचित्र्य नहीं है। इन्हें ही व्यक्तिगत विशेषता मान लेने पर वे उसे निबन्ध का प्रमुख्र लक्षण या लक्षण मानने के लिए तैयार नहीं।

व्यक्तिगत विशेषता से शुक्ल जी का क्या तात्पर्य है, यह उन्होंने भली-भाँति स्पष्ट कर दिया है। उनके मतानुसार एक ही बात को भिन्न-भिन्न दृष्टियों से देखना ही व्यक्तिगत विशेषता का मूलाधार है। उन्होंने लिखा है—'संसार की हर एक बात और सब बातों से सम्बद्ध है। अपने-अपने मानसिक संघटन के अनुसार किसी का मन किसी सम्बन्ध-सूत्र पर दौड़ता है, किसी का किसी पर। ये सम्बन्ध-सूत्र एक-दूसरे से नये हुए, पत्तों के भीतर की नसों के समान, चारों ओर एक जाल के रूप में फैले हैं। तत्त्वचिन्तक या दार्शनिक केवल अपने व्यापक सिद्धान्तों के प्रतिपादन के लिए उपयोगी कुछ सम्बन्ध सूत्रों को पकड़ कर किसी ओर सीधा चलता है और बीच के ब्योरों में कहीं नहीं फँसता। पर निबन्ध लेखक अपने मन की प्रवृत्ति के अनुसार स्वच्छन्द गति से इधर-उधर फूटी हुई सूत्र-शाखाओं पर विचरता चलता है। यही उसकी अर्थ सम्बन्धी व्यक्तिगत विशेषता है।' (हिन्दी साहित्य का इतिहास, पृ० ४६४)

स्पष्ट है कि एक ही वस्तु को एक दार्शनिक जिस दृष्टि से देखता है, एक निबन्ध-लेखक उसी दृष्टि से नहीं देखता है। यही नहीं, विभिन्न निबन्ध-लेखक भी उसे भिन्न-भिन्न दृष्टियों से देखते हैं, इसका कारण उनका भिन्न-भिन्न मानसिक संघटन है। अत: यदि व्यक्तिगत विशेषता का मूलाधार भिन्न-भिन्न दृष्टियों से एक ही बात को देखना है तो भिन्न-भिन्न दृष्टियों से देखने का मूलाधार भिन्न-भिन्न मानसिक संघटन है। शुक्ल जी ने स्पष्ट शब्दों में लिखा है—'एक ही बात को लेकर किसी का मन किसी सम्बन्ध-सूत्र पर दौड़ता है, किसी का किसी पर। इसी का नाम है एक ही बात को भिन्न-भिन्न दृष्टियों से देखना। व्यक्तिगत विशेषता का मूलाधार यही है।' (हिन्दी साहित्य का इतिहास, पृ० ४६४)

आचार्य शुक्ल की उपर्युक्त स्थापना बिल्कुल सही है। प्रत्येक लेखक के निबन्धों में, चाहे वे किसी भी विषय पर लिखे गये हों, उसके अपने मानसिक संघटन का प्रभाव स्पष्टतया परिलक्षित होता है। उदाहरणार्थ हम आचार्य शुक्ल को ही लेते हैं। उनका मानसिक संघटन साहित्यिक था, वे साहित्यिक अभिरुचि के व्यक्ति थे। उनके सभी प्रकार के निबन्धों में साहित्यिकता का विशेष पुट इसी का परिणाम कहा जायेगा। उनके मनोविकार सम्बन्धी निबन्ध भी प्रचुर साहित्यिकता से सम्पन्न होने के कारण सरस हैं। कोई भी मनोवैज्ञानिक 'क्रोध' आदि मनोविकारों पर शुक्ल जी की तरह साहित्यिक निबन्ध सम्भवत: प्रस्तुत न कर पाता, क्योंकि उसकी दृष्टि दूसरे ही सम्बन्ध-सूत्रों पर दौड़ती। सम्भवत: उसके

लेख में गम्भीर बौद्धिक विश्लेषण मात्र होता, उसके हृदय की झलक उसमें न होती। तत्त्वचिन्तक या वैज्ञानिक के लिए बुद्धि के साथ हृदय का समन्वय आवश्यक नहीं; किन्तु इसके विपरीत निबन्ध-लेखक के लिए आवश्यक होता है। शुक्ल जी ने बताया भी है—'निबन्ध-लेखक जिधर चलता है, उधर अपनी सम्पूर्ण मानसिक सत्ता के साथ अर्थात् बुद्धि और भावात्मक हृदय दोनों लिए हुए। जो करुण प्रकृति के हैं, उनका मन किसी बात को लेकर अर्थ-सम्बन्ध-सूत्र पकड़े हुए, करुण स्थलों की ओर झुकता और गम्भीर वेदना का अनुभव करता चलता है। जो विनोदशील हैं उनसी दृष्टि उसी बात को लेकर उसके ऐसे पक्षों की ओर दौड़ती है जिन्हें सामने पाकर कोई हँसे बिना नहीं रह सकता।' (हिन्दी साहित्य का इतिहास, पृ० ४६४)

व्यक्तिगत विशेषता के साथ-साथ, शुक्ल जी के मतानुसार प्रत्येक परिस्थिति में निबन्ध में अर्थगत विशेषता अर्थात् कोई न कोई विचार-शृंखला होनी ही चाहिए। इस अर्थगत विशेषता के आधार पर ही भाषा और अभिव्यंजना-प्रणाली की विशेषता—शैली की विशेषता—खड़ी हो सकती है। शुक्ल जी के शब्दों में 'जहाँ नाना अर्थ-सम्बन्धों का वैचित्र्य नहीं, जहाँ गतिशील अर्थ की परम्परा नहीं, वहाँ एक ही स्थान पर खड़ी तरह-तरह की मुद्रा और उछल-कूद दिखाती हुई भाषा केवल तमाशा करती हुई जान पड़ेगी।' (हिन्दी साहित्य का इतिहसा, पृ० ४६५) डॉ० रामविलास शर्मा के शब्दों में 'वहाँ निबन्ध अपना साहित्यिक रूप खोकर सिर्फ़ एक तमाशा बन जायेगा।' (आचार्य रामचन्द्र शुक्ल और हिन्दी आलोचना, पृ० १८८)

आचार्य शुक्ल ने निबन्धों के विषय-विस्तार की कोई सीमा निर्धारित नहीं की है। वस्तुतः यह ठीक भी है, क्योंकि निबन्ध के विषयों की कोई सीमा नहीं। निबन्ध 'कुछ नहीं' या 'शून्य' से लेकर विश्व की अनन्तता में आने वाली जितनी वस्तुएँ, क्रियाएँ और भाव हैं उन सब पर लिखे जा सकते हैं।

निबन्ध या 'गद्य-विधान' या 'गद्य-प्रबन्ध' कई प्रकार के हो सकते हैं। 'हिन्दी साहित्य का इतिहास' में किये गये विवेचन के अनुसार शुक्ल जी की दृष्टि में निबन्ध की तीन प्रमुख कोटियाँ ठहरती हैं—(१) विचारात्मक, (२) भावात्मक, (३) वर्णनात्मक। शुक्ल जी यह भी कहते हैं कि प्रवीण लेखक प्रसंग के अनुसार इन विधानों का बड़ा सुन्दर मेल भी करते हैं। एक अन्य स्थल पर उन्होंने निबन्ध का एक और भेद बताया है—वह है 'कथात्मक निबन्ध'। ('हिन्दी-गद्य-चन्द्रिका' की भूमिका, सम्पादक रामचन्द्र शुक्ल, प्रकाशन : रत्नाश्रम आगरा, सन् १९३३ ई०) इनमें से विचारात्मक को वे निबन्धों की सर्वोच्च कोटि मानते हैं।

विचारात्मक निबन्धों में, शुक्ल जी के मतानुसार, लेखक इस बात का प्रयत्न करता है कि किसी विषय में जो विचार या सिद्धान्त उसके हैं वे ही पाठक के भी हो जायँ। इसके लिए आवश्यक होता है कि सब बातें बड़ी स्पष्टता और क्रमबद्धता के साथ रखी जायँ। विचारों की शृंखला उखड़ी न हो। सब विचार एक दूसरे से सम्बद्ध हों।

विचारात्मक निबन्धों में मुख्य ध्यान विषय के स्पष्टीकरण की ओर होना चाहिए, भाषा की रंगीनी दिखाने की ओर नहीं। उसमें भाषा के प्रयोग की बड़ी सफाई और सावधानी अपेक्षित होती है। शब्द और वाक्य नपे-तुले हों; अनावश्यक और फालतू शब्दों और वाक्यों के बीच में आ जाने से विचार ढक जाते हैं और पाठक का ध्यान गड़बड़ी में पड़ जाता है।

अत: उसमें भाषा की उछल-कूद; सजावट, अलंकार-चमत्कार इत्यादि के लिए बहुत कम जगह मिल सकती है। विचारात्मक निबन्धों की भाषा के विषय में शुक्ल जी का यही मत है। आचार्य महावीर प्रसाद द्विवेदी के निबन्धों पर विचार करते हुए शुक्ल जी ने इस कोटि के निबन्धों के विषय में लिखा है—'शुद्ध विचारात्मक निबन्धों का चरम उत्कर्ष वहीं कहा जा सकता है, जहाँ एक-एक पैराग्राफ़ में विचार दबा-दबाकर कसे गए हों और एक-एक वाक्य किसी सम्बद्ध विचार-खण्ड को लिए हों।' (हिन्दी साहित्य का इतिहास, पृ० ४६७) सारांश यह कि विचारों की गूढ़ गुम्फित परम्परा ही विचारात्मक निबन्धों की प्रधानतम विशेषता है, जिसके प्रभाव से पाठक की बुद्धि नवीन विचार-सरणि पर अग्रसर होती है।

सभी विचारात्मक निबन्ध साहित्यिक हों, यह आवश्यक नहीं। साहित्यिक होने के लिए निबन्ध में विचार-परम्परा द्वारा गृहीत अर्थों या तथ्यों के सात लेखक के हृदय की पूरी झलक अनिवार्यतया होनी चाहिए। काव्य समीक्षा के अतिरिक्त अन्य प्रकार का विचारात्मक निबन्ध साहित्यिक भी हो सकता है और असाहित्यिक भी।

भावात्मक कोटि के निबन्धों से शुक्ल जी का आशय 'भाव' या 'मनोविकार' सम्बन्धी निबन्धों से नहीं, अपितु भावात्मक प्रणाली में लिखे गए निबन्धों से है। शुक्ल जी के मतानुसार भावात्मक निबन्ध में लेखक अपने प्रेम, आहलाद, हर्ष, करुणा, क्रोध, विस्मय या किसी और भाव की व्यंजना करता है।

इस कोटि के निबन्धों की भाषा स्वभावत: विचारात्मक कोटि के निबन्धों की भाषा से भिन्न होती है। भावावेश के कारण कहीं-कहीं भाषा में असम्बद्धता, विशृंखलता और वेग या तीव्रता दिखायी पड़ती है। अलंकार-चमत्कार; सजावट आदि के लिए अवकाश यहाँ पर होता है। अतिशयोक्ति एवं अत्युक्ति का प्रयोग बहुधा पाया जाता है। जैसे, यदि किसी वेदना की व्यंजना हो रही है तो अनन्त ज्वाला में जलने, पहाड़ के नीचे पिसने आदि की बातें कही जा सकती हैं।

निबन्धों की भावात्मक शैली को आचार्य शुक्ल अधिक महत्व नहीं देते हैं। इस प्रणाली को विशेष स्थान देते हुए भी उन्होंने विचार और चिन्तन के क्षेत्र में इसके प्रवेश को निषिद्ध कर दिया है। हिन्दी साहित्य में भावात्मक शैली के विचार एवं चिन्तन के क्षेत्रों में प्रवेश की आलोचना करते हुए उन्होंने लिखा है—'काव्य पर न जाने कितने ऐसे निबन्ध लिखे गए जिसमें सिवा इसके कि 'कविता अमरावती से गिरती हुई अमृत की धारा है', 'कविता हृदय-कानन में खिली हुई कुसुम-माला है', 'कविता देवलोक के मधुर संगीत की गूँज है', और कुछ भी न मिलेगा। यह कविता का ठीक-ठीक स्वरूप बतलाना है कि उसकी विरुदावली बखानना।.....इससे हमारे साहित्य में घोर विचार-शैथिल्य और बुद्धि का आलस्य फैलने की आशंका है। जिन विषयों के निरूपण में सूक्ष्म और सुव्यवस्थित विचार-परम्परा अपेक्षित है, उन्हें भी इस हवाई शैली पर हवा बताना कहाँ तक ठीक होगा।' (हिन्दी सा॑ित्य का इतिहास, पृ० ५१६)। इससे स्पष्ट है कि शुक्ल जी इस शैली को हवाई शैली समझते हैं और इसका उपयोग भी वे चलते-फिरते हवाई विषयों के क्षेत्र में ही चाहते और उचित समझते हैं। गूढ़-विचार या सूक्ष्म चिन्तन के क्षेत्र में वे इसका प्रयोग सर्वथा अनुचित मानते हैं।

वर्णनात्मक निबन्धों में, आचार्य शुक्ल के अनुसार लेखक के दो उद्देश्य होते हैं—(१) वर्ण्य विषय के सम्बन्ध में पूरी जानकारी देना और (२) उनके प्रति पाठकों में कुतूहल,

विस्मय, आनन्द, प्रेम, भय, करुणा आदि भाव जगाना। वर्णन जब जिज्ञासा की निवृत्ति मात्र करते हैं तो उनकी व्यावहारिक उपयोगिता तो होती है, पर उनमें साहित्यिकता नहीं होती। लेकिन जब वर्णन पाठकों का मनोरंजन कर सके और अपने विषय के प्रति कोई भाव जगा सके तो वह साहित्यिक कोटि का वर्णन होगा। जैसे किसी स्टेशन या मेले के वर्णन में लोगों की दौड़-धूप, सौदा बेचने वालों की तरह-तरह की बोलियों, लोगों के दबने, गिरने-पड़ने, बच्चों के रोने-चिल्लाने इत्यादि के भावोत्पादक दृश्य उपस्थित किये जायँ तो वह वर्णन साहित्यिक कोटि का अवश्य होगा।

वर्णनात्मक निबन्धों में वाक्य अपेक्षाकृत छोटे, भाषा अधिकतर चलती और सुबोध होती है। शब्दों की सजावट तथा उपमा, रूपक, उत्प्रेक्षा आदि अलंकारों के प्रयोग के लिए यहाँ पर्याप्त अवकाश होता है। भावों के भेदानुसार भाषा भिन्न-भिन्न रंगत धारण करती है।

कथात्मक निबन्धों के बारे में आचार्य शुक्ल का कहना है कि वे किसी उपाख्यान, वृत्तान्त या घटना को लेकर चलते हैं। विचारात्मक निबन्धों की भाँति उनमें भी सम्बन्ध निर्वाह अत्यन्त आवश्यक होता है। कथात्मक निबन्धों में घटनाओं को एक-दूसरे के पीछे इस क्रम से रखना पड़ता है कि उलझन न पड़े और साथ ही इस बात का भी ध्यान रखना पड़ता है कि आगे की घटनाओं को जानने की उत्कंठा पाठक को बराबर बनी रहे और बढ़ती जाय।

कथात्मक निबन्धों में भाषा चलती और सरल रखनी पड़ती है। कारण यह कि शुद्ध कथा या कहानी कहने वाले वर्णन के विस्तार या भावों की व्यंजना में नहीं उलझते।

निबन्ध की उपर्युक्त चार कोटियों का ही उल्लेख आचार्य शुक्ल ने किया है। यदि वे आज भी जीवित होते तो मेरा अनुमान है कि निबन्ध की कम-से-कम एक कोटि और करते—वह है व्यंग्यात्मक निबन्ध। इस कोटि के निबन्धों के सर्वश्रेष्ठ लेखक हैं श्री हरिशंकर परसाई।

व्यंग्यात्मक निबन्ध लेखक जीवन के विविध क्षेत्रों की असंगतियों, बुराइयों, कुरूपताओं को अपने व्यंग्य का विषय बनाता है, सामंजस्य, संगति और सुन्दरता को नहीं। लेखक का उद्देश्य होता है असंगतियों आदि की हँसी या मज़ाक उड़ाना और आलोचना द्वारा सौन्दर्य का मार्ग प्रशस्त करना। उपहास और क्रोध व्यंग्यात्मक निबंध के स्थायी भाव हैं। उत्साह से भी उसका गहरा लगाव होता है। करुणा को हम व्यंग्य का बीज भाव या प्रेरक भाव मान सकते हैं व्यंग्यात्मक निबन्ध का स्वरूप विध्वंसक होता है, लेकिन प्रेरणा रचनात्मक।

व्यंग्यात्मक निबन्ध की भाषा कभी सीधी, कभी वक्र, लेकिन चलती और चुटीली होती है। आवेगमय प्रवाह और ऊँची-नीची तरंगमयी गतियाँ उसमें दिखाई पड़ती हैं। लक्षणा और व्यंजना शक्तियों का पूर्ण उत्कर्ष इन निबन्धों की भाषा में दिखाया जा सकता है।

'साहित्यालोचन' को आचार्य शुक्ल ने 'निबन्ध' साहित्य रूप के भीतर ही समाविष्ट किया है, उसे स्वतन्त्र और पृथक् साहित्य-रूप नहीं माना है। वस्तुत: उसे निबन्ध में ही सम्मिलित किया भी जाना चाहिए। कारण यह कि व्यवहार में साहित्य-समीक्षा प्राय: निबन्धों के रूप में ही लिखी जाती है। स्वयं शुक्ल जी ने अपनी आलोचनाओं को निबन्ध अथवा प्रबन्ध की ही संज्ञा दी है। ध्यातव्य है कि 'प्रबन्ध' निबन्ध का ही एक प्रकृष्ट स्वरूप है।

आचार्य शुक्ल की निबन्ध सम्बन्धी धारणाओं से परिचित होने के बाद अब हम उनके 'चिन्तामणि' (पहला भाग) में संकलित निबन्धों पर विचार कर सकते हैं।

'चिन्तामणि' (यहाँ से लेकर आगे पूरे निबन्ध में 'चिन्तामणि' का तात्पर्य होगा ('पहला भाग') में शुक्ल जी के कुल १७ निबन्ध संकलित हैं। इनमें से पहले १० निबन्ध भाव या मनोविकार विषयक हैं जिनका गहरा सम्बन्ध मनोविज्ञान से है। अन्तिम ७ निबन्ध समीक्षात्मक या आलोचनात्मक निबन्ध हैं।

भाव-सम्बन्धी निबन्धों में आचार्य शुक्ल का मनोविज्ञानवेत्ता स्वरूप हमारे सामने उभरकर आता है। इन निबन्धों के आधार पर वे सच्चे अर्थों में मनोविज्ञानी (Psychologist) कहलाने के अधिकारी सिद्ध होते हैं। उन्होंने पश्चिमी मनोविज्ञान का गहन अध्ययन किया था और भारतीय साहित्य-चिन्ता का गंभीर अनुशीलन भी। इसके अतिरिक्त वे सूक्ष्म लोक-निरीक्षण और मौलिक चिन्तन में बराबर निरत रहते थे। सतही किस्म के कुछ विद्वानों ने यह सिद्ध करने का प्रयत्न किया है कि आचार्य शुक्ल ने अपने इन मनोवैज्ञानिक निबन्धों में पश्चिमी मनोविज्ञान से, विशेषतः शैण्ड की पुस्तक 'फ़ाउण्डेशन ऑफ़ कैरेक्टर' से सारी सामग्री प्रायः ज्यों-की-त्यों ली है; पर यह धारणा उपयुक्त एवं सही नहीं है। वास्तविकता यह है कि उन्होंने न तो भारतीय काव्यशास्त्र के विवेचन को अपना आधार बनाया है और न पश्चिमी मनोविज्ञान को। पढ़ा और पचाया उन्होंने दोनों को, पर किसी का अन्धानुकरण नहीं किया। इसके विपरीत इन स्रोतों से गृहीत तत्त्वों को उन्होंने अपने चिन्तन में मौलिक ढंग से नियोजित किया। भाव या मनोविकार सम्बन्धी इन निबन्धों की स्थापनाओं के बारे में डॉ० रामविलास शर्मा का यह कथन ही सही प्रतीत होता है कि—'उनकी स्थापनाएँ मौलिक हैं और न केवल साहित्यशास्त्र को, वरन् मनोविज्ञान और समाजशास्त्र को भी महत्त्वपूर्ण देन हैं' (आचार्य रामचन्द्र शुक्ल और हिन्दी आलोचना, चतुर्थ संस्करण १९८७, प-० १९१)

शुक्ल जी के मनोविकार सम्बन्धी निबन्धों को क्या साहित्यिक निबन्ध माना जा सकता है—यह प्रश्न अक्सर उठाया जाता है। कुछ लोग उन्हें मनोवैज्ञानिक निबन्ध मानते हैं और कुछ लोग साहित्यिक। जो लोग साहित्यिक मानते हैं वे उन्हें मनोवैज्ञानिक मानने से इन्कार करते हैं और जो लोग मनोवैज्ञानिक मानते हैं वे उन्हें साहित्यिक मानने से इन्कार करते हैं। इन भले मानुसों की समझ में यह बात नहीं आती कि मनोवैज्ञानिकता और साहित्यिकता एक दूसरे के शत्रु नहीं हैं। अतः ऐसे भी निबन्ध हो सकते हैं जो मनोवैज्ञानिक भी हों और साहित्यिक भी। यह कहना कि आचार्य शुक्ल के मनोविकार सम्बन्धी निबन्ध मनोवैज्ञानिक नहीं हैं—बिल्कुल ग़लत है और यह कहना भी बिल्कुल गलत है कि वे साहित्यिक नहीं हैं। दरअसल शुक्ल जी के मनोविकार सम्बन्धी निबन्ध मनोवैज्ञानिक साहित्यिक निबन्ध हैं। किसी निबन्ध की साहित्यिकता-असाहित्यिकता इस बात पर निर्भर नहीं करती कि उसका विषय क्या है, अपितु इस बात पर निर्भर करती है कि वह किस पद्धति पर लिखा गया है। यदि उसकी पद्धति ऐसी है कि उसमें लेखक के व्यक्तित्व की झलकियाँ मिलती हैं और प्रसंगानुसार भाषा अनेक रंग-रूप धारण करती है तो वह निबन्ध भौतिकी या रसायनशास्त्र आदि से सम्बन्धित होने पर भी साहित्यिक होगा। शुद्ध विचारात्मक निबन्ध और साहित्यिक विचारात्मक निबन्धों में यही विभाजक या भेदक लक्षण होता है।

आचार्य शुक्ल के मनोविकार सम्बन्धी निबन्धों को हम शुद्ध मनोवैज्ञानिक निबन्ध नहीं कह सकते, पर वे मनोवैज्ञानिक हैं—इससे इंकार भी नहीं कर सकते। शुद्ध मनोवैज्ञानिक निबन्ध वे इसलिए नहीं कहे जा सकते क्योंकि उनमें विशुद्ध तत्त्व-विवेचन मात्र नहीं है, उनमें उनके व्यक्तित्व का स्पष्ट प्रभाव, भावों की सरसता और भाषा की चपलता के गुण भी मिलते हैं।

इसी तर्कपद्धति से आचार्य शुक्ल के मनोविकार सम्बन्धी निबन्धों को समाजशास्त्रीय भी मानना चाहिए, पर वे जिस प्रकार शुद्ध मनोवैज्ञानिक निबन्ध नहीं कहे जा सकते उसी प्रकार शुद्ध समाजशास्त्रीय निबन्ध भी नहीं कहे जा सकते।

निष्कर्ष यह कि शुक्ल जी के मनोविकार सम्बन्धी निबन्ध मनोवैज्ञानिक-समाजशास्त्रीय साहित्यिक निबन्ध हैं।

जो विद्वान् 'चिन्तामणि' के मनोविकार सम्बन्धी निबन्धों को मनोवैज्ञानिक नहीं मानते उनमें आचार्य शुक्ल के शिष्य आचार्य विश्वनाथप्रसाद मिश्र भी हैं। उन्होंने साफ़ शब्दों में लिखा है कि 'उनके (शुक्ल जी के) मनोविकार सम्बन्धी निबन्धों को मनोवैज्ञानिक निबन्ध कहना समुचित नहीं प्रतीत होता।' (मंजूषा, पृ० ११) आचार्य मिश्र ने अपने मत के निर्धारण में वैज्ञानिक एवं साहित्यिक के दृष्टिभेद को अपना आधार बनाया है। उनके मतानुसार 'वैज्ञानिक आँकड़ों के आधार पर निर्णय करता है। निबन्ध लेखक अनुभूति के आधार पर प्रत्यक्ष जीवन को विश्लिष्ट करता है। पहला गणित का सहारा लेता है, दूसरा अनुभूति से बारंबार बोध ग्रहण करके स्वयं उसका विश्लेषण करता है।' (वही, पृ० ११) मिश्र जी द्वारा किया गया वैज्ञानिक और साहित्यिक का यह अन्तर सही नहीं है। साहित्यिक सिर्फ अनुभूति तक सीमित नहीं रहता, वह विश्लेषण में तर्कबुद्धि से बराबर कार्य लेता है और प्रयोगशील भी होता है। इसी प्रकार वैज्ञानिक भी मात्र आँकड़ों पर निर्भर नहीं करता, वह भी अनुभूति और तर्कबुद्धि से कार्य लेता है। निरीक्षण और प्रयोग दोनों के लिये अपरिहार्य होते हैं।

मिश्र जी कृत भेद की तुलना में स्वयं आचार्य शुक्ल द्वारा बताया हुआ तत्त्व-चिन्तक और साहित्यिक का भेद कहीं अधिक उपयुक्त है। उनके मतानुसार 'तत्त्वचिंतक या दार्शनिक केवल अपने व्यापक सिद्धान्तों के प्रतिपादन के लिए उपयोगी कुछ सम्बन्ध सूत्रों को पकड़ कर किसी ओर सीधा चलता है और बीच के ब्योरों में कहीं नहीं फँसता। पर निबन्ध लेखक अपने मन की प्रवृत्ति के अनुसार स्वच्छन्द गति से इधर-उधर फूटी हुई सूत्र-शाखाओं पर विचरता चलता है।' (हिन्दी साहित्य का इतिहास, पृ० ४६४) स्पष्ट है कि तत्त्वचिन्तक और निबन्ध-लेखक या साहित्यिक में मुख्य अन्तर 'मन की प्रवृत्ति' का है। तत्त्वचिन्तक अपने लक्ष्य को विस्मृत कर या थोड़ी देर के लिए भी छोड़कर अपनी मन की प्रवृत्ति के अनुसार विचरण नहीं कर सकता, पर साहित्यिक ऐसा करता ही है। ऐसा नहीं है कि साहित्यिक या निबन्ध-लेखक तत्त्वचिन्तन करता ही नहीं या अपने निबन्ध में उसका निरूपण नहीं करता। यदि कोई साहित्यिक या निबन्ध लेखक तत्त्वनिरूपण भी करता है और अपने मन की प्रवृत्तियों की झलक भी देता है तो वह एक साथ तत्त्वचिन्तक भी है और साहित्यिक भी। वास्तव में शुक्ल जी की स्थिति यही है। उनके मनोविकार सम्बन्धी निबन्धों में उनका तत्त्वचिन्तक व्यक्तित्व स्पष्ट दिखाई पड़ता है और उनके व्यक्तित्व का यह पहलू वहाँ गौण नहीं, प्रधान है। अतः वे निबन्ध मनोवैज्ञानिक साहित्यिक निबन्ध हैं।

अपने मत के समर्थन में आचार्य मिश्र ने यह भी तर्क दिया है कि शुक्ल जी ने बराबर अपने निबन्धों में 'भारतीय साहित्यशास्त्र में विवेच्य मनोविकारों के सम्बन्ध में आचार्यों के मतों का भी उल्लेख किया है, साथ ही किसी मनोविकार की छानबीन में साहित्य से प्रमाण उद्धृत किया है।' (वही, पृ० ११) मनोविकारों के सम्बन्ध में भारतीयों के मत और साहित्य से प्रमाण उद्धृत करने से मनोवैज्ञानिकता का खण्डन तभी हो सकता है जब यह मान लिया जाय कि उनका मत मनोवैज्ञानिक हो ही नहीं सकता। सिर्फ पश्चिमी चिन्तकों की मान्यताएँ ही मनोवैज्ञानिक हो सकती हैं। लेकिन ऐसा मान कर चलना पूर्वाग्रह मात्र होगा। स्पष्ट है कि आचार्य मिश्र के तर्कों से शुक्ल जी के मनोविकार सम्बन्धी निबन्धों की मनोवैज्ञानिकता का खण्डन नहीं होता। ऐसी स्थिति में यही मानना उचित होगा कि उक्त निबन्ध मनोवैज्ञानिक भी हैं, यद्यपि उन्हें विशुद्ध मनोवैज्ञानिक निबन्ध मानना उचित न होगा।

'चिन्तामणि' में संकलित आलोचनात्मक निबन्धों की साहित्यिकता पर किसी ने भी संभवत: सन्देह नहीं प्रकट किया है। अत: उन्हें साहित्यिक सिद्ध करने की आवश्यकता नहीं है। फिर भी हिन्दी में ऐसे लोग हैं जो आलोचनात्मक निबन्धों को भी साहित्यिक निबन्धों से पृथक् रखने की प्रवृत्ति रखते हैं। इस प्रवृत्ति के अनुसार शुक्ल जी के आलोचनात्मक या समीक्षात्मक निबन्ध भी साहित्यिक निबन्ध की परिधि से बाहर हो जाएँगे।

इस सम्बन्ध में ऊपर हम कह चुके हैं कि साहित्यालोचन को आचार्य शुक्ल निबन्ध के भीतर ही समाविष्ट करते हैं। यहीं पर यह स्पष्ट कर देना उचित होगा कि शुक्ल जी सभी प्रकार की आलोचनाओं को स्थायी साहित्य या साहित्यिक निबन्ध के भीतर परिगणित करने के पक्ष में नहीं हैं। उसी समालोचना को वे स्थायी साहित्य में परिगणित करते हैं 'जिसमें किसी कवि की अन्तर्वृत्ति का सूक्ष्म व्यवच्छेद होता है, उसकी मानसिक प्रवृत्ति की विशेषताएँ दिखाई जाती हैं।' (हिन्दी साहित्य का इतिहास, पृ० ४५२) शुक्ल जी के समीक्षात्मक निबन्धों में इन बातों के साथ और अनेक दूसरी साहित्यिक विशेषताएं भी पायी जाती हैं। यही कारण है कि उनकी साहित्यिकता पर किसी ने सन्देह नहीं किया है। यह सर्वथा उचित और स्वाभाविक है।

'चिन्तामणि' के निबन्धों के विषय में यह प्रश्न भी बराबर उठाया जाता है कि वे विषय-प्रधान हैं या व्यक्ति-प्रधान। दूसरे शब्दों में तर्कप्रधान हैं या भावप्रधान।

'चिन्तामणि' के निवेदन में आचार्य शुक्ल ने लिखा है—'इस पुस्तक में मेरी अन्तर्यात्रा में पड़ने वाले कुछ प्रदेश हैं। यात्रा के लिए निकलती रही है बुद्धि पर हृदय को भी साथ लेकर। अपना रास्ता निकालती हुई बुद्धि जहाँ कहीं मार्मिक या भावाकर्षक स्थलों पर पहुँची है, वहाँ हृदय थोड़ा-बहुत रमता अपनी प्रवृत्ति के अनुसार कुछ कहता गया है। इस प्रकार यात्रा के श्रम का परिहार होता रहा है। बुद्धि-पथ पर हृदय भी अपने लिए कुछ-न-कुछ पाता रहा है।' इतना निवेदन करके शुक्ल जी ने लिखा कि 'इस बात का निर्णय मैं विज्ञ पाठकों पर छोड़ता हूँ कि ये निबन्ध विषय-प्रधान हैं या व्यक्ति-प्रधान।' तब से यह प्रश्न न विद्यार्थियों का पीछा छोड़ता है, न विद्वानों का; और शायद छोड़ेगा भी नहीं।

मेरा अनुमान है कि यदि स्वयं शुक्ल जी ने यह प्रश्न 'चिन्तामणि' के निवेदन में न उठाया होता तो शायद ही कोई ऐसा पाठक होता जिसे उनके निबन्धों की विषय-प्रधानता या वस्तु-प्रधानता या तर्क-प्रधानता में सन्देह होता। उनके निबन्ध विषय-प्रधान हैं यह बात दिन

के प्रकाश की भाँति स्पष्ट है। लेकिन प्रश्न यह है कि यदि बात इतनी सरल और स्पष्ट होती तो शुक्ल जी यह प्रश्न उठाते ही क्यों? बात यह है कि व्यक्ति-प्रधानता और विषय-प्रधानता के बारे में हर व्यक्ति की अपनी-अपनी पृथक् धारणा होती है या हो सकती है। अतः हर व्यक्ति अपनी-अपनी धारणा एवं शक्ति के अनुसार इस सम्बन्ध में निर्णय करता है। निबन्ध तो वही हैं, पर कोई उन्हें व्यक्ति-प्रधान मानता है, कोई विषय-प्रधान। इस सम्बन्ध में मतैक्य तभी संभव हो सकता है जब सब मिलकर पहले यह तय कर लें कि अमुक-अमुक लक्षण विषय-प्रधानता के हैं और अमुक-अमुक लक्षण व्यक्ति-प्रधानता के। यह कार्य किया नहीं जाता और व्यर्थ का विवाद जारी रखा जाता है।

प्रत्येक रचना में रचनाकार का व्यक्तित्व थोड़ा-बहुत अवश्य समाविष्ट होता है। यह बात निबन्ध के लिए भी सच है। अतः प्रत्येक निबन्ध में दो प्रकार के तत्त्व परस्पर अन्तर्ग्रथित होते हैं—पहला विषयतत्त्व और दूसरा लेखक का व्यक्ति-तत्त्व। व्यक्ति-तत्त्व को हम व्यक्तित्व भी कह सकते हैं। कोई भी निबन्ध विषय-प्रधान है या व्यक्ति-प्रधान—इसका निर्णय करने में हमें यह तोलना होगा कि उसमें विषयतत्त्व की प्रधानता है या व्यक्तित्व की। विषयतत्त्व का अर्थ होता है विषय का यथार्थ विवेचन या विवरण जिसके बारे में लेखक के व्यक्तित्व से कोई अन्तर नहीं पड़ता और व्यक्तित्व तो लेखक का नितान्त अपना निजी होता है जिसकी प्रधानता होने पर पाठक को विषय-बोध से बढ़कर लेखक के व्यक्तितत्व का बोध होता है।

इसी प्रकार प्रत्येक निबन्ध में थोड़ी-बहुत मात्रा में बौद्धिकता और सहृदयता दोनों होती हैं। दूसरे शब्दों में उसमें मस्तिष्क पक्ष और हृदय पक्ष दोनों होते हैं। बौद्धिकता या मस्तिष्क-पक्ष की प्रधानता होने पर निबन्ध विषय-प्रधान होता है। इसके विपरीत भावुकता या हृदय पक्ष की प्रधानता होने पर व्यक्ति प्रधान।

विचारात्मक निबन्ध प्रायः विषय-प्रधान ही होते हैं। अन्यथा होने पर उनकी विचारात्मकता खतरे में पड़ जायेगी। भावात्मक निबन्ध व्यक्ति-प्रधान होते हैं।

विषय-प्रधान निबन्धों में विषय का विवेचन क्रमबद्ध ढंग से किया गया होता है। विचारों की तर्क-संगत शृंखला प्रारम्भ से लेकर अन्त तक दिखाई पड़ती है। शब्दों का चयन अत्यन्त ध्यान से किया गया होता है। वाक्य इतने कसे हुए होते हैं कि एक भी अनावश्यक या फालतू शब्द नहीं आने पाता। बात यह है कि अनावश्यक शब्दों के कारण विषय के विवेचन में बाधा पड़ती है। व्यक्ति-प्रधान निबन्धों में विचार-शृंखला टूट-फूट जाती है या होती ही नहीं।

इन सब बातों को ध्यान में रखकर यदि हम किसी निबन्ध की विषय-प्रधानता या व्यक्ति-प्रधानता का निर्णय करेंगे तो कठिनाई न होगी।

'चिन्तामणि' के निवेदन में आचार्य शुक्ल ने अन्तर्यात्रा की जो साङ्गरूपक बाँधा है उससे बुद्धि की प्रधानता खूब स्पष्ट है। अन्तर्यात्रां का नेतृत्व बुद्धि ही करती रही है; हृदय उसका अनुगमन करता रहा है। बुद्धि की प्रधानता वस्तुतः विषय की ही प्रधानता है, क्योंकि बुद्धि की विशेषता और सार्थकता विषय के वस्तुगत विवेचन में ही प्रकट होती है।

आचार्य शुक्ल की निबन्ध सम्बन्धी धारणाओं से भी, जिनका विवेचन ऊपर हो चुका है, यही व्यंजित होता है कि उनके निबन्ध विषय-प्रधान ही हो सकते हैं, व्यक्ति-प्रधान नहीं।

व्यक्तिगत विशेषता को निबन्ध का लक्षण स्वीकार करते हुए भी उन्होंने लिखा है कि—'व्यक्तिगत विशेषता का यह मतलब नहीं कि उसके प्रदर्शनों के लिए विचारों की शृंखला रखी ही न जाय या जान-बूझकर जगह-जगह से तोड़ दी जाय, भावों की विचित्रता दिखाने के लिए ऐसी अर्थ-योजना की जाय जो उनकी अनुभूति के प्रकृत या लोक-सामान्य स्वरूप से कोई सम्बन्ध ही न रखे अथवा भाषा से सरकस वालों की-सी कसरतें या हठयोगियों के-से आसन कराए जायें, जिनका लक्ष्य तमाशा दिखाने के सिवा और कुछ न हो।' (हिन्दी साहित्य का इतिहास, पृ० ४६४) विचारों की शृंखला पर दिया गया आचार्य शुक्ल का बल यही सिद्ध करता है कि उनके निबन्धों में विषय-प्रधानता ही यथार्थ है।

पहले बताया जा चुका है कि शुद्ध विचारात्मक निबन्धों का उत्कर्ष शुक्ल जी वहीं मानते हैं जहाँ प्रत्येक पैराग्राफ़ में विचार दबा-दबाकर कसे गये हों और एक-एक वाक्य किसी सम्बद्ध विचार-खण्ड को लिये हों। चिन्तामणि के निबन्धों में सचमुच यह बात पायी जाती है। जिन निबन्धों में विचार दबा-दबाकर कसे गये हों वे निबन्ध भला विषय-प्रधान नहीं होंगे तो क्या व्यक्ति-प्रधान होंगे।

विवाद के बावजूद विद्वानों में से अधिकांश का झुकाव इसी मत की ओर है कि शुक्ल जी के निबन्ध बुद्धि-प्रधान, विचार-प्रधान, तर्क-प्रधान या विषय-प्रधान हैं।

अब हम आचार्य शुक्ल की निबन्ध-शैली पर विचार करते हैं।

'शैली' शब्द से प्रायः भाषा-शैली अर्थात् भाषा की पद्धति का ही बोध होता है। पर यह शैली शब्द का एक पक्ष है जिसे 'रीति' कहा जा सकता है। शैली का दूसरा अर्थ या पक्ष है शील या आचरण या व्यवहार अर्थात् लेखक का व्यक्तित्व। शैली शब्द वस्तुतः 'शील' शब्द से बना है और शील का अर्थ होता है चरित्र, सदाचरण आदि। शैली अर्थात् मनुष्य के आचरण की पद्धति (Manner)। साहित्य के क्षेत्र में शैली शब्द के इन दोनों अर्थों को ग्रहण किया जाना चाहिए। इन दोनों के योग से ही शैली का पूर्ण-रूप बनता और उभरता है। अंग्रेजी की इस प्रसिद्ध उक्ति में—'Style is the man itself' शैली शब्द के दूसरे वाले अर्थ की व्यंजना बहुत स्पष्ट है। अंग्रेजी का 'स्टाइल' शब्द और हिन्दी का 'शैली' दोनों बिल्कुल समानार्थी हैं। अंग्रेजी शब्दों का इतना उम्दा पर्याय प्रायः हिन्दी में नहीं मिलता। मेरे विचार से शैली के अन्तर्गत लेखक की भाषा-पद्धति और उसके व्यक्तित्व या शील की व्यंजना—इन दोनों पक्षों पर विचार किया जाना चाहिए। आचार्य शुक्ल की निबन्ध-शैली पर विचार करते हुए मैं इन दोनों पक्षों पर विचार करूँगा। मेरा सुझाव है कि जहाँ पर उद्देश्य मात्र भाषा-पद्धति का विवेचन करना हो, वहाँ 'शैली' के स्थान पर 'भाषा-शैली' या 'रीति' शब्द का प्रयोग करना ही उपयुक्त और सुविधाजनक होगा। 'विशिष्टा पद रचना रीतिः' अर्थात् विशिष्ट पदरचना रीति है—आचार्य वामन ने कहा ही है।

आचार्य शुक्ल से पहले हिन्दी-निबन्ध के क्षेत्र में व्यक्तित्व व्यंजक विविधताएँ प्रचुर मात्रा में सामने आती रहीं, पर चिन्तन की वैज्ञानिकता से अनुशासित भाषा-पद्धति का आविर्भाव नहीं हो सका। इस अभाव की पूर्ति शुक्ल जी ने ही की। शुक्ल जी की भाषा-पद्धति मुख्यतः वैज्ञानिक विवेचन की भाषा-पद्धति है।

वैज्ञानिक विवेचन और उसकी भाषा-पद्धति को नियंत्रित करने वाली शक्ति होती है पुष्ट तर्क-योजना जो निबन्ध को प्रारंभ से लेकर अन्त तक शब्द-चयन और वाक्य रचना से

लेकर विचारों के क्रम और अनुच्छेदों से नियोजन तक हर बात में अपने अधीन रखती है। यह तर्क-योजना आचार्य शुक्ल के प्रत्येक निबन्ध में अनुस्यूत पायी जाती है।

सूक्ष्म तर्क-योजना और तदनुशासित भाषा संघटन के कारण आचार्य शुक्ल के निबन्धों में एक महान् आर्किटेक्ट की-सी योजना-कुशलता दिखलाई पड़ती है।

वैज्ञानिक भाषा-पद्धति की सबसे बड़ी विशेषता है—प्रसंगानुकूल उपयुक्ततम शब्द की खोज और उसका प्रयोग। उदाहरण लीजिए। 'क्रोध' निबन्ध का पहला वाक्य है—'क्रोध दुःख के **चेतन** कारण के **साक्षात्कार** या **अनुमान** से उत्पन्न होता है।' इस वाक्य में उपयुक्ततम शब्दों का यथा-स्थान प्रयोग हुआ है। इस प्रसंग में 'चेतन', 'साक्षात्कार' और 'अनुमान' से बेहतर शब्द आपको कहीं मिल नहीं सकते। 'चेतन' के स्थान पर सजीव, सज्ञान, बुद्धिमान, आदि में से कोई भी शब्द प्रयुक्त नहीं हो सकता; इसी प्रकार 'साक्षात्कार' के स्थान पर 'दर्शन' या 'देखने' प्रयुक्त नहीं हो सकते। 'प्रत्यक्षीकरण' शब्द का प्रयोग अवश्य बिना अर्थ को क्षति पहुँचाए किया जा सकता है, उससे वाक्य की गरिमा और सुन्दरता भी ज्यों-की-त्यों बनी रहेगी, फिर भी उसे हम 'साक्षात्कार' कदापि बेहतर शब्द नहीं कह सकते। बल्कि उसे सापेक्षतः कुछ न्यून ही माना जाएगा, क्योंकि वह 'साक्षात्कार' से बड़ा है। यदि हम 'अनुमान' के स्थान पर 'अन्दाज' रखें तो वाक्य का सारा सौन्दर्य ही बिखर जायेगा। कारण यह कि कार्य-कारण और अनुमान शब्द न्याय या तर्कशास्त्र के शब्द हैं। कार्य से कारण का अनुमान और कारण से कार्य का अनुमान वहाँ सामान्य बात है।

प्रसंगानुकूल उपयुक्ततम शब्द खोजने और व्यवहृत करने की प्रवृत्ति ने ही दरअसल आचार्य शुक्ल को आचार्य शुक्ल बनाया। शब्द की ही तो महिमा है सब। जो उसे पहचान गया, वही धन्य हो गया और अपने साहित्य को भी धन्य कर गया। इस क्षेत्र में आचार्य शुक्ल बहुत-बहुत आगे हैं। उनके निकट तो क्या पीछे दूर-दूर तक कोई नहीं दिखाई पड़ता। अकेले हैं वे, अपने जैसे स्वयं।

संस्कृत से चुनकर हिन्दी में आचार्य शुक्ल ने तमाम ऐसे अप्रचलित शब्द प्रचलित कर दिये हैं जिन्हें निकाल देने से हिन्दी-आलोचना का कार्य नहीं चल सकता। उदाहरणार्थ 'लोक' शब्द के साथ संयुक्त कर उन्होंने निम्नलिखित शब्द प्रचलित किये हैं—लोक-मंगल, लोक-मर्यादा, लोक-कल्याण, लोक-संग्रह, लोक-रंजन, लोकबद्ध, लोक-व्यवहार, लोकानुसरण, लोकोन्मुख आदि। ऐसे ही सैकड़ों अन्य शब्द एकत्र किये जा सकते हैं। कुछ अत्यन्त प्रमुख शब्द मैं यहाँ दे रहा हूँ। वे हैं—अर्थग्रहण, बिम्ब ग्रहण, संकेत ग्रहण; भावदशा, रसदशा, शीलदशा, अन्तर्दशा; प्रत्यक्ष रूप-विधान, स्मृत रूप-विधान, कल्पित रूप-विधान, रूप-सौन्दर्य, कर्म-सौन्दर्य, भाव-सौन्दर्य, नाद-सौन्दर्य; अनुभाव, स्थायी भाव, बीजभाव, संचारी भाव; विश्वात्मा, सर्वात्मा, अंशात्मा; ग्रहणशक्ति, धारणा-शक्ति, उद्भाविका शक्ति; सर्वभूतहित, सर्वतोमुख, सर्वतोभावेन; शब्द-व्यापार, विभावन व्यापार; व्यापार-परम्परा, व्यापार-समष्टि; भावाभास, रसाभास, स्मृत्याभास; भावोद्रेक, भावोन्मेष भाव-परिपाक; अनुमान, संलक्ष्यक्रम अनुमान, असंलक्ष्य क्रम अनुमानः ज्ञानकाण्ड, कर्मकाण्ड, उपासना-काण्ड; वाग्विलास, वाग्वैदग्ध्य वाग्विदग्धता; सत्ता, परोक्ष, परोक्ष सत्ता, पारमार्थिक सत्ता, अनुभूति, भावानुभूति, रसानुभूति, काव्यानुभूति; प्रवृत्ति, अन्तर्वृत्ति रागात्मिका वृत्ति, इत्यादि।

अनगिनत अंग्रेजी शब्दों के उपयुक्ततम हिन्दी-पर्याय भी आचार्य शुक्ल ने खोजे हैं। उदाहरण के लिए कुछ शब्द यहाँ दिये जा रहे हैं—Romanticism = स्वच्छन्दतावाद, Idealistic = आदर्शात्मक, Pantheism = सर्ववाद, Suppressionism = प्रभाववाद, Expressionism = अभिव्यंजनावाद, Transcendental = ज्ञानातीत, Absolute = निरपेक्ष, Pastoral Poetry = पशुचारणकाव्य, इत्यादि।

वैज्ञानिक भाषा-पद्धति की दूसरी प्रमुख विशेषता है शब्दों की मितव्ययिता द्वारा ऐसे सुन्दर और सुगठित वाक्यों की रचना करना जिनमें न तो एक भी शब्द अधिक हो और न कम। यह बहुत कठिन काम है। आचार्य शुक्ल इस कार्य में भी परम प्रवीण हैं और विवादभय से मुक्त होकर कहा जा सकता है कि इस क्षेत्र में भी उनकी जोड़ का एक भी निबन्ध-लेखक हिन्दी में नहीं है।

ऊपर अभी-अभी हमने 'क्रोध' की जो परिभाषा उद्धृत की है उसमें न तो कोई शब्द आप बढ़ा सकते हैं, न घटा। ऐसा करने से वैज्ञानिकता नष्ट हो जायेगी। यह बात केवल उक्त परिभाषा के ही बारे में सच नहीं है; आप शुक्ल जी के निबन्धों से कोई भी परिभाषात्मक या निष्कर्षात्मक (Conclusive या Infenential) वाक्य चुन सकते हैं और परीक्षण के बाद पायेंगे कि उनमें से किसी में भी एक भी शब्द बढ़ाया या घटाया नहीं जा सकता है।

विवेचन की वैज्ञानिकता और शब्द-विवेक-युक्त मितव्ययिता के कारण ही आचार्य शुक्ल सैकड़ों अत्यन्त सारगर्भित और सर्वांग-सुन्दर वाक्य रचने में सफल हो सके हैं। ऐसे वाक्य साधारण वाक्यों के क्रम में टपक पड़ते हैं और ऐसे चमत्कारपूर्ण प्रतीत होते हैं जैसे बहुत से सोने के सिक्कों के बीच कोई हीरा। डॉ० रामविलास शर्मा ने ठीक लिखा है कि 'इन वाक्यों में जीवन के अनुभवों और सुदीर्घ चिन्तन का फल संचित रहता है।' (आचार्य रामचन्द्र शुक्ल और हिन्दी आलोचना, चतुर्थ संस्करण, १९८७, पृ० २०७) ऐसे वाक्यों के उदाहरण-स्वरूप 'श्रद्धा-भक्ति' पाठ से कुछ वाक्य यहाँ दिये जा रहे हैं—ऐसे ही वाक्य आप अन्य पाठों से स्वयं चुन सकते हैं।

(१) 'श्रद्धा का व्यापार-स्थल विस्तृत है, प्रेम का एकान्त।'

(२) 'प्रेम में घनत्व अधिक है और श्रद्धा में विस्तार।'

(३) 'यदि प्रेम स्वप्न है तो श्रद्धा जागरण है।'

(४) 'कर्ता से बढ़कर कर्म का स्मारक दूसरा नहीं है।'

(५) 'श्रद्धा का मूल तत्त्व है दूसरे का महत्व स्वीकारना।'

(६) 'स्वार्थियों और अभिमानियों के हृदय में श्रद्धा नहीं टिक सकती।'

(७) 'श्रद्धा धर्म की पहली सीढ़ी है।'

(८) '× × आजकल झूठे मोती सच्चे मोतियों को मात करते हैं।'

(९) 'श्रद्धा और प्रेम के योग का नाम भक्ति है।'

(१०) 'श्रद्धालु महत्त्व को स्वीकार करता है, पर भक्त महत्त्व की ओर अग्रसर होता है।'

(११) 'यदि राम हमारे काम के हैं तो रावण भी हमारे काम का है।'

(१२) 'पाप का फल छिपाने वाला पाप छिपाने वाले से अधिक अपराधी है × ×।'

(१३) 'मनुष्य विश्व-विधान का एक क्षुद्र चेतन अंश है।'

(१४) 'कुछ दिन पहले की सभ्यता मनुष्य जीवन को देव-तुल्य बनाने में थी; अब मर्कट-तुल्य और मत्स्य-तुल्य बनाने में समझी जाने लगी है।'

(१५) 'रागों के सम्पूर्ण दमन की अपेक्षा रागों का परिष्कार ज्यादा काम में आने वाली बात है।'

(१६) 'निर्लिप्त रहकर दूसरों का गला काटने-वालों से लिप्त होकर दूसरों की भलाई करने वाले लोक-कल्याण के विचार से कहीं अच्छे हैं।'

(१७) 'संसार में मनुष्य मात्र की समान वृत्ति कभी नहीं हो सकती।'

(१८) 'क्षात्र-धर्म-पालन की आवश्यकता संसार में सब दिन बनी रहेगी।'

इन वाक्यों में प्रयुक्त पदरचना या रीति को सूत्र-शैली या सूक्ति-शैली कहने का प्रचलन है। अंग्रेजी में 'ऐफ़रिस्टिक स्टाइल' (Apharistic Style) कहा जाता है।

वैज्ञानिक भाषा-पद्धति की तीसरी प्रमुख विशेषता है शृंखलाबद्ध वाक्य-विधान। इस प्रकार के गद्य-विधान का प्रत्येक वाक्य अपने पूर्व और परवर्ती वाक्य से तर्कपूर्ण ढंग से जुड़ा रहता है। किसी भी वाक्य का क्रम परिवर्तित नहीं किया जा सकता और न कोई वाक्य निकाला ही जा सकता है। कोई पूरक वाक्य जोड़ने की गुंजाइश भी कहीं नहीं होती। एक प्रकार की सोपान-क्रमिकता सर्वत्र पायी जाती है। यही बात अनुच्छेद-विधान के बारे में भी पूरी तरह सही कही जा सकती है। उनके भी क्रम को न तो बदला जा सकता है, और न ही किसी को अनावश्यक मानकर निकाला ही जा सकता है। शृंखलित वाक्य-विधान के उदाहरण के लिए मैं 'चिन्तामणि' के पहले निबन्ध 'भाव या मनोविकार' का पहला अनुच्छेद उद्धृत कर रहा हूँ :

'अनुभूति के द्वन्द्व ही से प्राणी के जीवन का आरम्भ होता है। उच्च प्राणी मनुष्य भी केवल एक जोड़ी अनुभूति लेकर इस संसार में आता है। बच्चे के छोटे-से हृदय में पहले सुख और दुःख की सामान्य, अनुभूति भरने के लिए जगह होती है। पेट का भरा या खाली रहना ही ऐसी अनुभूति के लिये पर्याप्त होता है। जीवन के आरम्भ में इन्हीं दोनों के चिह्न हँसना और रोना देखे जाते हैं पर ये अनुभूतियाँ बिलकुल सामान्य रूप में रहती हैं, विशेष-विशेष विषयों की ओर विशेष-विशेष रूपों में ज्ञानपूर्वक उन्मुख नहीं होतीं।'

इस अनुच्छेद में भारी परिवर्तन की बात तो छोड़ दीजिए यदि आप पहले और दूसरे वाक्यों को भी एक-दूसरे की जगह पर रखे दें तो तर्क का पूरा क्रम भंग और नष्ट हो जायेगा। कारण है यहाँ शुक्ल जी द्वारा तर्क की निगमनात्मक पद्धति का प्रयोग जिसमें ऊपर से नीचे उतरने का क्रम अर्थात् अवरोह क्रम होता है। पहले वाक्य में संसार के समस्त प्राणियों के बारे में बताया गया है कि अब के जीवन का आरम्भ अनुभूति के द्वन्द्व से होता है। इस वाक्य में सार्वभौमिक सत्य (Universal Truth) का उल्लेख है। अगले वाक्य में शुक्ल जी सार्वभौमिक सत्य से विशेष या सीमित सत्य की ओर आते हैं और बताते हैं कि उच्च प्राणी मनुष्य के भी जीवन का आरम्भ अन्य प्राणियों की ही भाँति 'एक जोड़ी अनुभूति' से ही होता है। इस वाक्य में 'अनुभूति के द्वन्द्व' के स्थान पर उन्होंने 'एक जोड़ी अनुभूति' लिखकर अर्थ को थोड़ा खो भी दिया है। तीसरे वाक्य में वे दूसरे में उल्लिखित सीमित या विशेष सत्य (Particular Truth) से और भी सीमित या विशेष सत्य पर आते हैं और बताते हैं कि बच्चे

के छोटे-से हृदय में पहले सुख और दुःख की सामान्य अनुभूति भरने के लिए जगह होती है। स्पष्ट है उक्त तीन वाक्य तीन सोपान की भाँति हैं—'समस्त प्राणी' सबसे ज्यादा व्यापक, फिर उसका अंश अतएव कम व्यापक 'मनुष्य' और फिर उसका भी अंश अतएव उससे भी संकुचित 'बच्चा'। अवरोह क्रम अर्थात् सामान्य से विशेष की ओर यात्रा सुस्पष्ट है। चौथे वाक्य में शिशु में पायी जाने वाली सुख और दुःख की सामान्य अनुभूतियों का कारण-निर्देश-पूर्वक उदाहरण देते हुए उन्होंने बताया है कि पेट का भरा या खाली होना ही क्रमशः सुख या दुःख की अनुभूति के लिए पर्याप्त होता है। पाँचवें वाक्य में कार्य-स्वरूपा सुख और दुःख की अनुभूतियों के हेतुओं या लिंगों का उन्होंने स्पष्ट निर्देश किया है। 'हँसना' सुख की अनुभूति का चिह्न है और 'रोना' दुःख की अनुभूति का। पाँचवें वाक्य में उन्होंने बच्चे में पायी जाने वाली अनुभूतियों की सामान्य रूपता का उल्लेख कर दिया है और बताया है कि वे विशेष-विशेष विषयों की ओर विशेष-विशेष रूपों में इच्छापूर्वक जानबूझकर उन्मुख नहीं होतीं।

इस विवेचन से स्पष्ट है कि प्रस्तुत अनुच्छेद के वाक्य-विधान में रत्ती भर भी हेर-फेर की गुंजाइश नहीं है।

आचार्य शुक्ल के विद्वान अध्येताओं और आलोचकों ने यह सही लक्षित किया है कि उनमें तर्कशास्त्र की निगमनात्मक और आगमनात्मक दोनों ही पद्धतियों या प्रणालियों का यथास्थान प्रयोग पाया जाता है; लेकिन उन्होंने उक्त प्रणालियों को स्पष्ट नहीं किया है अतः तर्कशास्त्र और दर्शन से अपरिचित लोगों के लिये वे शब्द मात्र रह जाते हैं। उनका तत्त्वबोध उन्हें नहीं हो पाता।

हम यह कह चुके हैं कि ऊपर उद्धृत अनुच्छेद में निगमनात्मक पद्धति से आचार्य शुक्ल ने विषय का प्रतिपादन किया है और यह भी बतला चुके हैं कि उसमें अवरोह क्रम अर्थात् सामान्य से विशेष (From Universal to Particular) सत्य की ओर यात्रा होती है। निगमनात्मक प्रणाली के ढाँचे को आप संक्षेप में इस प्रकार समझ सकते हैं—

∵ सभी प्राणी मरणशील हैं।	(सामान्य सत्य)	अधार-वाक्य
∵ मनुष्य एक प्राणी है।	(व्यष्टि सत्य)	
∴ मनुष्य मरणशील है।	(व्यष्टि सत्य)	निष्कर्ष-वाक्य
या		
∵ सभी मनुष्य मरणशील हैं।	(सामान्य सत्य)	आधार-वाक्य
और ∵ राम एक मनुष्य है।	(व्यष्टि सत्य)	
अतः राम मरणशील है।	(व्यष्टि सत्य)	निष्कर्ष-वाक्य

स्पष्ट है कि निगमनात्मक प्रणाली में सामान्य सत्य से विशेष या व्यष्टि सत्य की ओर हम अग्रसर होते हैं। इस प्रणाली के ठीक विपरीत आगमनात्मक प्रणाली होती है जिसमें हम विशेष-विशेष सत्यों के आधार पर सामान्य सत्य की खोज या स्थापना करते हैं। यह प्रणाली इस रूप में सामने आती है।—

चूँकि सेब टूटकर नीचे गिरता है

आम टूटकर नीचे गिरता है

नींबू टूटकर नीचे गिरता है

अत: सब फल टूटकर नीचे गिरते हैं
या सभी वस्तुएँ ऊपर से नीचे आती या गिरती हैं।

इस प्रणाली में एक प्रकार का आरोह-क्रम पाया जाता है, विशेष सत्य से इनमें से शुक्ल जी चाहे जिस प्रणाली से वाक्य-प्रतिपादन करें, हर दशा में उनका सामान्य सत्य पर पहुँचा जाता है। वाक्य-विधान सुश्रृंखलित होता है। इन प्रणालियों का प्रयोग या व्यवहार वास्तव में एक विशेष प्रकार के सुश्रृंखलित वाक्य-विधान की स्वभावत: माँग करता है। वैज्ञानिक विवेचन-पद्धति के लिए इन प्रणालियों का आवश्यकतानुसार व्यवहार और परिणामत: सुश्रृंखलित वाक्य-विधान अनिवार्य होता है।

विवेचन की वैज्ञानिक प्रणाली की एक अन्य प्रमुख विशेषता है प्रमाणों, दृष्टान्तों या उदाहरणों के अपने तात्पर्य को स्पष्ट करना या अपनी स्थापना की सत्यता प्रमाणित करना। उदाहरणों के द्वारा जहाँ बात स्पष्ट और सुबोध हो जाती है वहीं भाषा में भी जीवन्तता, सादगी और चित्रात्मकता स्वभावत: आ जाया करती है। आचार्य शुक्ल ने अपने निबन्धों में उदाहरणों का प्रयोग अक्सर किया है। कुछ नमूने हम देखते हैं।

(१) शुक्ल जी ने 'क्रोध' निबन्ध में पहले 'क्रोध' की परिभाषा दी, फिर बताया कि क्रोध के लिए पहुँचने वाले दु:ख और उसके कारण का परिज्ञान आवश्यक होता है। इसके बिना क्रोध उत्पन्न नहीं होता। अपनी बात को स्पष्ट करने के लिए उन्होंने एक उदाहरण दिया : 'तीन-चार महीने के बच्चे को कोई हाथ उठाकर मार दे, तो उसने हाथ उठाते तो देखा है पर अपनी पीड़ा और उस हाथ उठाने से क्या सम्बन्ध है, यह वह नहीं जानता है। अत: वह केवल रोकर अपना दु:ख मात्र प्रकट कर देता है।' इस उदाहरण के बल पर अगले वाक्य में उन्होंने सूत्र-शैली में यह निष्कर्ष दिया कि—'दु:ख के कारण की स्पष्ट धारणा के बिना क्रोध का उदय नहीं होता।'

इसी निबन्ध के तीसरे अनुच्छेद में शुक्ल जी ने पहले प्रतिकार के विषय में कहा कि जिससे एक बार दु:ख पहुँचा और उसके दुहराये जाने की संभावना कुछ भी नहीं है, उसको जो कष्ट पहुँचाया जाता है वह प्रतिकार है। इस विचार को एक दृष्टान्त देकर उन्होंने आगे स्पष्ट किया : 'एक दूसरे से अपरिचित दो आदमी रेल पर चले जा रहे हैं। इनमें से एक को आगे ही के स्टेशन पर उतरना है। स्टेशन तक पहुँचते-पहुँचते बात ही बात में एक ने दूसरे को एक तमाचा जड़ दिया और उतरने की तैयारी करने लगा। अब दूसरा मनुष्य भी यदि उतरते-उतरते उसे एक तमाचा लगा दे तो यह उसका बदला या प्रतिकार ही कहा जायेगा, क्योंकि उसे फिर उसी व्यक्ति से तमाचे खाने का कुछ भी निश्चय नहीं था।' उदाहरणों से शुक्ल जी अपनी बात को सरल तथा सरस बनाते हैं। दृष्टान्तों या उदाहरणों की भाषा सिद्धान्त-वाक्यों की भाषा से अलग होती है। वह बोलचाल के अधिक निकट होती है, सादी और सपाट होती है, चित्रात्मक होती है—यह स्पष्ट है।

आचार्य शुक्ल के निबन्धों की भाषा-पद्धति वैज्ञानिक होने के साथ-ही-साथ सर्वत्र साहित्यिक होती है। साहित्यिकता भी उनकी भाषा-पद्धति की स्थायी विशेषता है। इस दृष्टि से भी हमें उनकी भाषा पर विचार कर लेना चाहिए।

वैज्ञानिकता का आधार यदि बुद्धि और विचार है तो साहित्यिकता का आधार भावुकता और भाव। इस बात को सही परिप्रेक्ष्य में सापेक्ष सत्य के रूप में ही ग्रहण करना चाहिए, निरपेक्ष सत्य के रूप में नहीं।

जैसा कि शुक्ल जी ने 'चिन्तामणि' के 'निवेदन' में बताया है कि उनकी अन्तर्यात्रा में बुद्धि के साथ-साथ हृदय बराबर लगा रहा है—वैसा ही सचमुच उनके निबन्धों में है भी। बुद्धि और हृदय के पूर्ण सहयोग के कारण उनके निबन्धों की भाषा में वैज्ञानिकता और साहित्यिकता का अद्भुत संयोग हुआ। वैसा संयोग अन्य लेखकों में दुर्लभ है। देखना चाहिए कि उनके हृदय ने उनकी भाषा पर क्या और कैसा प्रभाव डाला है।

शुक्ल जी की भाषा उनके मनोभावानुसार अनेक रूप-रंग धारण करती है। इस बात को कुछ ठोस उदाहरणों के माध्यम से समझें।

जब शुक्ल जी हास्य और विनोद की मनोदशा में होते हैं तो अर्थ-सौष्ठव से आगे बढ़कर शब्दों की सजावट या शब्द-चमत्कार का उसमें मिश्रण कर देते हैं—जैसे—(१) 'सब की टकटकी टके की ओर लग गई।' (२) 'धन के साथ धर्म की ध्वजा लेकर चलने वाला धोखे में क्रोध को पाप का बाप कहेगा।' (३) 'लक्ष्मी की मूर्ति धातुमयी हो गई, उपासक सब पत्थर के हो गये।' (४) 'हमीं-हम' वाले 'तुम भी' नहीं सह सकते, 'तुम्हीं तुम' की क्या बात है?' ध्यातव्य है शब्दों की यह सजावट रीतिवादी शब्द-चमत्कार से बिल्कुल भिन्न है, क्योंकि वह अर्थ-सौष्ठव को दबाती या छिपाती नहीं, अपितु और अधिक चमका देती है। दूसरी बात यह कि सहज रूप से यत्र-तत्र ही प्रयुक्त होती है, प्रयत्न द्वारा सर्वत्र नहीं।

जब शुक्ल जी का मन आवेश में आता है तो एक ही प्रकार के छोटे-छोटे वाक्यों की तीव्र प्रवाहमयी झड़ी लगा देता है। इसका एक बहुत अच्छा उदाहरण 'लोभ और प्रीति' निबन्ध में मिलता है। देखिए—'जो यह भी नहीं जानते कि कोयल किस चिड़िया का नाम है, जो यह भी नहीं सुनते कि चातक कहाँ चिल्लाता है, जो आँख भर यह भी नहीं देखते कि आम प्रणय-सौरभपूर्ण मंजरियों से कैसे लदे हुए हैं, जो यह भी नहीं झाँकते कि किसानों के झोंपड़ों के भीतर क्या हो रहा है, वे यदि दस बने-ठने मित्रों के बीच प्रत्येक भारतवासी की औसत आमदनी का परता बताकर देश-प्रेम का दावा करें तो उनसे पूछना चाहिए कि 'भाइयो! बिना परिचय का यह प्रेम कैसा?'

जब शुक्ल जी उत्साह-मूलक क्रोध का अनुभव करते हैं तो उनके वाक्य सीधे होते हैं और हथौड़े की सी साफ चोट करते हैं। गुण-शील विहीन नकली श्रद्धेयों पर कुपित होकर वे जनता से कहते हैं—'इनसे समाज को हर घड़ी सावधान रहना चाहए। इन्हें सामाजिक दण्ड दे देने के लिए उसे सदा सन्नद्ध रहना चाहिए। ये अनेक रूपों में दिखाई पड़ते हैं। कोई गेरुआ वस्त्र लपेटे धर्म का डंका पीटता दिखाई देता है, कोई देश-हितैषिता का लम्बा चोगा पहने देशोद्धार की पुकार करता पाया जाता है।' ('श्रद्धा-भक्ति', पृ० १९)

जब शुक्ल जी हल्के क्रोध में होते हैं तो उपहास-व्यंग्य का साहस लेते हैं। जैसे—'पीछे से तो ग्रीष्मोपचार आदि के नुसखे भी कवि लोग तैयार करने लगे' या 'इसमें नायक को कहीं बाहर, वन-पर्वत आदि के बीच नहीं जाना पड़ा है। वह घर के भीतर ही लुकता, छिपता, चौकड़ी भरता दिखाया गया है।' या 'पर श्रद्धा-कर्षण की विद्या की भी आजकल खूब उन्नति हुई है। आश्चर्य नहीं कि इसके लिए कुछ दिनों में एक अलग विद्यालय खुले।' आदि।

जब शुक्ल जी क्रोध से तिलमिलाते हैं तो कटु-व्यंग्य-बाण छोड़ते हैं। जैसे, 'लोभियो! तुम्हारा अक्रोध, तुम्हारा इन्द्रिय-निग्रह, तुम्हारी मानापमान-समता, तुम्हारा तप अनुकरणीय

है; तुम्हारी निष्ठुरता, तुम्हारी निर्लज्जता, तुम्हारा अविवेक, तुम्हारा अन्याय विगर्हणीय है। तुम धन्य हो! तुम्हें धिक्कार है।' या 'हितोपदेश के गदहे ने तो बाघ की खाल ओढ़ी थी, पर ये लोग बाघ की बोली बोल लेते हैं।' आदि।

इस विवेचन से स्पष्ट है कि आचार्य शुक्ल के निबन्धों की भाषा-पद्धति मूलतः और प्रमुखतः तर्क से नियन्त्रित होती है, फिर भी वह लेखक के विभिन्न मनोवेगों के साथ अनेक भंगिमाएँ सहज ही धारण करती चलती है। निश्चय ही उनकी भाषा-शैली या पद्धति स्थिर नहीं, गत्यात्मक होती है। भाषा की परिवर्तमान् भंगिमाएँ शुक्ल जी के वास्तविक व्यक्तित्व की व्यंजना करती हैं। उनमें लेखक के बौद्धिक एवं भावात्मक मानसिक संघटन का सम्यक् परिचय सुलभ है।

सारांश यह कि शुक्ल जी की भाषा-पद्धति वैज्ञानिक विवेचन की भाषा-पद्धति होने के साथ व्यक्तित्व-व्यंजक साहित्यिक पद्धति भी है।

शुक्ल जी की साहित्यिक भाषा-पद्धति में अन्य अनेक विशेषताएँ भी मिलती हैं। उनमें प्रमुख हैं मुहावरों का सबल प्रयोग और आवश्यकतानुसार यथास्थान उर्दू पदावली और देशज-तद्भव शब्दों का भरकर प्रयोग।

मुहावरों के प्रयोग में शुक्ल जी बड़े सिद्धहस्त थे। यद्यपि विवेचनात्मक प्रणाली में मुहावरों के प्रयोग के लिए अवकाश नहीं ही रहता, फिर भी शुक्ल जी मौका पाने पर चूकते नहीं।

'ईर्ष्या' शीर्षक निबन्ध में वास्तविकता और आपेक्षिकता के प्रसंग में वे लिखते हैं—'सापेक्षिकता **नज़र का खेल** है, और कुछ नहीं। यदि हमें पेट भर अन्न नहीं मिलता है, पर लोग समझते हैं कि हम अपने किसी साथी से अच्छे या धनी हैं, तो लोगों की इस धारणा से हमारा **पेट नहीं भर सकता।**' गंभीर विवेचन के प्रसंग में भी शुक्ल जी यहाँ मुहावरों का कौशलपूर्ण प्रयोग कर सके हैं।' 'किसी के लिए जीना' मुहावरा है और 'जीना-न-जीना बराबर है' भी मुहावरा है। इनका एक ही वाक्य में शुक्ल जी ने बेहद खूबसूरत प्रयोग किया है—'जो किसी के लिए नहीं जीते उनका जीना न जीना बराबर है।' इसी तरह उनका एक वाक्य है—'किसी की अच्छी चीज़ देखते ही जिनके **मुँह में पानी आ जाता** है वे बराबर **खरी-खोटी सुना** करते हैं।' ऐसे बहुत से वाक्य शुक्ल जी के निबन्धों में खोजे जा सकते हैं। एक-दो वाक्य मुझे याद आ रहे हैं—'करुणा सेंत का सौदा नहीं है', 'चौबे जी पेट भर भोजन के ऊपर भी पेड़े पर **हाथ फेरते** हैं।'

शुक्ल जी की भाषा-पद्धति में संस्कृत की परिष्कृत पदावली की प्रमुखता स्पष्ट है। शब्द-संग्रह और प्रयोग में शास्त्र सम्मत तत्सम शब्दों का प्राचुर्य साफ दिखाई पड़ता है, परन्तु शब्दों के प्रयोग की दृष्टि से वे बड़े उदार थे। विषय-निर्वाह और शैली-सौष्ठव की दृष्टि से वे खुलकर उर्दू-फ़ारसी के शब्दों का व्यवहार करते थे। व्यंग्य-विनोद के प्रयोगों में तो उर्दू शब्दों के प्रयोग की सुन्दरता देखते ही बनती है। यहाँ पर मैं नमूने के तौर पर 'उत्साह' निबन्ध से कुछ वाक्य दे रहा दूँ जिनमें उर्दू के शब्द ऐसी शान से बैठे हैं कि उन्हें हटाने का ख़याल तक दिल में आ नहीं सकता। इस वाक्य में 'बेहोश' शब्द का प्रयोग देखिए—'बिना **बेहोश** हुए भारी फोड़ा चिराने को तैयार होना साहस कहा जायेगा, पर उत्साह नहीं।' 'यहाँ बेहोश' की जगह 'अचेत' शब्द रखकर देखिए। सारा मज़ा जाता रहता है। इसी पाठ का

अंतिम वाक्य है—'इसी बात का विचार करके **सलाम**-साधक लोग **हाकिमों** से **मुलाकात** करने के पहले **अर्दलियों** से उनका **मिजाज** पूछ लिया करते हैं।' यह वाक्य अपनी खूबसूरती, सरसता और व्यंजना में अनूठा है।

बोलचाल के सैकड़ों उर्दू शब्द शुक्ल जी के निबन्धों में धड़ल्ले से पाये जाते हैं। ऐसे शब्दों में कुछ शब्द ये हैं—अलबत, अलबत्ता, खास, कद्र, कायम, करामात, खेल-तमाशा, शौक, नुकसान, फायदा, मजाक, मौजूद, फरमान, फरमाइश, फालतू, दिमागी, कसरत, दस्तावेज, हिसाब, किताब, दास्तान, नुसखा, जबरदस्ती, जिन्दादिली, हौसला, हकीकत, अंदेशा, गुंजाइश, गनीमत, इमारत, जौहर, अक्ल, जरूरत, महफिल, शायरी, जरा, जबान, नकल, असल, शेर, सखुन, ग़लत, सौदा, खैरियत, लिबास, आशिक, माशूक, कदम, दर्जा, इत्यादि।

आचार्य शुक्ल की भाषा में देशज और तद्‌भव शब्दों का भी प्रयोग बहुतायत से मिलता है। ऐसे शब्दों का बेहिचक प्रयोग करते वे पाए जाते हैं। सीधे, सरल और सपाट वाक्यों में वे इन शब्दों का प्रयोग करते हैं और अपनी भाषा की प्रभाव शक्ति में कई गुना वृद्धि कर लेते हैं। कहीं-कहीं ऐसे एक शब्द से सारी व्यंजना ही निखर उठती है। ऐसे शब्दों में प्रमुख हैं—सेंतमेंत, धड़क, धड़ाधड़, गड़बड़झाला, ऊटक-नाटक, चटक-मटक, बेखटके, छेड़-छाड़, फेरफार, खुल्लमखुल्ला, चटपट, इत्यादि। शुक्ल जी की भाषा में बोलचाल के तद्‌भव शब्दों का व्यवहार भी खूब मिलता है—जैसे घिन, कुढ़न, खीझना, रीझना, पूरब, पच्छिम आदि। ऐसे शब्दों के प्रयोग से अपने वाक्यों में वे एक प्रकार की तरल दीप्ति उत्पन्न करते हैं।

आचार्य शुक्ल की भाषा-पद्धति पर (विवेचन-प्रणाली पर भी) प्रायः कठिनता का आरोप लगाया जाता है। इसमें सन्देह नहीं कि गंभीर विषयों के विवेचन में उनकी भाषा भी विषयानुसार गंभीर होती है, पर कहीं भी अस्पष्ट, असमर्थ और भ्रमोत्पादक नहीं होती। जटिल से जटिल और सूक्ष्म से सूक्ष्म विषयों का प्रतिपादन करते समय भी उसमें जरा भी अस्पष्टता नहीं आने पाती। गणित की तरह वह अपने आप में पूर्ण और समर्थ होती है। अतः कठिनता का कारण शुक्ल जी की भाषा-पद्धति या विवेचन-प्रणाली में न होकर कुछ तो पाठक की अल्पविकसित बुद्धि या भाषिक-क्षमता में निहित होता है और कुछ स्वयं विवेच्य विषय के स्वरूप में। शुक्ल जी पर कठिनाई का आरोप लगाने वालों में अपनी असमर्थता छिपाने की प्रवृत्ति काम करती है। नयी और वैज्ञानिक बात को समझने में दिमाग पर ज्यादा ज़ोर पड़े और बात फिर भी समझ में न आये तो यह कहने से अपनी कमज़ोरी छिपती है कि भाषा ही कठिन है और यदि यह कहा जाय कि बात ही कठिन है, तो अपनी कमज़ोरी प्रकट होती है।

शुक्ल जी की साहित्यिक भाषा-पद्धति में अलंकारों के स्थान पर भी थोड़ा विचार कर लेना चाहिए। अलंकारों के द्वारा कलात्मक सौन्दर्य उत्पन्न करने का सचेत प्रयास शुक्ल जी ने नहीं किया है। अतः स्वाभाविक रूप में ही यत्र-तत्र अनुप्रास या उपमा-रूपक आदि सादृश्यमूलक अर्थालंकारों का प्रयोग उनके निबन्धों में दृष्टिगोचर होता है। रसायनशास्त्र से लिये गये उपमान का सटीक प्रयोग देखिए—'मनोविकारों या भावों की अनुभूतियाँ परस्पर तथा सुख या दुःख की मूल अनुभूति से ऐसी ही भिन्न होती हैं जैसे रासायनिक मिश्रण परस्पर तथा अपने संयोजक द्रव्यों से भिन्न होते हैं।' (चिन्तामणि, पृ० १) इसी प्रकार भूगोल

से वर्षा की प्रक्रिया को लेकर उसे सामाजिक प्रक्रिया पर उपमा और रूपक के माध्यम से उन्होंने बड़ी खूबसूरती से पिरोया है—'कर्ता अपने सत्कर्म द्वारा एक विस्तृत क्षेत्र में मनुष्य की सद्वृत्तियों के आकर्षण का एक शक्ति केन्द्र हो जाता है। जिस समाज में किसी ऐसे ज्योतिष्मान शक्ति-केन्द्र का उदय होता है उस समाज में भिन्न-भिन्न हृदयों से शुभ भावनाएँ मेघखण्डों के समान उठकर तथा एक ओर एक साथ अग्रसर होने के कारण परस्पर मिलकर, इतनी घनी हो जाती हैं कि उनकी घटा-सी उमड़ पड़ती है और मंगल की ऐसी वर्षा होती है कि सारे दु:ख और क्लेश बह जाते हैं।' (चिन्तामणि, श्रद्धा-भक्ति, पृ० १२-१३) लम्बा अनुप्रास बाँधने की कोशिश भी आचार्य शुक्ल नहीं करते। अर्थोत्कर्ष में सहायक छोटे-छोटे अनुप्रास ही उन्हें प्रिय हैं—जैसे—'ह्रास का विकास', 'हँसाने का हौसला', 'क्रोध का निरोध, 'भूतों का भय', 'तामस ताप', 'करुण क्रोध', 'कष्ट-क्रन्दन', 'विश्व-विधान', 'सामर्थ-सम्पादन', 'सौरभ-संचार', 'प्रफुल्ल-प्रसून-प्रसार', 'शीतल-सुख-स्पर्श' आदि।

इस विवेचन से स्पष्ट है कि शुक्ल जी ने साहित्यिक-भाषा-पद्धति के समस्त रूपों का परिष्कृत और सुरुचिपूर्ण प्रयोग अपने निबन्धों में किया है। शुक्ल जी के मतानुसार विचार-प्रधान, भाव-प्रधान और उभयात्मक तीन प्रकार की शैलियाँ होती हैं। एक ही लेखक की अन्तर्वृत्ति कभी विचारोन्मुख होती है और कभी भावोन्मुख। अत: उसकी भाषा भी कहीं एक ढंग पकड़ती है, कहीं दूसरा। पर सामान्य प्रवृत्ति के विचार से उसकी शैली उक्त तीनों विभागों में सी किसी एक के अन्तर्गत रखी जा सकती है। इस धारणा के अनुसार यह बेहिचक कहा जा सकता है कि सामान्य प्रवृत्ति के विचार से आचार्य शुक्ल की भाषा-शैली विचार-प्रधान है।

अब हम शैली के दूसरे पक्ष शील या व्यक्तित्व-व्यंजना पर विचार करते हैं और देखते हैं कि आचार्य शुक्ल की 'चिन्तामणि' के निबन्धों में उनके शील या व्यक्तित्व की व्यंजना किस सीमा तक हुई है। यह हम प्रारम्भ में ही देख चुके हैं कि शील या व्यक्तित्व की व्यंजना, दूसरे शब्दों में व्यक्तिगत विशेषता ही निबन्ध का प्रमुखतम लक्षण माना जाता है। अन्तत: आचार्य शुक्ल ने भी इस बात को स्वीकार किया है।

आन्तरिक व्यक्तित्व के बौद्धिक और भावात्मक दो मुख्य पहलू होते हैं। आचार्य शुक्ल का विराट् और ज़बरदस्त बौद्धिक व्यक्तित्व 'चिन्तामणि' के निबन्धों में सर्वत्र दृष्टिगोचर होता है। उनके बौद्धिक व्यक्तित्व के अनेक पहलू हमारे सामने आते हैं जिनमें प्रमुख हैं—मनोवैज्ञानिक का व्यक्तित्व, प्रकृति-विज्ञान-वेत्ता का व्यक्तित्व, दार्शनिक का व्यक्तित्व, समाज-चिन्तक या समाजशास्त्री का व्यक्तित्व, राजनीतिक चिन्तन का व्यक्तित्व, समाज-चिन्तक या समाजशास्त्री का व्यक्तित्व,राजनीतिक चिन्तक का व्यक्तित्व, आलोचक और कवि का व्यक्तित्व। इनमें से प्रत्येक पर हम विचार करते हैं।

'चिन्तामणि' के मनोविकार-सम्बन्धी पहले १० निबन्ध आचार्य शुक्ल के मनोवैज्ञानिक व्यक्तित्व को भली-भाँति प्रकट करते हैं। विश्वविख्यात् समालोचक डॉ० रामविलास शर्मा ने इस निबन्धों के विषय में लिखा है कि—'इनमें न तो शुक्ल जी ने रीतिशास्त्र के भाव-विवेचन को अपना आधार बनाया है, न पच्छिम के मनोविज्ञान को। उनकी स्थापनाएँ मौलिक हैं और न केवल साहित्यशास्त्र को, वरन् मनोविज्ञान और समाजशास्त्र को भी महत्त्वपूर्ण देने हैं।' (आचार्य रामचन्द्र शुक्ल और हिन्दी आलोचना, चतुर्थ संस्करण, पृ०

१९१) पश्चिमी मनोविज्ञान में मुख्य धारा व्यष्टिमूलक या व्यक्तिवादी रही है। वह व्यक्ति को उसके समाज से, परिवेश से काटकर देखने की अभ्यस्त रही है। इसके विपरीत शुक्ल जी मनुष्य को लोकबद्ध प्राणी मानकर, विश्व-विधान का चेतन अंश मानकर चलते हैं और इसी आधार पर उसकी अनुभूतियों एवं मनोभावों आदि का अध्ययन करते हैं। साथ ही मनोभावों के वैयक्तिक एवं सामाजिक दोनों प्रकार के परिणामों का विवेचन कर उनकी उपयोगिता का प्रतिपादन करते हैं। भारतीय साहित्यशास्त्र में भी मनुष्य और उसके भावों को सामाजिक व्यवहार से अलग करके देखने की प्रवृत्ति रही है। अत: आचार्य शुक्ल ने उसका भी परित्याग किया।

शुक्ल जी ने भावों का व्यक्ति, समाज और संसार-सापेक्ष विवेचन किया है और उन्हें विकासवादी दृष्टिकोण से देखा-परखा है। भाव का स्रोत, उनके मतानुसार, संसार और मनुष्य का जीवन है, कोई अलौकिक सत्ता या शक्ति नहीं। उनके महान् मनोवैज्ञानिक व्यक्तित्व के निरूपण के लिए मैं 'चिन्तामणि' के मनोविकार-सम्बन्धी निबन्धों का विवेचन प्रस्तुत कर रहा हूँ।

'भाव' के अर्थ में आचार्य शुक्ल ने तीन अन्य शब्दों का प्रयोग किया है—(१) मनोविकार (२) मनोवेग और (३) राग। शुक्ल जी के भाव-मनोविज्ञान में भाव या मनोविकार का मूल अनुभूति है। अनुभूति दो प्रकार की होती है—सुखात्मक और दु:खात्मक। इन अनुभूतियों को उन्होंने 'अनुभूति का द्वन्द्व' या 'एक जोड़ी अनुभूति' कहा है। अनुभूति का यह 'द्वन्द्व' या 'जोड़ा' प्रत्येक जीव या प्राणी में जन्म से ही पाया जाता है। अर्थात् अनुभूति जीवन का लक्षण है। जहाँ जीवन होगा, वहाँ अनुभूति अवश्य होगी और जहाँ अनुभूति है वहाँ जीवन अवश्य है। जीवन या प्राण के बिना अनुभूति संभव नहीं और अनुभूति शून्य जीवन संभव नहीं। इसीलिए उन्होंने लिखा—'अनुभूति के द्वन्द्व ही से प्राणी के जीवन का आरम्भ होता है। उच्च प्राणी मनुष्य भी केवल एक जोड़ी अनुभूति लेकर संसार में आता है।'

आचार्य शुक्ल इस प्रश्न के चक्कर में नहीं पड़े कि जीवन कहाँ से आता है। उन्होंने सीधे जीवन (सप्राणता या सजीवता) को आधार स्वीकार कर अपने मनोविज्ञान का भवन खड़ा किया है।

हम देख चुके हैं कि शुक्ल जी के अनुसार सुखात्मक और दु:खात्मक अनुभूतियों से ही जीवन का आरम्भ होता है। आगे चलकर जीवनकाल में इन्हीं सुखात्मक और दु:खात्मक अनुभूतियों के भिन्न-भिन्न योग या मिश्रण से भावों या मनोविकारों का संघटन होता है। यहाँ यह स्पष्ट कर देना उचित होगा कि शुक्ल जी के अनुसार कोई भी प्राणी, मनुष्य भी, जन्म से ही भावों या मनोविकारों से युक्त नहीं होता। भावों या मनोविकारों का जन्म और विकास प्राणी के जन्म के बाद जीवन की प्रक्रिया के दौरान समाज के बीच होता है।

प्रारंभ में बच्चे में सुख और दु:ख की सामान्य अनुभूतियाँ मात्र होती हैं—भाव या मनोविकार नहीं होते। पेट के भरे होने पर उसे सुख की अनुभूति होती है और खाली होने पर दु:ख की। उसका हँसना या रोना इन्हीं दोनों अनुभूतियों के चिह्न हैं। ये अनुभूतियाँ प्रारम्भ में बिल्कुल सामान्य रूप में रहती हैं, विशेष-विशेष विषयों (वस्तुओं) की ओर विशेष-विशेष रूपों में ज्ञानपूर्वक उन्मुख नहीं होतीं। शुक्ल जी ने इसी सामान्य अनुभूति को 'मूल अनुभूति' भी कहा है। सुख-दु:ख की मूल अनुभूति ही विषय भेद के अनुसार प्रेम, उत्साह,

आश्चर्य, क्रोध, भय, करुणा, घृणा, ईर्ष्या इत्यादि मनोविकारों का जटिल रूप धारण करती है। सूत्र रूप में भाव या मनोविकार मूल या सामान्य अनुभूति के ही जटिल रूप हैं।

यद्यपि भाव या मनोविकार मूल अनुभूतियों के ही जटिल रूप होते हैं, फिर भी उनमें अन्तर होता है। मूल अनुभूति और भाव के अन्तर को आचार्य शुक्ल ने एक उदाहरण देकर स्पष्ट किया है। उनका कथन है कि—जैसे यदि शरीर में कहीं सुई चुभने की पीड़ा हो तो केवल सामान्य दु:ख होगा, पर यदि साथ ही यह ज्ञात हो जाय कि सुई चुभाने वाला कोई व्यक्ति है तो उस दु:ख की भावना कई मानसिक और शारीरिक वृत्तियों के साथ संश्लिष्ट होकर उस मनोविकार की योजना करेगी जिसे क्रोध कहते हैं।' निष्कर्ष यह कि दु:ख की मूल अनुभूति के आधार पर ही क्रोध का विकास होता है—पर क्रोध दु:ख की सामान्य या मूल अनुभूति मात्र नहीं है।

कोई भी भाव अपने संयोजक अवयवों से भी भिन्न होता है। उदाहरणार्थ क्रोध के संयोजक अवयव हैं—(१) दु:ख की मूल अनुभूति और (२) दु:ख के कारण का बोध। क्रोध न तो दु:ख की मूल अनुभूति मात्र है, न दु:ख के कारण का बोध मात्र और न इनका योग मात्र। वह वास्तव में इन दोनों से भिन्न तथा इनके योग से भी भिन्न एक नया मनोतत्त्व है जिसमें कई मानसिक और शारीरिक वृत्तियों का संश्लेष भी होता है।

'क्रोध' की ही भाँति शुक्ल जी ने 'दया' या 'करुणा' का भी विकास दिखाया है। पहले बच्चे को अपने दु:ख का ज्ञान होता है, दूसरों के दु:ख का नहीं। बढ़ने पर असंलक्ष्यक्रम अनुमान द्वारा उसे और बालकों का कष्ट या रोना देखकर भी एक विशेष प्रकार का दु:ख होने लगता है जिसे दया या करुणा कहते हैं।' 'असंलक्ष्यक्रम अनुमान' का अर्थ है ऐसा अनुमान या निष्कर्ष जिसके विभिन्न सोपानों का क्रम दिखलाई नहीं पड़ता। अनुमान में क्रम अनिवार्यत: होता है पर असंलक्ष्यक्रम में वह क्रम दिखलाई नहीं पड़ता। जब तक बच्चे में अनुमान की शक्ति नहीं विकसित होती तब तक उसमें दया या करुणा का भाव नहीं जाग सकता।

इसी प्रकार भय के विकास के विषय में शुक्ल जी ने कहा है कि निश्चयात्मिकता बुद्धि के विकसित हो जाने पर ही भय का उदय बच्चे में होता है, उससे पहले नहीं। बहुत छोटे बच्चे को कुछ भी भय नहीं होता। यहाँ तक कि उसे मारने के लिए हाथ उठाएँ तो भी वह विचलित न होगा। कारण यह कि वह निश्चय नहीं कर सकता कि इस हाथ उठाने का परिणाम दु:ख होगा। इसी प्रकार अन्य भावों का भी विकास वे मानते हैं।

मनोविकारों के विकास की प्रक्रिया स्पष्ट करते हुए उन्होंने लिखा है कि मनोविकारों की अनेकरूपता का विकास विषय-बोध की विभिन्नता और उस विषय-बोध से सम्बन्धित इच्छाओं की विभिन्नता के अनुसार होता है।

सुख और दु:ख की मूल अनुभूतियाँ कुछ बँधी हुई शारीरिक क्रियाओं को जन्म देती हैं जिन्हें मूल प्रवृत्तियाँ कहते हैं। विशुद्ध सुख की अनुभूति में मनुष्य हँसता है, कूदता है या सुख पहुँचानेवाली वस्तु से लगा रहता है। इसी प्रकार विशुद्ध दु:ख की अनुभूति होने पर मनुष्य हाथ-पैर पटकता है, रोता हैं, या दु:ख पहुँचाने वाली वस्तु से हटता है। शुक्ल जी का कहना है कि ये शारीरिक क्रियाएँ सुख और दु:ख के अनिवार्य लक्षण मात्र हैं। इन्हें हम प्रयत्न नहीं कह सकते। अत: वे किसी प्रकार की इच्छा का पता नहीं देतीं। इच्छा के बिना कोई शारीरिक क्रिया प्रयत्न नहीं कहला सकती।

भावों या मनोविकारों के विकास के साथ मनुष्य बँधी-बँधायी शारीरिक क्रियाओं से आगे बढ़कर प्रयत्नपूर्वक क्रियाएँ करता है जिनसे उसकी इच्छाओं का भी बोध होता है। भागना, छिपना या मारना, झपटना आदि प्रयत्न हैं जो इच्छा के स्वरूप का पता देते हैं। शुक्ल जी का कहना है कि सभ्य जातियों के बीच इन प्रयत्नों का स्थान बहुत कुछ शब्दों ने ले लिया है। अतः मुँह से निकले हुए वचन ही अधिकतर भिन्न-भिन्न इच्छाओं का पता देकर भावों की व्यंजना किया करते हैं। दोनों प्रकार की शारीरिक क्रियाएँ साहित्यशास्त्र में अनुभाव कहलाती हैं।

इच्छापूर्वक की गई शारीरिक क्रियाएँ या प्रयत्न ही जीवन के आधार हैं। शुक्ल जी ने बिल्कुल सही स्थापना की है कि—'समस्त मानव-जीवन के प्रवर्तक भाव या मनोविकार ही होते हैं।' इस प्रकार मानव-जीवन के विकास में मनोविकारों की भूमिका का महत्त्व स्पष्ट है। मनोविकार या भाव जीवन और समाज में उत्पन्न होते हैं और बदले में जीवन और समाज को स्वयं प्रेरित करते हैं। शुक्ल जी का यह दृष्टिकोण भाववाद (Idealism) नहीं, अपितु वैज्ञानक भौतिकवाद है। मार्क्सवादी मनोविज्ञान और दर्शन भी मानव के व्यक्तिगत और सामाजिक जीवन में भावों की भारी भूमिका स्वीकार करते हैं। एम० रोजेन्थल और पी० यूदिन ने 'ए डिक्शनरी ऑफ़ फ़िलासफ़ी' में लिखा है कि 'मनुष्य के मनोभाव समाज द्वारा आकार ग्रहण करते हैं और उसके आचरण, व्यावहारिक एवं संज्ञानात्मक क्रियाकलापों में आश्चर्यजनक भूमिका निभाते हैं। लेनिन ने कहा है कि मानवीय भावों के बिना सत्य के लिये कोई भी मानवीय प्रयत्न न कभी हुआ है, न कभी हो सकता है और न कभी होगा ही। × × अतः लोगों की क्रियाओं को नियन्त्रित करने में भावों की अनिवार्य भूमिका होती है।' (ए डिक्शनरी ऑफ़ फ़िलासफ़ी—मास्को १९६७, पृ० १३७)

मानव के चरित्र का आधार भी, शुक्ल जी के अनुसार, भाव या मनोविकार ही होते हैं। उन्होंने स्पष्ट शब्दों में लिखा है कि—'शील या चरित्र का मूल भी भावों के विशेष प्रकार के संगठन में ही समझना चाहिए।' (चिन्तामणि, पृ० ३)

आचार्य शुक्ल के निबन्धों में मनोविज्ञान और समाजशास्त्र उसी प्रकार संश्लिष्ट हैं जिस प्रकार उनके भीतर मनोवैज्ञानिक और समाजशास्त्री के व्यक्तित्व। भावों या मनोविकारों की उत्पत्ति और विकास की समाजाश्रित व्याख्या तो उन्होंने की ही, साथ में उन्हें समस्त मानव-जीवन का प्रवर्तक कहकर जीवन के आधार रूप में प्रतिष्ठित कर दिया। आगे उन्होंने मनोविकारों को पूरे समाज या लोक से बड़ी गहराई से सम्पृक्त करते हुए बताया कि लोक-रक्षा और लोक-रंजन की सारी व्यवस्था का ढाँचा इन्हीं पर ठहराया गया है।

मनोविकारों द्वारा मनुष्य की प्रवृत्ति-निवृत्ति का नियमन होता है। प्रवृत्ति का अर्थ है क्रिया या कर्म में रत होना और निवृत्ति का अर्थ है उससे विरत होना। कर्तव्य की प्रवृत्ति होनी चाहिए और अकर्तव्य से निवृत्ति होनी चाहिए। इसी में व्यक्ति-व्यक्ति का और पूरे समाज का भी भला है।

प्रवृत्ति-निवृत्ति के निर्धारण के लिए राज्य सत्ताएँ और धार्मिक सत्ताएँ और विभिन्न सम्प्रदाय प्रयत्नशील रहते हैं। विधि-निर्माण के द्वारा सरकारें अपने-अपने नागरिकों को कुछ कार्यों को करने के लिए प्रेरित करती हैं और कुछ कार्यों को निषिद्ध करती हैं। इसके लिये वे दण्ड और पुरस्कार का विधान भी करती हैं। स्पष्टतः यह मनुष्य के 'भय' और 'लोभ'

मनोभावों का प्रवृत्ति-निवृत्ति के लिए उपयोग करना है। इसी प्रकार धार्मिक स्वर्ग के सुखों का लोभ पैदा कर और नरक के कष्टों से भयभीत कर मनुष्यों को सत्कर्म में प्रवृत्त और दुष्कर्म से निवृत्त करने का प्रयत्न करता है। इतिहास में विभिन्न सम्प्रदायों द्वारा मानवीय मनोविकारों का भीषण दुरुपयोग भी किया गया है। मत-प्रवर्तक अपने द्वेष और संकुचित विचारों के लिए जनता को काँपते और लपकाते आये हैं। एक जाति (मानव-समूह) को मूर्तिपूजा करते देख दूसरी जाति के मत प्रवर्तक ने उसे गुनाहों में दाखिल किया। शुक्ल जी मानव मनोभावों के इस प्रकार के साम्प्रदायिक दुरुपयोग करने के सख्त विरुद्ध हैं। उनका विवेकपूर्ण मत है कि—'भावक्षेत्र अत्यन्त पवित्र क्षेत्र है। उसे इस प्रकार गन्दा करना लोक के प्रति भावी अपराध समझना चाहिए।

शुक्ल जी की चिन्ता का मुख्य केन्द्र व्यक्ति नहीं लोक है। लोक के प्रति अपराध शुक्ल जी को सहन नहीं। व्यक्ति के प्रति अपराध को एक सीमा तक वे क्षम्य मान लेते हैं, पर लोक के प्रति अपराध हर हालत में अक्षम्य है। शुक्ल जी स्पष्टतः लोकवादी चिन्तक हैं। उन्हें हम लोकवादी मनोवैज्ञानिक, लोकवादी समाजशास्त्री, लोकवादी साहित्यशास्त्री, लोकवादी आलोचक, लोकवादी कवि और मनुष्य बेहिचक कह सकते हैं।

शुक्ल जी के मतानुसार लोकरक्षा और लोकरंजन के लिए प्रवृत्ति और निवृत्ति का उचित नियमन आवश्यक होता है लेकिन शासन की पहुँच प्रवृत्ति और निवृत्ति की बाहरी व्यवस्था तक ही होती है। उनके मूल या मर्म तक उनकी पहुँच नहीं होती। उनका कहना है कि शासन के विपरीत कविता में भीतरी या सच्ची प्रवृत्ति-निवृत्ति को जागरित रखने वाली शक्ति होती है। कविता सत्कर्म या धर्म के प्रति जनता में भक्ति-भावना जगाती है। इस प्रकार शुक्ल जी कविता को शासन से अधिक प्रतिष्ठा देते हैं।

शुक्ल जी की वैज्ञानिक दृष्टि में भक्ति किसी देवी-देवता की पूजा नहीं है। उन्होंने लिखा है 'भक्ति धर्म की रसात्मक अनुभूति है।' (चिन्तामणि, पृ० ३) 'धर्म की रसात्मक अनुभूति' का अर्थ है सत्कर्म में आनन्द की अनुभूति। इन्हीं सत्कर्मों पर तो पूरे समाज या लोक की रक्षा और सुख निर्भर करता है।

धर्म या सत्कर्म से निज मंगल और लोक-मंगल दोनों सिद्ध होते हैं। अतः धर्म की रसात्मक अनुभूति या भक्ति के भीतर मनुष्य के अपने मंगल और लोक-मंगल का संगम दिखाई पड़ता है।

निज-मंगल और लोक-मंगल का संगम पाने से लिए दूसरे शब्दों में धर्म की रसात्मक अनुभूति के लिए या भक्ति पाने के लिए शुक्ल जी के मतानुसार मनुष्य को अपने हृदय का प्रसार करना पड़ता है यानी संकीर्ण स्वार्थों से हृदय को मुक्त करना होता है।

हृदय का प्रसार करने के लिए शुक्ल जी के अनुसार दो प्रमुख साधन हैं—पहला प्रकृति में रमना और दूसरा कविता का अनुशीलन करना। इनमें प्रत्येक हृदय का प्रसार करने में सक्षम है।

शुक्ल जी के मतानुसार हृदय-प्रसार के बिना या निज-मंगल और लोक-मंगल के संगम के बिना मनुष्य का जीना सार्थक नहीं होता। जिस मनुष्य का हृदय-प्रसार संपूर्ण लोक तक हो गया, वह जगत् का सच्चा प्रतिनिधि हो जाता है।

शुक्ल जी के मनोवैज्ञानिक व्यक्तित्व के विवेचन में पूरी पुस्तक लिखी जा सकती है। अत: यहाँ पर मैं मुख्य-मुख्य बातें ही रख सकूँगा।

शुक्ल जी ने 'चिन्तामणि' में उत्साह, श्रद्धा, भक्ति, करुणा, लज्जा, ग्लानि,: लोभ, प्रीति, घृणा, ईर्ष्या, भय और क्रोध का विस्तृत विश्लेषण किया है और प्रसंगत: उमंग, प्रेम, संकोच, आशंका, स्पर्द्धा, द्वेष, वैर, चिड़चिड़ाहट और अमर्ष का भी स्वरूप स्पष्ट किया है। इन सब के प्रति उन्होंने सुचिन्तित, लोकहित-निर्देशित वैज्ञानिक दृष्टिकोण अपनाया है, धार्मिक, नैतिक या व्यक्तिवादी दृष्टिकोण नहीं।

शुक्ल जी की स्थापना है कि—'अन्त:करण की जितनी वृत्तियाँ हैं, उनमें से कोई निरर्थक नहीं, सबका उपयोग है, इनमें से किसी की शक्ति फालतू नहीं, यदि मनुष्य इनमें से किसी को निष्क्रिय करने का अभ्यास करेगा तो अपनी पूर्णता को खोएगा और अपनी स्थिति को जोखिम में डालेगा।' (चिन्तामणि, भाग १, पृ० २६) स्पष्ट है कि वे भावों या मनोविकारों के प्रति वैज्ञानिक दृष्टि अपनाते हैं, अन्धमत नहीं। यही बात उनके द्वारा निर्धारित किसी मनोविकार के अच्छे या बुरे होने की कसौटी से भी प्रमाणित होती है। उनका कहना है कि—'किसी भाव के अच्छे या बुरे भाव होने का निश्चय अधिकतर उसकी प्रवृत्ति के शुभ या अशुभ परिणाम के विचार से होता है।' कहना चाहिए कि उनका यह वाक्य उनके वैज्ञानिक आचारशास्त्र (Ethics) का आधार और सार है। मध्यकालीन संतों और नैतिकतावादियों की भाँति वे यह नहीं स्वीकार करते कि कोई मनोविकार या भाव अपने आप में सदा अच्छा या बुरा होता है, वरन् किसी भाव द्वारा प्रेरित प्रवृत्ति के परिणाम पर ही उस भाव की अच्छाई या बुराई आधारित मानते हैं। उदाहरण द्वारा उन्होंने स्पष्ट किया है कि एक ही भाव किसी परिस्थिति विशेष में अच्छा हो सकता है तो किसी दूसरी परिस्थिति में बुरा भी हो सकता है। न ही उत्साह जो कर्तव्य कर्मों के प्रति इतना सुन्दर दिखाई पड़ता है, अकर्तव्य कर्मों की ओर होने पर श्लाघ्य नहीं प्रतीत होता। ('चिन्तामणि' पृ० ७)

अपनी तात्त्विक दृष्टि के कारण शुक्ल जी मूर्ख धार्मिकों एवं नीतिज्ञों की भाँति किसी भी भाव या मनोविकार की आँख मूँदकर निन्दा करते हुए उसे दूर करने का उपदेश नहीं देते। वे सभी भावों के उचित उपयोग पर अर्थात् सृष्टि के विभिन्न पदार्थों के साथ, परिस्थिति के अनुकूल, उनके उपयुक्त सम्बन्ध-निर्वाह पर बल देते हैं। वे ललकार कर कहते हैं—'नीतिज्ञों और धार्मिकों का मनोविकारों का दूर करने का उपदेश घोर (साधारण नहीं) पाखण्ड पाखण्ड है।' (चिन्तामणि, पृ० १६) उनके मतानुसार संसार में मनुष्य मात्र की समान वृत्ति कभी हो नहीं सकती, अत: रागों के सम्पूर्ण दमन की अपेक्षा परिष्कार ज्यादा काम में आने वाली बात है।

भाव या मनोविकार का सामान्य स्वरूप निरूपित करने के पश्चात् आचार्य शुक्ल ने 'उत्साह' का विवेचन किया है। उनके मतानुसार 'साहसपूर्ण आनन्द की उमंग का नाम उत्साह है (वही, पृ० ५) इस परिभाषा से स्पष्ट है कि उत्साह में दो तत्त्व होते हैं—एक आनन्द की उमंग और दूसरा साहस। आचार्य विश्वनाथप्रसाद मिश्र का यह मत उचित नहीं है कि शुक्ल जी की परिभाषा के अनुसार उ़त्साह में साहस, आनन्द और उमंग तीन तत्त्व अनिवार्य होते हैं। 'उमंग' को स्वतन्त्र तत्त्व मानना ठीक नहीं है। वस्तुत: उमंग आनन्द की ही है अत: वह अलग तत्त्व नहीं है। स्वयं शुक्ल जी ने आगे चलकर स्पष्ट शब्दों में लिखा है कि—'उत्साह एक यौगिक भाव है जिसमें साहस और आनन्द का मेल रहता है।' (वही,

पृ० ८) यहाँ, 'उमंग' का उल्लेख नहीं है। यदि 'उमंग' उत्साह का कोई स्वतन्त्र संघटक होता तो उन्होंने उसके योग का उल्लेख इस वाक्य में अवश्य किया होता।

आनन्द की उमंग का अर्थ है आनन्दमयी कर्मैणा अर्थात् काम करने की ऐसी इच्छा जिसमें आनन्द का योग हो। जब आनन्द की उमंग के साथ साहस का योग होता है तो वह उत्साह कहलाता है। काम की चुनौती के सामने होने पर उसे करने के लिए कुछ लोगों में उमंग उठती है। यदि काम कठिन हो तो उस करने के लिए साहस की भी जरूरत होती है। आनन्द की उमंग ही साहस के मेल से उत्साह बन जाती है।

अगर गहराई से सोचें तो पता चलता है कि उमंग एक प्रकार से उत्साह का ही हल्का रूप है और उत्साह उमंग का ही उच्च और गहरा रूप। इस प्रकार आचार्य शुक्ल ने अपनी परिभाषा द्वारा उमंग और उत्साह का अन्तर भी व्यंजित कर दिया है।

उमंग और उत्साह का सम्बन्ध कर्म से होता है अतः आचार्य शुक्ल ने ठीक कहा कि—'कर्म-सौन्दर्य के उपासक ही सच्चे उत्साही कहलाते हैं।' (वही, पृ० ५)

साहस उत्साह का अंग है, पर स्वयं उत्साह नहीं। साहस के बिना उत्साह नहीं हो सकता, पर साहस को उत्साह नहीं कह सकते। शुक्ल जी ने इनका अन्तर स्पष्ट करते हुए दिखा है कि—'बिना बेहोश हुए भारी फोड़ा चिराने को तैयार होना साहस कहा जायेगा, पर उत्साह नहीं।' (वही, पृ० ५)

साहस से मिलता-जुलता भाव धीरता (धैर्य या धृति) है। साहस और धैर्य को अलगाते हुए शुक्ल जी ने लिखा—'चुपचाप, बिना हाथ-पैर हिलाये, **घोर प्रहार सहने के लिए तैयार रहना साहस और कठिन से कठिन प्रहार सहकर भी जगह से न हटना धीरता** कही जायेगी।' (वही, पृ० ५) रस-दृष्टि से धृति और साहस उत्साह के सहायक अथवा वीर रस के संचारी भाव हैं। वे स्वयं उत्साह नहीं हैं। शुक्ल जी ने बताया है कि 'साहस और धीरता को उत्साह के अन्तर्गत तभी ले सकते हैं जबकि साहसी या धीर उस काम को आनन्द के साथ करता चला जायेगा जिसके कारण उसे इतने प्रहार सहने पड़ते हैं।' (वही, पृ० ५)

उत्साह को साहित्य के आचार्यों ने वीर रस का स्थायी भाव माना है। उत्साही वीर कहलाता है। कष्ट या हानि के भेद के अनुसार उत्साह के भी भेद हो जाते हैं। युद्धवीर, दानवीर, दयावीर इत्यादि भेद इसी दृष्टि से किये गये हैं। शुक्ल जी ने इन परम्परित भेदों के अतिरिक्त अपनी दृष्टि से कुछ अन्य भेदों का उल्लेख किया है—जैसे वाग्वीर और बुद्धिवीर। वाग्वीरों के प्रसंग में अपने भावात्मक व्यक्तित्व के एक गुण विनोद-प्रियता की भी झलक उन्होंने दे दी है। उन्होंने लिखा है—'इस जमाने में वीरता का प्रसंग उठाकर वाग्वीर का उल्लेख यदि न हो तो बात अधूरी ही समझी जायेगी। ये वाग्वीर आजकल बड़ी-बड़ी सभाओं के मंचों पर से लेकर स्त्रियों के उठाये हुए पारिवारिक प्रपंचों तक में पाये जाते हैं और काफी तादाद में।' (वही, पृ० ८)

उत्साही को वीर कहना उचित है, पर कभी-कभी (आजकल तो प्रायः) लोगों का उत्साह बुरे कामों में भी दिखाई पड़ता है। चोरी, डकैती, राहजनी, तस्करी, घूसखोरी, बूथ कैप्चरिंग, बलात्कार, हत्या इत्यादि के प्रति उत्साह रखने वाले को वीर नहीं कहा जा सकता। यह हमेशा याद रखना चाहिए। वीर और क्रूर का अन्तर भारतीय चिन्तन-परम्परा में प्राचीन काल में ही प्रतिष्ठित हो चुका था। वीर रस का निरूपण करते हुए आचार्य भरत मुनि ने

नाट्यशास्त्र में लिखा है : 'अथ वीरो नाम उत्तमप्रकृतिरुत्साहात्मक:। स च असम्मोहाध्यवसायनयबलपराक्रमशक्तिप्रतापप्रभावादिभिर्विभावैरुत्पद्यते।' अर्थात् उत्तम प्रकृति का उत्साही ही वीर है या वीर (रस) उत्तम प्रकृति के उत्साह से युक्त होता है। असम्मोह, अध्यवसाय (चेष्टा), नय (नीति), विनय, बल, पराक्रम, शक्ति, प्रताप, प्रभाव आदि विभावों से यह उत्पन्न होता है। 'उत्तम प्रकृति' का निर्देश होने से डाकू और तस्कर वीर नहीं कहे जा सकते, न समाज में न साहित्य में। इनका असत्साहस 'रौद्र' के अन्तर्गत आयेगा, न कि 'वीर' के अन्तर्गत। शुक्ल जी इस अन्तर को भुलाते नहीं। उन्होंने लिखा—'वही उत्साह जो कर्तव्य कर्मों के प्रति इतना सुन्दर दिखाई पड़ता है, अकर्तव्य कर्मों की ओर होने पर वैसा श्लाघ्य नहीं प्रतीत होता। आत्मरक्षा, पररक्षा, देशरक्षा आदि के निमित्त साहस की जो उमंग देखी जाती है उसके सौन्दर्य को परपीड़न, डकैती आदि कर्मों का साहस कभी नहीं पहुँच सकता।' (वही,पृ० ७)

शुक्ल जी ने वास्तविक वीरों या उत्साहियों और नकली वीरों या उत्साहियों में भेद किया है। असली उत्साही अपने कामों के शुभ परिणाम पर दृष्टि रखता है, जबकि नकली कहलाने के लिए अपनी उछल-कूद दिखाता है। शुक्ल जी ने दूसरी श्रेणी के उत्साहियों को 'ओछे लोग' कहा है और उन्हें आस्थापूर्वक रूढ़ि-पालन करने वालों से भी बदतर माना है।

प्रसंगवश प्रयत्न को परिभाषित करते हुए आचार्य शुक्ल ने लिखा कि—'बुद्धि द्वारा पूर्ण रूप से निश्चित की हुई व्यापार-परम्परा का नाम ही प्रयत्न है।' इसी प्रकार कर्मण्य को परिभाषित किया कि—'कर्म में आनन्द अनुभव करने वालों ही का नाम कर्मण्य है।

उत्साह का सम्बन्ध मनुष्य के समस्त जीवन-व्यापार से दूसरे शब्दों में कर्म-समष्टि से होता है। अत: मनोविकारों के सामान्य विवेचन के पश्चात् सबसे पहले 'उत्साह' को रखना एक सुनिश्चित योजना का अंग प्रतीत होता है।

अब हम 'श्रद्धा-भक्ति' सम्बन्धी शुक्ल जी के विवेचन पर विचार करते हैं।

श्रद्धा और प्रेम के मिश्रण से भक्ति का संघटन होता है। अत: शुक्ल जी ने श्रद्धा और प्रेम का विवेचन पहले किया। उनके अनुसार श्रद्धा एक आनन्दपूर्ण पद्धति है जो किसी के हृदय में उस समय स्थापित होती है जब वह किसी व्यक्ति में जनसाधारण से अधिक गुण और शक्ति का विकास देखकर प्रसन्न होता है और उसके प्रति सम्मान की भावना से भर जाता है।

प्रेम भी आनन्दपूर्ण भाव है, पर श्रद्धा से भिन्न। दोनों के अन्तरों पर शुक्ल जी ने बहुत विस्तार से विचार किया है। पहली बात तो यह है कि प्रेम के लिए किसी मनुष्य का अच्छा लगना भर पर्याप्त होता है, पर श्रद्धा के लिए आवश्यक होता है कि मनुष्य किसी गुण में औरों से बढ़ा हुआ होने के कारण हमारे सम्मान का पात्र हो। दूसरी मुख्य बात यह है कि श्रद्धा का व्यापार-स्थल विस्तृत होता है और प्रेम का एकान्त। प्रेमी अपने प्रिय का चिन्तन आँख मूँदे हुए संसार को भुलाकर करता है, पर श्रद्धालु श्रद्धेय का चिन्तन संसार या उसके कुछ अंश को सामने रखकर करता है। प्रेम और श्रद्धा का अन्तर इस बात से सुस्पष्ट होता है कि प्रेमी अपने प्रिय पर एकाधिकार चाहता है, वह नहीं चाहता कि उसके प्रिय को और कोई भी प्यार करे, पर श्रद्धालु श्रद्धेय पर किसी प्रकार का अधिकार नहीं चाहता है और चाहता है कि सभी उसके श्रद्धेय पर श्रद्धा रखें। प्रेम और श्रद्धा में प्रक्रियागत अन्तर भी होता है—प्रेम

में प्रेमी की दृष्टि प्रिय पर से होती हुई उसके कर्मों तक पहुँचती है और श्रद्धा में पहले कर्मों से होती हुई श्रद्धेय तक पहुँचती है। इसी बात को लक्ष्य कर आचार्य शुक्ल ने कहा है कि प्रेम में दो पक्ष होते हैं और श्रद्धा में तीन। श्रद्धा में श्रद्धेय का कर्म या गुण मध्यस्थ होता है, अत: वह तीसरा पक्ष है।

श्रद्धा और प्रेम का अन्तर स्पष्ट करने के पश्चात् शुक्ल जी श्रद्धा का सम्बन्ध धर्म से जोड़ते हैं। ध्यातव्य है कि शुक्ल जी की दृष्टि में धर्म का अर्थ पंथ, मजहब या साम्प्रदायिक धर्म नहीं है। इसके विपरीत उसका अर्थ है मानव-समष्टि या लोक की रक्षा और सुख का विधान करने वाले कर्म जिन्हें सत्कर्म कहना ठीक होगा। श्रद्धा धर्म अर्थात् सत्कर्म के कारण होती है और वह पूर्णत: एक सामाजिक भाव है।

श्रद्धा एक प्रकार का प्रतिकार है। वह शुभ कर्मों का प्रतिकार है। वह आनन्दपूर्ण कृतज्ञता है जिसे सामाजिक प्राणी मनुष्य समाज के प्रतिनिधि के रूप में प्रकट करता है। साधारण कृतज्ञता और श्रद्धा में अन्तर यह है कि कृतज्ञता अपनी व्यक्तिगत भलाई के बदले में होती है और श्रद्धा दूसरों की भलाई के बदले में।

आचार्य शुक्ल की दृष्टि में श्रद्धा किसी समाज के जागरण की कसौटी है। उन्होंने सही लिखा है कि—'जिस समाज में सदाचार पर श्रद्धा और अत्याचार पर क्रोध प्रकट करने के लिए जितने ही अधिक लोग तत्पर पाये जायेंगे उतना ही वह समाज जाग्रत समझा जायेगा।' (वही, पृ० १४) यहाँ पर इस ओर ध्यान आकर्षित करना अनुचित न होगा कि शुक्ल जी ने श्रद्धा के साथ ही साथ क्रोध को भी समाज की जागृति की कसौटी माना है। उनकी दृष्टि यहाँ पर भी द्वन्द्वात्मक है—एकांगी नहीं। एक द्वन्द्ववादी वैज्ञानिक समाज-चिन्तक ही यह वाक्य लिख सकता था, अन्य कोटि का चिन्तक नहीं।

चूँकि श्रद्धा का सम्बन्ध समाज की भलाई से है अत: जब तक किसी के हृदय में सामूहिक हित की भावना नहीं विकसित होती, तब तक श्रद्धा उत्पन्न नहीं हो सकती। बच्चों में कृतज्ञता का भाव पाया जाता है, पर सदाचार के प्रति उस कृतज्ञता का नहीं जिसे श्रद्धा कहते हैं।

श्रद्धा का मूल तत्त्व होता है दूसरे का महत्त्व स्वीकार करना। अत: स्वार्थियों और अभिमानियों के हृदय में श्रद्धा नहीं टिक पाती।

मोटे तौर पर आचार्य शुक्ल ने श्रद्धा की तीन कोटियाँ मानी हैं—पहली प्रतिभा-सम्बन्धिनी, दूसरी शील-सम्बन्धिनी और तीसरी साधन-सम्पत्ति-सम्बन्धिनी। प्रतिभा-सम्बन्धिनी श्रद्धा सभी मनुष्य में संभव नहीं, क्योंकि प्रतिभा और उससे उत्पन्न कृतियों को समझने के लिए भी प्रतिभा का कुछ अंश आवश्यक होता है जो सबको सुलभ नहीं होता। अत: मनुष्य में इस प्रकार की श्रद्धा का अभाव शुक्ल जी की दृष्टि में क्षम्य है।

शील-सम्बन्धिनी श्रद्धा प्रकट करना आचार्य शुक्ल सब मनुष्यों के लिए आवश्यक मानते हैं। कारण यह कि शील या सदाचार सम्बन्धी आदर्श पूरे समाज में प्रतिष्ठित होते हैं। उनके बोध के लिए किसी प्रकार की विशेष योग्यता आवश्यक नहीं होती। अत: शुक्ल जी का मत है कि किसी को दूसरों के कल्याण के लिए स्वार्थ का त्याग करते देख यदि व्यक्ति के मुँह से 'धन्य-धन्य' भी नहीं निकलता तो वह समाज के लिए किसी काम का नहीं।

आचार्य शुक्ल ने श्रद्धा को धर्म की पहली सीढ़ी कहा है। उनका कहना बिल्कुल ठीक है। जो श्रद्धा भी नहीं कर सकता वह धर्म या सदाचार क्या करेगा। श्रद्धा की पहली सीढ़ी पर आरूढ़ होने के बाद ही सदाचार या धर्म की दूसरी सीढ़ी पर कोई पहुँच सकता है।

साधन-सम्पत्ति-सम्बन्धिनी श्रद्धा के बारे में आचार्य शुक्ल ने मनुष्य को सावधान रहने के लिए कहा है। कारण यह कि इस कोटि की श्रद्धा विशुद्ध साधन-सम्पन्नता पर होती है—उनके सदुपयोग पर नहीं। साधनों का सदुपयोग, दुरुपयोग और अनुपयोग तीनों सम्भव है। साधनों के दुरुपयोग से समाज को अवश्य ही हानि पहुँचती है। आचार्य शुक्ल का कहना है कि यदि किसी अपव्ययी और मद्यप कवि पर अत्यन्त श्रद्धा के कारण कोई उसकी आर्थिक सहायता करता है—तो वह उस अन्याय और उपद्रव का थोड़ा-बहुत उत्तरदाता अवश्य होता है जो कवि जी अपने सहवर्तियों के बीच करने में समर्थ होते हैं।

साधन-सम्पत्ति-सम्बन्धिनी श्रद्धा श्रद्धालु को अन्धा बना देती है जिससे वह अपने श्रद्धेय के दुर्गुणों को नहीं देखता है। कभी-कभी तो उन्हें भी सद्गुण के रूप में ग्रहण कर आनन्दित होता है। शुक्ल जी के मतानुसार यह श्रद्धान्धता ठीक नहीं। श्रद्धान्धता की तुलना अन्य मनोविकारों द्वारा प्रेरित अन्धताओं से करते हुए आचार्य शुक्ल कहते हैं कि श्रद्धान्धता समाज में उतनी अनर्थकारिणी नहीं हो सकती जितनी मदान्धता, क्रोधान्धता या ईर्ष्यान्धता। शुक्ल जी के अनुसार श्रद्धा के उपर्युक्त तीन कोटि के विषयों में से शील का ही सबसे पहले ध्यान होना जनसाधारण के लिए स्वाभाविक है, क्योंकि उसका सम्बन्ध मनुष्य मात्र की स्थितिरक्षा से है।

श्रद्धा की थोड़ी-बहुत उपयोगिता श्रद्धेय के लिए भी होती है। दूसरों की श्रद्धा के सहारे उसके अपने कार्य सुगम हो जाते हैं। अतः दूसरों की श्रद्धा प्राप्त करने के लिए समाज में बहुत से लोग वास्तविक गुणों और शक्ति के अभाव में पाखण्ड फैलाते हुए दिखाई पड़ते हैं। ये पाखण्डी सच्चे धार्मिकों या सदाचारियों की ऊपरी नकल उतारते हैं। इन पाखण्डियों को शुक्ल जी शराबी, गंजेड़ी और चण्डूबाज की श्रेणी का एक दुर्व्यसनी कहते हैं। आज के भारत में इनकी संख्या और प्रभुता बहुत बढ़ गई है। झूठ श्रद्धावानों से घिरकर झूठे श्रद्धा-भाजन सच्चे श्रद्धा-भाजनों को मात कर रहे हैं जैसे आजकल झूठे मोती सच्चे मोतियों को मात कर रहे हैं। सामाजिक दृष्टि से शुक्ल जी ऐसे पाखण्डियों के लिए दण्ड-विधान आवश्यक समझते हैं और कहते हैं कि इनसे समाज को हर घड़ी सावधान रहना चाहिए। इनकी पहचान कराते हुए वे कहते हैं कि कोई गेरुआ वस्त्र लपेटे धर्म का डंका पीटता दिखाई देता है। कोई देश-हितैषिता का लम्बा चोगा पहने देशोद्धार की पुकार करता पाया जाता है।

वर्तमान भारत में चुनाव-तन्त्र ने, जिसे लोग अन्ध परम्परावश लोकतंत्र कहने के अभ्यस्त हैं, हमारे समाज या राष्ट्र को वहाँ पहुँचा दिया है जहाँ गुण्डों और पाखंडियों का ही साम्राज्य है। समाज स्वयं उनसे आतंकित है अतः उन्हें दण्ड दे तो कौन दे। समाज को आतंक मुक्त होकर खड़ा होना होगा। वह उठने के लिये कसमसा भी रहा है। जरूर उठेगा वह।

जब पूज्यभाव की वृद्धि के साथ-साथ श्रद्धेय के सामीप्य-लाभ की प्रवृत्ति होने लगे तो श्रद्धालु के हृदय में भक्ति का प्रादुर्भाव समझना चाहिए। सामीप्य-लाभ की प्रवृत्ति प्रेम का लक्षण है। अतः आचार्य शुक्ल का यह निष्कर्ष बिल्कुल ठीक है कि श्रद्धा और प्रेम के योग का नाम भक्ति है।

भक्ति श्रद्धा से आगे की उन्नत अवस्था है। महात्माओं के ऊपर श्रद्धा करके हम उन्हें अपनी जीवन-शक्ति द्वारा अर्जित कोई वस्तु देते हैं, पर उनके भक्त होकर अपने जीवन का ही कुछ अंश दे देते हैं। अपने जीवन के किसी अंश का अर्पण ही 'आत्मनिवेदन' कहलाता है। भक्त अपने बल, धन, ज्ञान आदि को अपने आराध्य का बल, धन, ज्ञान बना देता है।

भक्त अपने आराध्य के महत्त्व को बढ़ाता है। अत: उसके महत्त्व का कुछ अधिकारी वह स्वयं भी हो जाता है। श्रद्धालु इस महत्त्व का अधिकारी नहीं होता। शुक्ल जी का कहना है कि श्रद्धालु महत्त्व को स्वीकार करता है, पर भक्त महत्त्व की ओर अग्रसर भी होता है। भक्ति का सामाजिक महत्त्व श्रद्धा से बढ़कर होता है। अपने सदाचरण द्वारा दूसरों की भक्ति के अधिकारी होकर ही संसार के बड़े-बड़े महात्मा समाज के कल्याण-शाधन में समर्थ हुए हैं।

सामीप्य से अभिप्राय केवल किसी के साथ-साथ लगे रहना मात्र नहीं है, अपितु आभ्यन्तर निकटता भी है। श्रवण, कीर्तन, स्मरण आदि सामीप्य लाभ के ही विधान हैं। आराध्य के कर्म और कर्मक्षेत्र को अपने अन्त:करण में लाना भी सामीप्य का ही एक प्रयत्न और मार्ग है। कर्म से बढ़कर कर्ता का स्म।रक दूसरी नहीं। यह कहा जा सकता है कि कर्ता, कर्म और कर्मक्षेत्र के स्मरण के साथ-साथ उसके शत्रुओं का भी स्मरण होता है। शुक्ल जी का मत है कि इससे हानि नहीं होती, उल्टे इष्ट का रंग और खुलता है। उनकी स्पष्ट घोषणा है कि—'यदि राम हमारे काम के हैं तो रावण भी हमारे काम का है। एक में हम अपने लिए प्रवृत्ति का क्रम पाते हैं, दूसरे में निवृत्ति का। (वही, पृ० २४)

इसी सामाजिक-मनोवैज्ञानिक धरातल पर आचार्य शुक्ल ने भगवद्भक्ति की व्याख्या की है। मनुष्य विश्व-विधान का क्षुद्र चेतन अंश है। विश्व-विधान का क्षुद्र चेतन अंश होने के बावजूद वह चेतना की दृष्टि से प्राणियों में सर्वश्रेष्ठ है। इसी चेतना के कारण वह ईश्वर की स्वानुरूप भावना करने में समर्थ होता है। उसे परम दयामय, प्रेममय, धर्ममय मानकर अत्याचारी से पीड़ित होने पर उसके कोप का आह्वान करता है, आपद्ग्रस्त होकर उसकी दया की भीख माँगता है। यही नहीं, सुखी होने पर उसे धन्यवाद देता है। उसके प्रति भक्ति से पूर्ण होकर उसके आश्रय की कामना करता है।

पशुओं में चेतना का विकास मनुष्य की अपेक्षा बहुत कम हुआ है। उनमें धर्म अर्थात् समष्टि के हित की भावना की प्रतिष्ठा नहीं होती, अत: भक्ति-भावना भी नहीं होती। कल्पना-शक्ति के विकास के अभाव में वे ईश्वर की भावना ही नहीं कर सकते। उदाहरणार्थ शुक्ल जी ने कुत्ते को चुना है। उनका कहना है कि कुत्ते यह नहीं जानते कि एक-दूसरे को काटने दौड़ने से कुक्कुर समाज की उन्नति और वृद्धि नहीं हो सकती। समष्टि-रक्षा या धर्म की ओर प्रवृत्त करने वाले दया आदि भाव उन्हें प्राप्त नहीं हैं। उनमें स्वार्थ का भाव है, परमार्थ का भाव नहीं है। अत: वे ईश्वर की भावना करने और भक्ति करने में असमर्थ हैं।

यहाँ पर यह बतलाना अप्रासंगिक न होगा कि आचार्य शुक्ल की ईश्वर सम्बन्धी यह व्याख्या नास्तिकों या निरीश्वरवादियों की व्याख्या है। यह सही है कि वे स्वयं को निरीश्वरवादी नहीं घोषित करते, किन्तु वास्तव में वे तत्त्वत: निरीश्वरवादी ही थे। ईश्वर को मनुष्य की कल्पना कहना यही सिद्ध करता है। अन्य प्रमाणों से भी इस बात की पुष्टि होती है। 'विश्व प्रपंच' की भूमिका में उन्होंने ईश्वर की व्याख्या विकासवादी दृष्टिकोण से

की है। उन्होंने लिखा है—'इतिहास से प्रकट है कि आदि में सब देशों के बीच प्रकृति की भिन्न-भिन्न शक्तियों और विभूतियों या उनके भिन्न-भिन्न अधीश्वरों की भावना हुई और बहुदेवोपासना प्रचलित हुई। कुछ देशों में भेद में अभेद की तत्त्वदृष्टि का क्रमशः विकास हुआ और सब देवों की समष्टि के रूप में एक ईश्वर की प्रतिष्ठा हुई।' ('विश्व प्रपंच' की भूमिका, पृष्ठ १४७) विचार करने पर ज्ञात होता है कि शुक्ल जी द्वारा की गई ईश्वर की यह व्याख्या वैज्ञानिक भौतिकवाद तथा मार्क्स-एंगेल्स की ईश्वर की विकासवादी व्याख्या के अनुरूप है। इन विचारकों ने भी एकेश्वरवाद का जन्म इसी प्रकार बताया है। एंगेल्स ने लिखा है—'विकास की और भी आगे की एक अवस्था में पहुँचकर नाना देवताओं के समस्त प्राकृतिक तथा सामाजिक गुण एक सर्वशक्तिशाली ईश्वर में स्थानान्तरित हो जाते हैं।' (धर्म : कार्ल मार्क्स तथा एंगेल्स, सम्पादक तथा अनुवादक, रमेश सिन्हा, पृ० १९५) ईश्वर के सम्बन्ध में ऐसे ही विचार आचार्य शुक्ल ने अन्यत्र भी व्यक्त किए हैं। अपनी पुस्तक 'सूरदास' में उन्होंने उन कारणों को भी स्पष्ट किया है जिनसे प्रकृति की विभिन्न शक्तियों को मनुष्य ने देवों का रूप दिया। अतः यदि शुक्ल जी के तत्त्वतः निरीश्वरवादी दार्शनिक व्यक्तित्व की झलक चिन्तामणि के निबन्ध में भी मिलती है तो इसमें आश्चर्य की कोई बात नहीं।

'श्रद्धा-भक्ति' के विवेचन के पश्चात् चिन्तामणि का चौथा निबन्ध है 'करुणा'। किसी दूसरे का दुःख देख या जानकर मनुष्य जो एक प्रकार का दुःख अनुभव करता है—उसे ही करुणा कहते हैं।

करुणा और क्रोध प्रवृत्ति की दृष्टि से परस्पर विरोधी भाव हैं। क्रोध जिसके प्रति उत्पन्न होता है, उसकी हानि की चेष्टा की जाती है और करुणा जिसके प्रति उत्पन्न होती है उसकी भलाई का उद्योग किया जाता है। शुक्ल जी के मतानुसार दूसरों के दुःख से दुःखी होने का नियम समाज में बहुत व्यापक है, किन्तु दूसरों के सुख से सुखी होने का नियम उतना व्यापक नहीं है। यही कारण है कि दूसरों के सुख से होने वाले आनन्द का कोई अलग नाम तक नहीं रखा गया है।

आचार्य शुक्ल का मत है कि मनुष्य के स्वभाव में सात्त्विकता की संस्थापना करने में करुणा का प्रथम स्थान होता है। करुणा अज्ञात व्यक्ति की अपेक्षा सुपरिचित गुणी व्यक्ति के प्रति अधिक होती है।

करुणा से मिलते-जुलते भाव 'कृपा' और 'अनुग्रह' हैं—पर वे करुणा से भिन्न हैं। कृपा और अनुग्रह में भी कृपालु और अनुग्रहशील दूसरों की भलाई करते हुए या सुख पहुँचाते हुए दिखाई पड़ते हैं, किन्तु उनके भावों के पीछे दुःख की प्रेरणा नहीं होती।

करुणा, शील और नियम—इन तीनों में शुक्ल जी 'करुणा' को ही सर्वाधिक महत्त्व देते हैं। उनका कहना है कि—मनोवेगवर्जित सदाचार दम्भ या झूठी कवायद है। मनुष्य के अन्तःकरण में सात्त्विकता की ज्योति जगाने वाली यही करुणा है।' (वही, पृ० ३२) करुणा के बाद शील महत्त्वपूर्ण होता है और नियम का महत्त्व शील से भी नीचे होता है। शुक्ल जी का कथन है कि नियम शील या सद्वृत्ति का साधक है, समकक्ष नहीं। 'सत्य बोलना एक नियम है, लेकिन कभी-कभी वह शील या सदाचार में बाधक बन जाता है। इसके विपरीत कभी-कभी झूठ बोलना शील का सहायक हो सकता है। जैसे किसी निरपराध व्यक्ति को अनुचित दण्ड मिल रहा हो तो उस समय उसकी पक्षा में बोला गया झूठ भी

शील होगा। झूठ बोलने से सत्य बोलने के नियम का उल्लंघन तो हुआ,पर शील का पालन हुआ।

'करुणा' और 'श्रद्धा' दोनों का सम्बन्ध सात्त्विक शील से होता है। श्रद्धा का विषय किसी न किसी रूप में सात्त्विक शील ही होता है। करुणा से करुणा करने वाले की सात्त्विकता प्रकट होती है। अतः किसी व्यक्ति को दूसरे पर करुणा करते देख तीसरे को करुणा करने वाले पर श्रद्धा उत्पन्न होती है। श्रद्धा और करुणा के परस्पर सम्बन्ध को स्पष्ट करते हुए शुक्ल जी ने बताया है कि किसी प्राणी में और किसी मनोवेग को देख श्रद्धा नहीं उत्पन्न होती। किसी को क्रोध, भय, ईर्ष्या, घृणा, आनन्द आदि करते देख लोग उस पर श्रद्धा नहीं कर बैठते; पर करुणा करते देख श्रद्धा करते हैं।

वियोगी के दुःख में भी कभी-कभी करुणा का अंश मिला रहता है, यद्यपि शुद्ध वियोग में करुणा का अंश नहीं होता। प्रश्न यह है कि वियोगी अपने दुःख से दुःखी होता है और करुणा दूसरे के दुःख से उत्पन्न होती है, तो वियोग-दुःख में करुणा का अंश कैसे आ जाता है? इस प्रश्न का अत्यन्त वैज्ञानिक एवं वस्तुनिष्ठ उत्तर आचार्य शुक्ल ने दिया है। उनके मतानुसार जब वियोगी को अपने दुःख के अतिरिक्त अपने प्रिय के सुख का अनिश्चय होता है या उसके दुःख की आशंका होती है तो वह प्रिय के संभावित दुःख से भी दुःखी होता है। अतः इस दशा में उसके वियोग में करुणा का भी अंश मिला रहता है। उनका स्पष्ट मत है कि 'शुद्ध वियोग का दुःख केवल प्रिय के अलग हो जाने की भावना से उत्पन्न क्षोभ या विषाद है जिसमें प्रिय के दुःख या कष्ट की कोई भावना नहीं रहती।' (वही, पृ० ३५)

'करुणा' का ही एक हल्का रूप 'सहानुभूति' है। अन्तर यह है कि इसमें वेग नहीं होता। इस शब्द के प्रयोग के प्रति आचार्य शुक्ल ने सावधान करते हुए लिखा है—'शिष्टाचार में इस शब्द का प्रयोग इतना अधिक होने लगा है कि निकम्मा सा हो गया है। अब प्रायः इस शब्द से हृदय का कोई सच्चा भाव नहीं समझा जाता है। सहानुभूति के तार, सहानुभूति की चिट्ठियाँ लोग यों ही भेजा करते हैं, यह छद्म-शिष्टता मनुष्य के व्यवहार क्षेत्र से सच्चाई के अंश को क्रमशः चरती जा रही है।' (वही, पृ० ३५)

शुक्ल जी का कथन है कि करुणा अपना बीज अपने आलम्बन या पात्र में नहीं फेंकती। तात्पर्य यह कि करुणा के बदले करुणा नहीं उत्पन्न होती जैसा कि प्रेम और क्रोध आदि भावों में होता है। वास्तव में जिस पर करुणा की जाती है वह भी बदले में करुणा करने वाले पर करुणा नहीं करता, अपितु कृतज्ञ होता है या श्रद्धा अथवा प्रीति करता है।

जीवन में ऐसे अवसर आते हैं जिनमें आवश्यकता, नियम या न्याय की भावना के कारण या अन्य किसी कारण से करुणा के अनुसार कार्य करना संभव नहीं होता। शुक्ल जी ऐसे अवसरों की संख्या बढ़ना ठीक नहीं समझते।

अब करुणा के सामाजिक महत्त्व पर कुछ विचार करें।

शुक्ल जी सामाजिक जीवन की स्थिति और पुष्टि के लिए करुणा का प्रसार आवश्यक मानते हैं। उनका सुचिन्तित दृढ़ मत है कि लोगों की परस्पर सहायता की भावना के मूल में करुणा ही है। यहाँ पर शुक्ल जी का मौलिक समाजशास्त्री व्यक्तित्व हमारे सामने बड़े विराट रूप में उपस्थित है। उनको अपने इस मत पर कि लोगों की परस्पर सहायता की भावना के मूल में करुणा ही है—इतना गहरा विश्वास है कि उन्होंने पश्चिमी जगत् के समस्त

समाजशास्त्रियों को एक साथ लताड़ दिया है जैसे कोई समझदार व्यक्ति बहुत से नासमझ बच्चों को उनकी मूर्खता या नासमझी पर लताड़ता है। उन्होंने लिखा है—'समाजशास्त्र के पश्चिमी ग्रंथकार कहा करें कि समाज में एक दूसरे की सहायता अपनी-अपनी रक्षा के विचार से की जाती है, यदि ध्यान से देखा जाय को कर्मक्षेत्र में परस्पर सहायता की सच्ची उत्तेजना देने वाली किसी न किसी रूप में करुणा ही दिखाई देगी।' (वही, पृ० ३४) उसी पैराग्राफ में आगे पुनः पश्चिम के समाजशास्त्रियों पर अपने अमोघ व्यंग्य-बाण बरसाते हुए उन्होंने लिखा—'किस युग में और किस प्रकार मनुष्यों ने समाज-रक्षा के लिये एक दूसरे की सहायता करने की गोष्ठी की होगी, यह समाजशास्त्र के बहुत से वक्ता लोग ही जानते होंगे। यदि परस्पर सहायता की प्रवृत्ति पुरखों की उस पुरानी पंचायत ही के कारण होती और यदि उसका उद्देश्य वहीं तक होता जहाँ तक समाजशास्त्र के वक्ता बतलाते हैं, तो हमारी दया मोटे मुसण्डे और समर्थ लोगों पर जितनी होती उतनी दीन, अशक्त और अपाहिज लोगों पर नहीं, जिनसे समाज को उतना लाभ नहीं। पर इसका बिल्कुल उल्टा देखने में आता है।' (वही, पृ० ३५)

फिलहाल भाड़ में झोंकिए इस प्रश्न को कि आचार्य शुक्ल सही हैं या पश्चिमी समाजशास्त्री, अपनी भीतरी आँख खोलिए और जी भरकर निहारिए आचार्य शुक्ल के इस महावीर विराट् व्यक्तित्व को जिसमें अपार साहस, अमित आत्मविश्वास और असीम दृढ़ता की अद्‌भुत दीप्ति है और जो चिन्तन की ज़मीन पर मजबूती से खड़ा होकर समूचे पश्चिमी समाजशास्त्र को अकेले ठोकर मार रहा है। सही-ग़लत के प्रश्न का निर्णय करने का यह उपयुक्त अवसर नहीं है, किन्तु मैं इतना संकेत कर देना चाहता हूँ कि अगर कभी इस प्रश्न पर बहस छिड़ी तो मैं आचार्य शुक्ल का ही पक्ष ग्रहण करूँगा।

'करुणा' के अनन्तर आचार्य शुक्ल ने 'लज्जा और ग्लानि' का विवेचन किया है।

'लज्जा' की परिभाषा करते हुए शुक्ल जी ने लिखा है : 'दूसरों के चित्त में अपने विषय में बुरी या तुच्छ धारणा होने के निश्चय या आशंका मात्र से वृत्तियों का जो संकोच होता है—उनकी स्वच्छन्दता के विघात का जो अनुभव होता है—उसे लज्जा कहते हैं।' (वही, पृ० ३९) स्पष्ट है कि लज्जा मनुष्य की वृत्तियों (क्रियाओं या चेष्टाओं) में संकोच पैदा करती है। लज्जा के मारे लोग सिर ऊँचा नहीं करते, मुँह नहीं दिखाते, सामने नहीं आते, साफ़-साफ़ कहते नहीं, आदि।

भानुदत्त ने भी 'रसतरंगिणी' में लिखा है—'स्वच्छन्दक्रियासंकोचः वीडा' अर्थात् स्वच्छन्द क्रियाओं का संकोच ही वीडा यानी लज्जा है। दोनों का मत समान है।

शुक्ल जी ने ठीक बताया है कि 'हम बुरे न समझे जायँ' यह स्थायी भावना जिसमें जितनी ही अधिक होगी, वह उतना ही लज्जाशील होगा। इसके विपरीत किसी की परवाह न करने वाला, 'कोई बुरा कहे या भला'—की भावना रखने वाला व्यक्ति पूरा निर्लज्ज होगा।

शुक्ल जी की परिभाषा से यह भी स्पष्ट है कि लज्जा अपनी बुराई के प्रति अपनी धारणा से नहीं, अपितु दूसरों की बुरी धारणा के निश्चय या अनुमान से होती है।

वृत्तियों में शैथिल्य या संकोच 'ग्लानि' के कारण भी आता है। लज्जा और ग्लानि में बहुत अन्तर है। शुक्ल जी के अनुसार लज्जा अपनी बुराई के प्रति दूसरे की बुरी धारणा पर दृष्टि रखने से होती है जबकि ग्लानि में दूसरे की धारणा आवश्यक नहीं होती। अतः ग्लानि

को परिभाषित करते हुए उन्होंने लिखा है—'अपनी बुराई, मूर्खता, तुच्छता इत्यादि का एकान्त अनुभव करने से वृत्तियों में जो शैथिल्य आता है, उसे ग्लानि कहते हैं।' अत: कोठरी में बन्द चारपाई पर पड़े-पड़े, लिहाफ़ के नीचे भी लोग ग्लानि से गल सकते हैं।

शुक्ल जी के मतानुसार ग्लानि सात्त्विक प्रकृति के ही लोगों को होती है राजसी और तामसी प्रकृति के लोगों को नहीं। राजसी प्रकृति के लोगों को लोक-लज्जा होती है और तामसी प्रकृति वाले निर्लज्ज होते हैं। ग्लानि अन्त:करण की शुद्धि का एक विधान है, वह आन्तरिक अस्वस्थता का उपचार तथा सच्चे सुधार का द्वार है। अत: लज्जा और ग्लानि में एक अन्तर यह भी है कि लज्जा करने वाला तो अपनी बुराई छिपाता है, पर ग्लानि से गलनेवाला सात्त्विक व्यक्ति भरे समाज में अपनी बुराई प्रकट कर सकता है।

लज्जा और ग्लानि के विवेचन के प्रसंग में भी आचार्य शुक्ल का समाजशास्त्री व्यक्तित्व अपना प्रचण्ड तेज दिखलाता है। उनका मत है कि समाज में सबकी प्रकृति एक रूप नहीं होती। कुछ लोग सात्त्विक प्रकृति के होते हैं, कुछ लोग राजसी और कुछ लोग तामसी। इनमें से सात्त्विक वृत्तिवालों को उनकी ग्लानि ही पूरी तरह सुधार देती है। यदि कभी उनसे बुराई हो जाती है तो ग्लानि से शुद्ध होकर वे बुराई से भविष्य में स्वयं दूर रहते हैं। राजसी वृत्तिवाले लोक लज्जा के कारण बुराई से एक सीमा तक बचते हैं। तामसी वृत्ति के लोग केवल दण्ड के भय से ही बुराई या अपराध से विरत होते हैं, अन्यथा नहीं। यह बात आधुनिक समाजशास्त्रियों और विधिविशारदों को नहीं मालूम, अत: वे यथार्थ निरपेक्ष विधि-विधान का मकड़ जाल बुनते हैं। दण्ड व्यवस्था की दशा तो आज यह है कि गुण्डे और तस्कर तो पुज रहे हैं, और सात्त्विक जन दण्डित किये जा रहे हैं। भारतीय लोकतंत्र में तो शासकगण स्वयं क्रूर अपराधियों के संरक्षक बने हुए हैं, क्योंकि उनकी राजनीति इन्हीं क्रूरकर्मी अपराधियों के अपराधों की चाँदनी में चमकती है। देखना है कि रामराज्य का लोभ दिखाकर शासन में आनेवाले लोग क्या करते हैं। यदि वे भी पुरानी राह पर चलेंगे—तो इतिहास के रथ के चक्के और उसकी सारथि जनता के पैरों की ठोकर उनका भी स्वागत करेगी। मेरी इच्छा है कि वे साधुजनों की रक्षा और दुष्टों के दमन के राम मार्ग पर वास्तव में चलें। यदि ऐसा नहीं होता, तो देश का बहुत बड़ा दुर्भाग्य होगा।

शुक्ल जी के मतानुसार लज्जा की आशंका भी मनुष्य को बुराई से रोकती है। यह सोचकर कि कहीं हमें बुराई से लज्जित न होना पड़े, लोग इच्छा के बावजूद बुरा काम करने से हिचकते हैं। आशंका लज्जा की ही होती है, ग्लानि की नहीं। कारण यह कि आशंका अनिश्चयात्मक वृत्ति है और उसका सम्बन्ध दूसरों की धारणा से होता है, अपनी धारणा से नहीं।

लज्जा की एक विशेषता यह भी है कि वह सिर्फ अपनी बुराई के प्रति ही नहीं, अपितु अपने से सम्बन्धित लोगों की बुराई के प्रति भी होती है। यदि किसी का पुत्र, भाई या कोई और सम्बन्धी अयोग्य या असभ्य व्यवहार करने वाला होता है तो उसे दस आदमियों के बीच लज्जित होना पड़ता है।

लज्जा के लिए यह आवश्यक नहीं है कि मनुष्य वास्तव में बुराई करे या बुरा हो। किसी बुरे प्रसंग में अकस्मात् अपना नाम आ जाने भर से शीलवान् व्यक्ति को लज्जा आती है। यदि कुचक्र रचकर हमारे चरित्र-हनन के लिए कोई प्रवाद फैलाता है तो उसे सुनकर हमें

लज्जा तो होती ही है, ग्लानि तक हो सकती है। इस प्रसंग में एक गंभीर मनोवैज्ञानिक की भाँति आचार्य शुक्ल ने यह प्रश्न उठाया है कि ऐसे अवसर पर ग्लानि क्यों और कैसे होती है, ग्लानि का सम्बन्ध तो अपने विषय में दूसरों की धारणा से बिल्कुल नहीं होता। इस समस्या का बड़ा सुन्दर समाधान उन्होंने किया है। उनका कहना है कि जीवन में ऐसी स्थिति आने पर मनुष्य अपनी प्रतिष्ठा की रक्षा के लिए कुचक्र का पर्दाफाश करता है या क्रोध द्वारा उसका प्रतिकार। जब वह इसमें से कुछ भी करने में समर्थ और सफल होता है तो उसे ग्लानि नहीं होती, लेकिन जब वह कुछ भी नहीं कर पाता तो उसमें अपनी हीनता या असामर्थ्य की धारणा उत्पन्न होती है। अपने विषय में अपनी इसी असामर्थ्य की धारणा से उसे ग्लानि होती है। कहने की आवश्यकता नहीं कि यह समाधान खींचतान नहीं, बिल्कुल वैज्ञानिक समाधान है।

शुक्ल जी का मत है कि लोकमर्यादा की दृष्टि से प्रत्येक व्यक्ति को इतना सामर्थ्य-सम्पादन करना चाहिए कि दूसरे अकारण अपमान करने का साहस न करे सकें। मनुष्य सामाजिक प्राणी है। समाज में रहकर मान-मर्यादा का भाव वह छोड़ नहीं सकता।

लज्जा और ग्लानि के विवेचन के प्रसंग में ही शुक्ल जी ने संकोच का भी विवेचन किया है। उनकी दृष्टि में 'लज्जा का हल्का रूप संकोच है जो किसी काम को करने के पहले ही होता है।' गहराई से विचार करने पर पता चलता है कि शुक्ल जी के मतानुसार लज्जा की दो अवस्थाएँ होती हैं—एक किसी काम के पहले होने वाली और दूसरी काम के बाद होने वाली। काम के पहले होने वाली लज्जा ही संकोच है। लज्जा के इसी रूप का विशद, भव्य एवं रमणीय चित्रण 'प्रसाद' जी ने 'कामायनी' में किया है।

लज्जा की दो अवस्थाओं के मेरे निरूपण पर शुक्ल जी के मत के विपरीत होने की आशंका व्यर्थ होगी, क्योंकि स्पष्ट शब्दों में उन्होंने लिखा है—'कर्म पूरा होने के साथ ही उसका (संकोच का) अवसर निकल जाता है, फिर लज्जा ही लज्जा हाथ रह जाती है।' इस प्रकार लज्जा की दो अवस्थाओं में उन्होंने सूक्ष्म और वैज्ञानिक भेद किया है।

प्रश्न उठ सकता है कि काम के पहले की लज्जा हल्की क्यों होती है? उत्तर बिल्कुल सरल है। लज्जा का सम्बन्ध बुराई या बुरे कर्म से होता है। पुरा कर्म जब किया ही नहीं, तो प्रगाढ़ लज्जा हो भी कैसे सकती है।

संकोच का भाव बड़ा व्यापक होता है। जो काम बुरे नहीं माने जाते उनमें भी संकोच होता है। जीवन की अत्यधिक क्रियाओं का प्रतिबन्धक होने के कारण संकोच शील का प्रधान अंग है, सदाचार का सहज साधक और शिष्टाचार का एकमात्र आधार है। इसके सामाजिक महत्त्व के विषय में शुक्ल जी ने लिखा है कि—'मन की जो वृत्ति बड़ों की बात का उत्तर देने से रोकती है, बार-बार किसी से कुछ माँगने से रोकती है, किसी पर किसी प्रकार का भार डालने से रोकती है, उसके न रहने से भलमनसाहत भला कहाँ रहेगी।' (वही, पृ० ४५) इस प्रकार शुक्ल जी के मतानुसार संकोच भलमनसाहत का आधार है।

भले ही दुनिया में मलमनसाहत के स्रोत संकोची हों, पर समाज में उनके काम देर से निकलते हैं या निकलते ही नहीं। अतः उन्हें अपने जीवन में बहुत कष्ट उठाना पड़ता है। यही कारण है कि यदि किसी में लज्जा या संकोच बहुत अधिक होता है तो उसे छुड़ाने की

फ़िक्र की जाती है। संकोच की अधिकता को ही दूर करने के लिए संस्कृत में कहा गया है—'आहारे व्यवहारे च त्यक्तलज्जां सुखी भवेत्'।

इस सन्दर्भ में आचार्य शुक्ल ने सामाजिक बाल-मनोविज्ञान की एक ऐसी उपयोगी बात कही है जिसका उल्लेख न करना दृष्टिहीनता का ही परिचय देना होगा। उनका कहना है कि—'बच्चों को अपनी तुच्छता, बुराई या बेढंगेपन की भावना बहुत कम होती है। वे अपनी क्रियाओं में स्वभावतः स्वच्छन्द होते हैं। पर विशेष स्थिति में पढ़कर वे इतने भीरु और लज्जालु हो जाते हैं कि नये आदमियों के सामने नहीं आते, लाख पूछने पर कोई बात मुँह से नहीं निकालते। (वही, पृ० ४६) इतना भीरु या लज्जालु होना, शुक्ल जी की दृष्टि में अच्छा नहीं। प्रश्न यह है कि बच्चों की ऐसी दशा क्यों हो जाती है? शुक्ल जी बताते हैं कि बात-बात पर उठते-बैठते, हिलते-डुलते डाँटे, धिक्कारे या चिढ़ाये जाने के कारण बच्चों की ऐसी दशा हो जाया करती है।

इसी प्रकार आचार्य शुक्ल ने स्त्रियों में लज्जाधिक्य के कारणों का सामाजिक-ऐतिहासिक विवेचन किया है। उनकी दृष्टि में शताब्दियों तक स्त्रियों का पुरुषों के आश्रय में रहते आना ही इसका प्रधान कारण है।

'चिन्तामणि' का छठवाँ निबन्ध है 'लोभ और प्रीति'। आचार्य शुक्ल ने इन दोनों का विशद निरूपण किया है। इन भावों का कोई भी रूप उनकी दृष्टि से छूटा नहीं है। सबसे पहले लोभ को उन्होंने इस प्रकार परिभाषित किया है—'किसी प्रकार का सुख या आनन्द देने वाली वस्तु के सम्बन्ध में मन की ऐसी स्थिति को, जिसमें उस वस्तु के अभाव की भावना होते ही प्राप्ति, सान्निध्य या रक्षा की प्रबल इच्छा जाग पड़े, लोभ कहते हैं?' (वही, पृ० ४८) यह व्यापक लोभ की व्यापक परिभाषा है। शुक्ल जी लोभ को मात्र दूसरे की वस्तु से सम्बद्ध करके उसे सीमित नहीं करते, अपितु अपनी वस्तु से भी सम्बद्ध करके उसके दायरे को बहुत बढ़ा देते हैं। लोभ के कारण ही लोग अपनी वस्तु किसी और को देना नहीं चाहते—ऐसा उनका मत है। यही कारण है कि अपनी परिभाषा में उन्होंने 'अभाव की भावना' का उल्लेख किया है। वस्तु का अभाव न होने पर भी अभाव की भावना मात्र से लोभ प्रकट हो सकता है।

लोभ के सुखात्मक और दुःखात्मक दोनों पक्ष होते हैं। वस्तु के अच्छी लगने के कारण सुखात्मक और वस्तु के अभाव या अभाव की कल्पना के कारण दुःखात्मक।

व्यापक अर्थों में लोभ ही किसी विशिष्ट वस्तु या व्यक्ति के प्रति होने पर वह सात्त्विक रूप धारण करता है जिसे प्रीति या प्रेम कहते हैं। विशिष्ट वस्तु के प्रति होने वाले लोभ को रुचि या अभिरुचि कहते हैं और व्यक्ति के प्रति होने पर प्रेम। निष्कर्ष यह कि लोभ सामान्योन्मुख होता है और प्रेम विशेषोन्मुख।

लोभ के दो अवयव पृथक्-पृथक साफ़ दिखाई पड़ते हैं—पहला संवेदनात्मक अवयव अर्थात किसी वस्तु का अच्छा लगना और दूसरा इच्छात्मक अवयव अर्थात् उस वस्तु को प्राप्त करने की या दूर न करने की या कष्ट न होने देने की इच्छा। इन दोनों के योग से ही लोभ संघटित होता है।

लोभ के विषय दो प्रकार के होते हैं।—सामान्य और विशेष। सामान्य विषय वे हैं जिनके प्रति सबका लोभ या ध्यान रहता है और विशेष वे हैं जो विशेष व्यक्ति या व्यक्तियों

के ही लक्ष्य होते हैं। सामान्य के प्रति होने वाले लोभ से संघर्ष पैदा होता है और लोभी एक-दूसरे को व्याकुल करते हैं। रुपये के प्रति लोभ इसका सबसे बढ़िया उदाहरण है।

एक लोभ से मनुष्य के दूसरे लोभ या लोभों का निवारण भी होता है। इससे लोभी में अन्य वस्तुओं के त्याग का साहस आता है। विश्वामित्र जी एक गाय के कारण अपना सारा राजपाट देने को तैयार हो गये थे।

कुछ वस्तुएँ ऐसी भी हो सकती हैं जिनके प्रति बिना किसी विरोध भाव के सब लोग एक साथ लोभ रख सकते हैं—जैसे—नदी, वन, उपवन की शोभा। ऐसा लोभ किसी को नहीं खटकता।

जन्मभूमि या स्वदेश-प्रेम की व्याख्या शुक्ल जी ने सामाजिक-मनोवैज्ञानिक दृष्टि से की है। उनकी दृष्टि में स्वदेश-प्रेम स्थान-लोभ का ही एक रूप है। लोभ के लक्षणों से शून्य देशप्रेम को उन्होंने कोरी बकवास या फैशन के लिए गढ़ा हुआ शब्द कहा है। देशप्रेम का सच्चा स्वरूप उन्हें रसखान की इन पंक्तियों में दिखायी पड़ता है—

नैनन सों रसखान जबै ब्रज के वन, बाग, तड़ाग निहारौं।
केतिक ये कलधौत के धाम करील के कुंजन ऊपर वारौं॥

देश-प्रेम शून्य लोगों को वे देश के स्वरूप से परिचित होने की सलाह देते हैं। शुक्ल जी के सात्त्विक देश-प्रेमी व्यक्तित्व की मधुर दिव्य ज्योति यहाँ प्रस्फुटित हुई है।

लोभी दो प्रकार के होते हैं। एक अपनी प्रिय वस्तु की रक्षा उसे अपने अधिकार में रखकर ही करना चाहता है, अन्यथा नहीं। ये कच्चे लोभी हुए। दूसरा अपनी प्रिय वस्तु की रक्षा स्वनिरपेक्ष रूप से उसे बनाए रखकर करना चाहता है भले ही वह वस्तु किसी और के अधिकार में चली जाय। इस प्रकार के लोभी श्रेष्ठ और पक्के लोभी हैं।

सामान्यतः लोग लोभ का अर्थ धन का लोभ ही लेते हैं। आचार्य शुक्ल ने अर्थ-लोभ पर विस्तारपूर्वक विचार किया है। इस विवेचन में उन्होंने अपनी विस्मयकारिणी विवेक दृष्टि का परिचय दिया है। उनका कहना है कि अपने घोर कष्टों के निवारण के लिए जो लोग धन इकट्‌ठा करने का प्रयत्न करते हैं (अर्थात्-शोषित-उत्पीड़ित-कष्टापन्न लोग) उन्हें लोभी नहीं कहा जा सकता। लोग सुखी हैं, पर भविष्य में कष्ट की शंका से या अधिक सुख पाने के लिए धन-संग्रह करते हैं उनमें लोभ की झलक पायी जाती है, लेकिन शुक्ल जी की दृष्टि में ये भी शुद्ध धनलोभी नहीं कहला सकते। जहाँ धन का लोभी धन के लिए धन इकट्‌ठा करता है—वहाँ शुद्ध धनलोभी की जघन्य मूर्ति दिखायी पड़ती है। शुक्ल जी उन्हें 'अर्थ पिशाच' कहते हैं। उनके प्रति शुक्ल जी के सात्त्विक सहृदय व्यक्तित्व की आक्रोशमयी घृणा यहाँ एक शब्द 'अर्थ पिशाच' में ही पूरी तरह साकार हो उठी है।

लोभ मन की अन्य वृत्तियों का दमन करता है। धन के लोभी करुणा, क्रोध, घृणा आदि अपने भावों का दमन कर लेते हैं। उनकी यह साधना उन्हें योगियों के तुल्य बना देती है। इस प्रकार का धन-लोभ, शुक्ल जी की दृष्टि में एक मानसिक व्याधि है। उन्होंने अर्थलोभियों का बड़ा जीवन्त चित्रण किया है और बताया है कि—'उन्हें न मक्खी चूसने में घृणा होती है और न रक्त चूसने में दया।'

जब मनुष्य का लोभ मनुष्य के प्रति होता है तो उसे प्रीति या प्रेम कहते हैं। मनुष्य के प्रति होने वाला लोभ वस्तु के लोभ से भिन्न कोटि का होता है। कारण यह कि यहाँ दोनों

पक्ष चेतना-सम्पन्न होते हैं। अत: मनुष्य किसी दूसरे पर लुभाते ही इस बात के लिए आतुर हो जाता है कि प्रिय को उसके प्रेम की सूचना मिल जाय और इस प्रयत्न में लग जाता है कि वह भी अपने प्रिय को अच्छा लगे एवं उसका प्रिय भी उसे प्रेम करे। शुक्ल जी के मतानुसार वस्तुत: प्रेम का पूर्ण विकास दो हृदयों के एक-दूसरे की ओर खींचकर मिल जाने से ही होता है। प्रेमी को जिस पल पता चलता है कि प्रिय का चित्त भी उसकी ओर थोड़ा-बहुत खिंचा है उसी पल से वह लोभ की ऊपरी सतह से और गहराई में जाकर प्रेम के आनन्दलोक में मग्न हो जाता है। मेरा अनुमान है कि शुक्ल जी ने अपने व्यक्तिगत जीवन में प्रेम की पूर्णानुभूति अवश्य की होगी। उसके बिना प्रेम का ऐसा विवेचन सम्भव नहीं हो सकता था।

शुक्ल जी के मतानुसार प्रेम का जीवन पर पड़ा ज़बरदस्त प्रभाव पड़ता है। उससे जीवन में एक नया रस उत्पन्न हो जाता है, सजीवता दुगुनी हो जाती है और संसार की समस्त वस्तुएँ अधिक आनन्ददायिनी हो जाती है।

आचार्य शुक्ल के मतानुसार प्रेम के दो रूप दिखायी पड़ते हैं—पहला ऐकान्तिक अन्तर्मुख प्रेम और दूसरा लोकबद्ध बहिर्मुख प्रेम। दूसरा पहले से श्रेष्ठ है। ऐकान्तिक प्रेम में प्रेमी-प्रिय का अपना छोटा-सा संसार होता है। वे स्वयं को लोककर्म से अलग कर इसी संसार में बन्द हो जाते हैं। वृहत् पारिवारिक एवं सामाजिक जीवन से उनका जीवन विच्छिन्न हो जाता है। लोकबद्ध प्रेम में प्रेमी सारे संसार की रमणीयता का अनुभव अपने प्रिय के साथ करता-कराता है और सर्वत्र सौन्दर्य का विधान करना चाहता है। वाल्मीकि रामायण आदि भारतीय प्रबन्ध काव्यों की मूल प्रवृत्ति लोक-जीवन से संश्लिष्ट प्रेम के चित्रण की ओर ही रही है। वाल्मीकि ने राम और सीता के प्रेम का विकास मिथिला और अयोध्या के महलों और बगीचों में न दिखाकर दण्डकारण्य के विस्तृत कर्मक्षेत्र के बीच दिखाया।

आचार्य शुक्ल के मतानुसार लोकबद्ध प्रेम भगवत् भक्ति के लिए अधिक समीचीन है। भक्त के लिए उसके परम प्रिय के सम्बन्ध के कारण सारा संसार प्रिय हो जाता है। अत: सारत: भक्ति का अर्थ हुआ संसार-प्रेम। शुक्ल जी की दृष्टि संसार से विरक्ति का शुद्ध भक्ति मार्ग में कोई स्थान नहीं होता।

प्रेमी और प्रिय पारस्परिक स्थिति के अनुसार भी आचार्य शुक्ल ने प्रेम के दो रूपों पर प्रकाश डाला है। दोनों पथों में समान रूप से होने पर प्रेम तुल्यानुराग कहलाता है और एक पक्षीय होने पर विषम तुल्यानुराग तो प्रेम की उच्च भूमि है ही, एकनिष्ठ विषम प्रेम भी अत्यन्त उच्च भूमि पर प्रतिष्ठित हो सकता है। आचार्य शुक्ल के मतानुसार प्रेमी के प्रेम की तुष्टि का विधान न होने पर अर्थात् प्रिय से अपने प्रेम का प्रतिपादन न पाने पर प्रेम के स्वरूप की पूर्णता में कोई त्रुटि नहीं आती। घनानन्द जी का प्रेम ऐसा ही था जो उन्हें 'प्रेम की पीर' का सर्वश्रेष्ठ कवि बना गया। प्रेम की इसी उच्च दशा में पहुँचकर गोपियों ने कहा था—

जहँ जहँ रहौ, राज करौ, तहँ तहँ लेहु कोटि सिर भार।
यह असीस हम देति सूर सुनु न्हात खसै जनि बार॥

विषम प्रेम में प्रेमी यदि अपनी प्रेम तुष्टि की कामना का परित्याग नहीं कर पाता तो प्रतिवर्तन (Reaction) द्वारा घोर मानसिक विप्लव और पतन की आशंका उत्पन्न होती है। ऐसी दशा में ईर्ष्या, घृणा आदि का संचार होगा और प्रेम, क्रोध, घृणा आदि में भी बदल सकता है। जिस प्रकार लोभ के सम्बन्ध में पक्के और कच्चे का भेद किया गया है—उसी

प्रकार प्रेम के सम्बन्ध में भी किया जाना उपयोगी होगा। कच्चा प्रेमी ही प्रिय का प्रेम न पाने पर उससे घृणा या उसके प्रति क्रोध कर सकता है, पक्का प्रेमी नहीं।

प्रेम का वास्तविक आनन्द तुल्यानुराग में ही होता है। अतः प्रेमी प्रिय में अपने प्रति दया की भावना जगाकर भी उसका प्रेम पाना चाहता है। प्रिय के हृदय में दया उत्पन्न करने की यह चाह प्रेम के मन में सदैव बनी रहती है। कारण यह कि प्रिय के मन में अपने प्रति प्रेम उत्पन्न करने के पश्चात् उसे बनाये रखने की आवश्यकता बराबर बनी रहती है।

आचार्य शुक्ल का मत है कि प्रेम की सबसे बड़ी विलक्षणता यह है कि उसकी व्यंजना हँसकर भी की जाती है और रोकर भी। उसका शासन-क्षेत्र अन्य भावों की तुलना में बहुत व्यापक है जिसमें आनन्दात्मक और दुःखात्मक सभी मनोभाव आ जाते हैं। उनका कथन है कि—''मनुष्य की अन्तर्वृत्तियों पर लोभ या प्रेम के शासन का यही दीर्घ विस्तार देखकर लोगों ने शृंगार को रसराज कहा है।' (वही, पृ० ६६)

स्पष्ट है कि आचार्य शुक्ल नें शृंगार के रसराजत्व को सुदृढ़ मनोवैज्ञानिक आधार प्रदान किया है।

'चिन्तामणि' का ७वाँ निबन्ध 'घृणा' है। घृणा दुःख की श्रेणी का भाव है। जो वस्तुएँ या बातें हमें अरुचिकर लगती हैं उनके सामने आने या होने पर जो एक प्रकार का दुःख होता है उसे घृणा कहते हैं। घृणा मनुष्य को अपनी इन्द्रिय या मन के व्यापार को बन्द करने या घृणा के विषय को दूर करे में प्रवृत्त करती है।

घृणा के विषय दो प्रकार के होते हैं—एक स्थूल और दूसरे मानसिक। आँख, कान, नाक, आदि से सम्बन्ध रखने वाले विषय जैसे—कुरू, चेहरा, बेसुरा गायन, म्युनिसपैलिटी की मैलागाड़ी आदि स्थूल होते हैं। करता, आलस्य, लम्पटता, पाखण्ड, मिथ्याभिमान, स्वार्थपरता, तरह-तरह के दुर्व्यसन आदि घृणा के मानसिक विषय हैं।

घृणा के स्थूल विषय प्रायः सब मनुष्यों के लिए समान होते हैं। यह सम्भव है कि एक प्रकार के चेहरे या गन्ध की अपेक्षा दूसरे प्रकार का चेहरा या गन्ध किसी को अधिक अच्छा लगे,पर सुन्दर चेहरे को कुरूप और गुलाब की गन्ध को दुर्गन्ध कोई न कहेगा। घृणा के मानसिक विषय भी सभ्य जातियों के बीच प्रायः सबके हृदयों में समान और निर्दिष्ट होते हैं, फिर भी उनमें मतभेद की गुंजाइश रहती है। आचार्य शुक्ल के अनुसार मतभेद का कारण है प्रत्येक व्यक्ति में विषयों की ग्राह्यता-अग्राह्यता की सीमाओं का अलग-अलग होना। एक जिसे सहनशीलता कहेगा,दूसरा उसे भीरुता कह सकता है; एक जिसे किफायत कहेगा, दूसरा उसे कंजूसी कह सकता है।

घृणा और क्रोध के अन्तर को आचार्य शुक्ल ने बड़ी सूक्ष्मता से उद्घाटित किया है। पहला अन्तर विषयानुभूति सम्बन्धी है, दूसरा आश्रय की प्रवृत्ति-सम्बन्धी और तीसरा विषयोद्देश्य सम्बन्धी। क्रोध की अनुभूति पीड़ा के रूप में होती है, क्योंकि उसका विषय पीड़ा या हानि पहुँचाता है। घृणा की अनुभूति संकोच के रूप में होती है। आश्रय की प्रवृत्तिगत अन्तर यह है कि क्रोध अपने विषय को नष्ट करने के लिए प्रवृत्ति होता है और घृणा अपने विषय से दूर हटने या उसे ही दूर हटाने मात्र में प्रवृत्त करती है। विषयोद्देश्य सम्बन्धी अन्तर यह है कि क्रोध के चेतन विषय का उद्देश्य होता है पीड़ा या आघात पहुँचाना

और घृणा के विषय का कोई ऐसा उद्देश्य नहीं होता। दुर्गन्ध किसी की नाक में इसलिए नहीं घुसती कि उसे घिन लगे और पीड़ा पहुँचे।

एक ही विषय किसी में क्रोध उत्पन्न करता है, किसी में घृणा। साधारण लोग जिन बातों पर क्रोध करते हैं, सज्जन उन्हीं बातों पर घृणा मात्र।

घृणा का आधार सार्वजनिक होता है। अतः समाज उसे बुरा नहीं मानता। उल्टे घृणा करने वाले को बुराई का विरोधी और अच्छाई का पक्षधर समझा जाता है। यही कारण है चालाक लोग किसी के प्रति अपने वैर जैसे भाव को छिपाते हैं और कहते हैं कि अमुक से उन्हें घृणा है। यह आवश्यक नहीं कि घृणा का विषय वास्तव में बुरा हो। कभी-कभी अज्ञानवश मनुष्य अच्छी बातों से भी घृणा करने लगता है। ऐसी घृणा बड़ी हानिकारिणी होती है यह स्पष्ट है। जिन्हें शारीरिक बल और शिक्षा आदि से घृणा है वे इन वस्तुओं के लाभ से वंचित रहेंगे ही। कभी-कभी घृणाकर्ता किसी विषय पर बुराई अपनी ओर से आरोपित कर लेता है। उदाहरणार्थ हिन्दू जाति की मूर्तिपूजा और देव पूजा के तत्त्व को न समझने के कारण मूसाई और ईसाई हिन्दुओं से यह सोचकर घृणा करते हैं कि वे उनके ज़मीन और आसमान बनाने वाले खुदा से घृणा करते हैं।

घृणा और भय दोनों की प्रवृत्ति एक-सी है। दोनों अपने-अपने विषय से दूर होने की प्रवृत्ति उत्पन्न करते हैं। दोनों में अन्तर यह है कि भय का विषय भावी हानि या पीड़ा का पूर्वज्ञान कराकर वास्तविक क्लेश से पहले क्लेश दे देता है। इसीलिए आचार्य शुक्ल ने कहा है कि—'भय एक अतिरिक्त क्लेश है।' इसके विपरीत घृणा का विषय उसी क्षण मन या इन्द्रिय-व्यापारों को संकुचित मात्र करता है।

घृणा और उदासीनता में भी अन्तर है। जिस बात से घृणा होती है हम चाहते हैं कि वह न हो; और जिस बात से उदासीनता होती है उसके विषय में हम कहते हैं कि वह हो, चाहे न हो, हमसे क्या मतलब।

घृणा के पश्चात् आचार्य शुक्ल ने ईर्ष्या का विवेचन किया है।

संस्कृत में ईर्ष्या को 'परोत्कर्षासहिष्णुत्व' (पर+उत्कर्ष+असहिष्णुत्व। कहा गया है, अर्थ है दूसरे के उत्कर्ष के प्रति असहिष्णुता। ठीक यही बात भिन्न शब्दों में आचार्य शुक्ल ने कही है। दूसरे के दुःख को देखकर दुःख होता है तो उसे करुणा कहते हैं, लेकिन दूसरे के सुख को देखकर जब दुख होता है तो इसे ईर्ष्या कहते हैं। ध्यातव्य है कि दूसरे का सुख देखकर यदि दुःख न हो, बल्कि वैसा ही सुख पाने की तीव्र इच्छा हो तो वह ईर्ष्या नहीं है। वह 'स्पर्द्धा है। सामाजिक दृष्टि से स्वस्थ और हितकर भाव है स्पर्द्धावान् सुख-प्राप्ति के लिए प्रयत्नवान् होता है, उसकी सोयी शक्ति जाग पड़ती है, उसका आलस्य छूटता है। स्पर्द्धा में व्यक्ति सोचता है कि क्या करें कि हमारे पास वह भी वस्तु हो।

जब मनुष्य किसी के पास कोई वस्तु देखकर यह सोचता है कि यह वस्तु उसके पास न होकर मेरे पास हो या उसके पास से निकल जाये—तो वह ईर्ष्या कर रहा होता है। आचार्य शुक्ल के मतानुसार ईर्ष्या एक विष है। उससे किसी का भला नहीं होता। स्पर्द्धा और ईर्ष्या का अन्तर स्पष्ट करते हुए उन्होंने लिखा है कि 'स्पर्द्धा में अपनी कमी या त्रुटि पर दुख होता है,दूसरे की सम्पन्नता पर नहीं। स्पर्द्धा में दुःख का विषय होता है—'मैंने उन्नति क्यों नहीं की' और ईर्ष्या में दुख का विषय होता है—'उसने उन्नति क्यों की।' (वही, पृ० ७५)

शुक्ल जी के मतानुसार ईर्ष्या मूल मनोविकार नहीं है, वह कई भावों के विचित्र मेल से संघटित एक संकर भाव है। उसमें आलस्य या असामर्थ्य, नैराश्य और अभिमान का योग रहता है।

ईर्ष्या का ही भाव बढ़कर द्वेष बन जाता है। जब मनुष्य किसी व्यक्ति का अनिष्ट न केवल उस वस्तु में अपितु प्रत्येक विषय में चाहने लगता है—तब उसे द्वेषग्रस्त समझना चाहिए। द्वेष और वैर में यह अन्तर है कि वैर अपनी किसी वास्तविक हानि के बदले होता है, जबकि द्वेष का ऐसा कोई कारण नहीं होता।

ईर्ष्या दूर के व्यक्तियों से नहीं, निकट के व्यक्तियों से होती है। हिन्दी के किसी कवि को इटली के किसी कवि से ईर्ष्या न होगी। यही कारण है कि ईर्ष्या का विकास दोस्तों, सम्बन्धियों, सहकर्मियों और पड़ोसियों के बीच अधिक दिखायी पड़ता है।

आचार्य शुक्ल के मतानुसार ईर्ष्या पशुओं में नहीं होती। ईर्ष्या का अनन्य अधिकार मनुष्य-जाति ही पर है। ईर्ष्या के लिए तीसरा पक्ष समाज अनिवार्य होता है। अपने प्रति समाज की ही धारणा के कारण ईर्ष्या होती है। वास्तव में समाज में मनुष्य की स्थिति दुहरी होती है। वह देखता है कि 'मैं यह हूँ' और 'मैं यह समझा जाता हूँ।' यदि कोई व्यक्ति विद्वान् है और समाज द्वारा विद्वान् समझा भी जाता है तो उसका सुख दुहरा हो जाता है। इसी प्रकार यदि कोई मूर्ख है और वही समझा भी जाता है तो उसका दुःख भी दुगुना हो जाता है। अतः अपना दुःख कम करने के लिए मूर्ख यही प्रयत्न करता है कि लोग उसे विद्वान् समझें। यदि वह अपने प्रयत्न में सफल होता है तो उसे सुख मिलता है और उसका स्वयं का मूर्खता-सम्बन्धी दुःख कम हो जाता है। इसी कारण ईर्ष्या का बहुत प्रसार दिखायी पड़ता है।

ईर्ष्या का एक बिल्कुल दूसरा रूप भी होता है। यह दूसरा रूप अभिमान-जनित होता है। अभिमान भी अनेक प्रकार के होते हैं। उन सबका उल्लेख यहाँ मैं नहीं कर रहा हूँ। अभिमान प्रायः बुरा माना जाता है, इसीलिए अभिमानी से लोगों को ईर्ष्या अधिक ही हुआ करती है। अभिमानी से ईर्ष्या करना अनुचित नहीं होता। अभिमानी का स्वयं ईर्ष्या करना और भी अनुचित होता है। आचार्य शुक्ल ने बताया है कि अभिमान एक प्रकार का नशा है। इसलिए संस्कृत में उसका 'मद' कहा जाना बिल्कुल सही है। ईर्ष्या मद की सहगामिनी है।

मिथ्याभिमान तो हानिकारक होता ही है। यदि किसी व्यक्ति में सचमुच कोई गुण विशिष्ट मात्रा में हो और उसे अपने गुण पर अभिमान हो तो इसे भी बुरा ही माना जाता है। यही कारण है कि अच्छे से अच्छे लेखक पर बहुत दिनों तक पर्दा पड़ा रहता है—मात्र इस कारण कि उसका अभिमान उसके सहकर्मियों को आहत करता है। उसके सहकर्मी भीतरी ईर्ष्या-द्वेष के कारण प्रयत्नपूर्वक या उदासीनता दिखाकर उसे अंधकार में रखते हैं। भवभूति ऐसे ही गुणी अभिमानी थे जिन्हें जीवन भर इस वाक्य पर सन्तोष कर बैठना पड़ा—

उत्पत्यस्ते हि मम कोऽपि समानधर्मा।
कालो ह्ययं निरवधिर्विपुल च पृथ्वी॥

अभिमान के प्रसंग में आचार्य शुक्ल ने बड़ा ही सरल किन्तु सारगर्भ वाक्य लिखा है—'अभिमानी स्वयं अच्छा होकर दूसरों की आँखें भी फोड़ता है। (वही, पृ० ८१)

एक महान् मनोवैज्ञानिक एवं समाज वैज्ञानिक की भाँति उन्होंने ईर्ष्या के विष की दवा भी बतलायी है। उनके मतानुसार—'ईर्ष्या की सबसे अच्छी दवा है—उद्योग और आशा।'

ईर्ष्या के विवेचन के पश्चात् शुक्ल जी ने भय का विवेचन किया है। उनके मतानुसार भय के लिए दु:ख या आपदा के कारण का निर्दिष्ट अथवा निश्चित होना आवश्यक नहीं होता। अत: उन्होंने उसकी परिभाषा इस प्रकार की—'किसी आती हुई आपदा की भावना या दु:ख के कारण के साक्षात्कार से जो एक प्रकार का आवेगपूर्ण अथवा स्तम्भ कारक मनोविकार होता है—उसी को भय कहते हैं।' (वही, पृ० ८६) यहाँ पर पहली बात यह बतायी गयी है कि भय आपदा की भावना (कल्पना) से भी उत्पन्न हो सकता है और आपदा के कारण के प्रत्यक्षीकरण से भी। दूसरी बात यह बतायी गयी है कि भय लोगों में दो प्रकार की प्रवृत्तियाँ उत्पन्न करता है—कोई व्यक्ति तो भयभीत होने पर स्तम्भित होता है अर्थात चेष्टाशून्य हो जाने से हाथ-पाँव भी नहीं हिला पाता है और कोई सँभलकर अपने बचाव के उद्योग में लग जाता है।

शुक्ल जी के अनुसार भय का विषय या तो साध्य होता है या असाध्य। जिससे प्रयत्न करने पर बचा जा सके वह साध्य हुआ और जिससे न बचा जा सके वह असाध्य। भय के विषय की साध्यता-असाध्यता एक ओर तो परिस्थिति सापेक्ष होती है और दूसरी ओर व्यक्ति-सापेक्ष।

भय का ही एक रूप आशंका है। शुक्ल जी के अनुसार दु:ख या आपत्ति की सम्भावना मात्र के अनुमान से जो आवेगशून्य भय होता है, उसे आशंका कहते हैं। तात्पर्य यह कि भय में तो मनुष्य या तो स्तम्भित हो जाता है या अपने बचाव के लिए प्रयत्नशील, पर आशंका में ऐसा कुछ नहीं होता। उदाहरणार्थ—घने जंगल में होकर जाता हुआ यात्री चाहे रास्ते भर इस आशंका में रहे कि कहीं चीता न मिल जाय, पर वह बराबर चल सकता है। यदि उसे असली भय हो जायेगा तो वह या तो लौट जायेगा अथवा एक पैर आगे न रखेगा।' (वही, पृ० ८६) भय और क्रोध में प्रभावगत अन्तर यह है कि 'क्रोध अपना प्रभाव दु:ख के कारण पर डालता है, जबकि भय प्राय: दु:ख के कारण पर प्रभाव न डालकर उससे भागकर आत्मरक्षा करने में प्रवृत्त करता है।

भय स्वभावगत हो जाने पर 'कायरता' या 'भीरुता' कहलाता है। क्लेश सहने की असामर्थ्य और अपनी शक्ति के अविश्वास के कारण भीरुता का संयोजन होता है। भीरुता निन्दनीय होती है। धर्म-भीरुता की अवश्य प्रशंसा की जाती है, किन्तु शुक्ल जी धर्म से डरने वालों की अपेक्षा धर्म की ओर आकर्षित होने वालों को अधिक प्रशंसनीय मानते हैं।

भय पशुओं, चलते-फिरते बच्चों और असभ्य या जंगली जातियों में अधिक पाया जाता है। बहुत से बच्चे तो किसी अपरिचित आदमी को देखते ही घर के भीतर भागते हैं। शुक्ल जी कहते हैं कि—'अपरिचित के भय में जीवन का कोई गूढ़ रहस्य छिपा जान पड़ता है।'

जीवन और समाज का विकास क्रमश: भय से भयमुक्ति की ओर होता है। बच्चा जैसे-जैसे तरह-तरह के व्यक्तियों को देखने-सुनने का अभ्यस्त होता जाता है वैसे-वैसे उसके पहले के भय का परिहार होता जाता है। अपने ज्ञान-बल, हृदय-बल, और शरीर बल की वृद्धि के साथ वह दु:ख की छाया भय को हटाता चलता है।

मानव जाति की वर्तमान दशा में भय की स्थिति पर विचार करते हुए आचार्य शुक्ल कहते हैं—'भूतों का भय तो अब बहुत कुछ छूट गया है, पशुओं की बाधा भी मनुष्य के

लिए प्रायः नहीं रह गयी है, पर मनुष्य के लिये मनुष्य का भय बना हुआ है। इस भय के छूटने के लक्षण भी नहीं दिखायी पड़ते।' (वही, पृ० ८८)

'चिन्तामणि' का मनोविकार सम्बन्धी अन्तिम निबन्ध 'क्रोध' है। शुक्ल जी का कथन है कि 'क्रोध दु:ख के चेतन के कारण साक्षात्कार या अनुमान से उत्पन्न होता है।' (वही, पृ० ९०) ध्यातव्य यह है कि दु:ख के चेतन कारण का सही पता न होने पर भी अनुमान मात्र से क्रोध उत्पन्न हो जाता है।

क्रोध का विकास बच्चे में जल्द हो जाता है। दूध पिलाने में माँ के देर करने से बच्चे को दु:ख के साथ क्रोध की भी अनुभूति होने लगती है, उसके रोने में क्रोध की झलक होती है।

सामाजिक दृष्टि से क्रोध बहुत उपयोगी भाव है। यदि क्रोध न हो तो दूसरों के द्वारा पहुँचाए जाने वाले कष्टों का चिर-निवारण ही न हो। चेतन सृष्टि के भीतर क्रोध का विधान इसीलिए है।

क्रोध दो प्रकार का होता है—पहला शुद्ध प्रतिकार की भावना से प्रेरित और दूसरा स्वरक्षा की भावना से प्रेरित। पहले प्रकार का क्रोध भी समाज के लिए उपयोगी होता है। दु:ख पहुँचाने वाले से यदि पुनः दु:ख पहुँचने की संभावना नहीं है तो हमारा क्रोध शुद्ध प्रतिकार होगा। इस क्रोध से दु:ख पहुँचाने वाले को शिक्षा मिल जाती है कि वह वैसी कुचेष्टा फिर न करे जिससे दूसरे को दु:ख पहुँचे। इस प्रकार समाज के और लोगों की रक्षा का बीज भी बो दिया जाता है। दूसरे प्रकार का क्रोध जो किसी के बार-बार दु:ख पहुँचाने पर या पहुँचाए जाने की सम्भावना होने पर आत्मरक्षा की भावना से प्रेरित होता है—उचित और उपयोगी होता ही है।

प्रश्न यह उठता है कि यदि क्रोध इतना उपयोगी भाव है तो धार्मिकों और नीतिज्ञों द्वारा उसके निरोध का इतना उपदेश क्यों दिया जाता है? आचार्य शुक्ल के अनुसार इसके अनेक कारण हैं। पहला कारण यह है कि अनुमान पर आधारित क्रोध में कभी-कभी धोखा हो जाता है। दु:ख के कारण का अनुमान ग़लत होने पर हमारा क्रोध किसी निर्दोष पर होने से बिल्कुल ही अनुचित होगा। दूसरा कारण यह है कि क्रोधी यह भी नहीं सोचता कि दु:ख पहुँचाने वाले ने उसे जानबूझकर दु:ख पहुँचाया है या अनजाने में। यदि अनजाने में दु:ख पहुँचाया है तो क्षमा या सहिष्णुता ही उपयुक्त है। शुक्ल जी का मत है कि 'क्षमा जहाँ से श्रीहत हो जाती है, वहीं से क्रोध के सौन्दर्य का आरम्भ होता है।' (वही, पृ० ९४) तीसरा कारण यह है कि क्रोध के आवेग में व्यक्ति दु:ख पहुँचाने वाले की शक्ति पर भी विचार नहीं करता। यदि दु:ख पहुँचाने वाला अधिक शक्तिशाली हुआ तो उसे पहले से भी अधिक दु:ख पहुँचा सकता है। चौथा कारण यह है कि क्रोध के आवेग में व्यक्ति न तो यह विचार करता है कि उसकी अपनी भी कोई ग़लती है और न यही कि क्रोध में किये जाने वाले कर्म का परिणाम क्या होगा। इन सब कारणों से क्रोध पर अंकुश रखना आवश्यक होता है। यह बिल्कुल सही कहा गया है कि क्रोध अंधा होता है। अंधे क्रोध से अनिवार्यतः बचना चाहिए।

क्रोध के लक्ष्य भिन्न-भिन्न होते हैं—कभी-कभी क्रोध का लक्ष्य हानि या पीड़ा पहुँचाना होता है और कभी भय-संचार करके उसे नम्र करना या अपमानित करना मात्र। यदि

किसी के अभिमान या अहंकार से हमें दुःख पहुँचता है तो अक्सर हम उसे अपमानित कर संतुष्ट हो लेते हैं। कभी-कभी क्रोधी जब उसके क्रोध का आलम्बन उसका अपना निकट का कोई व्यक्ति होता है तो नम्र करने या उसकी भूल का एहसास कराने के लिए अपना ही सर पटकने लगता है।

दुःख के अचेतन कारण पर किये जाने वाले क्रोध को आचार्य शुक्ल अपरिष्कृत कहते हैं—जैसे चूल्हा फूँकते-फूँकते थक जाने पर आग न जले तो उस पर बाल्टी भर पानी डाल देना आदि। क्रोध सब भावों से फुर्तीला भाव है। वह अन्य भावों की सेवा निःस्वार्थ सेवक की तरह करता है जैसे दया की सहायता के लिए वह सदैव उपस्थित रहता है।

क्रोध के प्रेरक दो प्रकार के दुःख हो सकते हैं—अपना दुःख और पराया दुःख। अपने दुःख के प्रतिकार में किये जाने वाले क्रोध के ही त्याग का उपदेश दिया जाता है। दूसरे के दुःख से उत्पन्न क्रोध बुराई की हद से बाहर समझा जाता है। लोग उसे क्रोध न मानकर दया या करुणा ही मानते हैं। इस प्रकार के क्रोध में बड़ा सौन्दर्य रहता है। आचार्य शुक्ल के अनुसार क्रौञ्च के वध पर वाल्मीकि मुनि के करुण क्रोध का सौन्दर्य एक महाकाव्य का सौन्दर्य हुआ।

किसी समाज में किसी क्रूर अत्याचारी का बहुत दिनों तक बना रहना उस समाज की घोर निराशा, कायरता और शिथिलता का परिचायक होता है। ऐसे समाज में उस अत्याचारी के विरुद्ध यदि कोई क्रोधाग्नि फूटती है तो उसके सौन्दर्य का अनुभव सारा लोक करता है। राम का कालाग्नि सदृश क्रोध ऐसा ही था। क्रोध की अपरिमित उपयोगिता इस बात से भी प्रमाणित है कि राज्यसत्ता द्वारा दण्ड-विधान सदैव किया जाता रहा है। उसे राजकोप कह सकते हैं।

वैर दीर्घकालिक क्रोध है। आचार्य शुक्ल ने उसे क्रोध का अचार या मुरब्बा ठीक ही कहा है। क्रोध और वैर का भेद कालकृत है। शुक्ल के अनुसार दुःख पहुँचने के साथ ही दुःखदाता को पीड़ित करने की प्रेरणा करने वाला मनोविकार क्रोध और कुछ काल बीत जाने पर प्रेरणा करने वाला भाव वैर है। वैर भी प्रतिकार ही है। यह उन्हीं प्राणियों में होता है जिनमें धारणा शक्ति होती है। अतः पशु और बच्चे किसी से वैर नहीं मानते।

क्रोध का एक हल्का रूप चिड़चिड़ाहट है। चिड़चिड़ाहट शीलदशा को प्राप्त मनोभाव है। अमर्ष और क्रोध का अन्तर स्पष्ट करते हुए आचार्य शुक्ल ने बताया है कि अमर्ष में व्यक्ति का ध्यान दुःख पहुँचाने वाली बात पर अधिक होता है, व्यक्ति पर कम। किसी की किसी बात का बुरा लगना ही अमर्ष कहलाता है।

अब तक के विवेचन से आचार्य शुक्ल के मनोविज्ञानी व्यक्तित्व का विस्तृत परिचय मिल चुका है और यत्र-तत्र उनके समाजशास्त्री व्यक्तित्व की भी झाँकी मिल चुकी है। उनके समाजशास्त्री व्यक्तित्व पर हम थोड़ा अलग से विचार कर लेते हैं।

मेरा खयाल है 'चिन्तामणि' के निबन्धों के आधार पर शुक्ल जी के मौलिक समाजशास्त्र की रचना सम्भव और अपेक्षित है। वे लोकवादी-मनोवैज्ञानिक-समाजशास्त्र के प्रतिष्ठाता हैं। प्रकृति-विज्ञानों के अध्ययन से लाभ उठाकर उन्होंने समाज या लोक और मनुष्य के सम्बन्धों की युक्तियुक्त व्याख्या की है।

विज्ञान के अनुसार विश्व की स्थिति विद्युदणुओं में निहित शक्ति के आकर्षण और अपसारण स्वरूपों के कारण है। अणुओं से लेकर विशाल ग्रह तक आकर्षण-शक्ति से परस्पर सम्बद्ध हैं। आकर्षण विहीन होने पर कोई भी पिण्ड अपना अस्तित्व खो देता है। आकर्षण और अपसारण की इन्हीं क्रियाओं के आधार पर आचार्य शुक्ल समाज के संघटन और विघटन की समस्त क्रियाओं की व्याख्या करते हैं। आकर्षण की भूमिका के विषय में उन्होंने लिखा है—'जैसे इस आकर्षण-विधान के बिना अणुओं द्वारा व्यक्त पिण्डों का आविर्भाव नहीं हो सकता, वैसे ही मानव-जीवन की विशद् अभिव्यक्ति नहीं हो सकती।' (वही) स्पष्ट है शुक्ल जी की दृष्टि में समाज मनुष्यों के परस्पर आकर्षण से निर्मित है। वस्तुतः यह सत्य भी है, क्योंकि यदि व्यक्ति व्यक्ति के प्रति आकर्षित न हो और आकर्षित भी न करे तो हर व्यक्ति एक पृथक् अणु होगा, अतः समाज की संरचना सम्भव न हो सकेगी।

यहाँ आकर्षण शब्द का अर्थ बहुत व्यापक है। समाज के व्यक्तियों के बीच आकर्षण नाना रूपों में अभिव्यक्त होता है। जितने प्रकार के सकारात्मक सम्बन्ध समाज में दिखायी पड़ते हैं वे सब आकर्षण के रूप हैं। यौन सम्बन्धों से लेकर अन्तर्राष्ट्रीय सम्बन्ध तक इसी के परिणाम होते हैं। आदान-प्रदान (भावात्मक, वैचारिक तथा अन्य), रक्षा और रंजन, परस्पर हित-चिन्तन, सुख-समृद्धि-वर्धन, करुणा, सहानुभूति, उपकार, श्रद्धा, उदारता, अनुदान, सेवा-सहयोग, स्नेह आदि भी सामाजिक आकर्षण के ही अंग हैं, किन्तु आकर्षण के साथ ही अपसारण की क्रिया भी चलती रहती है अतः ईर्ष्या, द्वेष, घृणा, क्रोध आदि का भी उदय होता है और विविध सम्बन्धों में परिवर्तन घटित होता रहता है।

मनुष्य विश्व का सर्वश्रेष्ठ प्राणी है। उसमें शक्ति की सत्ता स्वयं सिद्ध है अतः आकर्षण के कारण लोक से पृथक् उसका अस्तित्व नहीं। इसे ही दृष्टि में रखकर उन्होंने कहा है कि 'मनुष्य लोकबद्ध प्राणी है।' (चिन्तामणि, पृ० ४२) लोकबद्ध होने के कारण वह समाज से असंग नहीं हो सकता। इसीलिए वह अपने भावों, विचारों और व्यापारों के लिए दिये दूसरों के भावों, विचारों और व्यापारों के साथ कहीं मिलाता और कहीं लड़ाता हुआ अन्त तक चला चलता है और इसी को जीना कहता है। स्पष्ट है कि शुक्ल जी की दृष्टि में जीवन मेल और संघर्ष युक्त होने के कारण द्वन्द्वात्मक है।

मनुष्य की लोकबद्धता अथवा सामाजिकता को शुक्ल जी ने लाखों वर्ष की विकास-परम्परा का परिणाम कहा है। वे यह नहीं मानते कि प्रारम्भ से ही मनुष्य आज की भाँति लोकबद्ध रहा है।

शुक्ल जी के इस विवेचन में उनका विज्ञान वेत्ता का व्यक्तित्व भी झलकता है। 'चिन्तामणि' के निबन्धों के लेखन के पश्चात् जगत् विख्यात् जर्मन प्राणितत्त्ववेत्ता हैकल की अत्यन्त प्रसिद्ध पुस्तक 'रिडिल ऑफ दि यूनिवर्स (Riddle of the Universe) का अनुवाद हिन्दी में 'विश्व प्रपंच' नाम से किया और उसकी १५५ पृष्ठों की भूमिका में अपना दृष्टिकोण भी प्रतिपादित किया। इससे शुक्ल जी के विज्ञान-ज्ञान और तत्सम्बन्धी दृष्टिकोण का प्रत्यक्ष परिचय प्राप्त होता है। आचार्य शुक्ल के विज्ञानवेत्ता, दार्शनिक और समाजशास्त्री व्यक्तित्वों की अधिक जानकारी के लिए आप 'आचार्य रामचन्द्र शुक्ल के साहित्य-सिद्धान्त' नामक मेरी पुस्तक का पहला अध्याय पढ़ सकते हैं।

शुक्ल जी के आलोचक व्यक्तित्व का परिचय हमें 'चिन्तामणि' (पहला भाग) में संकलित आलोचनात्मक निबन्धों से भली-भाँति मिल जाता है। अतः उसके विवेचन की

आवश्यकता यहाँ नहीं है। उनके कवि व्यक्तित्व की भी थोड़ी सी झलक 'कविता क्या है?' निबन्ध में मिलती है। इसमें उन्होंने स्वरचित दो छन्द उद्धृत किए हैं जो अत्यन्त मार्मिक हैं और उनके प्रकृति-प्रेमी सर्वभूतहितवादी कवि व्यक्तित्व का परिचय देते हैं। उक्त छन्द 'मार्मिक तथ्य' उपशीर्षक के अन्तर्गत आने वाले पहले दोनों छन्द हैं। वही देखें।

'चिन्तामणि' के निबन्धों में शुक्ल जी के राजनीतिक व्यक्तित्व की भी झलक मिलती है। इस पक्ष पर मैं संक्षेप में विचार करता हूँ। शुक्ल जी सभी प्रकार के अन्याय और उत्पीड़न के विरोधी थे। जातिवाद और सम्प्रदायवाद में उनका रत्ती भर भी विश्वास न था। सामन्तवाद, पूँजीवाद और साम्राज्यवाद के वे विरोधी थे। इनकी झलकियाँ यत्र-तत्र 'चिन्तामणि' के निबन्धों में मिलती हैं।

समाज में श्रम-विभाजन अनिवार्य है। कोई प्रोफेसर या न्यायाधीश होता है तो कोई कारीगर। इनके मध्य भेद-भाव शुक्ल जी को पसन्द नहीं। ऊँचाई-नीचाई या छोटाई-बड़ाई की भावना को वे समाज के लिए अहितकर मानते हैं। इसी प्रकार जाति-पाँति का भेदभाव या ऊँचाई-नीचाई उन्हें अनुचित एवं अनावश्यक लगती है। 'ईर्ष्या' निबन्ध में उन्होंने ईर्ष्या के एक ऐसे विचित्र रूप का विवेचन किया है जो बहुत ही विलक्षण और अनुचित होता है। हमारे पास जो वस्तु है उसे भी यदि हम पड़ोसी के पास होते देखते हैं तो जो दुःख होता है—वह यही ईर्ष्या है। इसी ईर्ष्या से तथाकथित ऊँची जातियों के आदमियों की उस कुढ़न की उन्होंने व्याख्या की है जो तथाकथित नीची जातियों के आदमियों के प्रति होती है। उन्होंने स्पष्ट शब्दों में लिखा है—'एक ऊँची जाति का आदमी किसी नीची जाति के आदमी को अपने ही समान वस्त्र आदि पहने देख बुरा मानता है और कुढ़ता है। इसका कारण यह स्थायी बुद्धि या अहंकार है कि 'हम ऊँचे हैं,वह नीचा है, हम बड़े हैं, वह छोटा है।' स्पष्ट है कि शुक्ल जी जातियों के बीच बड़ाई-छोटाई का भेद प्रदर्शन पसन्द नहीं करते। यह सही है कि समाज में बड़े-छोटे हमेशा रहते हैं और रहेंगे, पर किसी को यह अधिकार नहीं कि वह दूसरों को छोटा समझे। शुक्ल जी अच्छी तरह जानते हैं कि श्रम विभाजन के बिना तो समाज का काम चल नहीं सकता और तरह-तरह के श्रम-विभाजन से सम्मान की पात्रता का सापेक्ष भेद अनिवार्यतः पैदा हो जाता है। अतः उनका सन्तुलित और स्पष्ट मत है कि—'लोक व्यवस्था के भीतर कुछ विशेष वर्ग के लोग, जैसे विशिष्ट, विद्वान्, धर्मचिन्तक, शासन कार्य पर नियुक्त अधिकारी, देश रक्षा में प्राण देने को तैयार वीर इत्यादि औरों से अधिक आदर और सम्मान के पात्र होते हैं। इनके प्रति उचित सम्मान न प्रदर्शित करना अपराध है। अन्य वर्ग के लोग धर्मानुसार इन्हें बड़ा मानने को विवश हैं। **पर इन्हें दूसरों को छोटा प्रकट करने या मानने तक का अधिकार नहीं है। जहाँ इन्होंने ऐसा किया कि सम्मान का स्वत्व खोया।**' (वही, पृ० ७८)

यही बात आचार्य शुक्ल ने और भी स्पष्ट शब्दों में आगे कही है—'न्यायाधीश न्याय करता है, कारीगर ईंटें जोड़ता है। समाज कल्याण के विचार से न्यायाधीश का साधारण व्यवहार में कारीगर के प्रति यह प्रकट करना उचित नहीं कि तुम हमसे छोटे हो। जिस जाति (समुदाय से यहाँ तात्पर्य) में इस छोटाई-बड़ाई का अभिमान जगह-जगह दृढ़ हो जाता है, उसके भिन्न-भिन्न वर्गों के बीच स्थायी ईर्ष्या स्थापित हो जाती है और संघ शक्ति (अर्थात् सामूहिक शक्ति) का विकास बहुत कम अवसरों पर देखा जाता है। यदि समाज में कार्यों की, जिनके द्वारा भिन्न-भिन्न प्राणी जीवन-निर्वाह करते हैं, परस्पर छोटाई-बड़ाई का ढिंढोरा

न पीटा जाय तो बहुत-सा असंतोष दूर हो जाय।' आश्चर्य है कि इतने स्पष्ट वक्तव्य के **बावजूद हिन्दी के** कुछ नामवर विद्वान आचार्य शुक्ल को जातिवादी आदि कहकर बदनाम करते फिरते हैं। दरअसल ये विद्वान् स्वयं जातिवादी हैं।

शुक्ल जी का मत है कि छोटाई-बड़ाई के भाव के कारण समाज के कार्य विभागों में विषमता आती है। अर्थात् 'कुछ विभाग सूने पड़ जाते हैं और कुछ आवश्यकता से अधिक भर जाते हैं, जैसा कि आजकल इस देश में देखा जा रहा है। यहाँ कृषि, विज्ञान, शिल्प, वाणिज्य आदि की ओर तब तक पढ़े-लिखे लोग ध्यान न देंगे जब तक **कुछ पेशों और नौकरियों की शान** लोगों की नज़रों में समाई रहेगी। (वही,पृ० ७८) स्वतंत्र भारत में जातिवाद की महिमा और नौकरियों की शान उस ज़माने से सैकड़ों गुना अधिक हो गयी है। इसीलिए आरक्षण-युद्ध चल रहा है। योग्यता के आधार पर नहीं, जाति के आधार पर नौकरियाँ चाहिए! योग्यता के लिए अवसर की माँग नहीं की जाती।

अफसरों या अधिकारियों को अपने पद और अधिकार का घमण्ड होता है। पद और अधिकार की शान शक्ति के अनुचित प्रयोग में अधिक समझी जाती है। शुक्ल जी कहते हैं—'कोई पुलिस या कर्मचारी जब अपने पद का अभिमान प्रकट करता है तब यह नहीं कहता कि 'मैं जिस बदमाश को चाहूँ उसको पकड़कर तंग कर सकता हूँ।' बल्कि वह कहता है कि 'मैं जिसको चाहूँ उसको पकड़कर तंग कर सकता हूँ।' (वही, पृ० ७८-७९) आचार्य शुक्ल का सुचिन्तित मत है अधिकार के अनुचित उपयोग की सम्भावना दूर कर देनी चाहिए। उनका कहना है कि—'यदि अधिकार के अनुचित उपयोग की सम्भावना दूर कर दी जाय तो स्थान-स्थान पर अभिमान की जमी हुई मैल साफ हो जाय और समाज के कार्य-विभाग चमक जायँ। यदि समाज इस बात की पूरी चौकसी रक्खे वि. पुलिस के अफ़सर उन्हीं को कष्ट दे सकें जो दोषी हैं, माल के अफसर उन्हीं लोगों को क्षतिग्रस्त कर सकें जो कुछ गड़बड़ करते हैं तो उन्हें शेष लोगों पर, जो निर्दोष हैं, जिनका मामला साफ है और जिनसे हर घड़ी काम पड़ता है, अभिमान प्रकट करने का अवसर कहाँ मिल सकता है?' मैं पूछता हूँ कि क्या ऐसा विवेक-विचार और कार्यक्रम है किसी पार्टी या उसके नेताओं के पास? निश्चित ही नहीं। इस से आप शुक्ल जी के विचारों के महत्व का अन्दाज़ लगा सकते हैं।

सामन्तवादी और नौकरशाही दोनों प्रकार के उत्पीड़न शुक्ल-कालीन भारत में संश्लिष्ट रहे। इनका एकत्र विरोध करते हुए इसी सन्दर्भ में उपहास और व्यंग्य के स्वर में शुक्ल जी ने लिखा है—'किसी अवध के ताल्लुकेदार के लिए बड़ाई का यह स्वाँग दिखाना आवश्यक नहीं है कि वह जब मन में आए तब कामदार टोपी सिर पर रख, हाथी पर चढ़ गरीबों को पिटवाता चले। किसी देहाती थानेदार के लिए यह जरूरी नहीं है कि वह सिर पर लाल पगड़ी रख गँवारों को गाली देकर हर समय अपनी बड़ाई का अनुभव करता और कराता है। (वही, पृ० ७९)

देश के अन्धे-बहरे कर्णधार और कुशिक्षित नेतागण क्या शुक्ल जी के इन वाक्यों को पढ़-सुन सकेंगे—'समाज में स्थान-स्थान पर अभियान के अजायबघर स्थापित होना अच्छा नहीं। इस बात का ध्यान रखना समाज़ का कर्तव्य है कि धर्म और राजबल से प्रतिष्ठित संस्थाओं के अन्तर्गत अभिमानालय और खुशामदखाने न खुलने पाएँ।' कहने की आवश्यकता नहीं कि आज हमारा पूरा देश अभिमानालयों और खुशामदखानों से भरा पड़ा है।

हिन्दी के कुछ नये-पुराने आलोचक शुक्ल जी को साम्राज्यवाद का समर्थक सिद्ध करने में इन दिनों कमर कसकर जुटे हुए हैं। इन सबकी अक्ल ठिकाने लगाने के लिए शुक्ल जी का एक वाक्य मात्र पर्याप्त है। वह वाक्य इस प्रकार है—'योरप के अर्थोन्मादियों ने ऐसी गूढ़, जटिल और स्थायी प्रणालियाँ प्रतिष्ठित कीं जिनके द्वारा भूमण्डल की न जाने कितनी जनता का क्रम-क्रम से रक्त चुसता चला जा रहा है—न जाने कितने देश चलते-फिरते कंकालों के कारागार हो रहे हैं।' ('चिन्तामणि', 'भय' शीर्षक निबन्ध, पृ० ८८) साफ़ है कि आचार्य शुक्ल न केवल ब्रिटिश साम्राज्यवाद के अपितु समस्त योरप के साम्राज्यवाद के पक्के विरोधी थे। किसी प्रकार उनकी गहरी दिली सहानुभूति न केवल भारत की जनता के साथ अपितु योरोपीय साम्राज्यवाद द्वारा शोषित विश्व के समस्त राष्ट्रों व उनकी जनता के साथ थी।

योरप के साम्राज्यवाद की जड़ों तक को आचार्य शुक्ल ने खोजा है। उसकी जड़ें वहाँ के इतिहास में बड़ी गहरी हैं। शुक्ल जी ने लिखा है—"प्राचीन काल में जिस प्रकार के स्वदेश-प्रेम की प्रतिष्ठा यूनान में हुई थी, उसने आगे चलकर योरप में बड़ा भयंकर रूप धारण किया। अर्थशास्त्र के प्रभाव के अर्थोन्माद का उसके साथ संयोग हुआ और व्यापार, राजनीति या राष्ट्रनीति का प्रधान अंग हो गया। योरप के देश इस धुन में लगे कि व्यापार के बहाने दूसरे देशों से जहाँ तक धन खींचा जा सके, बराबर खींचा जाता रहे।' (वही, पृ० ८८) लेनिन ने साम्राज्यवाद का सम्बन्ध केवल पूँजीवादी उत्पादन की चरम अवस्था से जोड़ा है। आचार्य शुक्ल ने अर्थोन्माद अर्थात् पूँजीवादी उत्पादन प्रणाली के साथ-साथ प्राचीनकाल से चले आते हुए कट्टर स्वदेश-प्रेम को भी साम्राज्यवाद के मूल में देखा है। यहाँ आचार्य शुक्ल के इतिहास-चिन्तक व्यक्तित्व की भी एक भव्य झलक हमें मिलती है।

आचार्य शुक्ल ने अपने युग को 'व्यापार-युग' की संज्ञा दी। व्यापार-युग पूँजीवादी युग का सटीक पर्याय प्रतीत होता है, अतः यह नाम सार्थक और उचित है। यदि यह तर्क प्रस्तुत किया जाय कि व्यापार तो पहले भी होता रहा है, तो ठीक है कि व्यापार तो पहले होता रहा है, किन्तु आधुनिक पूँजीवादी युग के व्यापार में क्रान्तिकारी अथवा गुणात्मक परिवर्तन घटित हुए हैं। यदि पहले के युगों में श्रम और उससे उत्पन्न मूर्त वस्तुएँ ही 'माल' थीं तो आज मूर्त और अमूर्त हर वस्तु 'माल' है, कुछ भी ऐसा नहीं है जो खरीदा और बेचा न जा सके। इसके अतिरिक्त आज के व्यापार में शोषण, कलई और मिलावट का प्राचुर्य है जो पहले के युगों में शायद रहा भी होगा तो बहुत कम। पहले व्यापार रहा है तो आज व्यापारोन्माद है। आज शायद ही जीवन का कोई ऐसा क्षेत्र हो, जिसमें धन की पैठ न हो। शुक्ल जी इन सारी बातों से भली-भाँति परिचित हैं। उन्हें मालूम है कि इस युग में लक्ष्मी की मूर्ति धातुमयी हो गई, उपासक सब पत्थर के हो गए, धीरे-धीरे यह दशा आई कि जो बातें पारस्परिक प्रेम की दृष्टि से, धर्म की दृष्टि से की जाती थीं, वे भी रुपये-पैसे की दृष्टि से होने लगीं। उन्हें मालूम है कि आज 'पैसे से राज-सम्मान की प्राप्ति, विद्या की प्राप्ति और न्याय की प्राप्ति होती है। जिसके पास कुछ रुपया है बड़े-बड़े विद्यालयों में अपने लड़कों को भेज सकते हैं, न्यायालयों में फीस देकर अपने मुकदमे दाखिल कर सकते हैं और महँगे वकील-बैरिस्टर करके बढ़िया खासा निर्णय करा सकते हैं, अत्यन्त भीरु और कायर होकर बहादुर कहला सकते हैं।' (वही, पृ० २०) उन्हें मालूम है कि इस व्यापार-युग में 'ज्ञान' बिकता है, न्याय बिकता है, धर्म बिकता है और श्रद्धा ऐसे भाव भी बिकते हैं, यही नहीं नकली भाव,

चापलूसी और भीरुता आदि श्रद्धा कहकर बेंचे जाते हैं और झूठे मोती सच्चे मोतियों को मात करते हैं।' (वही, पृ० ५१) इतना ही नहीं, उन्हें यह भी मालूम है कि इस युग में 'राजधर्म, आचार्य धर्म, वीर धर्म सब पर सोने का पानी फिर गया, सब टका धर्म हो गए। धन की पैठ मनुष्य के सब कार्य-क्षेत्रों में करा देने से उसके प्रभाव को इतना विस्तृत कर देने से ब्राह्मण धर्म और क्षात्र धर्म का लोप हो गया, केवल वणिग्धर्म रह गया।' (वही, पृ० ५१)

यदि सब धर्मों का लोप हो गया, केवल वणिग्धर्म रह गया तो व्यापार-युग क्यों न कहा जाय! इसी व्यापार-युग अर्थात् पूँजीवाद की चरम अवस्था या परिणति है साम्राज्यवाद। शुक्ल जी ने लिखा है—'व्यापारनीति राजनीति का अंग हो गई। बड़े-बड़े राज्य माल की बिक्री के लिए लड़ने वाले सौदागर हो गए। जिस समय क्षात्रधर्म की प्रतिष्ठा थी, एक राज्य दूसरे राज्य पर कभी-कभी विजय-कीर्ति की कामना से डंके की चोट पर चढ़ाई करता था। अब सदा एक देश दूसरे देशों का चुपचाप दबे पाँव धन हरण करने की ताक में लगा रहता है। इसी से भिन्न-भिन्न राज्यों की परस्पर सम्बन्ध-समस्या इतनी जटिल हो गई है। कोई-कोई देश लोभवश इतना अधिक माल तैयार करते हैं कि उसे किसी देश के गले मढ़ने की फिक्र में दिन-रात मरते रहते हैं।' (वही, पृ० ५१) अन्तिम वाक्य में पूँजीवादी व्यवस्था के अनियंत्रित अति उत्पादन एवं तज्जन्य आर्थिक संकट का स्पष्ट उल्लेख हुआ है। माल को किसी देश के गले मढ़ने की फिक्र में दिन-रात मरते रहने का मतलब यही है। यही वह अवस्था है जिसमें पूँजीवाद साम्राज्यवाद का स्वरूप ग्रहण कर लेता है।

शुक्ल जी पूँजीवाद और साम्राज्यवाद को दूसरे शब्दों में व्यापारोन्माद को विश्वव्यापी अशान्ति का स्रोत मानते हैं और घोषणा करते हैं कि—'जब तक यह व्यापारोन्माद दूर न होगा तब तक इस पृथ्वी पर सुख-शान्ति न होगी।' (वही, पृ० ५१) उनकी यह घोषणा अक्षरश: सत्य है।

शुक्ल जी को विश्वास है कि यह विश्वव्यापी व्यापारोन्माद अवश्य दूर होगा। 'क्षात्र धर्म की संसार में एक बार फिर प्रतिष्ठा होगी, चोरी का बदला डकैती से लिया जायेगा।' (वही, पृ० ५१) कहने की आवश्यकता नहीं कि यहाँ चोरी का मतलब है पूँजीवादी व्यापारोन्मादजन्य शोषण या मुनाफ़ाखोरी और डकैती का मतलब है बलपूर्वक अपहरण अर्थात् सशस्त्र क्रान्ति। क्षात्र धर्म का यहाँ मतलब है शस्त्र ग्रहण और क्षात्र संघ है विश्वव्यापी लड़ाकू जनमोर्चा। यह है संक्षेप में शुक्ल जी द्वारा प्रस्तुत साम्राज्यवादी व्यापारोन्माद का क्रान्तिकारी समाधान।

आचार्य शुक्ल गांधीवादी नहीं थे। वे क्रान्तिकारी राजनीति के समर्थक थे। उनका स्पष्ट मत है कि—'यदि किसी अत्याचारी का दमन सीधे न्याय संगत उपायों से नहीं हो सकता तो कुटिल नीति का अवलम्बन लोक धर्म की दृष्टि से उचित है।' (गोस्वामी तुलसीदास, पृ० २८) चिन्तामणि के निबन्धों में अनेक स्थलों पर उन्होंने न्यायपूर्ण हिंसा और दुष्टों के बलपूर्वक दमन का खुला समर्थन किया है। जैसे 'क्षात्र-धर्म-पालन की आवश्यकता संसार में सब दिन बनी रहेगी। कोई व्यापार-युग उसे नहीं हटा सकता। किसी अनाथ अबला पर अत्याचार करने पर एक क्रूर पिशाच को हम उद्यत देख रहे हैं। समझाना-बुझाना या तो व्यर्थ है अथवा उसका समय ही नहीं है। ऐसी दशा में यदि उस अबला की रक्षा इष्ट है तो, चटपट उस कर्म में प्रवृत्त होना होगा जिससे उस दुष्ट को बाधा पहुँचे। उस समय का हमारा क्रोध

कितना सुन्दर और अक्रोध कितना गर्हित होगा।' (वही, पृ० २९) यहाँ न केवल आचार्य शुक्ल के चिन्तक व्यक्तित्व का अपितु उनके करुण हृदय की भी दिव्य ज्योति दिखलाई पड़ रही है।

यहाँ पर यह बतलाना अनुचित एवं अप्रासंगिक न होगा कि शुक्ल जी से क्रान्तिवीर चन्द्रशेखर आजाद का सीधा सम्बन्ध था। इस सम्बन्ध के महत्त्व को रेखांकित करते हुए डॉ० रामविलास शर्मा ने लिखा है—'चन्द्रशेखर आजाद से रामचन्द्र शुक्ल का सम्बन्ध भारत के राजनीतिक इतिहास और हिन्दी साहित्य के इतिहास की महत्त्वपूर्ण घटना है। उस सम्बन्ध पर ध्यान देने से भारतीय समाज के प्रति और हिन्दी साहित्य के इतिहास के प्रति शुक्ल जी की अनेक धारणाएँ ज्यादा अच्छी तरह समझ में आ जाती हैं।' (आचार्य रामचन्द्र शुक्ल और हिन्दी आलोचना, १९८७, पृ० २३३)

शुक्ल जी और आजाद की एक मुलाकात का विवरण संस्मरण रूप में उपलब्ध है। शुक्ल जी के पुत्र श्री गोकुलचन्द्र शुक्ल के उक्त संस्मरण को 'साक्षात्कार' में प्रकाशित किया था जिसका कुछ अंश डॉ० रामविलास शर्मा ने अपनी शुक्ल जी विषयक पुस्तक में ज्यों का त्यों उद्धृत किया है, चूँकि उससे शुक्ल जी के क्रान्तिकारी राजनीतिक विचारों और उनके साम्राज्यवाद-विरोधी कठोर रुख की सम्पुष्टि होती है, अतः उसे यहाँ भी उद्धृत किया जा रहा है।

एक दिन शुक्ल जी अपनी आदत के अनुसार पलंग पर बैठे लिख रहे थे। आजाद आये और पलंग पर बैठ गये। शुक्ल जी के पुत्र गोकुलचन्द्र माँ की चारपाई पर बैठे थे। उस दिन उन दोनों के बीच बहुत सी बातें हुईं। श्री गोकुलचन्द्र के शब्दों में वे इस प्रकार हैं—'आजाद ने कहा—'पण्डित जी, अब तो हम फाँसी के तख्ते पर भारत माँ को ढूँढ़ते हैं।' शुक्ल जी ने उत्तर दिया—'बेटे, भारत माँ को खेतों में ढूँढ़ो। विश्व आन्दोलन के मेल में हमारा स्वाधीनता आन्दोलन होना चाहिए। किसानों का संगठन किये बिना आन्दोलन सफल नहीं होगा।' आजाद ने हँसते हुए पूछा—'और हिंसा को कहाँ रखते हैं गुरुजी?' शुक्ल जी बोले—'भीष्म भगवान् नहीं हुए। लोकव्यापी, अत्याचार के विरुद्ध शस्त्र उठाने वाले राम, कृष्ण ही भगवान् कहलाये, भगवान के नाम पर चलने वाले धर्म को राजनीति से अलग रखना चाहिए।' आजाद ने कहा—'इसी से मैंने क्रान्ति का रास्ता अपनाया है।' शुक्ल जी ने कहा—'बहुत से लोग क्रान्ति के नाम पर गला फाड़ते हैं पर मानसिक दृष्टि से पुरखों की ही श्रेणी में हैं। तुम्हारे जैसे—पाँच सौ भी हो जायँ तो देश एक दिन में स्वतंत्र हो जाय।' आजाद ने कहा—'अंग्रेज हमें कमजोर समझकर शर्तें रखता है। उसे वह सबक सिखाऊँगा कि वह अपने घर में भी चैन से न बैठ सके।' शुक्ल जी ने कहा—'चोर का मुकाबला करने के लिए डकैत बनना होता है। अब तो छीनकर बाँटने वाली हालत आ गयी है। कोठीवाले उनका साथ दे रहे हैं। इधर कांग्रेस से भी मिले हैं।' आजाद ने कहा—'गांधी जी के पास हमने सन्देश भेजे थे, पर उन्हें हमारे रास्ते में विश्वास नहीं है।' शुक्ल जी ने उत्तर दिया—'उनका भी रास्ता बदलेगा। आपकी और उनकी भावना का उद्गम एक है, संगम भी एक है।' आजाद ने कहा—'उन्होंने बड़े-बड़े जमींदारों और व्यापारियों को छूट दे दी है।' शुक्ल जी ने कहा—'बस यही एक कमजोर पक्ष है। अंग्रेजों ने अपनी नीति से महाजन-जमींदार पैदा किये हैं। इन्हें छोड़िए। औसत जमींदार टैक्स आदि देने के बाद किसान की ही तरह हो जाता है। अपने संगठन में उन्हें भी लीजिए। किसानों के साथ वे भी विद्रोह करने के लिये तैयार बैठे हैं। बहुत जुल्म

हुआ। अब केवल शक्ति का मार्ग रह गया है।' आजाद ने अपने मन की व्यथा प्रकट की—'दु:ख तब होता है गुरुजी, जब हमारे देशवासी ही हमारी दृष्टि नहीं समझते।' शुक्ल जी बोले—आप अपना काम कीजिये। आपके मानसिक स्तर पर पहुँचने के बाद ही वे समझेंगे।' आजाद उठकर खड़े हुए और कहा—'पण्डित जी, मेरे रिवाल्वर की गोलियाँ कभी खत्म नहीं होंगी। आप मुझे हमेशा याद रहेंगे। चलूँ, प्रणाम।' शुक्ल जी की आँखें भीग गयीं। वे बोले—'अपने उद्देश्य में सफल होओ, बेटा। यह संसार प्रेम करने के लिए है। पर कुछ मुट्ठीभर लोगों ने अधिकार हस्तगत करके हिंसा को अनिवार्य बना दिया। जाओ, संकट के समय यह घर तुम्हारा है।'

शुक्ल जी आजाद को कभी नहीं भूल सके। उनकी शहादत की सूचना पाने पर वे प्रातः से रात तक एकदम मौन रहे। उस दिन दोनों वक्त भोजन नहीं किया। रात में सिर्फ एक वाक्य बोले—'देखना है, अब गांधी जी क्या करते हैं।

निष्कर्ष यह कि आचार्य शुक्ल की राजनीतिक विचारधारा क्रान्तिकारी थी—इसमें सन्देह नहीं। 'चिन्तामणि' के निबन्धों से शुक्ल जी के जिस क्रान्तिकारी राजनीतिक व्यक्तित्व की झलक मिलती है, उसकी समग्र सम्पुष्टि इस संस्मरण से होती है। इस संस्मरण से भी स्पष्ट है कि आचार्य शुक्ल जुल्म के विरुद्ध शक्ति के प्रयोग के समर्थक थे। चोरी से दूसरों का हक छीननेवालों का मुकाबला करने के लिए वे डकैत बनने के पक्ष में थे। वे शाश्वत अहिंसावादी न थे।

आचार्य शुक्ल को टाल्सटॉय और गांधी का अन्याय के निष्क्रिय प्रतिरोध का सिद्धान्त एक क्षण के लिए भी मान्य नहीं था। व्यक्तित्व के विकास और चरित्र में होने वाले परिवर्तन को तो ये स्वीकार करते थे, पर अत्याचारी के हृदय परिवर्तन की प्रतीक्षा करते रहने का असीम धैर्य उनमें नहीं था। गांधी जी की अहिंसा और अत्याचारी के हृदय-परिवर्तन की चिर प्रतीक्षा को वे व्यक्तिगत साधना समझते थे, लोकधर्म नहीं। व्यक्तिगत साधना और लोकधर्म के अन्तर सम्बन्धी शुक्ल जी की धारणा को स्पष्ट करते हुए और उसका महत्त्व बतलाते हुए डॉ॰ रामविलास शर्मा ने लिखा है—'सर्प को दूध पिलाकर उसका स्वभाव बदलने वाले को शुक्ल जी व्यक्तिगत साधना करनेवाला कहते हैं, यह लोकधर्म नहीं है। लोकधर्म वह है जिस पर आम जनता चल सके। व्यक्तिगत साधना और लोकधर्म का यह भेद उन अहिंसावादियों को बहुत अच्छा उत्तर है जो जनता के लिए दण्ड और कारागार का विधान करते हैं और निहित स्वार्थों का हृदय-परिवर्तन करने का ऐलान किया करते हैं।' (आचार्य रामचन्द्र शुक्ल और हिन्दी आलोचना, १९८७, पृ॰ १०१)

यहाँ तक आचार्य शुक्ल के बौद्धिक व्यक्तित्व का जो विवेचन हुआ है उसमें यत्र-तत्र प्राय: उनके व्यक्तित्व के भावात्मक या हृदय पक्ष की भी व्यंजना होती चली आयी है—फिर भी संक्षेप में मैं उस पर अलग से भी विचार कर लेता हूँ। शुक्ल जी ने 'चिन्तामणि' के निवेदन में बिल्कुल ठीक बताया है कि उनकी अन्तर्यात्रा में बुद्धि के साथ उनका हृदय भी बराबर साथ रहा है। कुछ स्थलों को चुनकर मैं आपके सामने रखता हूँ।

'भाव या मनोविकार' शीर्षक पहले निबन्ध में शुक्ल जी ने हृदय की रागात्मिका वृत्ति के प्रसार की आवश्यकता प्रतिपादित की और उसे इतना विस्तृत करने के लिए कहा कि पशु-पक्षी और कीट-पतंग से लेकर तृण-गुल्म, वृक्ष-लता तक शेष प्रकृति के समस्त रूपों की रक्षा

और सुख का भाव उसमें भर जाय। शुक्ल जी ने अपने हृदय को इतना विकसित कर लिया था कि उसका सामंजस्य सम्पूर्ण संसार के समस्त रूपों से हो गया था। कवि ठाकुर की इन पंक्तियों का भाव आचार्य शुक्ल के हृदयस्थ भाव को भली-भाँति अभिव्यक्त कर रहा है—

विधि के बनाये जीव जेते हैं जहाँ के तहाँ,
खेलत फिरत तिन्हें खेलन फिरन देव।

अर्थात् विधि के बनाये जो भी जीव-जन्तु जहाँ भी, जिन भी रूपों में खेलते-कूदते फिर रहे हों, वहाँ उन्हें वैसा ही करने दो, विघ्न मत डालो। शुक्ल जी के ऐसे विशाल और उदार हृदय की झाँकी पाकर भी जो उन्हें जातिवादी समझे, वह भी क्या मनुष्य है! शुक्ल जी के भतीजे स्वर्गीय श्री चन्द्रशेखर शुक्ल ने बिल्कुल ठीक कहा है कि शुक्ल जी 'जीवन्मुक्त सर्वभूतहृदय पुरुष' अर्थात् सभी प्राणियों के हित चिन्तक स्वार्थमुक्त हृदय वाले मनुष्य थे। जो लोग अज्ञानवश उन्हें जातिवादी या ब्राह्मणवादी कहते हैं वे स्वयं संकीर्ण हृदय और अविकसित बुद्धि के लोग हैं। उन्हें अपने रुग्ण हृदय और मस्तिष्क का कहीं उपचार कराना चाहिए।

शुक्ल जी का हृदय पूर्ण परिष्कृत हृदय था। इसके प्रमाण उनके निबन्धों में सर्वत्र मिलते हैं! उनका हृदय ईर्ष्या और अभिमान से मुक्त था। शेष भावों का वे उपयुक्ततम उपयोग किया करते थे।

उत्साह, करुणा और प्रेम शुक्ल जी के जीवन के शील दशा को प्राप्त भाव थे। यही कारण है कि वे क्षात्र-धर्म के समर्थक थे। जिन गुणों पर उनका हृदय रीझता था उनकी अधिक गुंजाइश क्षात्र-धर्म में ही पायी जाती है। शक्ति के साथ क्षमा, वैभव के साथ विनय, पराक्रम के साथ रूप माधुर्य, तेज के साथ कोमलता, सुख-भोग के साथ परदु:खकातरता, प्रताप के साथ कठिन धर्म-पथ का अवलम्बन इत्यादि कर्म-सौन्दर्य के विविध रूपों पर उनका सात्त्विक हृदय रीझ-रीझ जाता था। इसीलिए उन्होंने घोषित किया कि 'जनता के सम्पूर्ण जीवन को स्पर्श करने वाला क्षात्र-धर्म है।' (वही, पृ० २९)

पाखण्ड और अत्याचार के उग्र विरोध में आचार्य शुक्ल के उत्साह का सौन्दर्य अपने पूर्ण उत्कर्ष पर दिखायी पड़ता है। संसार के समस्त धार्मिकों पर भी भीषण आक्रमण करने में ज़रा भी नहीं हिचकते। 'श्रद्धा-भक्ति' निबन्ध में वे कहते हैं—'संसार में मनुष्य मात्र की समान वृत्ति कभी नहीं हो सकती। इस बात को भूलकर जो उपदेश दिये जाया करते हैं वे पाखण्ड के अन्तर्गत आते हैं।' (चिन्तामणि, पृ० २९) इसी प्रकार 'करुणा' निबन्ध में उन्होंने लिखा—'मनुष्य की सजीवता मनोवेग या प्रवृत्ति में, भावों की तत्परता में है। नीतिज्ञों और धार्मिकों का मनोविकारों को दूर करने का उपदेश घोर पाखण्ड है।' (वही, पृ० ३६)

शुक्ल जी का अचूक हृदय मनुष्य की पहचान में चूक नहीं सकता। रसखान की सच्ची देशभक्ति और भगवद्भक्ति को उन्होंने बड़ा महत्त्व दिया है।

उनके न्याय-प्रेमी हृदय की झलक 'ईर्ष्या' नामक पाठ में मिलती है। उनके अनुसार अपराधी ने जितना कष्ट दूसरे को पहुँचाया यदि अपराधी को भी उतना ही कष्ट पहुँचाया जाता हो तो यह न्याय नहीं है। उससे अधिक कष्ट पहुँचाना ही न्याय है। निरपराध व्यक्ति की स्थिति को अपराधी की स्थिति से अच्छा दिखलाना ही न्याय का काम है।

शुक्ल जी के प्रकृति-प्रेमी हृदय की झलक तो प्राय: ही मिल जाती है। 'लोभ और प्रीति' निबन्ध में वे लिखते हैं—'बाहर निकलो तो आँखें खोलकर देखो कि खेत कैसे

लहलहा रहे हैं, नाले झाड़ियों के बीच से कैसे बह रहे हैं, टेसू के फूलों से वनस्थली कैसे लाल हो रही है, चौपायों के झुण्ड चरते हैं, चरवाहे तान लड़ा रहे हैं, अमराइयों के बीच में गाँव झाँक रहे हैं।' (वही, पृ० ५४)

शुक्ल जी के सम्पूर्ण हृदय की झाँकी यदि एक ही जगह देखनी हो तो इस अनुच्छेद में देखिए—'जब कोई राम भक्त पुत्र-कलत्र, भाई-बन्धु का राग छोड़ने, कर्मपथ से मुँह मोड़ने और जगत् का नाता तोड़ने का उपदेश देता है तब मेरी समझ जवाब देने लगती है। मेरे देखने में तो वही रामभक्त-सा लगता है जो अपने पुत्र-कलत्र, भाई-बहिन, माता-पिता से स्नेह का व्यवहार करता है, रास्ते में चींटियाँ बचाता है, किसी प्राणी का दुःख देख आँसू बहाता हुआ रुक जाता है, किसी दीन पर मिष्ठुर अत्याचार होते देख क्रोध से तिलमिलाता हुआ अत्याचारी का हाथ थामने के लिए कूद पड़ता है, बालकों की क्रीड़ा देख विनोद से पूर्ण हो जाता है, लहलहाती हुई हरियाली देख लहलहा उठता है और खिले हुए फूलों को देख खिल जाता है।' (वही, पृ० ६३)

शुक्ल जी गम्भीर प्रकृति के व्यक्ति थे। यह गम्भीरता सर्वत्र उनके निबन्धों में दिखायी पड़ती है। गम्भीर प्रकृति के साथ ही शिष्ट हास्य और विनोद उन्हें प्रिय थे। इसका कोई भी अवसर वे हाथ से निकलने नहीं देते। उनकी यह विनोद शीलता भी उनके निबन्धों में अक्सर मिल जाया करती है। कुछ उल्लेख उनकी भाषा पद्धति के विवेचन के प्रसंग में मैं पहले कर चुका हूँ। एक उदाहरण और देखिए। 'लज्जा और ग्लानि' शीर्षक निबन्ध में विनोद की मनोदशा में उन्होंने लिखा—'एक सभा के सहायक मंत्री हैं जो कार्य-विवरण पढ़ने में संकोच करते हैं। सारांश यह कि एक बेवकूफी करने में लोग संकोच नहीं करते, और सब बातों में करते हैं।' (वही, पृ० ४५)

निष्कर्ष रूप में मैं यह कह सकता हूँ कि शुक्ल जी के निबन्धों में उनके प्रकृति प्रेमी, मानव-प्रेमी, संसार-प्रेमी, साहित्य-प्रेमी, उत्साही, करुण, विनोदशील, दृढ़, निर्भीक, आत्मविश्वासपूर्ण हृदय की प्रचुर अभिव्यंजना हुई है।

डॉ० हजारीप्रसाद द्विवेदी ने लिखा है कि 'वे (शुक्ल जी) इतने गम्भीर और कठोर थे कि उनके वक्तव्यों की सरसता उनकी बुद्धि की आँच से सूख जाती थी।' (हिन्दी साहित्य की भूमिका, आठवीं आवृत्ति, १९६९, पृ० १३५) आचार्य शुक्ल के निबन्धों की मेरी विवेचना से डॉ० द्विवेदी की प्रतिक्रिया गलत सिद्ध होती है। आचार्य शुक्ल के वक्तव्य वैज्ञानिक और सरस एक साथ होते हैं। यह सही है कि वे गम्भीर थे, पर विनोदशील भी। उनकी गम्भीरता दुर्गुण नहीं, सद्गुण थी।

आचार्य शुक्ल के लेखन में गम्भीरता के कारणों पर विचार करते हुए डॉ० रामविलास शर्मा ने तीन प्रमुख कारणों का उल्लेख किया है—पहला शुक्ल जी का वस्तुवादी दृष्टिकोण, दूसरा उनकी द्वन्द्वात्मक चिन्तन-पद्धति और तीसरा उनका सामन्त-विरोधी, मानववादी, देश भक्तिपूर्ण (अर्थात् लोकवादी) सामाजिक दृष्टिकोण। इन महान् गुणों से युक्त होने के कारण उनकी गम्भीरता निस्सन्देह वरेण्य और श्रेयस्कर है। डॉ० द्विवेदी के विपरीत डॉ० रामविलास शर्मा ने शुक्ल जी के विषय में लिखा है—'तर्कशास्त्री से अधिक वह भावुक साहित्य-प्रेमी हैं। उनकी तर्क-योजना में चूक हो सकती है, सहृदयता में नहीं। उनमें भारतेन्दु युग की जिन्दादिली है, उस युग के लेखकों जैसा व्यंग्य-विनोद है।' स्पष्ट है डॉ० शर्मा की दृष्टि में आचार्य शुक्ल और उनका लेखन सरस है, नीरस नहीं।

यहाँ पर यह स्पष्ट कर देना आवश्यक प्रतीत हो रहा है कि जब डॉ० शर्मा कहते हैं कि शुक्ल जी 'तर्कशास्त्री से अधिक भावुक साहित्य प्रेमी हैं' तो 'तर्कशास्त्री' से उनका आशय 'लॉजिशियन' (Logician) न होकर 'पोलेमिशियन' (Polemician) अर्थात् शास्त्रार्थी से है। तर्कशास्त्र के तो वे असाधारण ज्ञाता थे—यह उनके समग्र लेखन से स्पष्ट है। विवाद या शास्त्रार्थ अवश्य उन्हें प्रिय नहीं था। डॉ० शर्मा ने लिखा भी है कि 'विरोधियों से ज्यादा बहस में न पड़कर उन्होंने (शुक्ल जी ने) हिन्दी आलोचना को समृद्ध करने का बीड़ा उठाया।' (आचार्य रामचन्द्र शुक्ल और हिन्दी आलोचना, चतुर्थ संस्करण, पृ० १७८) जहाँ तक आचार्य शुक्ल की सहृदयता की अचूकता का प्रश्न है—उसे सर्वथा सही मानना ही उचित होगा। कारण यह कि हिन्दी साहित्य के सैकड़ों कवियों की सर्वग्राह्य समीक्षा प्रस्तुत कर उन्होंने अपनी अचूक सहृदयता का प्रमाण भली-भाँति दे दिया है। ऐसी अचूक सहृदयता के होते उनका लेखन नीरस नहीं हो सकता। निष्कर्ष यह कि बुद्धि की आँच से वक्तव्यों की सरसता सूखने वाली डॉ० हजारीप्रसाद द्विवेदी की बात मान्य नहीं हो सकती।

अन्त में हिन्दी निबन्ध के विकास में आचार्य शुक्ल के योगदान के सम्बन्ध में कुछ विचार करना आवश्यक है।

भारतेन्दु-युग हिन्दी निबन्ध का उषाकाल है। यह अत्यन्त रमणीय और उर्जामय है। नाटक, उपन्यास के आदर्श तो हिन्दी लेखकों ने एक सीमा तक बंगला साहित्य से ग्रहण किये थे, किन्तु निबन्ध उनके व्यक्तित्व की अपनी उपज थे। यही कारण है कि उन्हें सर्वाधिक सफलता निबन्ध-क्षेत्र में ही मिली। इस युग के प्रमुख निबन्धकार हैं—भारतेन्दु, बालकृष्ण भट्ट, प्रतापनारायण मिश्र, राधाचरण गोस्वामी, चौधरी बदरीनारायण प्रेमघन, अम्बिकादत्त व्यास, श्रीनिवासदास और जगमोहन सिंह।

इन लेखकों के निबन्धों में एक नयी चेतना समान रूप से अनुस्यूत पायी जाती है। मेरी दृष्टि में इस चेतना के तीन विशिष्ट पक्ष हैं—पहला मानवप्रेम, दूसरा देशप्रेम और तीसरा पाखण्ड-प्रतिबंध।

इस युग के लेखकों की निबन्ध-शैली बड़ी सप्राण है। डॉ० रामविलास शर्मा का यह कथन बिल्कुल सही है कि—'भारतेन्दु-युग की गद्य-शैली के सबसे चमत्कारपूर्ण निर्देशन निबन्धों में ही मिलते हैं।' (भारतेन्दु-युग, पृ० ८३) पाठकों के प्रति आत्मीयतापूर्ण रुख अपनाने की सामान्य प्रवृत्ति और प्रेस की स्वतंत्रता की सीमा के कारण उनकी शैलियों में अनेक तत्त्व समान रूप से पाये जाते हैं—जैस, हास्य, व्यंग्य, भाषा की सहजता आदि।

भारतेन्दु-युग के निबन्धों में उनके लेखकों के अपने व्यक्तित्व की बड़ी ज़बरदस्त छाप मिलती है और जिन्दादिली उनकी सर्वसामान्य विशेषता है।

विषय की दृष्टि से भारतेन्दु-युग में गंभीर और मनोरंजक, स्थायी और सामयिक दोनों ही क्षेत्रों में निबन्ध ने मजबूती से अपने कदम जमाये। प्रतापनारायण मिश्र ने 'भौं', 'धोखा', 'बुढ़ापा' जैसे विनोदपूर्ण निबन्ध भी लिखे और 'शिवमूर्ति', 'काल', 'स्वार्थ' जैसे गम्भीर निबन्ध भी। इसी प्रकार बालकृष्ण भट्ट ने 'साहित्य जनसमूह के हृदय का विकास है', 'प्रतिभा' आदि विचारात्मक निबन्ध लिखे तो 'आँख', 'कान', 'नाक' जैसे साधारण विषयों पर भी। इस प्रारंभिक युग के श्रेष्ठ निबन्धकार हैं पं० प्रतापनारायण मिश्र और पं० बालकृष्ण भट्ट जिन्हें आचार्य शुक्ल ने हिन्दी का एडीसन और स्टील कहा है।

हिन्दी निबन्ध का द्वितीय उत्थान (सं० १९५० से सं० १९७५ तक) द्विवेदी युग है। इस उत्थानकाल के आरम्भ में अंग्रेजी के प्रसिद्ध निबन्ध-लेखक लार्ड बेकन के कुछ निबन्धों का अनुवाद 'बेकन-विचार-रत्नावली' के नाम से आचार्य महावीरप्रसाद द्विवेदी ने प्रकाशित कराया और चिपलूणकर के मराठी निबन्धों का अनुवाद 'निबन्ध मालादर्श' नाम से पं० गंगाप्रसाद अग्निहोत्री ने। इन दोनों सज्जनों में से कोई भी अपने आदर्श के अनुरूप निबन्ध रचना में अग्रसर नहीं हुआ।

इस युग के निबन्धों के सम्बन्ध में आचार्य शुक्ल ने लिखा है कि 'अधिकतर लेखक बातों के संग्रह' के रूप में होते थे; लेखकों के अन्त:प्रयास से निकली विचारधारा के रूप में नहीं।

इस द्वितीय उत्थान के निबन्ध-लेखकों में आचार्य महावीरप्रसाद द्विवेदी, पं० माधवप्रसाद मिश्र, पं० गोविन्द नारायण मिश्र, पं० चन्द्रधर शर्मा गुलेरी, बाबू गोपालराम गहमरी, बाबू श्यामसुन्दर दास, बाबू गुलाब राय, बाबू बालमुकुन्द गुप्त और अध्यापक पूर्णसिंह प्रमुख थे। आचार्य शुक्ल की 'चिन्तामणि' (पहला भाग) के मनोविकार सम्बन्धी निबन्ध भी वस्तुत: इसी उत्थानकाल के हैं।

द्वितीय उत्थान के निबन्ध लेखकों के द्वारा भारतेन्दु-युग से चली आ रही निबन्ध-परम्परा के स्वरूप के अनेक परिवर्तन घटित हुए। पहला परिवर्तन यह हुआ कि देश और समाज की जीवन-चर्या, ऋतु चर्या, सामाजिक घटनाओं आदि पर वर्णनात्मक निबन्ध लिखने में कमी आयी। भारतेन्दु युगीन जिन्दादिली भी इस काल के लेखकों के निबन्धों में विरल हो गयी। हास्य और विनोद की मात्रा भी कम हो गयी। विषयों की विविधता बढ़ी, गम्भीरता बढ़ी और भाषा का परिष्कार हुआ।

इस युग के निबन्धों पर आचार्य शुक्ल ने विस्तार से विचार किया है, किन्तु शिष्टता और शालीनतावश अपने निबन्धों को अपने विचार क्षेत्र से बाहर रखकर। बाबू बालमुकुन्द गुप्त की चलती, सजीव और विनोदपूर्ण भाषा-शैली की उन्होंने प्रशंसा की; पं० माधवप्रसाद मिश्र में 'प्रभावशाली लेखक के उदय की उज्ज्वल आभा' देखी; पं० चन्द्रधर शर्मा गुलेरी जी के निबन्धों में 'शैली की विशिष्टता' और 'अर्थगर्भित वक्रता' के दर्शन किये, अध्यापक पूर्ण सिंह के निबन्धों में 'आधुनिक जगत् की विचारधारा से उद्दीप्त नूतन भावभंगी' रेखांकित की और बाबू गुलाबराय के निबन्धों में 'आभासपूर्णता' का अवलोकन किया।

शुक्ल जी ने आचार्य महावीरप्रसाद द्विवेदी के निबन्धों को विचारात्मक श्रेणी में स्थान दिया, किन्तु यह कहकर अपना असन्तोष भी व्यंजित किया कि 'विचारों की वह गूढ़-गुंफित परम्परा उनमें नहीं मिलती जिससे पाठक की बुद्धि उत्तेजित होकर किसी नई विचार पद्धति पर दौड़ पड़े। शुद्ध विचारात्मक निबन्धों का चरम उत्कर्ष वहीं कहा जा सकता है जहाँ एक-एक पैराग्राफ़ में विचार दबा-दबाकर कसे गये हों और एक-एक वाक्य किसी संबद्ध विचारखण्ड को लिए हों।' (हिन्दी साहित्य का इतिहास, पृ० ४६७) लगभग यही बात अन्त में इस पूरे युग के निबन्धों के सम्बन्ध में उन्होंने कही—'खेद है कि समास-शैली पर ऐसे विचारात्मक निबन्ध लिखने वाले, जिनमें बहुत ही चुस्त भाषा के भीतर एक पूरी अर्थ परम्परा कसी हो, अधिक लेख हमें न मिले।' (हिन्दी साहित्य का इतिहास, पृ० ४८२)

कहने की आवश्यकता नहीं कि ऐसे आदर्श विचारात्मक निबन्धों की रचना, जिनकी कमी इस युग में शुक्ल जी ने देखी थी, स्वयं उन्होंने ही की थी। 'चिन्तामणि' के निबन्ध वस्तुतः इसी कोटि के निबन्ध हैं जिनमें एक-एक पैराग्राफ़ में विचार दबा-दबाकर कसे गये हैं और प्रत्येक वाक्य सम्बद्ध विचारखण्ड को लिये हैं और भाषा बहुत ही चुस्त है। विचारात्मक निबन्धों का चरमोत्कर्ष वास्तव में आचार्य शुक्ल के ही निबन्धों में दिखायी पड़ती है। निस्सन्देह हिन्दी-निबन्ध के विकास में आचार्य शुक्ल का योगदान और निबन्धकारों के बीच उनका स्थान सबसे ऊँचा है।

आचार्य शुक्ल के समय से लेकर अब तक सैकड़ों निबन्धकार हुए हैं। उनमें से कुछ बहुत अच्छे निबन्धकार भी हुए ज़िन्होंने हिन्दी निबन्ध को नूतन श्री और समृद्धि प्रदान की। पर, खेद है कि विचारात्मक श्रेणी में एक भी ऐसा निबन्धकार नहीं हुआ, जिसे आचार्य शुक्ल के समकक्ष माना जा सके। एक भी ऐसी निबन्धकृति नहीं है हिन्दी में जो 'चिन्तामणि' के सामने रखी जा सके। हिन्दी निबन्ध-साहित्य की भागीरथी है 'चिन्तामणि'। पुनः पुनः अवगाहनीय, अनुपम-अतुलनीय। इत्यलम्। शुभम्।

३१ अगस्त, १९९१